KB088564

노마드

문명을 가로지른 방랑자들,
유목민이 만든 절반의 역사

앤서니 새틴

이순호 옮김

NOMADS

까치

NOMADS : The Wanderers Who Shaped Our World
by Anthony Sattin

역자 이순호(李順鎬)
홍익대학교 영어교육과를 졸업했으며, 미국 뉴욕 주립 대학에서 서양사를 공
부하고 석사 학위를 받았다. 『타타르로 가는 길』, 『문신, 금지된 패션의 역사』,
『미국에 대해 알아야 할 모든 것, 미국사』, 『발칸의 역사』, 『제국의 최전선』, 『불
로만 밝혀지는 세상』, 『지중해 5,000년의 문명사』, 『바다의 제국들』, 『인류의
역사』, 『비잔티움』, 『위대한 바다』, 『발칸의 역사』, 『현대 중동의 탄생』, 『이슬람
제국의 탄생』, 『지리의 복수』, 『스페인 내전, 우리가 그곳에 있었다』, 『하버드-
C.H.베크 세계사 1870~1945』(공역), 『코드걸스』 등을 번역했다.

편집, 교정_김미현(金美炫)

노마드 : 문명을 가로지른 방랑자들, 유목민이 만든 절반의 역사

저자 / 앤서니 새틴
역자 / 이순호
발행처 / 까치글방
발행인 / 박후영
주소 / 서울시 용산구 서빙고로 67, 파크타워 103동 1003호
전화 / 02 · 735 · 8998, 736 · 7768
팩시밀리 / 02 · 723 · 4591
홈페이지 / www.kachibooks.co.kr
전자우편 / kachibooks@gmail.com
등록번호 / 1-528
등록일 / 1977. 8. 5
초판 1쇄 발행일 / 2024. 6. 14

값 / 뒤표지에 쓰여 있음
ISBN 978-89-7291-834-9 93900

방랑하는 사람들 모두가 길을 잃지는 않는다는 것을 아는

실비에게 이 책을 바친다.

차례

아는 사람이 별로 없어 보이는데, 역사는 단순한 읽을 거리가 아니다. 하물며 주로 과거에 관련된 것만도 아니다. 역사는 우리 안에 역사가 있고, 우리가 깨닫지도 못하는 사이에 다양한 방식으로 우리를 지배하고, 따라서 문자 그대로 우리가 행하는 모든 일에 상존하고 있기 때문에 강력한 힘을 지닌다.

　　　　── 제임스 볼드윈, "백인의 죄의식"에서(『에보니*Ebony*』 1965년 8월 호)

노마드, 불합리한 본능에 호소하는 주제죠.

　　　　── 1969년 2월 24일, 브루스 채트윈이 출판업자 톰 매슐러에게 한 말

이란, 자그로스 산맥에서

어깨에 막대기를 둘러멘 한 젊은이가 자기 주변에 운집한 양 떼를 몰고 내가 있는 쪽으로 걸어온다. 양들은 그의 앞과 뒤, 양옆을 둘러싸고, 마치 한 무리의 장난꾸러기 아이들처럼 길 아래로 젊은이를 끌고 내려간다. 그 모습은 눈이 녹아 흐르는 근처의 냇물만큼이나 어수선하다. 풍상에 시달렸지만 여전히 강건한 나이 든 남자 한 명이 왼쪽 어깨에 소총을 걸머멘 채 그들의 뒤를 따른다. 그는 양 떼를 앞쪽으로 유인하려고 혀 차는 소리를 낸다. 그의 뒤에는 당나귀를 탄 여인 2명이 있다. 한 여인이 다른 여인보다 나이가 들어 보이는 것으로 보아, 나이 든 남자의 아내와 딸인 듯하다. 두 여인은 모두 억세 보인다. 하긴, 자그로스 산맥의 작은 봉우리들 아래의 삶이란 거칠기 마련이다. 다른 당나귀들은 여인들이 짠 두툼한 녹갈색 천으로 싸맨 그들의 소지품을 싣고 간다. 그 천은 이제 곧 천막이 세워지면 출입문의 휘장으로 쓰일 것이다.

이 고도에서는 나무가 거의 자라지 않는다. 그러나 눈이 녹아든 계곡 땅을 붓꽃, 난쟁이 튤립, 그 밖의 봄꽃들이 덮고 있어 경관이 매우 아름답고, 방목지로서도 손색이 없다. 그 가족이 양 떼, 회백색의 염소들, 뒤로

젖혀진 장엄한 뿔을 뽐내는 수사슴들을 끌고 오며 내게 미소를 짓는다. 바흐티야리 부족민들이 여름 방목지를 찾아 평원에서 산으로 이동하는 연례 이주의 떠들썩함에 압도된 나도 그들과 함께 웃는다.

나는 이미 다른 이주민들의 배려 속에 며칠을 보낸 참이다. 시야바슈와 그의 가족이 계곡 경사면에 검은 염소털 천막을 세우고, 양 울타리 및 이웃과 손님이 묵을 수 있는 커다란 개방형 천막을 준비해둔 것이다. 내 천막은 눈 녹은 물이 콸콸 흘러내리는 내의 건너편, 눈으로 덮인 뾰족 봉우리들과 야생화 계곡이 보이는 전망 좋은 곳에 있었다. 땅에 납작하게 깔린 굵은 송유관은 나와 유목민들 사이의 다리 역할을 해주는 동시에 석유가 처음 발견된 곳이 중동이라는 사실을 내게 일깨워주었다. 음, 그건 아니고, 1908년 이곳과 가까운 바흐티야리 부족민 영토에서 유전이 발견되었음을 상기시켰다는 말이다.

아름다움은 지천에 널려 있었다. 내가 만일 사진 작가였다면 이동하는 그림자와 오후의 햇빛, 그것들이 설산을 분홍빛으로 물들이고 냇물에 금빛을 드리우는 광경을 포착할 수 있었을 것이다. 내가 만일 작곡가였다면 강바닥의 돌들이 옮겨 다닐 때 나는 달가닥 소리와 물이 콸콸 흐르는 소리, 꿀벌의 윙윙거리는 소리, 해질녘에 남자들이 가축 떼를 안으로 들이며 내지르는 소리와 휘파람 소리에 화음을 붙일 수도 있었을 것이다. 이곳의 모든 것이 아름다웠다. 하지만 나는 작가이고 맨발에 일사병까지 약하게 걸린 상태여서, 연필을 꺼내 푸른 하늘에 빛나는 햇살의 순수한 속성, 색깔, 특히 노란색이 녹색의 계곡으로 삐져 들어오는 모습과, 산꼭대기 뒤로 해가 지면서 자연스레 스며든 냉기에 대해 적을 뿐이었다. 그날 밤늦게 강 건너의 유목민 천막이 깜부기불처럼 반짝이고, 달빛이 산등성이를 훤히 비추는 것을 바라볼 때에는, 바이런은 어떻게 "초기 페르시아인들이/높은 곳과 산 정상에 제단을 두고……그곳에서 신령을 찾았는지"를 알았는지를 궁금해하면서 잠들었다. 내 영혼은 저 높은 곳으로 날아올랐고, 내 마음속 깊은 곳에서는 기쁨이 용솟음쳤다.

이후 며칠 동안 시야바슈와 그의 가족은 나에게 자신들이 머무는 계곡을 경험하게 해주고 친척도 소개해주었다. 또한 그들은 나에게 식사를 주었고, 식사 도중에 그들의 삶, 그들이 알고 있는 땅, 그 땅을 여행했던 이야기, 그들이 기르는 동물, 아이들을 공립 기숙학교에 보내서 교육시켜야 할지와 같은 자식 걱정, 21세기에 자그로스 산맥에서 양치기로 살아가는 것에 따르는 그 밖의 여러 애로 사항에 대해 이야기했다. 계곡에서 자라는 식물, 감당이 되지 않을 만큼 사나워진 동물들과 그곳보다 더 높은 곳에 사는 다른 동물들에 대한 이야기도 해주었다. 그들은 그곳에서 키울 수 있는 것, 권장되는 것, 경계해야 할 것을 전부 알고 있었다. 더운 저지대에서 산지로 여행을 갔다가 발아래의 땅이 얼어붙기 시작해 걸어 돌아왔던 일, 기록이 시작되기 오래 전에 그들의 조상이 했던 여행 이야기도 들려주었다. 나는 내가 성인이 된 후 많은 시간을 보냈던 북아프리카와 중동의 베르베르족과 베두인족, 팀북투(말리의 통북투 주에 있는 도시/역자)의 진흙집과 도서관들 너머에 사는 투아레그족과 워다베족, 동아프리카의 붉은 총림叢林을 주황색 섬광처럼 가로지르는 날랜 마사이족 젊은이, 인도 타르 사막의 외곽에 사는 유목민, 안다만 해를 오가는 배 위, 키르기스스탄 산지와 아시아의 여타 지역 사람들에게서도 그와 비슷한 이야기를 들었다. 베르베르족이든 베두인족이든, 가우초든 모겐족이든 대화는 늘 같은 주제, 즉 연속성, 소속되어 있다는 자부심, 주위 환경과 조화를 이루는 삶, 자연이 제공하는 모든 것을 존경하는 마음, 국가가 정착을 바라는 상황에서 유목 생활을 하는 것의 어려움으로 귀착되는 듯했다.

그들은 모두 나에게 자연계에 존재하는 숭고한 조화로움을 환기시켜 주었다. 그들은 지배가 아니라 그 세계의 모든 것과 동등한 관계 속에서 사는 것을 통해서, 우리 인간은 주변에 의존하고 있다는 인식을 통해서만 얻을 수 있는 방식으로 자신들의 환경을 이해했다. 소도시와 대도시에 사는 사람들은 쉽게 망각하는 것이었다. 바흐티야리 부족민들은 구름을 읽고 바람에 실려 온 냄새를 구별하는 법을 아는 것과 마찬가지로 가축들이 울 때의 톤이 나타내는 의미도 안다. 만족스럽다는 뜻인지, 배고프다는 표시인지, 위협을 하는 것인지, 출산이나 죽음이 임박했음을 의미하는지를 아는 것이다. 그들에게서 보고 듣는 것이 많아질수록 그리 오래 전이 아닌 한때에는 우리도 모두 인간의 원대한 계획 속에 그런 삶을 살았다는 것이 생각났다.

키우는 동물과 가재도구를 모조리 싣고 이동하는 가족의 모습에 흥미를 느끼는 사람들도 있겠지만, 가슴 한가득 공포와 혐오감, 혹은 모멸감이 차오르는 사람들도 있을 것이다.

그들은 어디에서 왔을까?
그들은 왜 이곳에 왔을까?
그들은 언제 떠나갈까?
그들은 어떻게 살아갈까?
그들은 누구일까?

노마드Nomad. 이 말의 어원은 우리가 살아가는 이 시대로부터 까마득히 먼 과거에 유래를 둔 초기 인도유럽어 단어인 노모스nomos로까지 거슬러 올라가는, 인류 역사를 관통하는 역사를 지니고 있다. 노모스의 뜻은 다양하여 "고정된 지역 혹은 경계 지역"으로 번역할 수도 있고, "방목지"로도 번역할 수 있다. "방랑하는 유목민의 일원"을 뜻하고, "방목지를 찾아다니는 사람……"을 뜻할 수도 있으며, "가축 떼를 방목할 법적 권리를 가질 장소를 찾아다니는 사람"을 의미할 수도 있는 노마스nomas가 싹튼 곳이 바로 그 근어根語이다. 나중에는 이 근어가 여러 갈래로 분기되었는데, 소도시와 대도시가 건설되고 더 많은 사람들이 정착한 뒤로 노마드는 벽 없이 생활하며 경계 너머에 사는 사람들을 일컫는 말이 되었다. 한편 오늘날 이 단어는 정착민들 사이에서 사뭇 다른 두 가지 의미로 사용되고 있다. 일부 사람들에게 노마드는 낭만적이고 근사한 향수에 젖게 하는 말이다. 반면 한편에서는 그런 삶을 사는 사람들을 떠돌이, 철새, 방랑자, 일만 하는 사람, 도피 중인 사람, 주거 부정인 사람들이라고 암묵적으로 판단하는 의미로 빈번히 통용되기도 한다. 즉, 노마드는 알 수 없는 사람들인 것이다.

더 많은 사람들이 여행을 떠나고, 우리 중에 "알 수 없는" 사람들이 많아진 오늘날, 이 해석은 좀더 관대해질 필요가 있다. 우리가 말하는 많은 것들, 생각하는 것들, 너무도 광범위한 기기와 물품들이 이제는 가동성 및 움직임과 연관되어 있는 상황에서는 특히 그렇다. 내가 이 책에서 노마드라는 말을 융통성 있게 사용한 것도 그래서이다. 여행의 시작 부분에서는 노마드를 수렵채집인을 가리키는 말로 사용했지만, 그다음에는 곧바로 방목지를 찾아 가축 떼를 몰고 다니는 사람들을 지칭하는 말로 사용했다. 책의 말미에서는 노마드를 방랑하는 사람 모두를 지칭하는 의미로 썼다. 부득이하게 가볍게 사는 사람들뿐 아니라, 자의로 그런 삶을 택한 사람들, 스스로를 "홈리스homeless"가 아닌 "집 없는houseless" 사람들로 여기는, 갈수록 수효가 불어나는 사람들도 노마드에 포함시킨 것이다. 이 다수의 현대 노마드들은 일부 사람들에게 "이동식 거처wheel estate"라고 불리기도 하는 곳에 산다.* 작가 브루스 채트윈은 그의 획기적인 작품 『송라인The Songlines』에서 평생을 여행 가방 하나만 들고 아프리카 일대를 주유하며 보낸 어느 영국인 세일즈맨의 이야기를 묘사하며 이런 삶의 이전 판본을 포착한 바 있다. 그 순회 판매원의 삶의 고정된 지점, 집이라 할 만한 곳은 보관함이었는데, 보관함에는 사진과 그 밖에 가족 및 그의 과거를 추억할 만한 물건들로 가득 찬 판지 상자가 들어 있었다. 그 상자에 소중한 무엇인가를 새로 추가하고 싶으면, 오래된 물건 하나를 버려야 했다. 나에게 그랬듯이, 채트윈에게도 그 순회 판매원의 삶은 지극히 현대적인 형태의 유목 생활을 암시했다.

자신의 판지 상자에 추가한 것이 없듯 세상에도 뭐 하나 보탠 것이 없다며 그 판매원을 비웃기는 쉬울 것이다. 그리고 이런 태도는 대다수 유목민족의 역사를 등한시하고 조롱하는 것을 정당화하는 구실로 이용되어왔다. 그러나 그것은 벽과 기념물과 더불어 살아가는 사람, 역사의 많은 부분을 기록한 사람들이, 더 가볍게 살고 더 기동성 있게 살아가는 사람들, 경계 너머에서 덜 소란스럽게 살아가는 사람들의 삶에서 의미를 찾지 못했거나 그 삶의 진가를 알아보지 못했기 때문에 나온 생각이다. 반면 오늘날 우리는 이성과 계몽주의 시대에 의해 형성되고 산업과 기술 혁명으로 구동되는 세계—우리의 세계—가 휘청거리는 시대를 살아가고 있다. 사회계약은 느슨해지고 있으며, 공동체들은 와해되고 있다. 이 세계가 의존하는 원자재와 천연자원은 나날이 부족해지고 있으며, 우리

---

* 미국의 "집 없는" 사람들에 대해 더 많이 알고 싶은 독자는 동명의 영화 원작이 된 제시카 브루더의 『노마드랜드Nomadland』를 읽어볼 것을 권한다.

가 지구에 행한 일의 결과도 기후와 우리 삶의 근간이 되는 경관에 뚜렷이 각인되어 있다. 물의 재활용 및 전력 생성과 더불어, 우리가 어떻게 살아가야 될지와 인간됨의 의미를 새롭게 고찰해보는 일이 시급하다. 변화가 필요하다. 발걸음이 가볍게 다녀야 하며, 도시 거주민들은 도시 경계 너머의 세계에서 더 나은 방법을 찾아야 한다. 하지만 우리가 누구이고 앞으로 맞게 될 미래를 이해하기에 앞서서 우리는 먼저 지난날의 우리를 알아야 한다. 흑인의 삶도 중요하다Black Lives Matter와 미투 운동#MeToo을 비롯한 운동들은 백인의 역사뿐 아니라 여성과 BAME(흑인black, 아시아인asian, 소수민족minority ethnic을 일컫는 용어/역자), 토착민들의 역사를 함께 풀어내 깊숙이 뿌리박힌 낡은 가설과 구성개념, 그리고 편견과 벽 너머를 바라보는 방법을 제시한다. 이동하는 삶을 살았던 사람들의 역사도 알아야 한다. 그것을 알지 못하고서는 인간의 방랑이 어떻게 지금의 세계를 만들어냈는지 이해할 수 없기 때문이다.

이 책은 이동하며 사는 사람들과 정착해 사는 사람들 간의 관계가 변해가는 과정을 추적한다. 나는 1만 2,000년에 걸친 역사의 연표를 따라가며 세계의 가장 극단적인 지역의 다양하고 놀랄 만한 이야기들 가운데 일부를 책에 풀어놓았다. 연표는 우리가 최초의 기념물이 세워진 시기라고 믿고 있는 기원전 9500년 무렵에 시작되어 우리의 시대에서 끝난다. 이 이야기들은 다른 방식으로도 이해할 수 있으며, 이 이야기에 접근할 다른 길들도 당연히 많이 존재한다. 하지만 내가 따르기로 선택한 길은 바로 이것, 카인과 아벨로부터 당신과 나에게로 이어지는 길이다. 이야기 초반에는 모든 인류가 세계를 가로지르며 이동하는 삶을 살았다. 그들을 가로막는 것은 숲, 강, 산, 사막과 같은 자연적 장애물과 인간이 나뭇가지와 가시로 만든 인위적 장애물뿐이었다. 그러나 책의 끝부분에서 방랑자들은 국경, 도로, 벽, 민족국가들이 체결한 국제 협약에 의해서 분리된 세계를 조심스럽게 넘나드는 처지가 된다.

방랑하는 삶을 발굴하는 이 작업은 총 3부로 나뉜다. 제1부에서는 정착민과 유목민들이 수렵채집 생활에서 농경과 목축 생활로 옮겨 가며 대체로 공존하며 협력하던 초기 역사로 돌아간다. 놀랄 만한 최초의 기념물들은 메소포타미아의 큰 강들, 나일 강 및 인더스 강 유역에서 특별한 도시국가와 제국들이 발원하기 전, 놀랍도록 이른 시기에 만들어졌다. 이와 함께 여기에서는 초기 정착민들이 자신들의 경계지 너머에 있는 이동성의 세계를, 한때는 그들의 것이었던 그 세계를 왜 그토록 위협적으로 여겼는지에 의문을 제기하려고 한다.

제2부에서는 좀더 복잡한 형태의 유목 생활로 도약한 뒤에도, 여전히 이동성의 삶을 살았던 사람들이 세운 몇몇 위대한 제국들이 주기적으로 흥하고 망하는 과정을 추적한다. 서구에서는 이 시기가 로마 제국의 멸망과 함께 시작된다. 흔히 암흑시대로 일컬어지는 시기이다. 하지만 훈족, 아랍인, 몽골인, 중국 원나라를 구성했던 다민족, 그 밖의 다수의 유목민족들에게 그 시기는 근동과 지금의 중국 만리장성으로부터 헝가리까지 뻗어나간 광활한 대초원 지대 양쪽 모두에서 눈부신 업적을 이루어낸 찬란한 시대였다. 유목민들이 유럽의 르네상스에 얼마나 많은 기여를 했고, 현대 세계에 얼마나 지대한 영향을 끼쳤는지는 14세기에 활동한 아랍의 역사가 겸 사상가 이븐 할둔과 다수의 다른 학자들이 쓴 기록물과 저술들에서도 나타난다.

제3부는 현대의 탄생 및 서구의 학자들과 함께 열린다. 이 학자들은 백인들이 인간계를 지배하려고 애썼듯이 자연계도 지배해야 한다고 주장했다. 이러한 경쟁과 각축의 시대에 유목민들은 유럽의 시선, 관련성으

로부터 완전히 자취를 감춘다. 영어 사전에 노마드nomad라는 단어가 등재도 되지 못했을 정도이다. 그럼에도 이 시기는 또한 일부 사람들이 중요한 무엇인가가 사라져가는 동시에 회복 역시 시작되고 있음을 알아챈 시기이기도 하다. 하지만 유목민에 대한 기록이 부족하기 때문에, 우리는 책의 다른 부분과 마찬가지로 이 부분에서도 정착민들의 눈을 통해서만 역사를 살펴야 하고, 따라서 이 책의 마지막 부분도 정착민들이 유목민들에게 반응한 방식을 추적하는 내용이 대부분이다. 중요한 것은, 그래도 경쟁보다는 협력에 가치를 두고, 유목민은 우리가 우리 자신을 이해하는 방법에 중요하듯이, 우리 정착민들이 살아가는 방식에도 중요하다는 갈수록 커져가는 인식을 따르고 있다는 점이다.

이 책은 다년간의 연구와 검토로 얻은 정보를 기반으로 서술되었다. 그러나 역사 이야기이기는 해도 학술서는 아니고, 유목민 역사의 결정판도 아니다. 나는 서구인들이 역사의 결정판이라고 알고 있는 것이, 너무나 가볍게 살았고 자신들의 역사 대부분을 구전 전통으로만 간직해온 사람들에게는 결코 존재할 수 없다고 생각한다. 대신 나는 우리의 작가들과 역사가 긴 세월 동안 질 들뢰즈의 말 "유목민들에게는 역사가 없다, 그들에게는 지리만 있을 뿐이다"가 유효함을 확인하면서, 유목민들을 어떻게 일화들과 후차적 존재로 국한시켰는지를 보여주려고 한다.[1] 들뢰즈의 표현은 지나친 감이 있지만—유목민에게는 당연히 역사가 있다—그래도 처음 읽었을 때 그것은 우리 역사에서 유목민이 왜 거의 눈에 띄지 않는지에 대한 나의 의문을 상당 부분 해명해주었다. 하지만 그 누락은 잘못된 것이면서, 또한 매우 자랑할 만하고 값어치 있는 유목민의 역사를 우리가 놓치고 있음을 의미하기도 한다. 나는 이 책을 통해서 유목민의 역사는 둘 중의 하나, 정착민과 유목민 중에서 양자택일을 하는 문제가 아니라는 인식을 심어주고 싶다. 그것을 인지했든 인지하지 못했든, 좋아하든 싫어하든 유목민은 언제나 인류 역사에서 적어도 절반을 차지하고 있었고, 많은 역사가들이 전통적으로 문명이라고 부른 것의 발달에 필수적인 기여를 해왔기 때문이다.

유목민 이야기는 우리 이야기의 그늘진 면처럼 보일 수 있다. 하지만 그렇다고 해서 그들의 이야기가 우리 이야기보다 덜 훌륭하거나 덜 중요하다는 뜻은 아니다. 로마 공화국이 카르타고를 무찔러 지중해의 맹주가 되고, 중국이 한 무제의 치세하에 번영을 구가하면서 황허와 유럽을 잇는 초기 실크로드를 오가며 교역을 조금씩 발전시키던 기원전 2세기만 하더라도 유목민인 흉노의 세력은 만주에서부터 카자흐스탄까지 뻗어 있었고, 이 세력권 안에는 시베리아의 일부 지역, 몽골, 지금의 중국 산시 성 신장이 포함되었다. 같은 시기에 스키타이 유목민과 그들의 동맹 유목민들도 흑해에서 카자흐스탄의 알타이 산맥에 이르는 땅 대부분을 지배하고 있었다. 그것을 한데 모으면 유목민들의 영토는 로마 제국이나 중국의 한 제국보다도 넓고 강력했다. 게다가 우리는 매장지를 발굴함으로써 그들의 지배자들이 치타 털로 단이 장식된 중국 비단 의대衣襨를 착용하고, 페르시아 양탄자에 앉으며, 로마의 유리를 사용하고, 그리스의 금은 장신구를 애호했음을 알고 있다. 이는 이동성 종족이 원시적이고 고립되어 있었다는 통념과 상반되며, 그 유목민들이 동중국해에서부터 대서양까지 이어진 교역 세계의 달인이었을 가능성을 제기한다.

그러나 서구의 전통적인 시각은 보통 로마권이나 한나라권으로 인식되는 이 지역을 다르게 이해해왔다. 팍스 몽골리아나pax Mongoliana가 가져다준 진보나 이점 대신, 몽골의 칸khan들이 죽인 사람들의 숫자에만 초

점을 맞추는 서구 역사서술의 경향 또한 같은 맥락에 있다.

유목민의 역사에서 간과된 또 하나의 측면은 인간계와 자연계 사이의 변화하는 관계에서 발견된다. 둘의 관계는 도시들이 발달하고, 농업이 확대되며, 보다 최근에 산업화가 되고 기술이 발달하면서 변화했다. 이 과정에서 유목민들은 자연계와의 관계를 계속 증진해갔지만, 다수의 정착민들은 주변 환경으로부터 점점 더 멀어졌다. 유목민들은 모든 것이 상호 연결되어 있고 상호 의존한다는 점을 인지했기 때문에 자연계와의 관계를 증진시켜왔다(그들로서는 그래야만 하기도 했다). 주위 환경을 돌보는 것이 자신들에게 이익임을 알았던 것이다.

이 이야기들을 하기 위해서 내가 참고한 자료는 대부분 비 유목민이 저술한 글들이다. 그런데 그 이유가 유목민들에게는 기록물이 거의 없고, 기념물이나 헌정비도 거의 세워지지 않았으며, 그들이 세계를 편력했음을 보여주는 증거 또한 부족하기 때문이라니 아이러니가 아닐 수 없다. 상황이 이렇다 보니, 헤로도토스와 사마천으로부터 빌럼 판 루브뢱(플랑드르의 프란치스코회 선교사 겸 탐험가/역자)과 헨리 데이비드 소로에 이르기까지의 저자들이 역사 기록물의 보존을 중시했을 수는 있지만 그렇다고 해서 그들이 늘 공평하거나 객관적이지는 않았다는 골칫거리가 있다. 의도적이었든 의도적이지 않았든, 그들 견해의 많은 부분은 편향되어 있다. 서구 역사에서 유목민—훈족의 지도자 아틸라, 몽골의 황제들인 칭기즈 칸과 티무르, 광분한 페르시아인들의 힘이 미치지 않는 곳으로 이동하는 고대 스키타이인들의 물결, 내전을 피해 도망치는 현대의 시리아인들—이 문명화된 도시 거주자들이 존중하는 모든 것에 배치되게 살아가는 야만인으로 가장 빈번하게 등장하는 것만 봐도 그렇다. 지금으로부터 약 3,500년 전 수메르족의 한 왕녀가 한 유목민과의 결혼을 고려할 때에 깨달았듯, 그 편견은 뿌리가 깊었다. 왕녀의 친구들은 그녀에게 말했다. "그들의 손은 해롭습니다. 그들은 절대 방랑을 멈추지 않습니다.……생각도 혼란스럽고요. 그자들은 소란만 일으킬 뿐입니다." 그러고 나서 친구들은 그 유목민의 사생활까지 들먹이며 왕녀에게 경계심을 심어준다. "그는 헐렁한 가죽 옷을 입고……비바람을 맞으며 천막에서 기거하고, 기도문을 제대로 암송할 줄도 모릅니다. 또 산지에 살며 신들이 거하는 장소를 무시하고, 산자락에서 송로를 채취하며, 무릎을 굽힐 줄도 모르고, 고기를 날로 먹습니다. 평생 집도 없고 죽은 뒤 묻힐 묘지도 없습니다."[2] 하지만 나의 이야기가 전개될수록, 다른 습성, 다른 관습, 다른 신념을 가진 사람을 무시하는 수단으로 "야만인"이 주기적으로 사용되었다는 점은 분명해질 것이다. 그 용어에는 인류의 발전에 대한 경쟁적 관점, 관측자의 우월의식이 드러나 있는데, 그것이 이웃을 서술하는 데에 빈번히 사용되고 있는 것이다.

고대 중국과 로마로부터 근대 초기의 유럽과 19세기의 북아메리카에 이르는 지역의 유목민을 다룬 대다수 기록물은, 그들에 대한 더 완벽한 그림을 그리고 싶어하는 사람에게 문제를 안겨준다. 그것은 이 이야기의 서술에도 영향을 미쳤다. 첫 번째 문제는 유목민 문화에서 여성들의 역할에 대한 세부 내용이 결여되었다는 데에 있다. 우리는 가령 스키타이족 여성이 로마와 중국 제국들의 동시대 여성들보다 영향력이 한층 컸다는 사실을 알고 있다. 이는 스키타이인들에게 여왕이 있었다는 점, 일부 스키타이인 여성들의 부장품에서 드러나는 호화로움, 몽골 제국을 건설하고 운영하는 과정에서 칭기즈 칸의 부인이 중추적 역할을 했다는 사실, 자신의 할머니를 지략가와 현명한 조언자로 신뢰한 무굴 제국의 황제 바부르의 태도에서도 분명히 나타난다. 하지만 오늘날의 우리에게는 그들의 목소리가 거의 전달되고 있지 않다. 이는 우리에게 크나큰 손실이다. 주목해야 할 또다른 문제는 마치 정착민 역사가들이 그 "다른other" 민족을 언급할 가치가 있다고 여긴 때는 전쟁이 일어났을 때뿐이었다는 듯 유목민을 다룬 대부분의 보고서와 서술들이 긴장 및 갈등과 관련이 있다는 것이다.

그 부정확한 서술은 유목민 삶의 진실도 보여주지 못하고, 지난 1만 년의 대부분 기간을 상보적이고 상호 의존적으로 지낸 유목민과 정착민들의 관계를 총체적으로 그리지도 못한다.

방랑하는 우리의 "다른 반쪽"을 재평가하고, 그들의 이야기를 들으며, 그들이 우리에게 공헌한 바를 밝히는 작업은 모두 우리 정착민들이 이동하며 사는 사람들에게서 배운 것이 무엇인지를 가르쳐주며, 우리가 협력에서 얻은 것이 얼마나 많은지도 보여준다. 또한 그것은—그들이 가볍게, 그리고 보다 자유롭게 살아갔다는 점에서, 환경에 순응하고 행동할 때 기민함과 유연함을 발휘하는 법을 터득했다는 점에서, 그리고 자연계와 지속적으로 균형을 맞춰갔다는 점에서—삶의 또다른 방식, 인류의 "다른" 반쪽이 먼 과거의 비옥한 정원에서 하나의 단일 집단으로 사냥하며 살았던 시대 이후로 줄곧 유지해온 삶의 방식도 엿볼 수 있게 해준다.

제1부

균형 잡기

그것은 오래가지 않는다. 모든 것은 변한다. 모든 것은 일시적이다.

— 존 스튜어트

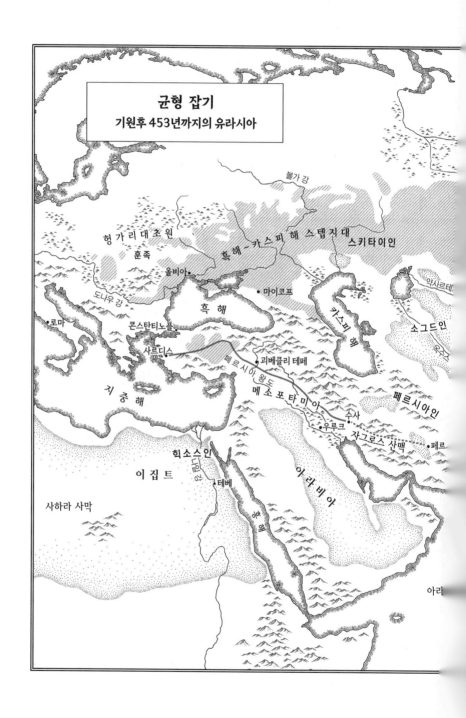

균형 잡기

기원후 453년까지의 유라시아

볼가 강

헝가리 대초원
훈족
올비아
흑해-카스피해 스텝지대
스키타이인
아사르테

도나우 강
흑 해
마이코프
카스피 해
소그드인

로마
콘스탄티노플
사르디스
페르시아 왕도
괴베클리 테페
메소포타미아
페르시아인

지 중 해
수사
우루크
자그로스 산맥
페르

힉소스인
나일강
이 집 트
테베
아 라 비 아

사하라 사막
홍해

아리

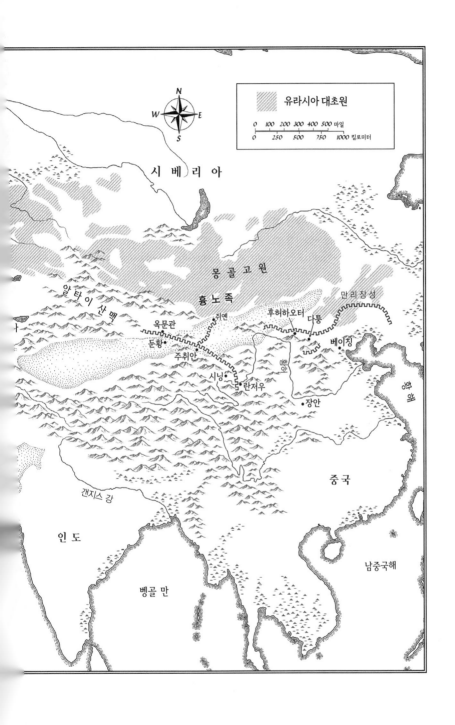

유라시아 대초원

0 100 200 300 400 500 마일
0   250   500   750   1000 킬로미터

시 베 리 아

몽 골 고 원

흉 노 족

알 타 이 산 맥

만리장성

옥문관

쥐옌

후허하오터 다퉁

둔황

베이징

주취안

시닝

란저우

장안

황 허

갠지스 강

인 도

중 국

벵 골 만

남중국해

기원전 1만 년, 낙원

세계 인구 아마도 500만 명[1]

유목민 인구 그 500만 명의 대부분

옛날 옛적에 우리 모두는 수렵채집인이었다. 인간이 수렵채집을 멈춘 것은 불과 1만2,000년 전으로, 인간의 연표에서 점 하나에 지나지 않는다. 당시에는 식량은 넘쳐나는데 먹을 사람은 별로 없었다. 기독교의 『구약성서』와 이슬람교의 『코란』의 제2장 「알바카라」에 나오는 소[牛]의 논쟁에서는 이때가 동산에서 보낸 때, 인간이 큰 행복과 완전한 무죄 상태로 살았던 에덴동산의 시기로 나온다.

　에덴Eden이라는 단어는 여러 가지로 번역되었지만, 그것들이 가리키는 방향은 모두 같다. 평원 또는 초원 지대를 뜻하는 수메르어 에딘edin으로부터 물이 많음을 뜻하는 아람어와 즐거움을 뜻하는 히브리어에 이르기까지, 종합해보면 에덴은 물이 많고 식량이 풍부하며, 위협이 적고 인간의 노동이 필요 없는 초원 지대임을 암시한다. 즐거움의 장소인 것이다. 하지만 이 낙원의 위치는 여전히 논쟁거리이다. 「창세기」에는 그곳이 "에덴의 동쪽"으로 나온다. 동산에는 "보기에 아름답고 먹기에 좋은 나무들"이 있었고, "동산 가운데에는 생명나무와 선악을 알게 하는 나무"가 있었다.[2] 동산을 적신 물은 "갈라져 네 근원", 즉 강들이 되었다. 「창세기」의 해설자는 이 네 강들 가운데 두 곳에 티그리스와 유프라테스라는 이름을 붙인다. 그렇다면 에덴동산은 지금의 이라크 남부 지역인 메소포타미아 평야의 어디쯤이었을지도 모른다. 로마의 역사가 요세푸스는 나머지 두 강이 갠지스 강과 나일 강이리라고 판단함으로써 지리적 범위가 확대될 가능성을 시사했다. 어쩌면 에덴은 아르메니아의 고원으로 들어가는 이란 고원 혹은 파키스탄 고지의 샹그릴라에 있었을 수도 있다.

우리가 동산을 잃어버렸고 그것을 되찾기 위해 노력해야 한다는 생각은, 사라져가는 이 시대의 동식물, 기후 위기, 생태계의 재난에 말을 거는 것이다. 하지만 그것은 오래된 걱정거리로, 힌두 신화에 나오는 정원 난당카난에서부터 고대 그리스 신화에 나오는 헤스페리데스의 정원, 페르시아어 pairi-daeza(파라다이스/역자)에 이르기까지 시대를 초월하여 세계 곳곳에서 메아리치고 있다. pairi-daeza를 직역하면 "벽 혹은 벽돌 주위"라는 뜻이 되는데, 여기에서는 벽이 둘러쳐진 정원, 울타리가 있는 공원을 일컫는다. 이 단어에서 그리스어 파라데이소스paradeisos와 우리가 동경하는 또다른 정원인 낙원paradise이 파생되었다. 물론 그보다 더 오래된 어원도 있다. 하지만 낙원의 어원이 무엇이든―그리고 우리 중 누군가가 에덴으로 불리는 동산에서 금단의 열매를 따먹었는지에 관계없이―그 고래古來의 설화는 어느 시점에는 우리가 "먹기에 좋은 나무들"에 둘러싸여 있었고, 우리의 생존에 필요한 모든 것을 아낌없이 내준 자연의 혜택에 얹혀살았음을 말해준다. 에덴동산과 낙원에 대한 생각이 그토록 매혹적인 이유는 그것이 안락과 죄 없음, 풍요를 약속해주고, 어쩌면 지상 낙원도 그리 끔찍하지만은 않았을 수도 있음을 암시하기 때문일 것이다.

몇몇 인류학자들은 초기의 수렵채집인 사회를 "최초의 풍요로운 사회"라고 불렀다. 정말 그랬을지에 대해서는 아직도 논란이 많지만, 확실히 설득력은 있어 보인다. 미국의 인류학자 마셜 살린스만 해도 대부분의 수렵채집인들이 밥을 먹는 일에 쓴 시간이 일주일에 20시간 정도일 것이라고 추정했는데, 이는 "그 사람들이 거의 언제나 무엇을 해야 할지 모르는" 상태였을 것이라는 뜻이다. 어쩌면 그들은 대부분의 시간을 웃고, 사랑하고, 노래를 부르고 춤을 추는 데에 썼을지도 모른다. 비평가들은 주기적인 식량 부족, 질병, 다툼 등 그들 사회가 가진 취약성을 지적하기도 한다. 하지만 그 점을 참작하고, 음식을 마련하고 조리하는 시간, 설거지하는 시간까지 감안해도, 보통의 수렵채집인이 숙식 준비에 사용하는 시간은 21세기의 평균 도시 노동자들보다 현저하게 적었고, 지금도 적다. 더욱이 도시의 러시아워, 냉난방 장치가 설치된 근무 환경과 연중무휴로 돌아가는 슈퍼마켓에서 살아남은 사람들과 달리, 수렵채집인들은 자신들의 기억, 마음, 감각을 통해 비옥하다는 사실을 알아낸 땅에서 살고 일했다.

그러나 "에덴"에서의 초기 수렵채집인의 삶이 아무리 즐거웠다고 해도, 그곳은 인간의 호기심과 유혹으로 더욱 드라마틱해진 최악의 상황을 맞았다. 「창세기」에는 아담과 이브가 원하는 것은 마음대로 먹되 신성한 두 나무, 즉 생명나무와 선악을 알게 하는 나무의 과실에는 절대 손대지 말라는 말을 들었다는 이야기가 나온다. 하지만 어느 정도는 불가피하게 그들은 유혹에 굴복했고, 에덴에서 추방된 뒤로는 두 번 다시 그곳으로 돌아가지 못했다.

좋은 이야기이다. 하지만 그것은 공교롭게도 인구가 증가하며 기후가 변화하고 수렵채집이 전보다 매력이 줄어들었거나 농사보다 가망성이 없어진 역사상의 어느 시점이 반영된 이야기일 수도 있다. 그 변화는 배불뚝이 언덕Potbelly Hill이라고 불리는 장소의 역사를 만든 요소들의 일부이기도 하다.

배불뚝이 언덕

배불뚝이 언덕은 튀르키예가 남쪽 시리아와 국경을 이루는 지대의 석회암 구릉지에서 튀어나와 완만하게 윤곽을 그리고 있는 곳이다. 농부들이 풀 뜯을 곳을 찾아 바위투성이 비탈을 헤집고 다니는 가축 떼에 기대 생계를 꾸려가려고 애쓰는 단단하고 오래된 땅이다. 그곳은 오래되고 비범한 역사를 많이 간직한 곳이기도 하다.

배불뚝이 언덕에서 서쪽으로 약 8킬로미터 떨어진 곳에 우르파가 위치해 있다. 1984년 이래 "영광스러운 우르파"라는 뜻의 샨르우르파Şanlıurfa로 알려진 도시이다. 전설은 우르파를 칼데아의 우르와 결부시켜 여러 종족의 아버지, 즉 족장 아브라함의 고향으로 만들었다. 우르파와 아브라함의 연관성을 입증할 방법은 아마도 없을 것이다. 그러나 우르파에 있는 웅장한 십자군 성채 아래에는 아브라함의 연못이었다는 커다란 연못

발릭르 골Balikli Gol이 있다. 나도 그곳에서 독실한 성지 순례자들과 흥분한 관광객들이 신성하게 창조되었다는 잉어에게 먹이를 주는 모습을 지켜보았다. 그러나 연못보다 더 신뢰가 가는 것도 있다. 바로 1990년대에 연못 부근의 공원에서 발굴된 결과물이다. 유적에서 나온 출토물 중에는 세계 최고最古라고 알려진 실물 크기의 인간 조형물이 포함되어 있었다. 이 입상立像은 흰 석회암을 깎아 만든 것으로, 검은 흑요석 눈이 붙어 있고 목에는 목걸이가 조각되어 있으며 발기한 음경을 손으로 쥐고 있다. 누군가 이 형상을 조각한 때는 기원전 1만 년 무렵이었다. 만일 이 우르파 남자Urfa Man가 일각에서 아브라함의 고향이라고 주장하는 곳의 중심이 아닌 다른 곳에서 발견되었다면 뒤이어 대규모 발굴이 진행되었을 것이다. 하지만 그 조각상은 그토록 중요한 출토물인 것 치고는 놀랍게도 거의 주목을 받지 못했다. 고고학계의 초점은 튀르키예 정부가 댐을 건설하면서 수몰될 예정이던 유프라테스 강의 한 지류로 옮겨갔다. 그곳에는 기원전 8000년 무렵에 형성된 신석기 시대의 정착지 네발리 코리Nevali Cori가 있었다. 그곳이 수몰되기 전에 구할 수 있는 것은 최대한 구해보고자 그곳에 도착한 독일 고고학자 발굴 팀에는 초기의 석기를 주제로 막 박사 과정을 마친 30대 초반의 클라우스 슈미트도 있었다. 독일 발굴 팀은 그곳에서 거주지들과 제식祭式 중심지 한 곳, 봉헌된 형상들, 그리고 최초로 밀을 재배한 흔적을 발견했다. 1991년, 댐이 가동되기 시작하고 유적지가 물에 잠겨 사라지자 발굴 팀은 해산되었다. 하지만 슈미트는 그곳에 계속 남았다.

동물들이 구멍에 빠지거나 굴속으로 뛰어 들어가는 것이 위대한 고고학적 발견으로 이어진 사례는 무수하게 많다. 알렉산드리아에 있는 로마 시대의 지하 무덤 카타콤도 19세기에 당나귀 한 마리가 돌연 커다란 구멍

속으로 사라지면서 실체가 드러났다고 전해진다. 프랑스의 쇼베 동굴도 떠돌이 개를 따라 들어간 10대 청소년들이 발견했다. 한 영국 신문에 따르면 유적이 발견된 튀르키예의 그 지역에서도 유사한 일이 있었다고 한다. 한 "늙은 쿠르드족 양치기가……양 떼를 따라 메마른 산비탈을 올라가다가" 석판 몇 개를 보았다는 것이다.[3] 그리고 그 석판에서 나온 진실은, 흔히 그렇듯 좀더 복잡하고, 그 못지않게 놀라웠다.

튀르키예식 지명으로 괴베클리 테페Göbekli Tepe라고 불리는 배불뚝이 언덕은 조그만 골짜기의 꼭대기에 위치해 있어, 함정에 빠진 먹이를 잡기에 최적의 장소였다. 완만하게 굴곡진 구릉지에 원뿔형 꼭대기 2개가 겹쳐 있는데, 내가 그곳을 처음 찾았을 때에는 풀과 초여름에 피는 꽃들로 덮여 있었다. 두 꼭대기 중 한 곳에는 뽕나무 한 그루가 자라고 있었고, 그 아래에는 돌로 덮인 무덤들이 있었다. 묻히기에 나쁜 장소는 아니었으나, 우리의 먼 조상은 그곳에서 다른 것을 보았다. 그것이 정확히 무엇인지는 모르겠지만, 눈에 보이는 생명의 본질을 우주와 결합시켜주는 것, 알 수 없는 죽음의 신비를 우주가 지닌 원시적 힘과 합쳐주는 것, 그러니까 실제의 레이 선Ley line이거나 상상의 레이 선(영력이 있는 지역들을 연결한 선 정도로 이해하면 될 것 같다/역자)이었을 수도 있다. 먼 옛날 사람들이 이곳에 흔적을 남긴 것도, 슈미트가 이곳을 조사하러 왔던 것도 그런 인식 때문이었다.

1963년 그 유적지를 방문한 시카고 대학교의 고고학자들도 무덤들은 비잔티움 시대 혹은 후기 이슬람 시대의 것이지만 유적지는 신석기 시대의 터임을 인정했다.* 하지만 더 이상 배불뚝이 언덕을 조사할 이유를 찾

---

* 이 지역의 신석기 시대는 대략 기원전 1만 년–4500년 사이이다.

지 못해, 그 언덕은 양 떼가 풀을 뜯을 동안 뽕나무 아래에 앉아 볕을 피하던 쿠르드족 양치기 부자父子 이브라힘 일디즈와 메흐메트의 소유지로 남아 있었다. 1994년, 클라우스 슈미트는 이웃 마을의 한 노인에게서 괴베클리 테페에서 부싯돌을 보았다는 말을 들었다. 하지만 슈미트가 알기로 그 지역은 석회암과 현무암 지질지대였다.

슈미트는 배불뚝이 언덕의 두 원뿔형 꼭대기를 인간이 만들었음을 인지했다. 먼저 왔던 고고학자들은 미처 눈치채지 못한 점이었다. 슈미트는 박사 과정을 밟으며 현장 답사를 할 때, 흔히 잡석으로 치부된 부싯돌이, 먼 옛날의 고대인이 기반암을 매끄럽게 깎을 때 사용한 도구임을 체득했던 것이다. 어쩌면 그 부싯돌들도 1994년 현재 그가 밟고 있는 거석들의 세공에 사용된 것일 수 있었다. 그 시점에서 슈미트는 자신에게 두 가지 선택지가 있음을 알았다. 이대로 사라져서 입을 봉하고 있든지, 아니면 이곳에서 조사를 하며 여생을 보낼지가 그것이었다. 그는 우르파로 돌아가 오래된 집을 한 채 구입하고, 발굴 허가와 자금을 요청했다.

오늘날 괴베클리 테페는 세계에서 가장 중요하고도 흥미로운 고고학 유적지이지만, 금빛 찬란한 보물이 나오지는 않은 관계로 누구나 다 아는 곳은 아니다. 하지만 슈미트와 그의 팀원들이 찾아낸 것은 휘황찬란한 보물들보다도 값어치가 더 있다. 원뿔형 꼭대기 지면에서 그가 발견한 석판들은 T자 형 기둥들의 상부였던 것으로 밝혀졌다. 그 기둥들은 정교하게 조각되었고, 아름답게 장식되었으며, 다른 것들보다 키가 큰 2개의 기둥을 중심으로 10여 개 기둥이 원형으로 세워져 있다. 거석들 중 크기가 큰 것은 무게가 16톤이나 나가고, 몇몇은 높이가 5.5미터에 달한다. 인간과 동물 형상이 장식된 기둥들도 많다. 먼 옛날의 회화와 암각화에서 어슬렁거리는 솟과의 동물이나 사슴 무리와 달리, 이 기둥들에 장식된 형상은 위협적인 멧돼지, 전갈, 자칼, 그 밖의 동물들 모습으로 식별이 가능하다. 인간이나 우르파 남자처럼, 동물들 중 다수는 성기가 발기된 형태로 표현되었다. 이곳은 지구상에 인간이 거주한 최초의 장소들 가운데 하나일지도 모르고, 심지어 우리 조상들이 자신들이 상상한 어떤 것을 묘사하기 위해서 경관을 개조한 **첫 번째** 장소일지도 모른다. 지구의 방대한 지역을 개조하는 오늘날의 우리는 이러한 행위를 당연하게 여기지만, 1만2,000년 전에 이는 몹시 혁명적인 행동이었다. 이 행동은 기념비적 건축의 시작이자 축조 예술의 시초, 우리 역사에서 현재의 인간 격絡이 형성된 시발점이었다.

2014년 6월 슈미트가 튀르키예의 유적 발굴에 필요한 후원자를 모집하고자 런던에 왔을 때, 나는 진행 중인 그의 조사에 대해 그와 이야기를 나누었다. 슈미트는 둥그런 얼굴에 태도가 온화한 사람이었다. 머리가 벗겨져 관자놀이 주변에만 털이 무성하고, 금속 테 안경을 썼으며, 화살촉 코에 듬성듬성 흰색 털이 섞인 갈색 수염을 기른 것이 영락없이 과묵한 학자상이었다. 행사를 위해 재킷을 입기는 했지만, 런던의 그 객실과, 그가 자신의 후원자가 되어주기를 바라는 정장 차림의 도시 상인들과 비즈니스맨들 속에서는 허름해 보였다. 그러나 막상 그가 연설을 하자 그의 태도와 주변 환경을 비롯한 그 외의 다른 모든 요소들이 대수롭지 않은 것이 되었다.

슈미트는 괴베클리 테페가 성역, 즉 종교 시설이었다고 자신 있게 말했다. 그에 따르면 발굴 팀과 함께 언덕의 비탈을 깊이 파냈을 때에 둥근 모양의 첫 번째 기둥 옆에서 조각된 기둥들이 더 많이 나왔으며, 원형의 돌기둥들도 추가로 발견되었다는 것이다. 슈미트는 앞으로 더 많은 것이 나오리라 확신하면서, 그 언덕의 소유자가 누구였든 그 사람은 곡물의 발효 방법도 알았을 것이라고 말했다. 그들은 신성한 행위의 일부로 "맥주 비슷한 것을 주조했어요." 그가 웃으며 말했다. 하지만 가장 놀라운 사실은 그다음에 언급되었다.

첫 번째로 놀라운 것은 연대年代였다. "추정컨대 괴베클리 테페가 형성된 시기는 기원전 제10천년기가 확실합니다." 그의 말은 기원전 9500년 무렵에 인간들이 큰 돌덩어리들을 채석해 옮기고, 그 돌로 형상을 만들어 성역을 조성하는 데에 사용했다는 뜻이다. 그것은 피라미드와 스톤헨지가 축조된 "기념비적 시대"보다 약 7,000년이나 앞선 때였다. 이들이 누구였는지, 어떻게 그것을 만들었는지, 어디에서 왔고, 무슨 일을 겪었는지는 알 길이 없다. 그러나 슈미트 교수는 지금까지 그래왔듯이 괴베클리 테페가 형성된 연대만은 변하지 않을 것임을 분명히 했다.

두 번째로 놀라운 점은, 화창한 날의 점심시간이 그보다 더 중요하다는 것이었다. 슈미트는 괴베클리 테페를 세운 사람들이 그곳에 거주했음을 나타내는 흔적을 찾지 못했다. 훗날의 발굴에서 무엇인가를 찾아낼지도 모르지만, 최초의 발굴 단계에서는 집터나 지붕, 혹은 화덕을 보지 못했다. 지속적인 거주지였다면 발견되었을 법한 쓰레기도 나오지 않았다. 대신 초기 발굴 팀은 인간의 거주 못지않게 뜻깊은 표범, 멧돼지, 메소포타미아 지방에 분포하는 다마사슴, 두루미, 독수리, 현재 우리가 기르는 가축화된 소의 선조 격으로 지금은 멸종한 오록스와 같은 다양한 동물들의 뼈를 발견했다. 이 모든 것은 괴베클리 테페를 세운 사람들이 최소한 첫 단계에서는 맥주를 양조하고 식용 고기를 준비할 정도로는 충분히 길게 체류했지만 기본적으로는 배회하는 수렵인이었음을 시사한다. "그들은 구운 고기와 아마도 맥주 같은 음료를 곁들여 큰 잔치를 벌였을 겁니다. 하지만 그곳에 살지는 않았습니다." 슈미트가 다시 웃으며 말했다.

스탠퍼드 대학교의 한 교수가 괴베클리 테페에서 슈미트가 발견한 것들로 "모든 것은 바뀌었다"고 말한 이유도, 최소한 성역의 기반을 다진 사람들은 그곳에 정착하지 않았다는 데에서 기인한다. 요컨대 그 사람들은 수렵인과 채집인, 방랑자, 주거가 일정하지 않은 사람들이었고, 거기에 중요한 의미가 담겨 있다.

괴베클리 테베에 대한 조사는 2014년 우리가 대화를 나누고 몇 주일 후 슈미트가 때아닌 죽음을 맞은 뒤로도 계속되었다. 이 과정에서 새로운 것들이 발견되었고, 해석이 이루어졌으며, 슈미트의 이론에도 몇 가지 의문이 제기되었다. 지표 투과 레이더로 탐사한 결과, 유적지에는 170여 개의 돌기둥들이 있었다. 현재는 그 유적지가 수백 년 동안 사용되다가 버려졌을 가능성도 제기되고 있다. 그 기념물들이 사라지지 않고 오늘날까지 남아 있을 수 있었던 데에는 몇 가지 이유가 있는데, 그중 하나는 그곳을 계속 사용하고 개발하는 과정에서 생긴 쓰레기와 파편들에 기둥들이 덮여 있었다는 것이다. 또한 훗날 그곳에 다른 주요 정착지가 세워지지 않아서, 채석되어 잘라진 기둥들을 재사용하려는 사람이 없었으리라는 점도 유적이 남는 데에 도움이 되었다.

그 유적을 건설한 사람들이 누구인지, 그리고 그것을 왜 세웠는지는 아직도 퍼즐을 맞춰가는 단계이다. 그러나 그들 역사의 가장 중요한 요소들은 슈미트가 이해한 수준에 머물러 있다. 괴베클리 테페에서 건축은 가족이나 부족과 같은 소집단으로 이동하며, 근처에서 채석을 하고 그 돌들을 고작 500미터 옮기는 데에 그친 사람들에 의해서 시작되었다. 하지만 500미터가 먼 거리는 아닐지라도 돌의 무게가 수 톤이나 되었으니 돌 하나 옮기는 데만도 수백 명은 필요했을 것이다. 그것은 자발적 인력과 대규모의 조직력이 요구되는 일이었다. 그만한 일을 벌일 생각을 한 사람이 누구였는지는 알 수 없다. 하지만 그것이 건축과 재배의 시작이고, 또한 모종의 영적 행위 또는 제식과도 관련되어 있음을 우리는 알고 있다.

괴베클리 테페의 돌기둥들에 그림이 새겨져 있다는 사실은 딱히 혁명적이지 않다. 50만 년 전 지금의 인도네시아에서도 호모 에렉투스가 조개껍질에 지그재그 문양을 새겼다. 최근에는 남아프리카의 블롬보스 동굴에서도 호모 사피엔스가 10만 년 전에 붉은 황토로 그와 유사한 그림을 그렸다는 사실이 밝혀졌다. 네안데르탈인들도 6만6,000년도 더 전에 스페인의 말트라비에소 동굴 벽에 손을 대고 입으로 붉은 황토를 뿌려 그림을 그렸다. 인간의 형상, 하늘을 나는 새의 형상, 그리고 동물들이 그들의 세계에 살며 꿈속을 헤매는 형상이 묘사된 괴베클리 테페의 예술 기법조차 혁명적이지는 않다.

혁명적인 점은 그 장소의 규모, 그 일을 성취하는 데 투입된 노력, 그리고 무엇보다 수렵채집인 무리가 기둥들을 만들고 옮기고 거기에 장식을 할 때 상호 협력이 필요했으리라는 사실이다. 그들의 일부는 채석장에서 부싯돌로 돌을 깎고, 암석의 형태를 잡고 문양을 새겼을 것이다. 또다른 사람들은 기둥을 설치할 장소를 준비했을 것이다. 하지만 그 모든 작업자들에게 음식을 제공한 사람들은 더 많았을 것이고, 괴베클리 테페 언덕의 최하층에서 야생동물들의 뼈가 출토된 것도 이런 맥락에서 설명이 된다. 그런 노력이 다년간, 아니 어쩌면 수 세기 동안 지속되었고, 그 노력으로 돌기둥들이 원형으로 세워진 것이다. 기둥들의 일부는 땅속에 묻혔지만—원뿔형 언덕은 그렇게 형성되었다—계속 건조 중인 것들도 있었다. 하지만 인간이 만든 최초의 대형 건조물일 수도 있는 기념비성보다 더 놀라운 사실은 그 유적이, 우리가 어떻게 정착하게 되었는지를 알려준다는 데에 있다.

괴베클리 테페가 지어질 당시 에덴을 벗어난 강의 동쪽, 그러니까 그곳의 주변 경관은 오늘날보다 비옥했다. 야생풀, 밀, 보리가 자라는 초원을 상상하면 무리가 없을 것이다. 참나무, 그리고 이제는 그 지역에서 집약적으로 재배되는 아몬드 나무와 피스타치오 나무들의 관목숲에 흐름이 끊기기도 한 그 초원은 가젤과 오록스의 터전이었고, 이주하는 거위들, 식용 가능한 다른 많은 새와 동물들, 그리고 유적지에서 나온 뼈의 퇴적물로 드러났듯 인간을 위협한 일부 동물들의 서식지였다. 슈미트 교수도 한 차례 이상 말했듯이 그곳은 "낙원과도 같은" 풍요로운 땅이었다. 이 풍요로움은 인간이 먹고살기 위해 멀리까지 방랑할 필요를 없게 만들었다. 배회할 필요 없이 성역을 개발하면서 정착할 수 있게 된 것이다. 괴베클리 테페는 인간들이 살고 죽은 곳이었다. 정착은 완전히 새로운 존재양식을 가져다주었다.

사는 동안 그들은 태양이 뜨고 지고, 달이 차고 이울며, 별들이 밤하늘을 가로질러 떠돌아다니고, 계절이 바뀌고, 동물들이 이주하며, 새들이 떼 지어 몰려들어 지저귀는 것을 지켜보았고, 인간들이 이미 수천 년간 해온 것처럼 더 원대한 계획의 틀 안에서 자신들의 장소에 호기심을 느끼며 불 주변에 둘러앉아 시간을 보냈다. 별과 자신들은 어떤 식으로 관련되어 있을까? 새들은 어떻게, 그리고 왜 하늘과 땅의 중간지대에서 움직이는 것일까? 열과 빛은 어디에서 올까? 천둥과 비는? 그들은 죽음의 의미도 알고 싶었을 것이고, 사후에 우리에게 벌어질 그 거대한 미지의 세계야말로 괴베클리 테페의 기념물들에 대한 가장 그럴싸한 설명이 될 것이다. 그 수렵채집인들은 괴베클리 테페를 건설할 때에 자신들을 둘러싸고 있다는 것은 알지만 통제는 할 수 없는, 보이는 힘과 보이지 않는 힘,

즉 삶과 죽음의 신비를 통제하는 힘과 자신들 간의 관계를 표현하고 있었다. 그리고 이 관계가 가장 생생하게 설명된 곳이 바로 독수리가 인간의 머리를 채가는 모습으로 묘사된 조각 기둥이었다.

괴베클리 테페에 있는 원형의 돌 건축물은 아마도 **제식 중심지**, 아마도 수렵채집인의 제식 중심지였을 것이고, 그것을 짓는 데에 요구된 수고가 정당화될 만큼 중요성이 큰 장소였을 것이다. "그들은 제식 혹은 주술적 목적으로 잔치를 벌이고 어쩌면 술도 마실 목적으로 왔다가, 떠나갔습니다." 클라우스 슈미트는 기둥들이 원형을 이룬 곳의 석회암 바닥 아래에서 인간의 유골이 나올 것이라고 믿었다. 하지만 그것을 발견할 정도로 오래 살지는 못했고, 그가 죽은 뒤에도 밝혀진 것은 없다. 인간의 두개골은 유적지의 다른 곳에서 발견되었다. 그중의 몇 개에는 문양이 새겨져 있었고, 다른 것들은 깨끗이 문질러져 있었다.

괴베클리 테페에서 무슨 일이 일어났건—그리고 두개골에 대한 것을 비롯한 수수께끼들이 풀리기까지는 몇 년이 걸리겠지만—그것은 인류의 발전에서 결정적인 순간이었다. 또한 그것은 신석기 혁명이라고 불리는 사건이 진화의 과정 이상이었음을 입증하는 단서일지도 모른다. 괴베클리 테페의 수렵채집인들이 제식 중심지를 건설하는 한편으로 생계를 꾸려가야 했던 것도 그 때문이었을 것이다. 언덕에서 발견된 유골의 대부분은 야생동물들의 뼈지만, 가까운 곳에서 옥수수가 재배되고, 소, 양, 돼지들이 주변에서 가축화되었음을 보여주는 증거가 발견된 것도 같은 이유 때문이었을 것이다. 어쩌면 그들은 시간이 가면서 수렵채집이 되는 모든 것을 고갈시켰을 수도 있고, 기후 변화를 겪었거나, 아니면 모종의 충해蟲害를 입었을 수도 있다. 무슨 일이 일어났건, 그들은 그로 인해 동물을 가축화하고 식물을 재배할 수밖에 없었다. 어쩌면 제식도 식량 재배와 관련된 것이었을 수 있다. 그에 대한 전모가 무엇이든, 1만1,000년 혹은 1만2,000년 전 괴베클리 테페에서 농업의 진화와 문화의 혁명이 일어났고, 그 변화의 동인이 이동하며 살았던 사람들이라는 점은 분명하다.

역사의 고속도로

그 발견에는 결과가 있고, 이는 역사학자 필리페 페르난데스-아르메스토가 가장 잘 표현한 개념과 관련이 있다. 그가 수차례 이야기했듯이, 역사는 "유적 속에서 골라낸 길"이다.[4]

매끄러운 표현이다. 길과 유적을 조합하면 고속도로 같은 무엇인가가 머리에 떠오르니 말이다. 신사숙녀 여러분, 이쪽으로 오시죠. 이 길을 그냥 따라가십시오, 그러면 고대 이집트의 피라미드와 무덤들로부터 그리스의 신전과 극장들로, 영광에 찬 제국 로마를 거쳐 비잔티움으로, 아름다움의 극치를 이룬 르네상스와 나아가 오늘날의 세계로까지 유쾌하고 기운차게, 그리고 일사천리로 이동할 수 있을 것입니다. 그렇게 수 세기를 보내고 나면 고속도로를 잠시 벗어나 중국의 시안, 앙코르와트, 마추픽추, 치첸이트사를 비롯한 여러 장소들도 들러볼 수 있을 것입니다. 그래도 부디 주된 경로는 벗어나지는 말아주세요. 어느 정도는 불기피하게 기독교 서구가 이룬 업적으로 인도될 테니까요. 서구의 대형 박물관들은 대부분 처음부터 이 역사의 고속도로에 따라 설계되었다. 박물관들의 다수는 아직도, 우리가 발을 들여놓는 도시들—파리, 런던, 뉴욕, 베를린, 그 밖의 서양 도시들—이야말로 위대한 과거 문화의 가장 좋은 모든 것들이 망라된 곳이라는 느낌을 안고 관람객들이 박물관을 떠나도록 조장한다. 우연히 그 도시들에 살고 있다면 더욱 좋다. 거리로 나서기만 해도 세계에서 서구 사람들이 차지하는 중요성을 느낄 수 있을 테니 말이다.

그러나 서구 사람들에게 아무리 매력적이고 우쭐한 기분을 안겨주더라도 그런 식으로 역사를 바라보는 태도는 식민지주의의 잔존물일 뿐이다. 그것은 또한 기념물을 만든 사람들, 그리고 특히 문자 기록을 확립하고 남긴 사람들을 지속적으로 편애하는 행위이기도 하다. "고속도로 역사highway history"는 건축—너무도 많은 문명을 판단하는 기준—이라고 하면 으레 정착 생활을 떠올릴 것이라는 전제를 바탕으로 한다. 수메르인들도 정착해서 지구라트를 세웠고, 이집트인들도 정착하여 피라미드를 축조했으며, 르네상스 유럽의 영광, 신고전주의의 장려함, 우리 시대의 건축학적 경이에 이르기까지 그 현상은 계속되었다는 것이다. 그 가정을 뒤집은 것이 괴베클리 테페였다. 서늘하도록 아름다운 세계 최초의 석조 건축물(물론 언젠가는 이보다 빠른 시기에 지어진 건축물도 발견될 것이다)이, 그 주변에서 살거나, 심지어 어느 한곳에 머물러 살지도 않았던 사람들, 유목 생활을 영위한 사람들에 의해서 창조되었으니 말이다.*

만일 "고속도로 역사"가 멤피스에서 바빌론, 아테네에서 로마, 베를린

---

* 나는 슈미트 교수와 이에 대해 더 논의할 기회를 가지지 못했고, 그가 제안한 대로 그 고대 유적지를 함께 걸어보지도 못했다. 예순 살의 그가 런던에서 독일로 곧장 돌아가, 수영을 하러 갔다가 치명적인 심장발작을 일으켰기 때문이다.

에서 뉴욕, 런던, 도쿄, 베이징에 이르는 도시들에서 기념물을 지으며 정착해 살았던 사람들의 업적을 찬양한다면, 동시에 그것은 세계를 가볍게 돌아다녔고 기록이나 유적을 거의 남기지 않은 사람들을 차별하는 셈이 된다. 대부분이 유목민인 그들을 고속도로 역사의 관람객이 존중할 가능성은 희박하기 때문이다. 만일 그들이 물리적으로 남긴 것이 그들 덕분에 수천 년 동안 고스란히 보존될 수 있었던 돌무덤, 동굴 벽화, 정원, 과수원 혹은 숲이 "전부"라면 고속도로 역사의 관객은 그들을 완전히 도외시했을 수도 있다. 물론 그들을 누락시킨 데에는 이유, 특히 기념물이나 필사본을 남기지 않은 사람들에 대한 역사서술이 힘들기 때문이라는 이유도 있다. 하지만 다수의 유목민들은 최소한 그들의 이야기를 남겼거나 아니면 보존했다. 그중에는 실제로 일어났던 사건과 관련이 있는 것도 있고, 완전히 공상인 것도 있지만, 그 둘의 중간지대에 걸쳐진 것들도 많다. 문자가 발명되기 이전의 모든 인간들이 그랬듯이, 유목민들도 그들의 역사, 신화, 자아의식의 소멸을 막고자 이야기를 했다. 야생동물들의 울음소리가 밤을 가득 채우고, 별들이 밤하늘에 설탕처럼 흩뿌려져 있을 때 불 주변에 앉아 세계와 세계 속에서의 그들의 위치를 가늠해보려고 시도하는 이야기를 했을 것이다.

구전口傳에는 문화가 사라지면 그들이 나눈 이야기도 함께 사라진다는 명백한 위험이 있다. 괴베클리 테페에도 그런 일이 일어났던 것 같다. 우리가 정주민인 고대 이집트인들에 대해서 많은 사실을 알 수 있었던 것은 그들이 기념물을 **축조하고**, 매해 일어난 나일 강의 홍수 수위에서부터 파라오들이 거둔 업적과 무덤 도굴꾼들이 행한 시시한 절도에 이르기까지 모든 것을 기념하고—문자 그대로 함께 기억하기 위해서—기록을 남겼기 때문이다. 하지만 기원전 6세기의 방랑하는 페르시아 아케메네스 왕조의 왕들은, 당시로서는 세계 최대였던 제국에 관한 석판도, 양피지 문서도 거의 만들지 않았다. 그와 같은 기록의 결핍은 학식 있는 사람들에게 자주 과실로 비쳐졌는데, 이는 우리가 고대 페르시아보다는 고대 이집트를 더욱 흥미롭고 중요하게 "평가하는" 경향을 띠는 이유 중 하나이기도 하다. 그리고 19세기의 유럽 식민주의자들이 그랬듯이, 그것이 극단으로 치우치면서 피라미드나 파르테논에 비견될 만한 것을 짓지 못했다는 이유로 사하라 사막 이남 아프리카 사람들은 역사가 없고 주목할 가치가 있는 그 어떤 것도 이룩하지 못했다고 주장하는 일도 가능해졌다. 이는 세계의 북반구와 특히 서구가 식민지주의의 주요 동력이었던 그릇된 우월감을 가지도록 조장했다. 호모 사피엔스도 대부분의 기간을 돌아다니며 살았고, 우리 대부분도 읽거나 쓰지는 못해도 장문의 시, 다량의 정보, 방대하고 다층적인 이야기를 기억할 수 있다는 사실은 간과되었다. 『일리아스*Ilias*』와 『오디세이아*Odysseia*』와 같은 매혹적인 서구의 문학 작품들도 문자로 기록되기 이전의 수 세기 동안은 기억으로 전해졌으며, 『코란』 역시 당시에는 동굴에서 묵상하는 무학의 일개 상인이었던 예언자 무함마드가 기억해둔 것을 그가 죽은 뒤 무슬림들이 글로 기록했다고 알려져 있다.

따라서 유적으로 통하는 길로 역사를 바라보는 태도에서 벗어나기 위해서는 일련의 이야기들을 따라가면서 신화에서 전설로, 전설에서 입증할 수 있는 사실로 이동할 채비를 하고, 가장 깊숙한 역사에서부터 우리가 사는 시대로 여행을 해야만 한다. 여행은 반드시 해야 한다. 우리가 여행의 필요성을 아는 것은, 우리 개개인의 삶이 자궁에서 빛으로 나가는 짧고 지극히 위험한 여행에서, 그 빛의 세계로부터 영원한 어둠으로의 이동으로 끝나기 때문이다. 그 순간들 사이에 우리는, 그 또한 자체적으로

쉼 없이 움직이는 행성 너머의 햇빛과 달빛으로 들어간다.

우리의 토대가 되는 이야기들을 방랑하며 자연계와 관계를 맺어온 사람들의 경험과 결부시키는 일은 이런 움직임의 배경을 통해야만 비로소 적절해 보인다. 삼나무 숲으로 갔다가 지하 세계로 가고 그곳에서 다시 우루크로 돌아올 때 길가메시가 그랬듯이, 홍수가 나자 마른 땅을 찾을 수 있기를 바라며 물 위에 방주를 띄울 때 노아가 그랬듯이, 또는 트로이 전쟁이 끝난 뒤 길고 긴 귀향길에 올랐던 오디세우스가 지중해 전역을 누비고 다닐 때 그랬듯이. 부처 역시 열반에 들기 전 마지막 생의 45년을 여행하며 진리를 전파하면서 보냈고, 모세와 이스라엘 백성들도 40년이나 사막을 가로지른 뒤에야 약속의 땅에 다다랐으며, 예언자 무함마드도 마법의 말을 타고 예루살렘에 갔고, 오스트레일리아의 원주민들도 걸어가며 노래의 길songlines을 소리 높여 노래했다. 힌두교 신들 중 라마와 동료 신들도 힌두 신화들 속을 여행했으며, 천둥의 신 토르도 염소가 모는 전차를 타고 요툰헤임으로 거인을 찾아 나섰다. 원거리 여행자 구드리드를 뜻하는 구드리드 토르뱌르나르도티르(980년경 아이슬란드에서 태어난 노르드인 여성 탐험가/역자) 역시 10세기에 아메리카 대륙으로 항해했다. 그로부터 400년 뒤에는 제프리 초서의『캔터베리 이야기The Canterbury Tales』에 나오는 순례자 29명이 캔터베리 성당에 모셔진 지복의 순교자로부터 축복을 받기 위해 걷기도 하고 말을 타기도 하면서 봄에 길을 떠났으며, 티무르가 유라시아 일대를 누비고 다닐 때 잉글랜드에서 집필 활동 중이던 윌리엄 랭글런드도, "귀 기울일 만한 경이로움"은 집의 농장이 아닌 나라 밖에서 일어난다는 이유로 양치기 복장을 하고 "세상을 널리" 다니기로 한 농부를 소재로, 유명한 이야기『농부 피어스Piers Plowman』를 쓰기 시작했다.[5] 절름발이 전사에 관한 아메리카 원주민 어래퍼호족의 전설 또한 말[馬]이 들어오기 전에 젊은이들이 야생동물을 사냥하러 서부의 산맥을 향해 걸어서 출발하며 시작되고, 체로키족 이야기도 여행을 떠나는 영웅과 함께 첫 막을 연다. 상사병에 걸린 시인 마즈눈도 아라비아 사막으로 들어가 라일라에 대한 금지된 사랑을 시로 적는다(아랍과 무슬림 문화권에 전설처럼 전해 내려오는 비극적 사랑 이야기 "라일라와 마즈눈" 이야기이다/역자). J. R. R. 톨킨의 작품에 나오는 호빗 빌보 배긴스도 "그가 길을 떠날 때면 통상적으로 휴대하는 그 어떤 것도 소지하지 않은 채" 갑자기 길고도 색다른 여행길에 나선다.[6] 여행은 규칙의 예외가 아니라 규칙이다. 그리고 친구 또는 친척 등 가까운 사람들과 여행해본 사람은 알겠지만, 우리는 모두 여행에 다르게 반응한다. 심지어 여행에서 같은 순간을 공유해도 우리의 반응은 다르다. 이 다름은 노마드와도 관련이 있다.

DRD4-7R

2008년 6월 미국 노스웨스턴 대학교의 유전학자들을 비롯한 여러 교수들로 구성된 연구진이 논문 한 편을 발표했다. 그것은 케냐의 유목민족에 대한 고찰을 담은 것으로, 우리 개개인에게도 다양한 의미를 지닐 수 있고, 방랑에 반응하는 우리의 태도에도 영향을 미칠 수 있는 논문이었다. 이 정도의 전문성을 가진 논문이 통상적으로 기대할 수 있는 최선은 학계라는 거대한 호수에 이는 잔물결이 고작이다. 그런 연구 논문은 전 세계의 대중 잡지와 신문들에 실리지 않는 것이 보통이기 때문이다. 그런데 이 연구 논문은 실렸다.

케냐 북부에 사는 아리알 부족은 규모가 큰 렌딜레와 삼부루 부족의 자손들이다. 이 두 부족은 사용하는 언어도 다르고 생계도 마찬가지로 분리해 꾸려간다. 이들 중 일부는 저지대에서 낙타, 염소, 양을 치며 이동하는 삶을 살고, 다른 일부는 고지대에 정착하여 작물을 재배하고 아이들을 학교에 보낸다.

노스웨스턴 대학교의 연구자들은 이들 정주민과 유목민 집단의 유전자를 분석해 하나의 패턴을 발견했다. 각 집단의 아리알 부족민들 중 대략 5분의 1이 DRD4-7R이라는 변이 유전자의 보유자였던 것이다. 유목민으로 사는 아리알 부족민들 중에서는 7R의 유전적 변이체를 보유한 사람들이 그렇지 않은 사람들보다 영양 상태도 좋고 체력도 강했다. 하지만 정주민인 아리알 부족민들 중에서는 7R 유전자를 가진 사람들이 다른 부족민들에 비해 영양 상태도 열악하고 체력도 약했다.

그 논문의 책임 연구자들 가운데 한 사람인 인류학자 댄 아이젠버그는 그것을 이렇게 설명했다. "사람들에게서 나타나는 다양한 성격들 중에는 상황에 따라 진화에 도움이 되기도 하고 해가 되기도 하는 것들이 있다."[7] 7R 변이 유전자도 어떤 정황에서는 유목민에게 더 건강하고 행복해지는 쪽으로 이롭게 작용하지만, 다른 정황에서는 영양이 부족하고 불행해지는 쪽으로 유도될 수도 있다는 말이었다. 그렇다면 여기에서는 무슨 일이 벌어지고 있는 것일까?

DRD4(도파민 D4 수용체/역자)는 우리에게 만족감이라는 보상을 주어 무엇인가를 기억하게 만드는 뇌의 화학물질인 도파민의 분비를 제어한다. 도파민이 주는 만족감은 우리로 하여금 이익과 보상을 추구하게 만듦으로써 진화에서 결정적 역할을 했다. 운동을 하거나 맛있는 음식을 먹을 때, 주위 환경에 마음이 동할 때, 유원지에서 무서운 놀이기구를 탈 때, 사회적 상호 작용이나 성sex 축제에 빠져들 때, 우리의 뇌에서는 도파민이 분비된다. 도파민은 심박수에서부터 콩팥의 기능, 우리가 고통을 다루는 방식과 수면의 질에 이르기까지 모든 것에 영향을 주며, 우리가 성취한 일에 만족감을 안겨준다. 우리가 같은 경험을 되풀이하여 더 많은 도파민을 분비시킴으로써 그 도취감이 계속되도록 하는 것도 그 때문이다. 이 부분에서는 흔히 "중독"이라는 용어가 사용되지만, 모든 약품은 양을 늘리고 싶도록 수용체를 조종하기 마련이다. 하지만 우리는 이것에 저항할 수 있다. 저항하느냐 저항하지 못하느냐는 우리에게 달려 있다. 우리 중에 무엇인가에 금세 빠지거나 욕망에 휘둘리는 사람이 있는가 하면, 운동과 놀이 그리고 위험을 무릅쓰는 일에 집착하는 또다른 사람들(어떤 때는 같은 형질들에서도 이런 일이 나타난다)이 있는 것도 부분적으로는 이것으로 설명이 가능하다. 도파민은 우리가 최강의 유목민이 되도록 도울 수도 있다. 하지만 최강의 유목민이 되기를 바라지 않더라도, 그것에 관심을 가질 수는 있다. 유목민인 아리알족이 그들 부족 중 최고의 영양 상태와 최강의 체력을 가지도록 일조한 그 변이 유전자는 학습 능력에도 영향을 미치기 때문이다.

우리는 20명 중의 1명, 우리 아이들은 5명 중의 1명이 주의력결핍 과잉행동장애ADHD를 앓는 것으로 알려져 있다.[8] ADHD는 집중력과 주의력 그리고 행동 통제, 그중에서도 특히 과잉행동의 통제에 어려움을 겪는다. 학동들에게 이는 큰 문제이다. 학교가 질서를 필요로 하는 곳이다 보니, 그냥 그러고 싶다는 이유로 부산스럽게 굴거나 수업 중에 자기 기분에 따라 불필요한 말을 하거나 노래를 부르면, 대다수 교사들은 그 행동에 서툴게 반응하기 때문이다. ADHD가 장애로 간주되는 이유도 부분적으로는 이런 측면에서 기인한다. 하지만 아이젠버그 박사에게는 ADHD를 바라보는 또다른 방식이 있다. 그는 그것을 질병으로 보지 않는다. 그에게 그것은 "적응 요소를 가진 어떤 것"이다. 유목적 환경에서 누군가가 그 변이 유전자를 가지고 있다면, 그 사람은 소 도둑으로부터 가축 떼를 더 잘 보호하거나 음식과 물을 발견하는 데에 유리할 수 있다. 그러나 "같은 성향이라도 학교에서 집중하거나, 농사를 짓거나, 물건을 파는 것과 같이 정주민이 수행하는 일에서는 (그 유전자를 가진 것이) 유리하지 않을 수 있다."[9] 즉, 7R 변이 유전자는 아리알족 소년들과 이동하는 사람들에게는 유용할 가능성이 높지만, 미국 초등학생들과 정주 생활을 하는 사람들에게는 문제가 될 소지가 높다.

DRD4-7R이 "유목민 유전자nomadic gene"라고 불리는 것도 이 때문이다. 아이젠버그 박사는 비록 그 호칭이 비과학적이고 도움도 되지 않는다고 간주하지만, 이 표현은 아리알족 중에 영양 상태도 좋고 성공한 유목민이 있는 한편 그렇지 못한 유목민도 있는 이유를 설명해준다. 또한 그것은 다수의 록스타와 팝스타들이 왜 공부에 뜻이 없어 학교에서 힘든 시간을 보냈는지도 설명해준다. 데이비드 보위(영국의 싱어송라이터/역자)가 "나는 집중력의 지속 시간이 매우 짧은 사람이어서, 한 곳에서 다른 곳으로 관심의 대상이 매우 빠르게 옮겨 갑니다……"라며 인정했듯이 말이다.[10] 유목민 유전자는 더 나이 든 사람들이 보이는 행동, 즉 그들 중에도 왜 어떤 사람들은 방에 가만히 앉아 있으면 이내 따분해하는지에 대한 설명도 제공한다. 당신이 만약 여기에 해당된다면 당신은 그것을 유전적

특질과 연관시킬 수도 있다. 한편 진화 탓을 할 수도 있다. 1만2,000년 전 일군의 우리가 괴베클리 테페에 모여 기념물 축조를 시작하기 전, 우리 모두는 이 유전적 변이체와 아마도 그것이 촉진한 듯한 다양한 생각과 반응들이 생존에 유용했을 뿐 아니라 심지어 생존에 필수적이기도 했을 곳에서 방랑하는 삶을 살았기 때문이다.

우리 대부분은 그때 이후로 정착 생활을 했다. 지난 세기에 우리 대부분은 크고 작은 도시들에 정착했고, 우리의 삶의 방식은 자연계를 떠나 벽 안에 사는 형태로 극적으로 달라졌다. 이러한 변화는 우리 중 일부를 사악한 인간, 신뢰할 수 없는 동반자, 마약 중독자, 스릴을 쫓는 사람, 도박꾼, 위험을 무릅쓰는 사람으로 바꿔놓았으며, 또다른 사람들이 탁 트인 도로, 새로운 도시에 대한 기대, 새로운 경관 혹은 다음번에 만날 친구를 고대하며 노마드랜드(유목민의 땅)를 방랑하고 싶은 유혹을 뿌리치기 힘들게 만들었다.

아이젠버그 박사의 연구는 방랑하고 싶은 충동이 우리가 물려받은 유전적 유산의 일부이며, 우리 가운데 3억9,000만 명이나 되는 사람들이 유목민의 변이 유전자를 지니고 있음을 밝혀주었다. 만일 이것이 정말이라면, 이는 오늘날 우리가 행동하는 방식, 지난날을 바라보는 방식 그리고 이어질 이야기에서 유목민이 한 역할을 바라보는 방식에도 영향을 끼쳤을 것이다.

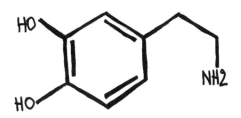

진화론 이야기

내전으로 도시의 많은 지역이 폐허로 변하기 몇 년 전만 해도 시리아의 도시 알레포는 인간이 지속적으로 거주한 세계 최고最古의 도시라는 타이틀을 놓고 시리아의 남부 도시 다마스쿠스와 경쟁을 벌였다. 북부인들의 세련미, 그들의 예쁜 시장, 느긋한 즐거움, 어렴풋이 모습을 드러내는 성채, 도시의 연혁을 말해주는 켜켜이 쌓인 유적층을 즐긴 사람으로서 나는 언제나 다마스쿠스가 알레포보다는 그 타이틀을 거머쥘 확률이 높다고 생각했다. 그것은 먼저 다마스쿠스가 초기 정착민들에게 가장 중요했을 두 요건, 즉 산 아래와 강 옆에 위치해 있기 때문이다. 또다른 이유는 다마스쿠스가 로마와 다수의 다른 지역들의 건국 신화처럼 도시의 시원始原에 두 형제가 연루된 매우 흥미로운 역사를 가지고 있기 때문이다. 이 이야기는 건국 신화는 아니지만, 태초와는 분명히 연결되어 있다. 그리고 이야기 속 형제 중 한 명은 유목민이었다.

다마스쿠스는 가장 높은 지대에 숙박비가 가장 저렴한, 세계에서 몇 안 되는 도시들 가운데 하나이다. 그곳의 고대 석벽에서 등을 돌려 바라다 강을 건너고, 활기찬 식품 시장을 가로질러 12세기의 인물인 수피즘의 대가 이븐 아라비의 무덤이 있는 알 살리히야를 지나가보라. 그다음 중후한 타운하우스들과 20세기의 아파트 건물들을 지나, 도시 풍경이 끝나고 도로가 너무 좁아져 가장 날렵한 승합차들만 공동 주택들 사이로 겨우 지나다닐 수 있고, 경사도 가팔라 대다수 사람들은 아직도 걷기보다는 탈것에 의존하기를 선호하는 곳까지 계속 가보라. 그리고 나서는 도로가 끝나는 곳과, 최근에 지어진 가장 조악하기도 한 맨 마지막 집들을 넘어 가던 길을 계속 가라. 그러면 그 집들 너머에 흰색 바위와 관목

숲이 간간이 흩어진 40인 언덕, 즉 제벨 알 아르바인의 붉은 땅이 나올 것이다. 그러면 가파른 경사면에 난 계단 길을 따라 흰 도료가 칠해진 건물들의 소규모 단지로 향하라. 그 일대에 있는 유일한 단지인 데다가, 그 길에는 당신 혼자뿐일 테니 그것을 보지 못할 리는 없다. 단지의 출입구에 다다르면 앞마당이 나오는데, 거기서 동굴의 입구로 들어가면 된다. 피의 동굴Magharat al-Dam이다.

그 장소에 얽힌 전설은 아마도 수천 년 전으로 거슬러 올라갈 듯하다. 14세기에 활동한 모로코의 여행가 이븐 바투타도 아브라함, 모세, 예수, 욥, 롯 모두가 이 동굴 안에서 기도했다고 말한다. 어째서 이곳이었을까? 전설이 이곳을 카인이 아벨을 죽임으로써 세계 최초의 형제 살인이 일어난 장소로 간주했기 때문이다. 동굴로 들어가면 약 800년 전 이븐 바투타가 보았던 "아담의 아들인 아벨(그에게 평화가 있기를)의 피, 하느님이 돌들에 남기게 한 붉은 피의 흔적"을 당신도 볼 수 있을 것이다. "이곳이 그의 형이 그를 죽이고, 그의 시신을 동굴로 끌고 간 장소이다."[11]

이 이야기가 생소하게 느껴질 수도 있을 것 같아 말하는데, 생소하게 들리더라도 걱정하지 않아도 된다. 턱수염 난 동굴 지킴이가 그와 관련된 이야기를 해줄 테니 말이다. 그 이야기에 덧붙여 그는 그 장소와 자기 입맛에 맞는 특정한 내용도 말해줄 것이고, 어쩌면 눈치로 넘겨짚었을 당신의 기분과 당신이 보여준 관대한 태도를 언급할 수도 있다. "아벨은 양치는 자였지만 카인은 농사하는 자였더라." 이야기를 마친 뒤에는 아직도 그의 붉은 피가 얼룩져 있는, 동굴에서 살해된 유목민 동생의 영혼을 위해 기도해달라는 권유를 받을 것이고, 그다음에는 지킴이 자신의 재정적 구원에 동참해달라는 권유를 받을 수도 있다. 하느님의 뜻으로!

이제 신석기 혁명을 신석기 진화Neolithic Evolution라고 부르기로 하자. 혁명은 본래 빠르고, 농사는 서서히 발달하는 것이니 말이다. 기원전 9000년대 중엽에 괴베클리 테페에서 건설이 시작되었을 때 그 일을 행한 사람들은 거대한 석판을 자르고, 옮기고, 일으켜 세울 시간이 있었던 수렵인과 채집인들이었다. 어쩌면 그들 중 일부는 공사가 진전됨에 따라 사냥에만 매진했을 수도 있고, 다른 누군가는 채집, 식량 생산, 채석, 돌 장식 등등을 했을지도 모른다. 그러고 나서 기원전 8000년 무렵 그 신성한 언덕은 버려졌다. 현 시점에서 그렇게 된 이유를 밝히기란 불가능하다. 하지만—아마도 혜성이나 하늘에 출현한 다른 불가사의한 현상이었을 것 같은데—어떤 조짐이 되었든, 식량, 물 또는 질병의 만연과 같은 무시할 수 없는 현실이 되었든, 그렇게 된 데에는 모종의 중대한 이유가 있었던 것이 틀림없다. 이유가 무엇이었든 그곳은 그 많은 시간과 정력을 소진시키고, 그만한 창의력을 필요로 하고, 인간 경험의 범위를 변화시키고는 돌연 매력을 상실하여 사람들이 떠나간 장소가 되었다.

괴베클리 테페는 적어도 1,500년 동안 사용되다가 버려졌고, 그것은 당신과 나로부터 마지막 로마 황제의 퇴위로까지 거슬러 올라가는 시간의 간극과 같다. 그때 일어난 신석기 진화, 혹은 농업의 진화로 인간의 삶의 방식이 바뀌었다. 어쩌면 진화는 괴베클리 테페가 버려진 이유와도 관련이 있을 수 있다. 사람들은 괴베클리 테페에서 처음에는 1년에 고작 한두 차례 제식을 거행했을 것이다. 그랬던 그들이 나중에는 그곳을 항구적으로 점유하고 대규모 잔치를 벌이기 위해서 150리터들이 통에 들어갈 맥주를 양조하기에 족한 기술을 터득한 것이다. 하지만 괴베클리 테페 시대가 목격한 가장 중요한 변화는 농업의 시작이었다.

외알 밀Einkorn wheat의 첫 품종은 맑고 화창한 날이면 괴베클리 테페의 꼭대기에서 자리는 뽕나무에서도 보이는 검은 산Karadag 지역에서 작물화되었다. 이어 완두콩, 올리브의 작물화와 양과 염소의 가축화가 뒤따랐는데, 이것들 모두 이 지역에서, 그것도 성역이 여전히 소중히 다루어지는 동안에 이루어졌다. 괴베클리 테페가 버려지고 수천 년이 지난 뒤에는 중국 사람들이 벼와 기장을 작물화하고, 돼지와 누에를 길렀으며, 인더스 강 유역에서는 참깨와 가지를 경작하고 낙타를 가축화하기 시작했다. 기원전 6000년 무렵에는 나일 강 유역 농부들이 무화과나무와 타이거너트를 기르고 당나귀와 고양이 길들이는 법을 터득했다.

농업의 확산은 야생 식량의 채집을 더욱 어렵게 만든 온난화, 즉 기후 변화를 비롯해 다수의 요인들에 의해서 추동되었다. 채집할 수 있는 식량도 감소했다. 수렵채집이 풍요롭던 시대에는 인구가 증가했고, 이는 괴베클리 테페와 다른 신석기 중심지의 탄생으로 이어졌다. 그러자 더 많은 사람들이 먹을 더 많은 식량이 필요해졌고, 그것은 불가피하게 더 많은 수렵과 사냥할 수 있는 동물이 감소하는 결과를 낳았다. 그 밖에 특히 아메리카 대륙과 오스트레일리아를 비롯한 다른 지역에서도 동일한 현상이 벌어져 야생동물의 개체수가 급감했다. 우리는 멸종을 우리 시대에 우리가 야기한 문제라고 생각하지만, 지구상의 대형 짐승들 중 절반 정도를 차지했던 거대한 검치호랑이와 우람한 땅늘보는 괴베클리 테페에 동물 조각 기둥이 세워질 무렵에 이미 사냥으로 멸종된 상태였다. 그곳의 성역도 어쩌면 돌에 새긴 일종의 회한문悔恨文이었을지도 모른다.

이런 관점에서 보면 농업은 인류에게 거대한 도약이 아니었을 소지가 있다. 그보다는 자신들이 거둔 성공으로 식량 공급이 대폭 줄어든 수렵채집인들이 취할 수 있는 유일한 선택, 필사적인 위기관리였을지도 모른다. 만일 그랬다면 괴베클리 테페가 버려진 이유도, 그 장소를 유지하는 데에 필요했던 공동체를 지탱할 만한 식량이 더는 충분하지 않았기 때문일 수도 있다. 슈미트도 일종의 낙원에서 인생을 즐기는 그 언덕과 주변 지역 사람들에 대해 이야기했다. 괴베클리 테페가 지어진 초기의 이야기였다. 그러다 기원전 8000년 무렵 그들은 그 낙원을 완전히 거덜 냈을지도 모른다. 만일 일이 그렇게 된 것이라면, 그들이 그곳을 떠난 일은 에덴이라는 낙원으로부터의 추방의 반복, 요컨대 인간 타락의 또다른 버전, 또다른 기나긴 여정의 시작이었을 수 있다.

괴베클리 테페의 난민들도 아담과 이브의 자녀 이래로 지구상의 모든 지역 사람들이 직면한 똑같은 도전에 맞부딪혔다. 바로 어떤 종류의 농업에 종사할 수 있을까라는 문제였다. 주어진 강우 조건과 관개용수로 무엇을 재배할 수 있는지는 시행착오를 통해서 가려냈다. 농부들은 대부분의 방책을 각자 세우고, 알곡과 씨앗을 비축물 혹은 밑천으로 갈무리하여, 가능한 한 많은 양의 수확물을 감춰두었는데, 이것이 문제의 발단이었다. 「창세기」 4장 3-5절에는 그때의 정황이 이렇게 적혀 있다. "때가 되어 카인은 땅에서 난 곡식을 야훼께 예물로 드렸다." 그 정도면 충분했을 것 같다. 그런데 "아벨은 양떼 가운데서 맏배의 기름기를 드렸다. 그런데 야훼께서는 아벨과 그가 바친 예물은 반기시고 카인과 그가 바친 예물은 반기시지 않으셨다."

　나는 늘 이 심판을 가혹하다고 생각했다. 하느님은 왜 카인의 제물은 받아들이지 않았을까? 왜 형제간의 경쟁을 부추겼을까? 그에 대해서는 여러 가지 해석이 가능하며, 카인의 종교적, 도덕적 불확실성을 지적하는 것도 그중의 하나이다. 하지만 또한 그 심판은 방랑하는 부족의 신이 땅의 경작자들보다는 유목하는 목축업자들을 더 좋아했음을 보여주는 하나의 사례일 수도 있다. 아벨의 제물을 더 좋아한 숨겨진 논리가 무엇이든, 「창세기」의 저자 역시 카인이 아벨을 죽인 사건은 양치기와 경작자들, 유목민과 정착민들의 이해충돌이라는 신석기 진화의 결과가 두드러지는 살인이었음을 알았던 듯하다. 그 결과를 알기 위해서 「창세기」로 돌아가보면, 하느님은 카인에게 땅은 그에게 쉽사리 "효력"을 주지 않을 것이고, 그는 추방자가 되어 에덴의 동편을 떠돌 것이라고 말했으며, 카인은 그곳에서 첫 번째 도시를 세워 그의 아들 이름인 에녹의 명칭을 붙였다고 나와 있다.

기원전 5세기의 그리스 역사가 헤로도토스는 "누구나 자기 나라의 관습이 가장 뛰어나다고 믿는다"라고 말했다.[12] 신석기 진화가 이루어지기 전까지, 인간들이 에덴동산을 떠나 농사를 시작하기 전까지, 카인과 아벨 그리고 땅에서 난 곡식과 양의 첫 새끼 가운데 어느 것이 더 제물로 적합한지의 심판이 내려지기 전까지 지구에는 일군의 관습만이 있었고, 살아남을 방법도 하나밖에 없었다. 바로 수렵과 채집이었다.

한 계절에서 다음 계절로 넘어갈 때 괴베클리 테페 사람들과 지구상의 수렵채집인들, 수십만 명의 근동 수렵채집인들이 돌연 이동하기를 멈추고 토지를 경작하기로 마음먹는 일을 상상하기는 쉽다. 하지만 그런 일은 벌어지지 않았다. 오래된 방식은 밀의 재배로 중단되지 않았다. 일례로, 괴베클리 테페의 건축이 시작되기 오래 전부터 일부 공동체들은 동굴과 기본 주거지를 터전으로 삼고 고기를 찾아 배회하면서 부분적으로는 정착 생활을 했다. 반면 밀의 작물화와 염소의 가축화가 이루어지고 오랜 시간이 지난 뒤에도 수렵채집인들은 지금의 아나톨리아, 나일 강 유역을 비롯한 여러 지역을 여전히 방랑했다. 하지만 농업과 그에 따르는 정착 생활, 그리고 그 덕분에 가능해진 잉여 식량으로 인간이 살아가는 방식은 근본적으로 바뀌었다.

수렵채집인들은 우리로서는 동떨어진다고 생각할 만한 삶을 살았다. 그들은 2.5제곱킬로미터당 10명 이상의 집단을 이룬 적이 드물었다. 식량이 부족해 그 이상은 먹여 살릴 수 없었기 때문이다. 필리핀의 마닐라 같은 현대의 인구 밀집 도시에서는 동일한 면적에 20만 명에 가까운 사람들이 살고 있다. 그렇게 인구 밀도가 높은데도 굶주리거나 이웃과 식량 쟁탈전을 벌이지 않아도 되는 이유는 여분의 식량을 생산해 필요할 때까지 그것을 저장하고 보관하는 능력이 있기 때문이다. 그것이야말로 인류가 거둔 위대한 업적, 우리가 진보했다고 말할 수 있는 주요 요인들 중 하나이다. 정치인들이 국민의 먹을 권리 보장을 직분으로 삼지 않으면, 그것은 계속해서 정치인들의 정치 생명을 좌우하는 필수 요소로 남게 된다. 고대 로마로부터 프랑스의 앙시앵 레짐에 이르기까지 식량 제공에 실패한 통치자와 정권들은 하나같이 몰락했다. 이 시대에도 경제의 건전성을 알아볼 수 있는 가장 확실한 방법은 우리 식탁에 음식을 걱정 없이 올릴 수 있느냐의 여부이다. 오랫동안 끄떡없이 버텨온 몇몇 정권들의 붕괴로 이어진 2011년 "아랍의 봄" 역시 식량 가격의 급등과 튀니지의 과일 행상인인 모하메드 부아지지의 자살로 촉발되었다. 그러나 잉여 수준에 폭발성이 잠재되어 있다고 해도 잉여는 정착민의 공동생활을 가능하게 했다.

차탈회위크

「창세기」의 저자는 에덴의 상실과 첫 번째 도시의 건설 사이에 일어난 일을 400단어로 기술했다. 그러나 차탈회위크에서도 뚜렷이 나타나듯이, 그 과정은 길고도 복잡했다. 차탈회위크는 오늘날 우리가 이해하는 형태의 도시는 아니었다. 그곳은 괴베클리 테페(그곳이 지닌 유일한 문화적, 종교적 용도까지 포함하여)와 카인의 도시 에녹 사이의 어딘가에 놓인 개발 조성지, 원도시proto-city였다.

괴베클리 테페가 버려지고 약 500년이 지난 기원전 7500년경, 정착민들은 지중해에서 160킬로미터 정도 떨어진 차르샴바 강과 가까운 아나톨리아 평원의 언덕에 주거지를 조성했다. 그들이 지은 흙벽돌집에는 1층 출입구가 없었고, 집들 사이에도 길이나 통로가 없었다. 평평한 지붕이 길 역할을 하고, 지붕 덮개를 통해 아래쪽에 위치한 집으로 들어가는 구조의 진흙 상자들이 어지럽게 모여 있는 형태였다.

그곳에서 사다리를 타고 내려가 높이가 다양한 구획들로 분리된 너른 공간으로 들어가보라. 그러면 곧바로 사다리 밑에 요리와 난방 겸용의 탄두르(점토로 만든 항아리 가마식 화덕/역자) 혹은 피자 화덕같이 생긴 화덕이 나올 것이다. 흙벽과 바닥에도 하얗게 회반죽이 칠해져 있다. 의식의 일환으로 벽에 황소 뿔을 박아넣은 몇몇 장소들도 있다. 그 의식은 이제 효력을 상실했지만, 그 의미는 자연계의 힘과 동물의 피에 대한 사람들의 속죄 욕구와 관련이 있었을 것이다. 이는 그들이 그들의 장소를 자연계와 영계靈界의 미묘한 균형점으로 인식했음을 시사한다.

몇몇 집들에는 인간, 동물, 풍경의 장면들이 옅은 황토색으로 칠해져 있다. 1만 년이라는 세월의 간극이 있는 만큼, 지금의 우리로서는 그곳에서 살았던 가족이 생각한 방식으로는 결코 그 집들을 이해할 수 없을 것이다. 하지만 집이 그들에게 단순히 비바람을 피하고 동물로부터 안전한 오두막을 넘어서는 존재였음은 분명하다. 조상들을 흙바닥 아래에 묻고, 근처에 사는 이웃들과 음식, 노동을 공유하고 어쩌면 교역도 함께하면서 수백 년에 걸쳐 복구와 재건을 되풀이했을 그곳은 8,000명의 사람들이 살았던 집, 혹은 집들이었다. 하지만 괴베클리 테페와 마찬가지로 차탈회위크 사람들도 어느 날(이 경우에는 기원전 7000년 무렵) 갑자기 짐을 싸서 그곳을 떠났다.

원도시는 왜 버려졌을까? 차르샴바 강의 물길이 바뀌어 정주지의 성장이 불가능해졌기 때문일 수도 있고, 정주지와 주변 지역이 인구 증가에 따른 압박을 받았기 때문일 수도 있다. 그렇다면 그들은 사냥감을 쫓고 야생과일을 채취하거나 집을 유지할 만큼 질 좋은 목재를 찾기 위해서 얼마나 더 멀리 여행을 해야 했을까? 그것도 아니면 유행병이 돌았을 수도 있고, 기후 온난화나 한랭화가 찾아왔을 수도 있다. 우리는 납득할 수 있는 이유를 찾는다. 어쩌면 사람들이 그곳을 떠난 것은 멀리서 화산이 분출했거나, 일식이 일어났거나, 달이 붉게 타올랐거나, 혹은 철새들이 돌아오지 않았기 때문일지도 모른다. 경고의 조짐 혹은 상징이 수천 명의 사람들이 조상의 유골과, 남자, 여자, 동물의 모습을 한 봉헌용 형상들을 버려둔 채 집을 떠나도록 확신시켰을 수 있기 때문이다.

떠난 이유가 무엇이건, 그들은 차탈회위크가 세워졌을 때 존재하던 세계와는 사뭇 다른 세계로 이동했다. 괴베클리 테페의 탄생과 그에 뒤이어 식물과 동물의 작물화 및 가축화를 불러왔던 기후 온난화로 시동이 걸린 진화가 그 지역을 바꿔놓았고, 종국에는 세계의 형태도 바꿔놓을 터였다. 진화는 인간들도 바꿔놓았다. 에덴동산 이후의 후기 카인들은 수렵인 및 채집인들과 나란히 밀과 옥수수, 완두콩과 콩이 심어진 밭을 경작했다. 그동안 아벨들은 양과 염소 무리를 이끌었고, 족장 아브라함은 그 사이에서 우르파와 성지가 될 곳 중간에 놓인 비옥한 회랑지대를 따라 자신의 양 떼를 몰아갔다. 아브라함이 양 떼를 몬 방식은 생존에 필요한 것만 지닌 채 가볍게 여행을 다니며 자그로스 산맥 위로 동물들을 이동시키던 바흐티야리 부족민 가족과 똑같았다.

차탈회위크 난민들은 아마도 생존 꾸러미를 훨씬 상회하는 짐을 싣고, 자신들이 정착해 뿌리를 내릴 또다른 장소, 신께 예배드리고 신을 위무할 장소로 이동했을 것이다. 「창세기」에는 카인이 세운 도시 에녹이 그런 장소들 가운데 하나로 언급되어 있다. 그곳에서도 개발이 진행되었다. 새 도시에는 튼튼한 성벽도 있었다.

우루크의 성벽

고대 그리스인들은 그곳을 두 강 사이의 땅을 뜻하는 Μεσοποταμια, 즉 메소포타미아로 불렀다. 아람어, 히브리어, 시리아어, 페르시아어, 아랍어로도 되풀이되는 이름이다. 두 강은 에덴동산에서 갈라져 나온 "강들" 가운데 두 곳인 티그리스 강과 유프라테스 강이고, 강들의 유역과 범람원은 튀르키예 남부에서 쿠웨이트를 거쳐 이란 남서부 바흐티야리 부족민들의 겨울 방목지에까지 이른다. 메소포타미아는 북부는 산악지대, 남부는 습지로 이루어져 있는데, 두 강들 사이의 지대는 엄청나게 비옥한 반면 강들의 동쪽과 서쪽은 점점 사막이 되어가고 있다. 이 메소포타미아에서 정착민은 강으로 향했고 유목민은 사막 주변으로 향했다. 초기에 농업이 번성하고, 그에 따라 도시와 도시가 지닌 대부분의 초기 특징들이 만들어진 장소가 이곳이다. 또한 깊숙한 과거와 역사시대가 만나고, 신화와 전설이 사실과 물리적 증거와 조화를 이루며, 유목 생활과 확실히 대비되는, 세계 최초의 도시들이 세워진 장소이기도 하다.

최초의 도시는 아마도 에리두Eridu라고 불리는 곳이었을 것이다. 초기 사료에 따르면 이 도시는 통치 기간이 2만8,800년에 달한 알룸이라는 왕이 세웠다고 한다. 이후 그를 계승한 아들 알랭가르도 최소 3만6,000년 동안 그곳을 통치했으나, 결국 "에리두는 몰락했다."[13] 에리두가 어디에 있었는지는 여전히 추측만 무성한 상태에서, 바그다드와 페르시아 만 사이의 중간쯤 되는 유프라테스 강 유역에서 우루크의 유적이 발견되었다.* 바로 이곳에서 오늘날 우리가 이해하는 형태의 도시가 기원전 4000년대를 지나며 형성되었고, 도시가 주도한다고 인식되는 삶이 최초로 영위되었다.

5,000년 앞선 괴베클리 테페와 마찬가지로 우루크 역시 수렵인과 목축인들이 두 신을 숭배하러 오는 성지聖地로 시작되었다. 두 신이란 하늘의 신, 성좌星座의 신, "온 우주가 깃들어 있는" 신 등의 호칭을 가진 아누Anu와 아누의 손녀인 인안나Inanna(이슈타르) 여신이다. 아누와 마찬가지로

---

* 우루크는 어쩌면 「창세기」에 언급된 에녹일지도 모른다. 두 이름을 빠르게 말하면 같은 지명일 수도 있겠다는 생각이 들 것이다.

인안나도 호칭과 모습이 다양하지만, 본래 그녀는 다산, 강물의 상승, 활력, 풍요로운 수확, 기름진 양 떼와 관련된 신이었다. 양치기의 신 탐무즈Tammiz와 결혼한 그녀는 개인적이고, 독립적이며, 지배적인 여신이었다. 금성 및 사자와 관련되어 하늘의 여왕으로도 알려졌던 인안나는 여성의 원초적 힘을 체현한 존재였으며, 왕성한 성욕과 아름답고 약탈적 성격을 지닌 다산의 여신이기도 했다. "당신은 양치기, 방목자, 소 떼의 주인을 사랑하고, 그를 늑대로 변모시켰습니다."[14] 한 수메르 시인은 인안나에 대해 그렇게 썼다.

그러다 어느 시점에 누군가가 성역 근처에 아마도 사제를 위한 것이었을 집을 지었다. 이어서 정주지가 형성되었고, 그것이 성장, 확대, 중첩의 과정을 거치면서 많은 집들, 사원 단지, 궁전이 들어섰다. 그리고 높은 성벽이 그 전체 구역을 나머지 세계와 분리시켰다.

성벽 내에서의 삶은 들판에서 경작하거나 언덕에서 가축 떼를 모는 삶과는 매우 달랐다. 성벽 너머에서 함께 살게 되자 사람들의 습관, 의식儀式, 외관이 변했다. 유목민의 천막 생활도 더는 가능하지 않았고, 넓고 탁 트인 지역에 남아 자연의 힘이 베푸는 자비에 기대서 살던 사람들의 애니미즘적 욕구도 더는 채울 수 없었다. 그보다 더 의미심장하고 이 이야기에 본질적 중요성을 가지는 것은, 도시 사람들이 시간을 보내는 활동에 변화가 생겼다는 점이다. 수렵채집인과 목자들은 끊임없이 변하고 진화하는 환경에 맞춰 여러 일을 동시에 처리하는 능력, 유연한 의사 결정 능력이 요구되는 세계에서 살았다. 도시는 이런 팔방미인을 경멸했다. 그보다는 정적이고 예측 가능한 주민을 원했으며, 그런 사람이 되기를 권장했다. 도시는 전문성을 장려했으며, 시민들은 푸주한, 옹기장이, 군인, 남녀 사제 또는 왕이 되었다. 각각의 배역은 늘 엄격했던 위계조직 안에서 자신만의 지위를 보유했다. 주민 대다수의 직업이 갈수록 전문화되자 그들은 도시계에서만 유용한 존재가 되었다. 하긴 관료, 재무 관리자, 회계사, 지붕 이는 사람, 미장이가 자연계에서 무엇을 할 수 있었겠는가? 이후 모든 일은 이런 방식으로 흘러갔다.

우루크가 발달하면서 다른 경계선들도 생겨났다. 충분히 가진 사람들과 더 많이 가진 사람들 사이에서 가장 사악한 본성이 드러났던 것이다. 우루크 성벽 내의 흙벽돌집들은 모두 실내에 수호신을 모신 사당과 곡물, 기름, 그 밖의 썩지 않는 물품을 저장하는 공간을 가지고 있었다. 그런데 나중에 보니, 일부 사람들은 다른 사람들에 비해 기술도 좋고 운도 더 따라 수확도 더 많이 거두고, 흥정도 더 잘하며, 거래에도 더 능하고, 수단과 방법을 가리지 않고 어떻게든 잉여 식량, 의복, 보석류, 여타 재산을 차지했다. 물론 이동성 공동체들에도 부와 동물 자산의 차이는 있었다. 하지만 그 차이는 정주민 사회에 비해서 덜 중요하게 여겨졌고, 차이로 인한 대립도 덜했다. 모든 사람들이 가진 것을 꾸려 옮겨 다녀야 했기 때문에 쟁여둘 수가 없었다. 하지만 다락이나 지하실이 있는 사람은 알겠지만 머물러 사는 삶은 축적하고 싶은 욕구를 부추기기 마련이다. 그리고 그 점에서라면 왕보다 더 많이 축적한 사람은 없었다. 오늘날의 우리가 우리의 지배자들에게 자주 그러듯이, 우루크 사람들도 그들의 지배자가 축적한 부와 힘, 그리고 그들이 자체적으로 취한 특권과 그 남용에 놀랐다. 놀라움은 절망으로 바뀌었고, 사람들은 신과 유목민에게서 해답을 찾았다.

우리가 이 사실을 아는 것은, 가장 오래되고 완벽하게 작성된 먼 과거의 이야기들 중 하나에 우루크의 왕이 "머리를 높이 쳐들고 뽐내는 야생황소"로 묘사되었기 때문이다.[15] 우루크에서 젊은 남자들은 괴롭힘을 당했고, 젊은 여자들은 초야권을 주장하는 왕의 요구를 들어주지 않으면 집으로 돌아갈 수 없었다. 그 옛이야기를 기록한 사람들은 도시 내의 문제를 최초로 다룬 그 이야기에서 도시 내부의 문제를 다루면서 "왕의 횡포가 주야로 더 심해지고 있다"라고 말한다.

침묵의 자식

우루크의 왕 이야기는 오늘날의 바그다드에서 멀지 않은 도시 니네베와 지중해 유역, 그리고 심지어 나일 강 유역에까지 알려져 있었지만, 고대 세계가 지나고 쐐기문자를 판독할 능력이 소멸되면서 사라지고 말았다. 그 이야기가 기록된 점토판은 메소포타미아의 땅 밑에 묻혀 있다가 1840년 니네베 유적과 함께 발굴되었다. 발굴된 점토판 조각들은 런던의 영국 박물관으로 보내졌지만, 1872년 11월 런던의 출판업자 겸 쐐기문자 전문가였던 서른두 살의 조지 스미스가 그것들을 우연히 발견할 때까지는 해독되지 않았다. 박물관 직원 가운데 한 사람에 따르면 스미스는 그이야기의 한 단락이 번역되자 갑자기 "몹시 흥분한 상태로 실내를 껑충껑충 뛰어다니고, 입고 있던 옷을 벗기 시작해 함께 있던 사람들을 놀라게 했다"고 한다. 그러다 흥분이 가라앉고 말을 할 수 있는 상태가 되자,

"나는 2,000년 동안 잊혔던 글을 처음으로 읽는 사람입니다"라고 말했다는 것이다. 잊혔던 "그것"은 우루크의 왕 길가메시에 대한 이야기 몇 줄이 담긴 점토판이었다.

니네베 판본은 길가메시의 권력 중심지가 "양 우리 우루크Uruk-the-Sheepfold"라고 말한다. 이 표현은 사람들이 가축우리, 목책, 울타리, 사유지의 담을 두르고, 가시덤불 장벽을 세우며, 도랑을 파고, 돌을 쌓아올려 육식 동물 그리고 엮이고 싶지 않은 인간들로부터 자신을 지키고 가축도 보호하던 시대를 떠올리게 한다. 하지만 그 서사가 쓰일 무렵에는 이미 그 도시의 목재 양 울타리가 벽돌 성벽으로 대체되어 그 명칭이 어울리지 않았다. 길가메시도 지하 세계로의 여행에서 돌아오는 자신을 고향으로 실어다준 뱃사공에게 "우루크의 성벽을 올라가보라"고 권한다.

우루크의 성벽을 이리저리 걸어보거라! 벽의 토대를 조사해보고, 벽돌을 살펴보거라! 가마에서 구운 벽돌이 아니더냐? 일곱 현인이 토대를 놓지 않았더냐? 도시는 2.5제곱킬로미터, 대추야자 숲도 2.5제곱킬로미터, 점토 채취장도 2.5제곱킬로미터, 이슈타르 여신의 신전은 1.25제곱킬로미터이다. 우루크는 장장 9제곱킬로미터이다!*[16]

점토판의 필경사는 그 웅대한 성벽이 마치 구리로 테를 두른 "양털 가닥 같았다"고 말한다.

우루크의 거대한 성벽으로 모든 것이 바뀌었다. 단순히 우르, 니푸르

---

* 고대 점토판에 새겨진 이 과시적 주장은 고고학자들이 우루크 유적의 둔덕 주변의 바짝 마른 유프라테스 강줄기를 따라 11킬로미터나 뻗어나간 이라크의 한 성벽을 조사하면서 사실로 확증되었다.

(이라크의 남동부에 있던 메소포타미아 고대 도시/역자), 니네베와 같은 경쟁 도시들뿐 아니라 어쩌면 이집트인들로부터도 사람들을 보호해주는 것 이상으로 바뀌었다. 성벽은 도시 사람들—전성기에는 약 8만 명에 달했다—을 "다른 사람들"과 분리시켰다. 규제되고 인공적인 도시 환경을 억제되지 않은 자연의 힘과 구분지었다. 또한 성벽은 미래지향적으로 생각하고 전문화되며 앉아서 생활하는 사람들의 빠르게 진보하는 공동체를, 다양하게 사고하고 애니미즘을 숭상하는 수렵채집인과 유목민의 옛 원시 세계와 멀어지게 했다. 우루크의 성벽은 반反 유목성의 물리적 표명이었다.

성벽은 사람들을 도시 내에 묶어두는 역할도 했다. 그 안의 사람들은 고압적인 왕의 손에 고통받았다. 왕은 이렇게 묘사되었다.

다른 모든 왕들을 능가하는, 영웅다운 위상,
우루크의 용감한 후예, 사납게 돌진하는 야생 황소!
그는 전위에 있을 때는 선봉장,
후위에 있을 때는 전우들이 신뢰할 수 있는 사람이었다!

그런데도 사람들은 왕이 "맹렬한 홍수의 물결"이고, 억제되지 않은 정열을 내뿜었기 때문에 그를 믿지 못했다. 왕은 딸들을 강간했으며, 남자들을 윽박질렀고, 원로들을 모욕했다. 그의 무자비함이 심해지자 우루크 사람들은 절망하여 신들에게 간원했다. **우리를 왕으로부터 구해주소서.** 이에 신들은 왕의 상대역, 야생인간을 창조함으로써 그들의 기도에 응답했고, 그 야만인은 폭군에게 과감히 맞섰다.

엔키두Enkidu는 점토판에 "침묵의 자식"으로 묘사되어 있다. 여신 아루

루Aruru가 찰흙으로 만든 그는 자연계의 원초적 힘이 체현된 존재였다. 또한 성벽을 세워 배척하려고 했던 모든 것이었다.

그는 온몸에 털이 무성하고,
여인처럼 삼단 같은 머리채를 가지고 있다.
그의 머리털은 보리처럼 무성하게 자란다.
그는 아는 종족도 없고, 심지어 아는 나라 하나 없다.
그는 동물의 신神처럼 털북숭이이며,
가젤과 함께 풀을 뜯는다,
물웅덩이에서 짐승들과 함께 장난치고,
물속의 짐승들에 기꺼워한다.[17]

길가메시는 그 자연의 힘과 대결하지 않기로 한다. 대결하는 대신, 인 안나 여신의 여사제일 수도 있지만 점토판에는 "매춘부"로 묘사된 여자, 샴하트를 엔키두가 있는 곳으로 보낸다. 샴하트의 역할이나 경험이 무엇이었든, 앞으로 닥칠 일에 대해 그녀에게 준비된 것은 아무것도 없었다. 그녀는 물웅덩이 곁에서 이틀을 기다린 뒤, 물을 마시러 가축 떼가 오고, 그들과 함께 엔키두가 오는 것을 본다.

샴하트가 허리에 걸치고 있던 옷을 벗는다.
그녀가 음부를 드러내 보이고, 그는 그녀에게 매료된다.
그녀는 움츠러들지 않고 그의 몸 냄새를 맡는다.
그녀가 옷을 펼치자 그는 그녀 위에 눕는다.[18]

엔키두가 성교에 눈뜨는 과정은 흡사 아담과 이브 이야기 같지만, 그보다 더 노골적이다. 옛 점토판에는 "샴하트와 관계할 때 엔키두의 성기가 6일 낮 7일 밤 동안이나 발기해 있었다"라고 적혀 있다. 하지만 그는 금단의 열매를 맛본 대가를 치러야 했다. "가젤들도 엔키두를 보고 달아나기 시작했다. 들판의 짐승들은 그를 피했다." 야생인간은 그들을 뒤쫓으려 했지만, 힘이 빠진 상태였다. 이제 그도 아담과 이브처럼 자연계에서 추방된 것이다.

샴하트가 그를 도시로 이끌며 그와 같이 잘생긴 사람은 신성한 울타리 안에 살아 마땅하다고 알랑거리자, 엔키두는 원시의 숲을 떠나는 것에 회의를 품지도 낙담을 하지도 않는다. 그러기는커녕, 오히려 높은 성벽과 보이지 않는 도시의 미친 왕을 만나 할 일을 생각하고는 아름다운 매춘부 겸 여사제에게 "우루크에서 자신을 뽐내 보이겠다"고 말한다.

샴하트가 먼저 중간 기착지인 양치기들의 집으로 엔키두를 데려가자, 엔키두는 그곳에서 가장 인기 좋고 오래가는 농업의 두 결과물, 빵과 맥주를 집어든다. 맥주 7잔을 들이키고 나자 엔키두는 기분이 좋아져 노래를 부르고 목자들에게 양 우리 우루크로 자신을 데려갈 준비를 시킬 정도로 마음이 유해졌다. 양치기들이 엔키두의 털을 깎았다. 이야기는 계속된다. "이발사가 털이 무성한 그의 몸을 깔끔하게 다듬고 기름을 바르자 그는 인간으로 변했다."

인간이 되었으니, 그는 옷을 입어야 했다.

옷을 입자마자 그는 "전사처럼 변했다."[19]

전사가 되니 무기가 필요했다.

"하늘에서 떨어진 바위처럼" 힘이 셌던 야생인간에서 느려터져 야생동물들과 함께 뛸 수도 없는 인간으로 가축화된 그의 변신은 완벽했다. 그는 이제 도시로 갈 준비가 되어 있었다.

엔키두가 높은 성벽 아래에 도착해보니 마침 혼례 날이었다. 잔치를 보려고 사람들이 광장에 모여 있었고, 그중에는 길가메시가 신랑에 앞서 먼저 신부와 잘 수 있는 자체 특권을 행사하는 모습을 보려는 사람들도 있었다. 왕은 혼례가 치러지는 집으로 향했다. 그런데 가보니 엔키두가 다리로 문을 가로막고 있었다. 두 사람 모두 물러나지 않았고, 이어 싸움이 벌어졌다.

그들은 혼례가 치러지는 집 문간에서 드잡이를 했다.
거리에서도 싸우고, 광장에서도 싸웠다.
문설주들이 흔들리고 성벽이 부르르 떨렸다.[20]

눈에 보이듯 친숙한 이 만남의 장면이 수천 년 전의 점토판에 새겨져 있다니 놀랍기 그지없다. 하지만 그다음에 벌어진 일도 그 못지않게 놀랍다. 길가메시가 자신이 조우한 사람이 호적수임을 알아보고 무릎을 꿇은 것이다. 화를 가라앉힌 엔키두는 길가메시에게 그 모든 권력과 특권을 가지고, 대체 왜 혼례 날 밤에 일반인들이 누리는 큰 즐거움을 빼앗으려 하는지를 물었다. 이 물음에 왕이 대답한 말은 기록되어 있지 않다. 점토판에는 그저 "그들은 서로 입맞춤을 하고 친교를 맺었다"라고만 적혀 있다.

나중에 두 친구는 길가메시의 제의로 삼나무 숲의 나무들을 베고 하늘의 황소를 죽이기 위해 모험을 떠난다. 엔키두가 "해서는 안 될 여행"이라고 경고하는데도 길가메시는 아랑곳하지 않는다. 그들은 신성한 삼나무들을 베고, 황소를 죽인다. 설상가상으로 길가메시는 인안나 여신의 구애마저 뿌리친다. 그녀와 다른 신들이 왕의 오만함에 대해 복수해줄 것을 요구하자, 신들은 그 대가로 엔키두의 목숨을 원한다. 반려가 죽자, 길가메시는 실성한 듯 "엔키두의 콧구멍에서 구더기가 떨어질 때까지" 시신을 매장하지 않는다.

길가메시 서사시는 2개의 본보기상을 제시한다. 움직임이 자유로운 자연계에 속해 동물들과 함께 뛰어다니는 엔키두와, 도시국가에 정착해 사는 길가메시가 그것이다. 다수의 건국 신화가 그렇듯 이 서사시도 카인과 아벨의 이야기를 되풀이하는 데에서 그치지 않고 수정도 가했다. 대다수가 정착민이었을 오래 전 사람들은 야생인간을 길들이는 내용에 기뻐했을 것이다. 하지만 그들은 또한 우루크가 거둔 성공에 슬퍼하기도 했을 것이다.

지금은 흙 무더기로 보잘것없어졌지만, 실재했던 역사 도시 우루크는 그 도시의 초기 왕 이야기를 넘어서는 상당한 중요성을 지니고 있다. 문자가 발명되고, 산처럼 거대한 지구라트가 처음 지어지며, 최초로 원통인장이 사용되고, 오늘날 우리가 시간을 측정(초와 분)할 때에 사용하는 60진법 숫자 체계, 각angle, 지리 좌표가 창안된 곳이 우루크였다. 또한 우루크에는 자연계가 제압되고, 하천이 통제되어 땅을 경작할 수 있게 되며, 삼림이 베어지고, 야생동물과 야생인간들이 길들여지거나 살해되거나 추방되던, 기원전 2500년 이전에 우루크를 다스렸던 길가메시라는 역사상의 왕도 존재했던 것으로 보인다. 길가메시가 느꼈을 비통함도 어느 정도는, 그와 그의 백성들이 세계를 바꾸고 있고, 그리하여 이제는 아무 것도 이전과 같지 않을 것임을 깨달은 데에서 비롯되었을 수도 있다. 심지어 그 당시에도 길가메시 왕과 그의 이야기를 들은 사람들은 도시와 정착에 대한 욕구 그리고 자연계와의 접촉의 상실이 조화를 이루기가 매우 어렵다는 점을 이해하고 있었을 것이다. 그들은 어쩌면 그들 세계를 길들임으로써 얻는 도시의 성공이 환경의 붕괴를 초래하리라는 점도 인식했을지 모른다. 그렇다고 인간이 일으킨 변화가 모두 부정적인 것만은 아니었다. 단 하나 긍정적인 결과를 가져온 변화도 있었다. 그리고 그것은 말[馬]과 관련이 있었다.

말

18세기의 철학자 이마누엘 칸트는 "역사의 기저에는 지리가 놓여 있다"라고 말했다. 그 2세기 뒤 철학자 질 들뢰즈가 유목민에게는 지리만 있고 역사는 없다고 말할 것임을 예견이라도 한 듯이 말이다. 칸트의 그 말은 그와 동시대에 활동한 철학자들 가운데 한 명인 요한 고트프리트 헤르더에 의해서 "역사는 움직이는 지리이다"로 표현이 한층 세련되어졌다. 지리와 역사의 불가분성을 적절히 요약해준 말은 이 책에 스텝 지대(초원)가 왜 상세히 다루어지고 빈번하게 등장하는지도 설명해준다. 초원에서 출발하고, 초원에 의해서 형성된 유목민들이 다른 지역 유목민들보다 더 심오한 방식으로 우리의 세계를 만들었다는 것이 그 이유이다.

지형과 기후는 우리의 정체성과 행동 방식에 영향을 미친다. 우리가 미시시피 강과 로키 산맥 사이에 광활하게 펼쳐진 평원, 한때 수족, 샤이엔족, 코만치족, 그 밖의 북아메리카 원주민과 유목 부족들의 사냥감이었던 버팔로와 들소 같은 덩치 큰 짐승들이 풀을 뜯던 그레이트플레인스(대평원)를 모르고서는 미국과 캐나다를 이해할 수 없는 것도 그래서이다. 그와 유사하게 남아메리카에서도 퓨마들은 한때 브라질에서 우루과이를 거쳐 그 남쪽의 아르헨티나까지 뻗어나간 저지 팜파스를 가로지르며 팜파스 사슴과 큰뿔양을 사냥했다. 이곳에서는 나중에 가우초들이 소 떼를 목축했다. 옌산 산맥에서 퉁보와 다볘 산맥까지 뻗어나간 중국의 북방대초원도 초기부터 계속 한漢 문화의 중심이었다. 하지만 나의 유목민 이야기에서 가장 중요하게 다루어지는 곳은 유라시아 스텝(대초원)이다.

"일련의 낮은 언덕들로 둘러싸인 무한하게 드넓은 평원."[21] 안톤 체호프가 유라시아 스텝을 묘사한 말이다. "한데 모여 있다가 하나둘씩 뒤에서 모습을 드러내는 그 언덕들은 지평선까지 뻗어나가 연보라 빛의 먼 곳으로 감쪽같이 사라지는 산마루로 녹아들어, 아무리 달려도 시작과 끝을 분간할 수 없었다." 다른 것은 몰라도 이것만은 작가의 과장된 표현이 아니다. 유라시아는 지구 육지의 3분의 1 이상을 차지하고 있고, 대초원의 가장 중요한 특징들 중의 하나인 압도적 광대함이 그칠 줄 모르고 "계속되는" 곳이다. 헝가리의 목초지에서부터 중국의 초기 여러 왕조들의 도읍이었던 장안(현대의 산시 성 도시 시안/역자)의 화강암 관문들 가까이에까지 뻗어나간 그 풀 많은 회랑지대는 장장 9,000킬로미터를 가로지르며 지중해와 황해를 동서로 잇고 있다.

그 초원 지대는 인간이 넘지 못할 만큼 험준하지는 않은 고지이면서 여러 유목 부족민들의 영적 중심지이기도 했던 알타이 산맥을 기준으로 동부와 서부 스텝으로 적절히 분리되어 있다. 동부 스텝에 비해 고도가 낮은 서부 스텝은 시베리아의 겨울 혹한과 여름 혹서로부터 비껴나 있는데, 일련의 하천들이 초지를 갈라놓은 도나우 강과 볼가 강 사이의 구간이 특히 그렇다. 동부 스텝은 서부 스텝에 비해 더 황량하고, 더 덥고, 더 춥고, 더 건조해, 유목민들도 살아남기 위해서 늘 더 많은 고투를 벌여야 하는 곳이었다. 가령 2010년 겨울에는 몽골 유목민 9,000가구가 추위에 가축을 몰살당했고, 또다른 3만 가구는 가축 떼의 절반을 잃었다.[22]

그럼에도 불구하고 스텝 회랑지대는 영국의 역사가 배리 컨리프가 지적했듯이 세계 최대의 통로들 중 하나이고, 만일 당신이 콜키쿰 꽃이 봄을 알리기 전에 헝가리 대평원에서 말안장에 오를 수만 있다면 엄동설한이 닥치기 전에는 몽골에 도착할 수 있을 것이다(서류가 적법하다는 가정하에). 강, 숲, 습지를 가로지르는 것과 알타이 산맥의 고지를 뚫고 나가는 것은 별개로 치면, 스텝의 거의 모든 구간에서 당신은 목초, 애기풀, 야생 대마밭을 "끝도 없이" 계속 달릴 것이다. 댕기물떼새, 사막딱새류, 자고새들도 숨어 있다가 당신 앞으로 튀어나올 것이고, 떼까마귀, 매, 독수리들도 당신을 감시할 것이다. 풀숲 귀뚜라미, 메뚜기, 뜀 벌레들도 난데없이 폴짝 뛰어올라 당신이 가는 길을 훼방할 것이다. 앞에는 아스라이 평원이 펼쳐져 있고, 위에는 시리도록 투명한 하늘이 아치를 그리는 가운데 왼쪽으로는 오래된 언덕들이 달음질치고 있을 것이다. 그 광대함은 오늘날까지도 우리 행성의 가장 험난한 지리적 특징들 중 하나로 남아 있다. 마차도 자동차도 없어 부득불 도보로만 다녀야 했던 사람들, 자신들의 땅을 야생마와 공유했던 수천 년 전의 사람들에게 그 광대함은 어떻게 비쳐졌을까?

말이 스텝 지대에서 잘 자란 이유는 그들이 혹독한 겨울에 대처할 수 있는 체질과 얼음과 눈을 긁으며 얼어붙은 초지에 도달할 수 있는 발굽을 지니고 있었기 때문이다. 스텝 지대 사람들은 다른 지역민들이 오크로스(유럽 들소), 멧돼지, 염소를 뒤쫓고 있었던, 1만 년도 더 전부터 야생마를 타고 사냥을 했다. 사냥에서 목축으로 도약하기는 쉬웠다. 방목을 하면 보통 수말 한 마리가 여러 암말과 망아지들을 이끌었다. 혹시 수말을 죽인다 해도 암말들을 울타리에 몰아넣고 순한 어린 말들을 절뚝거리게 해놓으면 겨울을 나는 데에 도움이 되는 우유와 고기는 확실히 공급받을 수 있었다. 말은 최서단의 흑해-카스피 해 초원 지대에서 최소한 6,000년 전부터 가축으로 길러졌고, 그러기가 무섭게 인간의 매장지에 소, 양과 함께 묻힐 정도로 유목민의 생존에 불가결한 존재가 되었다. 그다음에는 인간과 말의 관계에 모종의 변화가 일어났다. 인간이 말 타는 법을 터득한 것이다.

안장 없이 말을 타려고 시도해보았거나 로데오를 본 적이 있는 사람이라면, 길들지 않은 말이 자기 등에 탄 사람을 떨어뜨리거나 제 스스로 기진맥진할 때까지 사납게 날뛴다는 사실을 알 것이다. 그렇다면 인간의 승마도 대초원의 한 젊은이가 로데오 방식을 도전하여 얻은 결과일까? 아니면 말을 타면 걸을 때보다 양 떼를 2배나 많이 몰 수 있음을 알아낸 어느 부족 지도자의 묘수였을까? 인간이 승마를 처음 시작한 때를 알 수 없듯, 우리는 그 사실을 결코 알 수 없었을 것이다. 기원전 제4천년기가 그것의 시작이었다는 사실이 밝혀질 때까지는 확실히 그랬다. 카자흐스탄 북부*의 그 시기 매장지에서 99.9퍼센트가 말의 뼈인 동물 뼈 10톤이 출토되기 전까지는 말이다. 그 동물 뼈들에는 지금 우리가 볼 수 있는 것과 비슷하게 일종의 마모가 진행된(입에 채워진 재갈 때문에/역자) 다수의

---

* 이심 강에 인접한 보타이 유적지.

턱뼈와 이빨들이 섞여 있었다. 이는 그 시기가 스텝 지대 사람들이 승마를 시작한 때가 초대 파라오가 상하 이집트를 통일하고, 길가메시가 비길 데 없는 우루크 성벽을 쌓으며, 오스트레일리아 원주민들이 지금의 시드니 주변에 암각화를 그리고, 중앙아메리카에 정착지가 형성되기 시작하며, 그리스에서 키클라데스 문명이 출현하고 있었을 때인 약 5,000년 전이었음을 시사한다.

승마 능력은 곡물의 작물화를 능가하는 혁명이었다. 그것은 말의 혁명이었다. 말은 인간이 이용해온 것 중에서 가장 효과적이고 영속적인 교통수단이었으며, 승마 능력으로 지구에서의 삶은 바뀌었다. 그중에서도 특히 많이 바뀐 지역은 승마로 인해서 유목민의 목축이 가능해진 스텝 지대였을 것이다. 걸어서 방목하면 하루에 고작 32킬로미터를 갔지만, 최초의 승마자들은 안장 없이 말을 타고도 그 거리의 2배 혹은 그 이상을 갔다. 게다가 이동 거리의 연장은 말 혁명의 한 양상에 지나지 않았다.

바퀴와 마차의 기원도 승마 못지않게 학자들이 열띤 논쟁을 벌이는 분야이다. 드물게 발견되는 바퀴 및 마차에 대한 증거 중에는 폴란드 남부에서 발견된 기원전 3500년경의 항아리에 끼적거려진 사륜 구조물도 포함되어 있다. 헝가리와 튀르키예에서도 대략 같은 시기인 기원전 3400년경에 만들어진 마차 토용土俑이 각각 하나씩 발굴되었으며, 우루크의 인안나 신전에서 발견된, 대략 같은 시기의 점토판에도 그와 유사한 종류의 마차가 있다. 가장 오래된 실물 크기의 마차 유물은 정교한 무덤 구조물의 일부로, 흑해-카스피 해 스텝 지대에 묻힌 기원전 3000년 무렵의 것이다. 이것과 그 지역의 다른 매장지에서 출토된 유물들—지금까지 수천 점이 발굴되었다—은 최초의 마차가 폭이 약 1미터에 길이는 2.5미터 정도 되는 직사각형 나무 구조물이었음을 말해준다. 앞쪽에 간단한 마부석이 갖춰진 그 마차는 미국 서부의 19세기 정착민들이 몰았던 마차와 흡사했을 듯하다. 바퀴는 가늘고 긴 나무 조각들을 둥글게 모양을 잡아 축이 되는 중심물과 함께 맞춤못으로 고정시켜 만들었다. 이 마차를 소 한 마리가 끌면 초원을 더디고 힘겹게 덜커덕거리며 가로질렀을 것이고, 처음 사용할 때에는 특히 그랬을 것이다. 그래도 바퀴는 동물 한 마리가 운반하는 양보다 많은 물건을 실어 나를 수 있게 하고, 노인과 어린아이들의 이동도 가능하게 해주었다. 이후 누군가가 마차를 유선형으로 만들고 말에 마구를 다는 기발한 착상을 떠올렸고, 그렇게 전차가 탄생했다. 소가 끄는 우마차도 유목민의 대규모 목축을 가능하게 해주었지만, 전차는 전쟁의 성격을 바꿔놓는 광범위한 결과를 낳았다. 말의 재갈도 헝가리 대초원에서 몽골로, 거기서 다시 중국으로 들어가는 여름철 여행을 완결 짓게 해주는 변화를 일으켰다. 그 초기 수백 년 동안 누군가가 유라시아 대초원 전역을 말을 타고 달렸다는 증거는 없다. 하지만 말을 탄 사람들이 사뭇 다른 두 지역을 연결하는 일은 시간문제였다. 실크로드Silk Road라고 불리는 것이 등장하기 오래 전이던 5,000년 전 무렵 유목민들은 가축 떼를 몰고, 말을 타고, 초원길Steppe Route을 가로질러 방랑하면서, 서쪽과 동쪽, 산과 사막, 그리고 정착 문명의 중요한 두 축인 중국과 유럽을 이어주었다.

광활한 초원 제국을 호령한 그 지배자들은 누구였을까?

하늘 신의 자식들

초기 스텝 지대 유목민들의 정체는 부분적으로만 알려져 있지만, 그들이 끼친 영향력의 일부는 쉽게 확인할 수 있다. 어느 정도는 그들의 영향력이 그만큼 컸기 때문이다. 그중에서도 영향력이 컸던 것이, 오늘날 세계 인구의 절반이 사용하는 그들의 언어였다. 그들의 정체를 밝힐 단서를 제공한 것 역시 그 언어였다. 비록 그 과정은 지난하고 험난하여 1786년 2월 2일이 되어서야 진전이 이루어졌지만 말이다. 그날, 런던 출신의 (벵골 대법원 배석 판사였던) 마흔 살의 윌리엄 존스는 "벵골의 아시아 소사이어티"에서 연설 도중 인상적인 자신의 눈썹을 치켜올리며 이렇게 말했다. "역사, 과학, 예술상의 어떤 발견은 아시아 문헌을 연구하면 자연스럽게 얻어질 수 있으리라 기대합니다."

존스는 판사로서의 직무를 수행하는 것 외에 영어본 『천일야화*Alf laylah wa laylah*』를 아랍어로 다시 번역하는 데에서 즐거움을 찾을 정도로 열정적인 언어학자였다. 1786년 2월의 그날 저녁에도 그는 자신이 행한 산스크리트어 연구에 대해 이야기했다. 강연을 시작하고 몇 분이 지나자, 그는 "얼마나 오래되었는지는 모르겠지만, [산스크리트어는] 놀라운 구조를 가지고 있고, 그리스어보다 완벽하며, 라틴어보다 어휘가 풍부하고, 그 둘보다 정교하게 다듬어져 있다"고 발표했다. 그러고는 논쟁의 소지가 많은 자신의 발견을 전했다. 그 세 언어 사이에는 "우연의 소산일 수 없는" 강한 유사성이 존재하는데, 그 유사성은 실로 "너무나 강력해서 어느 언어학자도 어떤 공통된 어원(아마도 이제는 사멸한 언어)에서 발생했다는 사실을 믿지 않고서는 그 세 언어를 조사할 수 없었을 것"이라고 말한 것이다.[23] 그리스어, 라틴어, 산스크리트어가 사멸된 동일 조어祖語에서 파생했다는 생각은 혁명적이었다. 이에 더해 그는 고트어, 켈트어, 고대 페르시아어까지 같은 어족에 속해 있다고 덧붙였다.

그날 저녁, 대배심실에서 큰 동요가 일어나지 않았던 것은 아마도 존스가 산스크리트어를 번역할 수 있는 유일한 영국인이었기 때문일 것이다. 그의 주장에 이의를 제기할 만한 역량을 지닌 사람이 없었던 것이다. 하지만 지금도 그의 견해에 대해서는 언어학자, 고고학자, 역사가들 사이에서 의견이 갈리고 있고, 거기에는 그럴 만한 이유가 있다. 현재 폭넓게 받아들여지고 있듯이 만일 그 언어들(그리스어, 라틴어, 산스크리트어 등)이 공통된 어원에서 파생했다면, 그것은 무엇이고, 어떻게 발전했으며, 그것을 말한 사람들은 누구인가가 그것이다.

오래지 않아 또 한 사람의 뛰어난 언어학자이자 박식가인 토머스 영이 그 질문에 첫 단계 답을 제시했다. "모든 것을 알았던 마지막 인간"으로 묘사되었던 그가 이번에는 "인도어, 서아시아어, 거의 모든 유럽어들" 또한 사멸된 언어군에 속해 있었음을 알아낸 것이다. 1813년에 쓴 글에서 영은 그 모든 언어들이 "절대 우연일 리 없는 다수의 유사성들로 결합되어" 있다고 설명했다.[24] 그 언어들의 모어母語에 "인도유럽어족Indo-European"이라는 명칭을 붙인 사람도 영이었다. 그렇다면 오늘날 30억 넘는 사람들은 스텝 지대에서 생긴 인도유럽어의 다양한 형태를 사용하고 있는 것이다.

이후 2세기에 걸쳐 다양한 분야의 학자들이 연구한 결과, 일부 낱말들은 인도유럽조어Proto-Indo-European의 전체 어족에서 공통적으로 발견된다는 사실이 밝혀졌다. 그 낱말들은 너무나 널리 퍼져나갔기 때문에, 초기의 스텝 지대 유목민들이 중시했던 것을 알아보는 데에도 도움을 주었다. 그중에는 말, 돼지, 양, 소뿐 아니라 통치ruling를 뜻하는 reg도 포함되어 있는데, reg는 우리가 아는 raj(통치를 뜻하는 인도어/역자), regal(왕의 형용사형 영어/역자), rex(국왕을 뜻하는 라틴어/역자)의 어원이 된 낱말이다. 보수報酬로 해석되는 인도유럽어 낱말 fee도 본래는 양 떼, 소 떼, 농장 동물들을 뜻하는 말로, 가끔은 돈을 뜻하기도 했다. 그 밖에 활, 화살, 칼, 어머니, 아버지, 형제, 다수의 법률 관련 용어도 인도유럽조어에 공통적으로 나타났다. 이는 가족관계, 가축을 치는 일, 전투 혹은 최소한 방어가 인도유럽어 사용자들에게 중요했음을 확인해준다. 언어의 안개 속에서는 그 다양한 고대 언어 사용자들을 묶어주는 특별히 중요한 인물도 하나 등장한다. 그리스 로마 신화의 제우스와 유피테르를 거쳐 기독교의 "하늘에 계신 우리 아버지"로까지 그 이름과 속성이 회자되는 그는, 『리그베다Rig Veda』(이하 『베다』)에서 하늘의 아버지Sky Father, 즉 고결한 디아우스 피트르 Dyaus Pitr—"일광의 신"—로 나온다.

그 하늘 신의 자식들은 누구이고 그들이 살았던 곳은 어디일까? 새로운 연구들은 하늘 신보다 그 자식들에 대해서 더 많은 질문을 제기했다. 인도유럽어가 전 세계적으로 전파된 것을 토대로 "자식들"이 한 장소와 한 문화—아마도 아나톨리아이거나 우크라이나 혹은 러시아 남부 아니면 카자흐스탄 서부—에서 출현했다는 발상에는 논쟁의 여지가 있다. 하지만 지금은 원시 인도유럽인들이 흑해와 카스피 해 북쪽의 드네프로 강과 우랄 강에 둘러싸인 본래의 흑해-카스피 해 스텝 지대에서 살았다는 쪽으로 언어와 물리적 증거들이 수렴되고 있다. 원시 유럽인들은 말이 가축화되고 그들의 다수가 유목민이 된 뒤로 그곳에서 살았던 것이다.

주지하다시피 유목민들은 정착민들에 비해 가볍게 살고 흔적도 적게 남겼지만, 그렇다고 그들이 아무것도 남기지 않은 것은 아니다. 시베리아, 카자흐스탄 그리고 그보다 더 동쪽까지 이어진 캅카스 산맥 주변에서도 수백 개의 거대한 원형 언덕이 발견되었다. 그중의 일부는 높이가 30미터가 넘고, 둘레도 500미터나 된다. 고분 혹은 분구묘墳丘墓를 뜻하는 슬라브어 쿠르간kurgan으로 알려진 그것들에는 무덤이 들어 있다. 사람들은 다양한 환경에서 쿠르간에 수천 년 동안 묻혀 있었다. 따라서 그것들 사이에는 다른 점도 많지만, 공통된 특징도 몇 있다. 언덕 주변이 담이나 해자에 둘러싸여 있고, 의식용 통로가 무덤 입구까지 나 있다는 점이 그것이다. 고인의 황천길에 동행시키려고 의식을 통해서 희생시킨 말들을 외부 경사면에 묻은 쿠르간도 많다. 쿠르간 하나에 여러 사람을 묻기도 했지만, 마차 안이나 목재를 덧댄 묘실에 시신을 안치하고 의복, 무기, 항아리, 거대한 매장용 솥으로 그것을 에워싸 언덕 중앙의 매장주체부에 묻은 경우도 더러 있다.

가장 널리 알려진 쿠르간 중 하나는 한 유복한 양치기의 것으로, 이집트에서 피라미드가 축조되기도 전인 기원전 제3천년기 후반에 조성되었으며, 높이가 10미터나 된다. 투탕카멘의 무덤과 마찬가지로 이 마이코프 쿠르간도 1897년 러시아의 두 고고학자 니콜라이 베셀로프스키와 니콜라스 레리히에 의해서 발견될 때까지는 누구의 손길도 닿지 않은 채 남아 있었다.* 무덤의 세 묘실에는 인간의 시신이 한 구씩 들어 있었다. 그중의 하나는 시신 근처에 흩뜨러진 금줄 귀고리, 금 목걸이, 홍옥수 목걸이와 함께 점토와 구리 재질의 병과 단지들에 둘러싸인 지위가 있는 여성의 것이었다. 가운데 묘실은 내벽이 나무로 되어 있고 바닥은 강江 돌로 장식되고, 앞의 것보다 더 긴 방에 고인을 똑바로 앉혀놓아 더욱 인상적

---

* 레리히는 이후 고고학을 관두고 화가와 무대 디자이너로 활동했으며, 1913년 발레뤼스 발레단이 이고르 스트라빈스키가 작곡한「봄의 제전」을 파리에서 초연할 때 그와 협업하기도 했다. 스트라빈스키는 이교도 의식에 관한 레리히의 묘사에서 영감을 얻었다.

이었다. 묘실 위에도 금판金版 125개로 장식되고 금은 기둥들이 지탱하도록 만든 덮개가 덮여 있었다. 주사朱砂로 붉게 칠해진 송장 곁에는 금 왕관, 구리 도끼와 칼, 그리고 몹시 아름답고 정교하게 세공된 금은 용기 17점을 포함해 한 무더기의 귀중품이 놓여 있었다.

흑해에서 48킬로미터 떨어진 지역에 4,000년 혹은 5,000년 전에 조성된 매장지(현재는 러시아의 아디게야 공화국에 속해 있다)에서 가장 인상적인 것 중의 하나는 무덤에 묻힌 물건들의 원산지이다. 금과 은은 근동산이고, 청금석 구슬은 중앙아시아산, 터키석과 홍옥수는 캅카스 산맥 남쪽이나 이란에서 채광된 것이었다. 이 아름다운 물건들이 시사하는 것은 아마도 기원전 3500년경에는 스텝 지대의 유목민과 목축 공동체들이 인도 및 아프가니스탄산 상품들을 거래했으리라는 점이다. 언제나 그렇듯, 그것은 유목민들이 자신들의 상품인 축산물과 직물, 가죽세공품, 그리고 말들을 주고 인도와 아프가니스탄 상품들을 사오는 쌍방 교역이었을 것이다. 그리고 그들이 쓰는 인도유럽어가 저 멀리 스코틀랜드 북부와 중앙아시아 너머 동쪽, 그리고 근동을 지나 북아프리카와 남아시아, 즉 오늘날의 인도와 파키스탄까지 퍼져나간 것을 보면, 그들 사이에는 문화적 교류도 있었을 것이다. 하늘 신의 자식이자 스텝 제국의 주인이었던 그들은 자신들이 쓰는 언어와 함께 유목민의 생각과 관습 그리고 말이 가능하게 해준 가동성과 범위에 대한 의식意識도 전파한 것이다.

명성을 찾아서

우리는 현대의 파키스탄에 있는 인더스 강 유역의 그 초기 인도유럽인 유목민들에게로 더 가까이 다가가볼 수도 있다. 고대 도시 하나가 버려지고, 우물들이 마르고, 널리 알려진 대로 한때는 도시를 청결하게 해주었으나 이제는 쓰레기로 막혀버린 하수구를 상상해보라. 구슬, 테라코타 토기, 놀랍도록 현대적인 작은 조각상들이 만들어지던 작업장, 무희 동상들이 주조되던 청동 주물 공장, 돛단배 상선들이 묶여 있던 라비 강의 선착장. 이 모든 것들이 지금은 정적에 싸여 있다. 버려진 집들의 돌담 위로는 바람에 먼지만 날린다. 브리튼 섬이 말[馬]과 술을 받아들이고, 미노아인들이 지중해 무역과 권력 중심지로 크노소스 궁전을 짓고 있었던 기원전 2000년대에 인더스 강 유역은 세계의 거대한 중추 지역들 가운데 하나였다. 그곳에서는 벼가 재배되고, 보리가 높이 자라며, 코끼리가 길들여지고, 우유를 아낌없이 제공하는 인도혹소zebu가 살고 있었다. 이런 것들과 여타 부富는 그곳을 공예와 교역의 중심지로 만들어주었다. 이후 지구가 따뜻해지고, 비가 적게 내리며, 우물들이 마르고, 농작물이 시들고, 소가 죽자, 능력이 되는 사람들은 강우량이 많은 다른 지역으로 이동했다. 남은 사람들은 집이 드리워주는 그늘에, 이제는 텅 비어버린 거대한 곡물 창고 곁에, 그것도 아니면 그들을 저버린 신성한 무화과나무 밑에 몸을 웅크리고 있었다.

그것이 하라파, 모헨조다로, 그리고 인더스 강 유역의 다른 초기 도시들에서 일어났을 법한 하나의 풍경이다. 이데올로기와 정치가 그렇지 않아도 심대한 증거 부족의 문제를 심화시켜 정확히는 알 수 없지만, 그 도시들은 기원전 1900년 무렵부터 쇠퇴기로 접어들어 그로부터 200년 내에 대부분 버려진 듯하다. 오래 전부터 제기된 추측은 도시들이 질병을 키우고 있었고, 내분으로 갈기갈기 찢어졌으리라는 것이다. 하지만 만일 다른 일이 벌어졌다면? 만일 그 도시들이 버려지기 전에, 그리고 인더스 강 유역의 붕괴가 인간의 개입, 특히 유목민의 침입 때문에 초래되었다면? 고대 문헌들은 호메로스의 『일리아스』가 트로이의 운명에 대한 실마리를 제공한 것과 같은 방식으로 그에 대한 단서를 준다. 특히 힌두교 최고最古의 성전인 『베다』의 인드라 신에게 바치는 찬가는 인더스 강 유역의 도시들이 당한 운명에 주목한다.

당신이 가진 그 능력을 본 사람은 아무도 없다네,

자비로움을 낳고 날마다 새로워지는, 오 인드라 신이시여.

우리의 눈이 목격한 당신의 그 하나뿐인 힘,

당신은 그것으로 바라지카(아수라, 악마의 이름/역자)의 자손들을 죽이고,

당신의 힘으로 천둥을 내리쳤을 때에는

단지 소리만 울렸을 뿐인데도, 바라지카의 가장 용감한 자손이 죽었다네.

인드라 신은 아브히야바르틴 카야마나를 돕기 위해

바라지카의 자손을 분쇄했지.

하리유피야에서는 비르키반스의 전방을 강타해

후방의 병사들을 무서워 도망치게 만들었다네!

갑옷 입은 전사 3,000명이 명성을 찾아, 함께,

야비아바티 강에 모여 있네,

많은 이들이 찾는 인드라 신, 바라지카의 자손들은 화살 앞에서

마치 폭발하는 배들처럼 절단이 났다네.[25]

『베다』의 이 찬가는 기원전 1500년경 펀자브 지방에서 인도유럽어인 산스크리트어로 지어졌다. 비록 기원전 300년 무렵까지는 문자로 기록되지 않았지만, 인도유럽어로 작성된 것들 중에서는 지금까지 전해지는 가장 오래된 작품이다. 이토록 특별한 『베다』가 우리에게 말해주는 것은 3,000명의 "갑옷 입은" 전사들이 명성을 추구하여, "바라지카의 자손", 즉 비르키반스인 혹은 하라파인들에게 용감하게 맞섰다는 것이다. 싸운 장소는 드리샤르바티 강 또는 발루치스탄에 있는 조브 강변이었다. 정확한 장소가 어디든, 이 문헌은 인더스 강 유역이 인도유럽어 사용자들의 침입을 받았고, 그 침입자들은 명성과 명예를 발견했으며, 방어자들은 "폭발하는 배들처럼" 죽었음을 암시한다.

이 이야기를 뒷받침하는 고고학 증거는 없다. 다량의 화살촉도, 전모를 밝혀줄 흔적도 발견되지 않았다. 증거가 없는 이유는 한 평자가 말한 대로 도시를 건설하지 않겠다는 베다 시대 사람들의 고집 때문이었을 수도 있다. 그들은 "권력이 아닌 환희"를 추구했기 때문이다.[26] 하지만 그보다는 『베다』가 암시하는 바와 달리 획기적인 군사 대결이 일어난 것이 아니라, 시간이 가면서 인도유럽인 유목민과 이주자들이 소규모 무리로 인더스 강 유역에 도착했기 때문일 가능성이 높다. 모르긴 몰라도 그들 대부분은 중앙아시아의 고향 땅을 떠나 나무 바퀴가 달린 우마차를 타고 더디지만 멈춤 없이 가축 떼를 몰고 왔을 것이다. 여타 사람들과 척후병 그리고 젊은 전사들은 옆구리에 청동 검을 차고, 어깨에는 유연한 활과 화살이 가득 든 화살통을 멘 채, 야비아바티 강변에서 명성을 얻겠다는 목표에 시선을 두고 전차나 말을 타고 왔을 것이다.

『베다』의 찬가는 인더스 강 유역의 도시들이 당한 운명뿐 아니라 그 언어를 사용하는 사람들의 삶, 그들이 소중하게 여긴 것, 그리고 그들이 신들에게 바란 것에 대한 이야기도 해준다. 미확인 식물에서 추출한 흥분제로 소마Soma라고 불리는 향정신성 음료를 마셨다는 이야기도 들려준다. 그들은 "우리는 소마를 마시고 불사를 얻었으며", "신들이 발견한 빛에도 도달했다"고 말한다. 또한 "내가 마신 그 영광의 음료가 자유를 주었다"고도 말한다. 『베다』의 시인들은 그 약물에 취해 힘은 옳고 신의 재가를 받아 무한히 번창하는 세상, 인간이 암소를 중시하고 말은 더더욱 소중히 해야 하는 세상을 떠올렸다. 시인들은 소마를 "종마의 풍부한 정액"이라고도 부른다. 더불어 신들이 함께하면 모든 일이 순조로워져 마차도 평원을 수월하게 달리고, 전차도 전장으로 빠르게 돌진해 적군을 정복하며, 적들의 소를 잽싸게 손에 넣어 먹고살 방도와 부는 물론이고, 무덤 속 육신이 썩은 뒤에도 오랫동안 살아남을 명예까지 얻게 되리라고 말한다. 무엇보다 확실한 것은 전투에 돌입하면 공훈이 기억되고, 이름도 끊임없이 회자되리라는 점이었다.

이들에 대한 우리의 지식 중 일부는 델리에서 북쪽으로 65킬로미터 떨어진 야무나 강변의 시나울리 유적에서 발견된 일련의 매장지에서 나왔다. 무덤에 묻힌 것들 중에 전차 3점과, 구리 도금된 왕관 쓴 남자들의 조상彫像들로 장식된 여러 개의 관이 있었던 것이다. 그중 전차 3점은 그런 종류의 것으로는 그 지역에서 처음 발견된 유물로 알려졌다. 구리 도금된 조상들은 중세의 십자군 기사 무덤을 장식했던 황동상과도 유사했다. 무덤에서는 칼, 단검, 방패 그리고 투구가 나왔다. "우리는 이제 메소포타미아인들이 전쟁에서 전차, 칼, 투구를 사용했던 기원전 2000년에 우리도 그와 유사한 물건들을 가지고 있었음을 확신합니다." 그곳 발굴 책임자가 말했다.[27]

민족주의 역사서술은, 발굴 책임자가 말한 "우리", 즉 인도인들이 전에 알려졌던 것보다 훨씬 이른 시기에 전차와 청동 검을 보유했다는 점을 암시한다. 그러나 내막은 좀더 복잡했을 것이다. 인도의 고고학 발굴진이 야무나 강변에서 알아낸 듯 보이는 것은 인도유럽인 전사들의 매장지였다. 그 전사들은 필시 현지의 풍습을 받아들일 정도로는 그 지역에 오래 머물지 않았을 것이고, 그래서 자신들의 옛 풍습, 즉 그들의 고향인 스텝 지대에서 하던 방식대로 매장된 것이다.

말[馬] 인간이 혹독한 겨울을 날 때 가진 것에 감사해할 동물이면서, 항상 누군가의 재산이었던 동물.

전차 바람처럼 날랜 것.

합성궁 단풍나무, 영양의 뿔, 사슴의 내장 그리고 가죽을, 물고기를 원료로 한 아교로 접착해서 만든 복잡한 구조물.

코미타투스comitatus "호위대"를 뜻하는 말이지만, 그보다 더 정교하고 열의에 찬 전사 집단—셰익스피어가 "소수인 우리, 소수이지만 행복한 우리, 우리는 한 형제이다"(셰익스피어의 희곡『헨리 5세*Henry V*』의 4막 3장에 나오는 구절/역자)라고 말한 것처럼[28]—, 활에 쓰인 사슴 내장보다도 더 단단히 결합되고, 함께 살면서 필요하면 서로를 위해 죽겠다고 맹세한 집단이라는 의미가 함축되어 있는 말.

이야기에 대한 애호 특히 영예로운 인간의 모험과 신들의 변덕을 주 내용으로 하는 서사 역사를 좋아하는 취향.

유목민들은 이 모든 것들을 지니고 스텝 지대를 떠났다. 기원후 2세기 로마령 시리아에서 활동한 작가 루키아노스가 그들은 "목하 침략 중이고, 목하 퇴각 중이며, 목하 목초지나 전리품을 두고 싸우는 중"이라고 했듯이 말이다.[29] 우리는 이제 그들이 헤라클레스의 쌍둥이 기둥(지브롤터 해협의 낭떠러지 어귀에 있는 바위/역자)으로부터 유라시아를 가로질러 이집트 중왕국과 태평양으로 퍼져나갔고, 고대 세계에 광범위하고 영속적인 변화를 가져다주었다는 것을 알고 있다. 그 유목민의 도착과 영향이 가장 극명하게 드러난 곳은 국가들 중에서 가장 고립되어 있던 이집트였다.

방랑자의 왕

이집트야말로 역사는 "움직이는 지리"라는 요한 헤르더의 금언이 완벽하게 들어맞는 곳이다. 역사적 영광과 제국들의 흥망은 늘 이집트의 지리와 관련이 있었다. 이집트는 영원함이라는 그럴싸한 외피 아래에서 최소 6,000년 전부터 많은 변화를 겪었다. 6,000년 전이라면 사하라 사막은 거대한 사바나였고, 사람들은 그곳의 야생에서 식량을 채취하면서 솟과 동물 및 다양한 다른 동물들의 뒤를 쫓고, 길프 케비르의 와디수라 동굴에 헤엄치는 자신들을 벽화로 그릴 때였다. 기후가 따뜻해지고 비가 내리지 않아 숲과 야생풀들이 말라죽고 난 뒤, 이집트인들은 스스로를 지리로 규정하게 되었다. 그들은 기원전 3500년 무렵까지 북으로는 지중해에 가로막히고, 남, 동, 서쪽으로는 사막에 둘러싸여 철저히 강에 의존해 살았다. 그러므로 헤로도토스가 사막에 갇힌 그들의 땅을 일컬어 나일 강의 선물이라고 한 것은 과장이 아니었다.

나일 강 유역에서는 해와 달의 움직임, 별의 이동과 계절의 변화를 관장하는 신전들이 오랫동안 유지되어왔다. 강을 헤치고 나아간다는 큰 생각과, 한여름에 땅을 물에 잠기게 하는 강에 얽힌 불가해한 미스터리에 바치는 성소도 있었다. 사바나가 사막으로 변하고 강우가 전설 속의 일이 되자, 수렵채집을 하던 사람들도 결국에는 신전 근처에 정착했다. 정착은 그들을 강에 의존하고, 밀, 보리, 스펠트밀, 아마, 헤너, 로터스를 재배하는 능력에 기대도록 만들었다. 나일 강의 수위가 평균 7–8미터씩 상승했던 대부분의 해에 이집트는 풍요의 땅이었다. 하지만 그렇지 않은 때도 있었으며, 그럴 때 나일 강 유역은 눈물의 계곡이었다. 홍수위 2미터 차이로 가뭄과 재앙적 홍수, 잔치와 기근, 웃음과 눈물이 갈렸다.

강에 전적으로 의존하게 된 주민들은 조직화의 필요성을 인식했다. 모든 사람들이 밭을 갈 준비를 갖추고 있다가 쇠똥구리가 검은 침니沈泥의 마른 지표면을 뚫고 나오는 즉시 파종을 해야 했다. 조직화의 필요성은 이집트인들이 들이나 배에서 노동을 할 때의 관료제와, 파라오를 정점으로 해서 그 밑에 사제, 서기, 회계 담당자, 세금 징수원이 차례로 자리한 피라미드형 지배 구조를 낳게 했다. 따라서 기원전 2400년 무렵 한 이집트 서기가 아들에게 학교 수업에 집중하라고 타이르면서 이렇게 말한 것도 놀랄 일은 아니다. "쓰기를 마음에 새겨라. 그것이 온갖 종류의 중노동으로부터 너를 보호해줄 테니……서기는 너를 육체노동에서 해방시켜줄 직업이야."

고대 이집트에서 기근은 금金에 대한 사랑만큼이나 흔한 일이었고, 기근이 일어나는 원인은 강의 수량 부족이거나 조직화의 부재 때문인 것으로 알려졌다. 그렇게 보면 고대 이집트인들이 사회질서에 집착했던 것이나, 가장 인기 있고 지속력 있는 그들 신화의 하나가 질서와 혼돈, 선과 악, 옥토와 불모지 사이의 투쟁과 관련된 것도 놀랄 일이 아니다. 그것은 하나는 정착해서 살고 다른 하나는 옮겨 다니며 사는 두 형제의 이야기이다.

오시리스와 그의 동생 세트에 관련된 신화에는 여러 가지 판본이 존재하지만, 대부분 오시리스의 등장과 함께 시작된다. 오시리스는 나일 강 사람들에게 그들 스스로를 조직화해서 홍수를 최대한 활용함으로써 전 주민이 먹고살 작물을 차질 없이 수확하고, 신을 숭배하며, 그 모든 것을 통해서 최고로 중요한 가치인 질서를 유지하는 법을 가르쳐주는 존재이다. 나일 강 사람들에게 정착하여 이집트인이 되는 법을 가르쳐준 것도 오시리스였다. 그의 지배하에 농사는 풍작을 이루고 인구가 증가하며, 도시들도 성장해 우리가 아는 이집트가 출현한다. 고대의 찬가를 의역해 보면, 오시리스 덕분에 사람들은 배불리 먹고, 허리를 곧게 펴며, 너나없이 행복에 겨워 치아가 다 드러나도록 활짝 웃었다는 것을 알게 된다.

반면에 세트는 사막을 지배한다. 황무지와 그곳에 사는 유목민의 왕이다. 사막의 신인 그는 또한 신들과 죽은 파라오들의 보호자이기도 하다. 모든 신들 중에 오직 세트만이 가장 두려운 악마, 죽은 자가 천국에 도달하지 못하게 막는 머리 셋 달린 뱀 아포피스(일명 아펩)가 투여한 수면제의 영향을 받지 않는다.

오시리스를 신봉하는 사람들이 많아지면서 나일 강 유역이 번창하자, 오시리스를 향한 세트의 질투는 점점 심해진다. 마치 카인과 아벨이 나일 강으로 이주해온 듯한 형국이었지만, 결과는 딴판이었다. 세트는 연회를 마련하고, 그 자리에 오시리스와 누이들, 그리고 친구들을 초대한

다. 그런 다음 그 방랑자의 신은 연회석상에서 최고급 재질로 만들어진 아름다운 관을 선보이며, 그것에 몸이 딱 들어맞는 사람에게 선물하겠다고 말한다. 여러 손님들이 시도해보았으나, 관이 몸이 맞는 사람은 오시리스뿐이다. 그런데 그가 관 속으로 들어가자마자 세트가 관 뚜껑을 닫고는 납을 녹인 물로 봉하여 나일 강에 던져버리라고 명령한다. 정착민의 왕, 농부들의 왕은 불에 타고, 숨이 막힌다. 죽은 것이다.

이 이야기가 수천 년 동안 인기를 끌자 그다음에 무슨 일이 벌어졌는지에 대해서도 여러 가지 판본들이 만들어졌다. 다만 오시리스의 아내이자 세트의 누이인 이시스가 관을 찾아 오시리스의 시신을 수습했다는 내용은 모든 이야기에 포함되어 있다. 시신이 발견되었다는 소식을 들은 세트는 그것을 찾아내 14조각으로 토막을 낸 다음 나일 강의 이 끝에서 저 끝까지 흩뿌려놓는다. 비통하지만 여전히 헌신적이었던 이시스는 그중 13조각을 수습해 가지런히 배열한 뒤 아마포로 꽁꽁 싸매 최초의 미라를 만든다. 행방불명된 조각, 즉 남편의 음경은 나일 강의 진흙으로 만든다. 그러고는 자신이 지닌 상당한 마법을 통해서 새로 변신한 다음 그 위를 맴돈다…….

이 교접으로 호루스라고 불린 아들이 잉태된다. 호루스는 자라는 동안 복수심에 불타는 왕이 되어 수년간 작은아버지와 싸움을 벌이고, 마침내 질서를 회복하는 데에 성공한다. 상이집트의 에드푸에 있는 호루스 신전 외벽은 바로 세트와 호루스가 벌인 투쟁의 후기(그리스 로마 시대) 버전, 작은아버지는 하마로 변하지만 마법이 새어나가 덩치가 점점 줄어들다가 마침내 호루스가 칼로 그를 죽일 수 있을 정도까지 작아지는 내용을 담고 있다. 혼돈과 질서 양쪽 모두의 힘이 필요하다는 내용은 카이로의 이집트 박물관에 있는 (기원전 12세기의) 파라오 람세스 3세의 동상에 아름답게 표현되어 있다. 군데군데 분홍빛이 얼룩져 있는 화강암 덩어리 하나로 조각된 그 상은 에드푸의 호루스 신전보다 1,000년이나 더 오래 된 것으로, 호루스와 세트가 양 옆에 서서 그를 지지하기 위해 왕관에 손을 대고 있는 실물 크기의 파라오 동상이다.

유목민과 정착민, 옥토에 사는 사람들과 황무지에 사는 사람들의 투쟁, "최초의 형제 살해"를 범한 오시리스와 세트, 그리고 카인과 아벨의 투쟁 사이에는 두드러진 공통점이 있다. 그러나 세트와 카인에 대한 평가에는 중대한 차이가 있다. 카인은 추방된 반면, 세트는 수천 년간 이집트인들의 숭배를 받은 것이다. 이는 이집트인들의 숭배가, 그 투쟁을 단순히 선과 악으로만 이해했던 로마와 기독교 시대보다 더욱 다양하고, 복잡하며 미묘한 반응이었음을 시사한다. 그리고 이는 그보다 1,000년 앞선 메소포타미아인들이 강력한 왕 길가메시와 그를 억제할 야생의 인간 엔키두가 모두 필요하다고 인식했듯이, 초기 이집트인들도 비정착민들의 창의력과 땅의 경작자들이 가져온 질서와 다양성이 모두 필요하다는 점을 인식했음을 보여준다. 경작자와 목축인, 정착민과 유목민. 이집트인들이 직면했던 중요하고 영속적인 도전은 이 둘 간의 균형을 어떻게 유지하느냐에 달려 있었다.

나일 강의 유목민들

이집트에서 국경이 가장 허술한 쪽은 북쪽이었다. 서쪽의 리비아와 지금의 팔레스타인에 속한 동쪽의 가자 지역을 통하면 나일 강 삼각주와 지중해 유역 평지에 도달하는 것은 일도 아니었다. 유목민들 역시 오랫동안 그 길을 지나다녔고, 이는 『구약 성서』에도 족장 야곱이 "이집트로" 아들들을 보낸 이야기로 반영되어 있다. 기원전 제2천년기 초, 이집트는 동태도 감시할 겸, 터키석을 채굴하려고 시나이 반도로 향하는 이집트인들도 보호할 겸 동쪽 국경 부근에 일련의 요새를 건설했다. 하지만 경계지들은 성벽도 해자도 없이 뚫려 있어서 유목민과 상인들은 해안가를 따라 나일 강 유역으로 손쉽게 이동하고 이주했다. 기원전 1900년대 무렵에는 그 무리에 힉소스라고 불린 집단이 포함되었다.

힉소스인의 정체는 다수의 초기 유목민들과 마찬가지로 아직까지도 안개에 가려져 있다. 힉소스는 고대 이집트어로 "외국에서 온 지배자들"을 뜻하는 heqa khasut를 그리스어풍으로 옮긴 말이다. 하지만 그 지도자의 다수가 셈족 이름을 가지고 있었다는 점에 비추어볼 때, 그들은 어쩌면 비옥한 초승달 지대에서 왔을 수도 있고, 본래는 스텝 지대 출신인데 메소포타미아나 팔레스타인에 정착해 살다가 다른 부족들에 떠밀려 서쪽의 파라오가 지배하는 땅으로 왔을 수도 있다. 한때는 "양치기 왕"으로 불리기도 했는데, 이는 힉소스인들이 유목민이었다는 생각을 뒷받침한다.

오랫동안 제기된 추측은 힉소스인들이 기원전 1638년 이집트를 침략해 북부 지역을 정복했으리라는 것이다. 하지만 생물고고학의 새로운 연구는 인더스 강 유역의 인도유럽인들과 마찬가지로 힉소스인들의 도착도 갑작스러운 침입이라기보다는 말이 끄는 전차를 몰고 비옥한 삼각주 지역을 가로지르며 가축 떼를 방목하는 과정에서 교역을 하러 계곡에 들어갔다가 정착을 하게 된, 길고도 느린 이주에 가까웠으리라는 점을 시사한다.[30] 인더스 문명이 끝나고, 잉글랜드 사람들이 유럽으로 주석을 수출하며, 올메카인들이 중앙아메리카에서 세력을 확장하던 기원전 1600년대 초, 나일 강변의 무력한 중앙 정부는 힉소스인들이 북쪽에 정권을 수립할 수 있게 해줌으로써 한 세기 반 동안의 유일무이한 외세 지배의 등장을 알렸다.

외세에 점령당한 일은 이집트에 깊은 상처를 남겼다. 그로부터 1,000년도 더 지난 시점에도 이집트의 사제 마네토가 "그들은 그 땅의 지배자들을 제압하고 도시들을 사정없이 불태웠으며, 신전들을 초토화시키고, 원주민들의 일부는 학살하고 나머지는 처자식을 노예로 만들면서 모두를 끔찍한 적개심으로 다루었다"고 기록할 정도였다. 힉소스인들이 동쪽 국경으로 밀려난 것은 그로부터 50년 뒤, 이집트인들이 전 나일 강 유역에 대한 파라오의 통치권을 되찾고, 강력한 여왕 핫셉수트가 룩소르에 있는 자신의 장제전葬祭殿 벽에 그녀의 마지막 유언과도 흡사하게 "나는 파괴된 것을 복원시켰다. 방랑자들을 포함한 아시아인들[힉소스인들]이 북부 지방의 한복판에서 무너뜨려 산산조각이 났던 것들을 일으켜 세웠다"를 새겨넣었을 때였다.[31] 어쩌면 그것은 외국인들을 추방한 뒤 남쪽 지역 이집트인들이 느낀 감정일 수도 있었다. 하지만 힉소스의 영향은 우리를 끊임없이 감탄시키는 람세스, 투탕카멘, 그리고 나머지 파라오들의 제국을 세울 수 있게 한 수단이었다.

대개는 믿을 만한 이집트의 관료들도 최초의 힉소스 통치자가 누구였는지에 대해서는 이상하게 얼버무리고 만다. 어쩌면 그 통치자는 기원전 1800년 무렵의 야크빔 세카엔레였을 수도 있고, 그보다 150년 뒤의 셈켄이었을 수도 있다. 힉소스가 이집트에서 지배권을 획득한 시기가 언제였든, 중요한 것은 그때까지 이집트인들이 1,500년간이나 왕조의 지배를 향유했고 대부분의 기간 동안 안정되어 있었다는 점이다. 이집트가 뚜렷한 정체성, 확고한 전통, 효율적인 관료제와 더불어 튼튼한 경제를 발전시킬 수 있었던 것도 그 안정 덕분이었다. 땅은 비옥했지만 강들은 나일 강보다 자비롭지 않았던 메소포타미아 사람들이 부러워했을 만한 삶이었다. 하지만 안정도 나름의 문제를 일으켰다. 이는 자기만족, 보수주의, 문화적 배제를 낳았고, 그 결과 이집트인들은 세계의 다른 지역에서 일어나는 일들과는 담을 쌓고 지냈다. 선지자 이사야가 가만히 앉아 있는 것이 이집트인의 힘이라고 말한 데에는 그럴 만한 이유가 있었던 것이다.

힉소스 통치기는 이집트인의 기준으로 보면 확실히 혼란의 시기였다. 두 왕, 때로는 세 왕—삼각주 지역은 힉소스 왕, 주요 유역은 이집트 왕, 아스완 부근의 남쪽 지역은 누비아 왕—이 나라를 동시에 통치했으니 핫셉수트 여왕도 인정했듯이 모든 것이 "산산조각 난" 듯 보이기도 했을 것이다. 신성한 계곡, 천국의 거울, 신들의 거소居所가 외국인들에게 점령당한 것은 분명 견디기 힘든 일이었다. 하지만 적어도 힉소스 지배는 참아줄 만은 했던 것 같다. 그 외국인들의 대다수가 이집트 신들에게 경의를 표하고, 당연한 말이지만 유목민의 통치기에 인기가 치솟은 황무지와 방랑자의 신 세트를 숭배하는 것을 포함해 이집트 풍습의 다수를 받아들이고 향유했으니 말이다.

그러나 문화의 변이는 양방향으로 일어나는 법이고, 그러니 힉소스인들이 이집트 신들을 받아들였듯이, 이집트인들도 유목민 침입자들로부터 배우는 것이 있었다. 특히 그들은 유목민의 무기 사용법을 습득했다. 이집트인들은 활을 늘 하나의 가지로만 만들었다. 힉소스인들은 그들에게 인도유럽인으로부터 유래되어 정확도와 사거리가 월등히 높은 합성 궁弓成弓을 소개해주었다. 또한 이집트인들이 유목민들로부터 받아들인, 그 못지않게 중요한 것은 말이 끄는 전차였다. 기록에는 이집트군이 전차를 처음 사용한 때가 테베의 군주들이 북쪽으로 군함을 몰고 가 힉소스인들을 삼각주 지역에서 몰아낸 때로 나와 있다. 전차는 이집트어로는 표현할 낱말이 없었을 만큼 당시로서는 완전히 새로운 물건이었다. 따라서 파헤리라는 인물이 노련한 사령관이었던 자신의 조부 아흐모세가 힉소스인들로부터 이집트가 영광의 승리를 거둔 전투에 참전했음을 그의 무덤 벽에 새길 때 낱말이 들어가야 할 자리에 집어넣은 것도 전차의 모양이었다.[*]

힉소스의 지배는 외국인들보다 이집트인들에게 더 유익한 결과를 낳았다. 힉소스인들은 이집트에서 쫓겨난 뒤 늘 사람들로 붐비던 비옥한 초승달 지대로 돌아왔다가, 그곳에서 결국 스텝 지대로부터 밀어닥친 또 다른 유목민 군대에 궤멸되었다. 반면 이집트는 100년에 걸친 힉소스의 지배 이후 기나긴 고대 이집트 역사상 최고의 번영기를 누렸다. 유목민이 제기한 어려움을 극복한 뒤 생긴 활력에, 외국인의 소개로 개량된 무기로 차오른 용기, 히타이트와 아모리족을 비롯해 여타 인접한 왕국들과의 상호 작용으로 조성된 약동하는 분위기 속에서 파라오 아흐모세 1세(앞의 아흐모세와는 동명이인이다/역자)와 그의 이집트 신왕국 계승자들은 북쪽으로는 지금의 시리아, 남쪽으로는 누비아와 수단으로까지 국경이 확장

---

[*] 에바나의 아들 아흐모세의 무덤은 룩소르 남쪽의 엘 카브에 가면 볼 수 있다.

된 제국을 건설했다. 이집트는 초기 미케네 문명이 그리스에서 막 뿌리를 내리고, 인도유럽인 유목민들이 인도 아대륙으로 이주하고 있던 기원전 1500년 무렵부터 300년 동안 금으로 번쩍번쩍 빛이 났다. 테베의 신 아몬이 이집트의 주요 신이 되고, 카르나크 신전 유적지(룩소르에 있다)에 있는 아몬 신전이 세계에서 가장 크고 가장 장엄한 종교 복합체 중 하나로 개발된 것도 그 시기였다. 핫셉수트, 세티 1세, 람세스 2세와 같은 파라오들도 장대한 신전을 세웠다. 일신교는 시도되었지만 받아들여지지 않았다. 이집트 제국의 부가 어느 정도였는지는 어린 나이에 왕이 된 파라오 투탕카멘의 무덤을 통해서 가늠해볼 수 있다. 비극적일 정도로 어린 나이에 죽은 그는 전차 6대와 12개가 넘는 합성궁과 함께 금빛 찬란하게 묻혀 있었다.

이 모든 것이 유목민의 개입 덕분에 생겨났다고 말할 수는 없을 것이다. 하지만 나일 강에서 혁신은 힉소스인들이 전차를 몰고 나일 강 계곡으로 들어가기 오래 전에 사라지고 없었다. 이집트인들은 유목민이 혼란과 파괴를 가져올까 봐 오래도록 두려워했다. 하지만 우리가 알다시피 이동하는 민족과 정착하는 민족이 동거하고 협력한 결과로 이집트에는 혁혁한 업적을 이루는 시대가 도래했다. 한편 신왕국의 파라오들이 그들 나라의 복원에 착수할 무렵, 고대 그리스인들의 전망은 인도유럽인의 출현으로 바뀌고 있었다.

그리스인

고대 그리스에는 그리스 세계가 유목민들에게 제압당했음을 알려줄 필경사도 없었고, 긴 칼과 반원형의 합성궁으로 무장하고 기억 속에 오래 남을 영광을 차지하려는 욕망에 고취된 사내들이 땀 흘리는 종마가 끄는 전차를 타고 출현하는 모습을 지켜본 목격자 진술서도 없었다. 하지만 그 이야기는, 위대한 그리스 시인 호메로스가 한 말과 지표면 아래의 증거물 모두에서 발견된다. 우리가 알다시피 그 이야기는 우리가 그리스 문화, 아킬레우스와 오디세우스의 세계, 황금시대의 영웅들이라고 생각하는 것을 구체화한 것이다. 하지만 더 놀라운 점은 그 이야기가 유목민에 기원을 두고 있다는 것이다.

우리가 유목민인 인도유럽인 전사들이 기원전 1500년 이전에 에게 해에 도달했음을 아는 것은, 1876년 한 독일인 모험가가 펠로폰네소스에서 발굴한 수갱식 분묘의 조성 시기가 대략 그때쯤이기 때문이다. 하인리히 슐리만은 다수의 뛰어난 재능을 지니고 있었고, 특히 돈 버는 재주가 탁월했다. 그는 그리스에 오기 전에는 크림 전쟁 중이던 러시아 정부에 무기를 팔아서 재산을 모았고, 30대 중반에는 은퇴해도 될 만큼 부유해졌다. 슐리만은 10여 개국의 언어를 구사했을 정도로 언어에도 천부적 재능이 있었다. 하지만 무엇보다 중요한 것은 50대 초반 그리스에 도착했을 때의 그가 극적인 감각과 명성에 대한 욕구를 품고 있었다는 점이다.

적극적 투기자들이 모두 그렇듯, 슐리만도 성질이 급해 고고학에 대한 투자에서 빠르게 이득을 얻고 싶어했다. 그는 고대의 보물을 원했으며, 원하던 것을 찾아냈다. 3,500년 동안이나 땅속에 묻혀 있던, 이례적으로 아름다운 값진 부장품을 발견한 그는 재빨리 그 사실을 세상에 알렸다.

그는 가설도 빨리 세웠다. 장례용 황금 가면을 포함해 몇몇 경이로운 물건들이 들어 있는 그리스 영웅시대의 무덤을 발굴한 데에 만족하지 못하고, 자신의 출토품들에 오래 전에 죽은 유명인들의 이름을 붙이기로 작정한 것이다. 아가멤논은 『일리아스』에서 "인간들의 왕"이라고 불렸고, 전쟁에서 살아남아 트로이의 첩들을 거느리고 미케네 왕궁으로 돌아왔으나 목욕을 하던 중 부정한 아내 클리타임네스트라에 의해 살해되는 왕이자, 호메로스가 구사한 시적 마법 덕분에 아직도 트로이 전쟁에서 울려 퍼지고 있는 이름이다. 슐리만은 뒷받침할 증거도 없으면서 그 위대한 왕의 얼굴이 바로 여기에 있다며 역사적 서사시를 진실로 둔갑시켰다. 자기주장을 뒷받침할 만한 것은 육감밖에 없으면서, 아가멤논의 얼굴을 본떠 만든 것이라고 스스로 주장한 황금 가면을 바라보며 이것이 바로 아가멤논의 생생한 얼굴이라고 공표한 것이다.

슐리만은 미케네에 온 지 불과 4개월(고고학적 시간으로는 찰나일 뿐이다) 뒤에 아가멤논의 무덤과 "세계에서 가장 멋진 대형 박물관을 가득 채울 만한" 보물을 발견했다며 그리스 국왕에게 전보를 보냈다. 자신은 그저 과학이 좋아서 하는 일이기 때문에, 금관, 수백 개의 금박, 황금 동물상, 황금 가면들에 대한 대가를 요구할 생각은 없다는 말도 덧붙였다. 그로부터 반세기 뒤에 투탕카멘의 무덤에서 나온 유물에 의해서만 빛이 바랬을 만큼 미케네의 고분에서 나온 유물의 양이 고고학 발굴 역사상 수확량이 가장 많았던 점을 고려하면 놀라운 발언이었다. 하지만 그렇게 자기 홍보를 했음에도 정작 슐리만이 거둔 최고의 성과는 그도 인지하지 못한 것이었고, 아가멤논과도 관련이 없었다.

미케네의 수갱식 분묘와 "아가멤논의 황금 가면"이 발견되기 5년 전, 슐리만은 튀르키예의 아나톨리아 북서쪽 초원에 30미터 높이로 언덕이

진 히사를리크라는 곳에서 더 좋은 성과를 냈다. 히사를리크는 스카만데르 강과 마르마라 해와 에게 해를 잇는 좁은 수로, 즉 다르다넬스 해협을 굽어보는 유망한 곳이었다. 슐리만과 그의 발굴 팀은 그곳에서 2년간 작업한 끝에 호메로스가 "튼튼하게 세워지고" "크고 높은 성문"을 가졌다고 말한 도시의 폐허를 찾아냈다. 다르다넬스 해협과 아시아와 유럽 사이의 바닷길을 통제하는 그 지역의 경제와 군사 중심지, 트로이였다. 트로이는 약 6만700제곱미터의 면적에 많게는 1만 명이나 되는 사람들이 살던 광대한 지역이었던 것으로 밝혀졌다. 절정기에는 도시 중심부에 성벽으로 둘러싸인 궁전과 신전이 있었는데, 슐리만이 보물을 발견하고는 납득할 만한 확실한 증거도 없이 다시 한번 이름표를 붙인 장소도 그곳이었다. 자, 여기 전투에서 패한 트로이의 왕 프리아모스의 보물이 있습니다.

아가멤논과 프리아모스, 트로이 전쟁의 영웅과 악인들이 살았던 세계의 중심에는 너무도 다른 두 가지 삶의 방식, 모순된 두 전망 사이의 실존적 긴장, 그리스인들과 트로이인들 간의 문화 충돌이 도사리고 있었다. 『일리아스』와 『오디세이아』는 구전으로 전해지던 이야기와 시간이 가면서 세련되어진 신화의 정수를 추려내 지어졌다. 따라서 수많은 사람들이 목숨을 잃은 실제 전쟁과 오디세우스가 이타카의 고향으로 돌아오는 기나긴 여정을 말하고는 있지만, 그 이야기가 다루는 시대와 세계는 전투가 벌어진 스카만데르 평원과는 관련이 없다. 애덤 니컬슨이 『지금, 호메로스를 읽어야 하는 이유_The Mighty Dead_』에서 훌륭하게 묘사했듯이, 트로이 전쟁에서 싸운 그리스인들은 플라톤과 아리스토텔레스, 파르테논과 페이디아스(파르테논 신전의 재건을 맡았던 아테네의 조각가/역자), 민주주의와 폴리스를 만든 사람들이 아니었다. 그들은 흑해 북쪽의 스텝 지대에 대한 기억을 지닌 초기 그리스인들이었다. 따라서 그들이 사용한 방식과 침략의 동기에는 여전히, 인더스 강 유역을 침입했을 때처럼, 그리스를 침입했을 때에도 자신들의 야망과 가치를 원시적 토착민들의 것과 결합시킨 인도유럽인 유목민 전사들의 방식과 동기가 반영되어 있었다.

『일리아스』와 『오디세이아』에서 눈에 띄는 부분은 두 군데인데, 그 두 부분과 그에 대한 니컬슨의 설명—적어도 찾는 것이 유목민이라면 그 두 곳이 두드러진다—은 모두 오디세우스와 관련이 있다. 눈에 띄는 첫 번째 부분은 아킬레우스가 아가멤논 왕과 맞설 때이다. 제우스의 사랑을 받는 아킬레우스는 인간과 여신 사이에서 태어난 아들이다. 야성적이고 명민하고 호전적인 기질을 지닌 그는 변덕스럽고 제멋대로이기도 하다. 반면 아가멤논은 인간들의 왕이다. 수메르 왕 길가메시와 그의 동반자인 야생인간 엔키두를 연상시키는 한 쌍이다. 영웅 아킬레우스는 트로이 전쟁 중에 눈이 맑은 왕녀 브리세이스를 애인으로 얻고, 그녀와 깊은 애착 관계를 형성한다. 그런 그녀를 아가멤논이 자기 천막으로 데려가버리자, 아킬레우스는 앙갚음으로 참전을 거부한다. 아킬레우스 없이는 트로이에 패할 것이 분명해지자 아가멤논은 언변이 좋은 오디세우스를 보내 그 최고의 전사를 다시 돌아오게 하기 위한 협상을 벌인다.

오디세우스는 아가멤논이 그 처녀—그의 "손도 닿지 않은"—를 돌려줄 것이며, 트로이를 함락시키면 다른 보상도 받게 될 것이라고 아킬레우스에게 말한다. 배에 금과 황동을 가득 싣고 귀향하게 될 것이며, "그 외에 트로이의 절세 미녀 20명과 그의 진심 어린 수락 덕에 큰 사랑"도 얻게 될 것이라고 말한다.[32] 보상은 여기서 그치지 않는다. 전쟁이 끝나면 그는 "나(아가멤논)의 아들로 살 것"이며, "왕과 동침할 자격"이 있고 지참금을 가진 아가멤논의 딸들 중 한 명과 결혼도 시켜주겠다는 것이다. 지참금에는 카르다밀레를 비롯해 광대한 도시 7곳도 포함되어 있었다. 도시에 기반을 둔 왕이라면 거부할 수 없는 제안이었을 것이 틀림없다. 하지만 유목민의 스텝 세계에서 나온 영웅에게 그 모든 부와 그 모든 재산이 무슨 의미가 있었을까?

아킬레우스는, 그리스가 전쟁에 나선 것은 트로이의 왕자 파리스가 (스파르타의) 아름다운 왕비 헬레네를 납치해간 일에 대한 명예를 회복하기 위해서라고 대답한다. 그런데도 아가멤논은 아름다운 브리세이스를 낚아채가는 파리스와 다를 바 없는 행동을 저질렀고, 그리스인 누구도 그에게 이의를 제기하거나 항의하지 않았다고 말한다. "그녀가 노예였을망정, 나는 영혼 깊숙이 그녀를 사모했다"고 아킬레우스는 자신의 입장을 설명한다. 그는 정의감을 넘어 명예의 상실에서 오는 고통으로 격분한다. 평판이 손상된 마당에 부가 무슨 소용이 있겠는가? 그는 그런 이유들 때문에 아가멤논의 제안에 모욕을 받았다고 느끼고, 오디세우스에게 "선물이 악의적"이라고 말한다. 왕국의 부, "쏟아지는 황금빛 부", 심지어 이집트 제국의 지배권을 준다고 해도 아킬레우스를 그곳에 남아 싸우도록 설득할 수는 없을 것이다. 그 이유는—이것이 핵심이다—"삶은 금덩어리로 살 수 없기" 때문이다.

아킬레우스는 그런 다음에야 그런데도 자신이 왜 트로이에 **남아 싸우려고 하는지**를 밝힌다. 그 이유는 쉽게 포획할 수 있는 거대한 짐승 떼 때문도, "먼지투성이 평원의 비길 데 없는 군마들" 때문도 아니다. 삶의 명예, 영광을 위해서 남으려는 것이다. 아킬레우스는 트로이를 떠나 "수년간, 그리고 오랜 날들 동안" 삶을 누릴 것이냐, 아니면 트로이에 남아 "불멸의 명성"과 "불후의 찬양"을 얻을 것이냐를 두고 신중히 판단했다. 삶이냐 명예냐, 안락이냐 영광이냐, 그것이 문제였다. 『베다』의 찬가와 그것

너머에서, 말과 무기를 휘두르는 사람에게는 삶이 종종 짧기도 했던 스텝의 유목민 세계에서 메아리치는 선택지였다. 요컨대 영웅의 삶과 피할 수 없는 죽음이 보람되기 위해서는 동료들에 의해서 기억되고, 오랜 시간이 지난 뒤에도 그의 공훈이 모닥불 주변에서 회자되리라는 확신이 있어야 한다는 말이었다. 이렇게 전투에서의 용맹함과 이야기의 즐거움을 함께 찬양하는 것이 유목민 삶의 특징이었다. 그 기억에는 스텝 지대의 삶에서 전해져오는 정체성, 거친 인간들과 그들의 고귀한 노력을 다룬 호메로스의 이야기가 세대를 거쳐 전수되어오다 등장인물들로 포착되고, 종이에 옮겨지며, 책으로 제본되어 성벽 안으로 들어오는 방식으로 표현된 정체성이 담겨 있었다.

두 서사시에서 유목민 및 스텝 지대와 관련하여 눈에 띄는 두 번째 부분은 『오디세이아』의 중간쯤에 나온다. 오디세우스와 그의 동료들에게 트로이에서 고향으로 돌아가는 길은 도전과 수많은 우회로를 거쳐야 하는 기나긴 여정이었다. 키클롭스(외눈박이 거인족), 바람의 지배자(아이올로스)가 사는 섬, 그리스 배들을 한 척을 제외하고 모조리 파괴해버린 라이스트리곤인(또다른 거인족)을 거치며 다수가 목숨을 잃고, 살아남은 사람들이 도착한 곳은 아름답지만 위험한 여신 키르케가 지배하는 섬이다. 이 부분에서도 다른 지역들에서 일어났던 일, 앞의 이야기들이 또 한 번 되풀이된다. 동료 몇 명이 키르케의 마법에 걸려 돼지로 변하는 반면, 오디세우스는 사실상 소마와 다르지 않은 몰리moly라는 풀을 먹고 비슷한 운명에 처할 위기를 모면하고 여신의 연인이 된다. 그리하여 그곳에서 1년을 머물고 떠나려고 하는 그에게 키르케는 이타카로 돌아가는 길에 하데스가 관장하는 어두운 지하 세계를 먼저 가게 될 것이라고 말한다. 여행하고, 탐구하며, 그의 운명을 말해줄 노인(예언자 테이레시아스)을 만나게 될 여정이었다. 길가메시 서사시의 저자가 우리에게 홍수에서 살아남은 사람, 죽음을 감수하라는 말을 해줄 사람을 찾아 나선 영웅(길가메시)을 우리에게 보내주었듯이, 호메로스도 오디세우스를 지하 세계로 보내서 테이레시아스라는 테베의 예언자로부터 자신의 운명을 전해 듣도록 한 것이다.

맹인이지만 앞일을 예측하는 능력이 있는 테이레시아스는 오디세우스가 앞으로도 방랑을 더 하게 될 것이고, 더 많은 동료들이 물구덩이에 빠져 목숨을 잃은 다음에야 이타카에 도착할 것이라고 예언한다. 하지만 그가 그곳에서 보게 될 것은 자신의 궁전을 가득 메운 구혼자들과 정숙한 아내 페넬로페가 그들의 접근을 가로막고 있는 모습일 것이라고도 이야기한다. 테이레시아스는, 구혼자들을 죽인 뒤에도—"차례로 고꾸라지는 왕들"—오디세우스는 집에서 편히 지낼 수 없을 것이라고 말한다. 난로 곁에 앉아 쉬거나 오래 전 그가 올리브 나무를 깎아서 만든 침대에 눕는 대신 그가 할 일은 근원으로 돌아가는 마지막 여행, 그의 종족의 출신지인 바다에서 멀리 떨어진 곳으로의 여행이었다.

일찍이 소금을 알았던 적도, 노호하는 파도 소리를 들은 적도,
혹은 물의 평야에서 화려한 배가 일어나는 것도,
채색된 불가사의한 물건이 대양을 쏜살같이 지나가는 것도
보지 못한 사람들!

이 육상 여행에서 오디세우스는 자신이 저어온 노를 등에 묶고, 양치기를 만날 때까지 그 땅을 하염없이 가야만 한다. 그런 다음 그를 만나면 노를 그 땅에 세워 뱃사람이 귀향했음을 알리고, 또한 성역이 된 그곳에

"물의 왕국을 관장하는 신을 위무할" 제단을 설치하게 될 것이라고, 테이레시아스는 설명한다. 그러고는 제물을 올린다.

그가 제단에 올릴 제물로 가져온 것은 세 가지,
황소, 숫양, 수퇘지 한 마리씩을 바치고 바다의 왕을 경배한다.

최초로 가축화된 육상 동물들을 바다에서 멀리 떨어진 곳에서 바다의 신 포세이돈에게 제물로 바친 것보다 더 기묘한 일은 없을 것이다. 하지만 그는 그렇게 함으로써 평온하게 살고 평화롭게 죽을 것임을 확약받는다.

이것이 다가올 그대의 삶이고, 이것이 운명이다.

그러나 이것은 오디세우스의 운명이 아니었다. 그는 분명 이타카로 돌아와 그의 궁전에 있던 다수의 구혼자들을 죽이고 인내심 강한 페넬로페와 올리브 나무로 만든 침대에서 재결합한다. 책은 오디세우스가, 열정 넘치는 시인들은 여전히 험준한 땅이라고 부르는 곳의 정원, 과수원으로 돌아와 아버지를 만나는 것으로 끝이 난다. 문자적으로나 상징적으로나 낙원을 뜻하는 파이리 다에자pairi-daeza, 아버지와 아들이 오래 전에 심은 무화과와 포도 나무들 사이에서 오디세우스의 길고도 험난했던 여정은 막을 내린다. 유목민의 스텝 세계 쪽을 돌아보는 대신에 인도유럽인의 신념과 관습이 지중해 세계로 흡수되는 정착적 미래, 유목민과 정주민이 조화와 결합을 통해서 우리가 고대 그리스 문화와 현대 서구 세계의 토대라고 알고 있는 세계를 고대하면서.

호메로스는 그가 유목민과 정주민 간의 갈등이라고 본 것을, 오디세우스와 그의 그리스인 동료들이 유목민 혈통에 등을 돌리게 하는 방식으로 해소한다. 향후 그들의 적수가 될 페르시아인들은 그와 다르게 행동할 터였다. 그들은 유목민을 포용하고 그 과정에서 세상을 변화시켰다.

페르시아인과 다른 종족들

고대 페르시아인들은 다수의 다른 유목민 문화와 마찬가지로 문자 기록과 그들의 위대함을 나타내줄 흔적을 아주 조금밖에 남기지 않았다. 그래서 나도 그들을 이해하기 위해서 소나무와 오크로 덮인 기원전 5세기 때의 경사지로 돌아가 그리스인들 사이에서 증거를 찾았다. 포도주처럼 검은 바다로부터 16킬로미터 떨어진, 나무가 우거진 그 고지대는 전능한 제우스 신전으로 향하는 순례자들만이 찾던 곳이다. 거대 신전이 세워지고 명실공히 조각의 대가였던 페이디아스가 제우스 상을 조각한 뒤에도, 올림피아는 올림픽이 열리고 수소 100마리가 하늘의 아버지 제우스에게 제물로 바쳐질 때에만 사람들로 가득 찼다.

올림피아 제전이 열릴 때면 고대 그리스의 모든 도시국가들에는 명예와 올리브 화환을 얻기 위해서 귀족들이 벌이는 권투 시합, 달리기, 원반 던지기, 창던지기, 노새수레 경주를 보려고 사람들이 몰렸다. 하지만 군

중 중에는 종교나 경기에 이끌리지 않은 사람들도 있었다. 그들은 최신의 문화 조류를 살피고 시인과 극작가, 화가와 조각가들의 신작을 접하러 그곳에 왔다. 기원전 5세기 중엽에는 그런 창작자들 중 한 사람이 기존과는 완전히 다른 글 형식을 선보였는데, 그는 이 형식에 역사history라는 새로운 용어를 만들어 붙였다.

헤로도토스는 기원전 484년 무렵 페르시아에 공물을 바치던 항구 도시 할리카르나소스(지금의 튀르키예 보드룸)에서 태어났다. 청년 시절에는 배를 타고 이집트로 간 뒤 메소포타미아를 가로질러 바빌론까지 여행했을 것으로 짐작된다. 이탈리아 남부에 있던 마그나 그라이키아(대그리스)의 식민 도시들에서도 살았을 가능성이 있다. 또한 고대인들이 시사하듯이 올림픽도 관전하고 거대한 제우스 신전에도 들어갔을 것이다. 작가 루키아노스에 따르면 "그곳에서 그는 사람들로 가득 차고 모든 도시의 시민들이 꽃을 보내온 순간을 포착한 후, 신전 홀에 나타나 관광에 열중하는 대신 올림픽에서 자신의 승리를 위해 노력했다"고 한다. 그의 신작은 "청중을 매료시켰다."[33] 오늘날에도 여전히 독자들을 매료시키는 그것은, 지금까지 살아남은 최초의 논픽션 작품이기도 할 것이다.

19세기의 헤로도토스 번역가들 가운데 한 사람은, 헤로도토스에 대해서는 입증할 수 있는 사실이 극히 드물어 "사실들을 모아 전기를 편찬하는 일이 마치 카드로 된 집을 짓는 것과 같고, 그러니 첫 혹평만으로도 치명타를 입게 될 것"이라고 썼다.[34] 그러나 헤로도토스가 올림픽을 관전했음을 입증할 수 있는 증거는 없을지라도, 최소한 우리에게는 경기장에서 낭독되었다고 루키아노스가 주장하는 작품은 있다. 『역사Historia』는, 바로 얼마 전까지 그의 세계를 위협했던 큰 사건들에 대한 일종의 탐구서이다. 이 책은 트로이 전쟁을 시작으로 장기간 지속된 그리스-페르시아 전쟁으로 끝난다. 헤로도토스는 무슨 일이 일어났고, 왜 일어났는지를 설명함으로써 "인간의 위업이 시간의 경과로 파괴되는 일이 없게 하기 위해" 책을 썼다고 우리에게 말한다.[35] 그것은 고대 페르시아의 삶에 대한 진귀한 정보원이기도 하다.

페르시아 고원은 중앙에 사막이 하나 있고 산지로 둘러싸인 거친 땅이다. 헤로도토스 이전의 최소 5세기 동안은 마사게타이족, 메디아인, 사르마티아인, 시드리족과 보르그족, 박트리아인과 게드라시아인, 타푸리아인과 여타 유목민 종족들이 그 고원지대를 방랑했다. 그들은 모두 마차 밖 천막에서 생활하는 인도유럽인들이었다. 힘들이지 않고 안장에 오르고, 칼과 활을 능숙하게 다루며, 물과 가축 떼의 방목지를 찾아 스텝 지대와 카스피 해의 동서 해안가를 말을 타고 누빈 사람들이었다. 기후 변화에 따라 움직인 이 이주자들은 수 세기 동안이나 분리된 채 별개로 남아 있었다. 그렇게 지내면서 호전적인 성향을 드러내고 때로는 서로 싸우기도 하며, 힘의 성쇠 및 목초지의 풍족함과 부족함에 따라 서로 간에 충성심 혹은 적대감을 보였다. 그러다 그런 종족들 중 하나인 메디아인들이 카스피 해 남쪽에 위치한 자신들의 핵심지를 떠나 다른 종족들을 힘으로 복종시키고 지금의 이란 땅 대부분을 점유했다. 그러나 세력을 과도하게 뻗친 이들은 주변의 또다른 유목민 종족에게 격파되었다.

메디아인을 제압한 종족은 페르시아 고원의 남부를 핵심지로 보유하고 있었다. 그들은 그곳에 파르스Fars/Pars라는 명칭을 붙였는데, 우리가 아는 페르시아도 여기에서 비롯되었다. 페르시아인들은 키루스 대왕(키루스 2세) 때에 메디아 정복을 발판 삼아 힘을 확립했다. 그들은 제휴를 바라는 한편으로 전투를 준비함으로써 마케도니아에서부터 인더스 강 유역까지, 지금의 오만에서 흑해 유역까지 지배권을 수립했다. 부처가 깨달음을 얻었다고 전해지고, 신할리즈족의 첫 번째 왕이 스리랑카를 지배하며, 중국이 다수의 제후국(춘추전국시대)으로 분열되었던 기원전 539년에는 페르시아인이 세계 인구의 40퍼센트를 차지한 정복민이 되었고, 키루스는 대왕, 왕중왕, 세계의 네 모퉁이 왕이 되었다.

페르시아가 제국이 되자 힘, 특권, 부도 덩달아 늘어났다. 리디아인과 그들의 전설적인 "황금" 왕 크로이소스를 격파한 뒤에는 페르시아인들이, 키루스의 견해에 따르면, 엉겅퀴를 뜯어먹던 종족에서 진수성찬을 먹는 종족으로 발전했다.[36] 그런 제국이었으니 지배자도 당연히 멋진 도시의 으리으리한 궁전에서 살았을 것이다. 자신의 치적을 멋들어지고 조금은 과장되게 적은 기록도 남겼을 법하다. 그것이 다른 제국의 지배자들이 한 일이었으니 말이다. 하지만 키루스와 그의 페르시아인들은 유목민이었고, 그의 제국도 규모 때문이 아니라 다른 유목민 종족 및 도시국가들과 맺은 동맹, 유목민 특유의 다양성에 대한 존중으로 가능했던 동맹으로 특별해진 나라였다. 헤로도토스도 "페르시아인들은 외국의 풍습을 아주 쉽게 받아들이는 경향이 있다"라고 말했듯이, 그들은 정복을 하면 변했다. 하지만 다른 곳의 생각과 풍습도 기꺼이 수용하고자 한 그들의 의지에도 불구하고, 어느 정도는 그들의 땅이 너무 척박했던 탓에, 거대한 지하 수로망인 카나트qanat를 파는 것을 포함해 농업은 인내심과 창의력이 있어야만 영위할 수 있었다. 페르시아의 대부분 지역은 여전히 노마스(유목민), 즉 이동하는 사람들과 그들의 가축 떼만 살 만한 곳이었다. 이란의 산지에서 내가 만난 유목민들도 모두 자신들과 고대 페르시아의 연계를 언급했다. 바흐티야리 부족민들도 자신들이 3세기에 발흥한 사산 왕조 왕들의 직계라고 주장했다. 양과 염소의 목초지를 찾아 자그로스 산맥을 오르락내리락 옮겨 다니는 그들은 본질적인 부분에서 고대 페르시아인과 매우 흡사한 삶, 경관 순응하는 삶을 살았다.

키루스의 계승자 중 한 사람인 다리우스 1세가 키루스보다 더 많은 업적, 더 많은 호칭, 그리고 자신의 혈통—"내 왕조에는 나 이전에 8명의 왕이 있었다"—을 기록으로 남기려고 했을 때 시선을 돌린 곳도 경관이었다. 그는 제국에서 통용되었던 주요 3개 언어인 고대 페르시아어, 엘람어, 바빌로니아어를 사용해 보편문자(페르시아는 그들의 고유한 문자를 결코 개발하지 못했다)인 쐐기문자로 그것을 기록했다. 하지만 그는 자신의 그 포고문을 양피지, 파피루스 혹은 점토판 대신—유목민답게 그런 것들은 분실되거나 파기될 수도 있다고 의심했다—지상으로부터 100미터 올라간 석회암 산 측면에 높이 15미터, 너비 25미터 크기의 비문으로 새기게 했다. 그가 비문을 새길 장소로 고른 비수툰Bisotun(베히스툰Behistun으로도 표기된다)에는 산 정상으로부터 아래쪽의 강 계곡 가장자리를 향해 일직선으로 떨어지는 측면이 있다. 게다가 그곳은 동쪽의 페르시아 만과 가까운 왕의 도시 수사에서부터 메소포타미아를 거쳐 바빌론으로, 거기서 다시 지금의 튀르키예 이즈미르에 인접한 에게 해까지 뻗어나간 제국의 고속도로, 즉 페르시아 왕도Persian Royal Road를 내려다보는 곳이었다. 헤로도토스가 "그 길의 전 구간에는 왕[다리우스]이 설치한 역참과 훌륭한 숙박 시설이 있으며, 도로 전체가 이용자도 많고 안전하다"고 격찬한 길이었다.[37] 페르시아 왕도는 고대 페르시아가 거둔 위업의 하나로, 유목 생활을 하면서 이동에 전념한 사람들을 위한 이상적 사업이었다. 문자 그대로 거대 제국을 하나로 묶어준 전장 2,700킬로미터의 도로였다. 페르시아는 이 왕도를 통해 고대의 포니익스프레스(역참제도를 이용한 19세기 미국의 우편배달 체계/역자)도 시행했다. 헤로도토스는 그 체계를 이렇게 설명했다. "페르시아인들은 그보다 빨리 가는 사람이 없을 만큼 효과적으로 전령을 보내는 방법도 찾아냈다. 정해진 경로의 전 구간에는 말과 사람이 대기하고 있어……눈이 오나 비가 오나, 더위도 밤의 어둠도, 그가 최고의 속력으로 주어진 여정을 끝마치는 것을 막을 수는 없을 것이다."[38] 다리우스는 사람들이 자신의 권능을 쳐다보고 널리 공유하게 하기 위해서 그 왕도의 위쪽에 비문을 세운 것이었다.

그러나 산의 측면을 파서 비문을 새겼다는 사실 역시 그에 못지않게 의미심장하다. 헤로도토스도 인지했듯이, 다수의 다른 유목민들에게 그렇듯 페르시아인들에게도 산은 특별히 중요했다. 헤로도토스는 그리스인 및 이집트인들과 달리 페르시아인들은 신전을 짓지 않았다고 하면서, 그것은 그들의 신이 인간의 형상이 아니기 때문이라고 썼다. 대신 페르시아인들은 인도유럽인들처럼 하늘의 아버지에게 기도를 드렸는데, 헤로도토스는 이것을 그들이 하늘과 4원소(물, 공기, 불, 흙)를 숭배했기 때문일 것으로 이해했다. 페르시아인들이 신을 석조 신전이 아닌 산꼭대기, 자연 그대로의 신전에서 찾은 것도 그래서였다. 헤로도토스는 이렇게 썼다. "페르시아인들 사이에는, 그들이 모든 것을 포용하는 하늘의 둥근 지붕과 동일시했던 [하늘의 아버지] 제우스에게 제물을 바치는 일을, 가장 높은 산의 봉우리에서 행하는 전통이 있다."[39] 고대 페르시아인들이 산을 중시했음을 인지하는 일은 고대 페르시아의 기념물을 통틀어 가장 유명한 유적인 페르세폴리스가 가진 불가사의를 푸는 데에도 도움이 된다.

페르시아인들은 다리우스가 정권을 장악하기 훨씬 전부터 자비의 산*, 즉 쿠에라마트의 낮은 경사면을 기반으로 삼고 있었다. 그런데 다리우스는 32년에 걸친 그의 치세 4년째 되는 해에 제국의 보물창고와 더불어 종

---

* 인도유럽인이 숭배한 "야생 목초지의 신"인 미트라의 산으로도 알려져 있다. (Kriwaczek, *In Search of Zarathustra*, p. 119).

교, 의례, 외교의 중심지가 될 곳도 함께 건설하게 했다. 그리스인들은 그곳을 페르세폴리스, 즉 "파르스 사람들의 도시"로 불렀다(페르시아식 명칭은 보존되지 못했다). 하지만 페르세폴리스는 다수의 기능을 했음에도 우리가 이해하는 의미에서의 수도는 아니었다. 이는 어느 정도 페르시아인들이 정착 도시인이 아니었기 때문이다. 유목 생활을 하는 전통과 척박한 땅이 그들의 정착을 억제했다. 페르세폴리스는 수도라기보다는 의식, 특히 한 가지 의식을 거행하는 장소였다. 매년 봄 페르시아인의 설날인 노루즈 Nowruz 축제 때가 되면 샤한샤(왕중왕)는 산의 신들과 자신의 관계, 그리고 공물을 바치려고 모인 많은 종족과 자신의 관계를 확인하기 위해서 그곳에 갔다. 페르세폴리스는 이집트, 바빌로니아, 메소포타미아의 건축적 전통으로부터 많은 것을 차용했을 수 있지만, 산의 신들과 맺은 관계를 통해 지극히 페르시아다운 정체성과 신념을 천명하고 있었다.

페르세폴리스가 다리우스의 손자 아르타크세르크세스 1세에 의해서 완성되었을 때, 그것은 인간이 세운 건축물을 통틀어 가장 장엄한 구조물 가운데 하나였다. 다리우스의 건축가들은 자비의 산을 배경으로 낮은 경사면에 한쪽에는 300미터 높이, 다른 쪽에는 450미터 높이의 거대한 기단을 쌓았다. 그 기단은 그때도 그랬고, 지금도 그렇고, 발 디딤대가 넓은 웅대한 이중 계단 111개를 올라가야 도달할 수 있다. 111이라는 숫자는 페르시아 왕도 주변에 놓인 역참의 수이기도 했다. 그 계단들을 하나씩 올라갈수록 만국의 문Gate of All Nations의 삼목cedar wood으로 된 출입문들은 점점 더 가까워졌다. 만국의 문은 단순한 출입용 문이 아니었다. 그 문은 18미터 높이의 천장 아래 주홍색, 녹색, 청색의 타일 벽이 있고, 돌로 깎아 만든 날개 달린 황소 기둥들이 세워진 거대한 전각을 갖추고 있었다. 전각 앞에는 일련의 광대한 공간, 앞의 전각보다 더 호화로운 전각들, 거대한 왕의 보고寶庫, 수만 명의 사람들을 수용할 수 있는 광장이 열려 있었으며……그것들을 지나고 나면 이제 다리우스의 최고 걸작품 중 하나가 나타났다. 아파다나Apadana, 즉 알현실은 궁전의 위층에 자리해 있어, 사절들이 양쪽으로 대칭을 이룬 계단을 기어 올라가 신성한 산봉우리 아래의 어전으로 올라서도록 설계되었다. 평지에서 (기단 위의) 만국의 문으로 이어진 111개의 계단이 장식 없이 밋밋했던 반면, 만국의 문으로 통하는 계단들의 거대한 석회암 블록들에서는 매끄럽게 광택이 났다. 아파다나 계단에는 소그드인과 아리아인, 리디아인, 카파도키아인, 아랍인, 에티오피아인, 리비아인, 박트리아인, 스키타이인, 이집트인, 그밖에 샤한샤의 여러 다양한 종족들이 보낸 사절의 모습도 새겨져 있었다. 그 인물들은 모두 불사 부대Immortals가 지켜보는 가운데 메디아인 혹은 페르시아인의 인도를 받으며 들어오는 모습으로 묘사되었다.

페르세폴리스 건설에 착수하기 전 다리우스는 레바논의 삼목, 박트리아의 금, 소그디아나산 청금석과 홍옥수, 호레즈미아(호라즘)산 터키석, 이집트의 은과 흑단, 에티오피아와 신드(파키스탄의 남동부 지방/역자) 산 상아를 사용해 수사에 또다른 궁전 단지를 완성했다.[40] 페르세폴리스를 장식하는 데에는 이 모든 재료와 그 이상이 사용되었다. 기원전 50년을 전후하여 저술 활동을 했던 그리스의 역사가 디오도로스 시쿨루스는 페르세폴리스를 "태양 아래 가장 부유한 도시였고, 일반 가정집조차 온갖 종류의 재물로 채워져 있었다.……궁전의 기단에는 하나같이 모두 호화롭게 장식된 고위 귀족들의 저택과 함께 왕과 왕실 가족의 공관, 왕의 보고를 감시하기에 알맞도록 지어진 건축물들이 여기저기 세워져 있었다"고 묘사했다.[41] 그러나 페르세폴리스는 단순히 태양 아래 가장 부유한 도시가 아니었다. 그곳은 모든 제국을 통틀어 최대였던 제국 전역에서 데려온 장인과 물자로 과거와 현재의 위대한 문화적 노력을 총합하여 페르시아의 영광된 미래로 녹아들게 한 도시였다. 페르세폴리스는 제국을 구성하던 여러 다양한 요소들의 물리적 표현, 한 관찰자가 기록했듯이 "석조천막"이었으며,[42] 따라서 그 자체로 유목민의 힘을 기리는 기념물이었다. 페르세폴리스는 헬레니즘화를 불러올 알렉산드로스 대왕의 위대한 동방 원정이 시작될 때까지 그렇게 200년 동안이나 서 있었다.

알렉산드로스는 기원전 331년 10월 메소포타미아에서 페르시아의 주력 부대를 격파하고, 마지막 샤한샤인 다리우스 3세를 다리우스 본인의 부하 중 한 사람에게 살해당하게 함으로써 아케메네스 왕조에 종지부를 찍었다. 이 승리에 이어 알렉산드로스는 정주 세계 출신이면서도 유목민 최고의 특성, 특히 이동의 속도와 용이성을 받아들일 줄 아는 천재성의 일면을 드러내며 페르시아 왕도를 따라 신속하게 움직였다. 그러고는 그에 앞서 키루스와 다리우스가 그랬듯이 제국의 다른 두 "수도들", 즉 바빌론과 수사에 성대한 의식을 갖춰 차례로 입성했다. 그는 페르시아 문으로 알려진 자그로스 산맥의 고개에서 최후의 필사적 항전을 벌인 페르시아 제국군도 물리치고 고원으로 올라 페르시아의 핵심지대로 진입했다. 이듬해 1월에는 그가 페르세폴리스에 있었다.

알렉산드로스는 페르세폴리스에서 막대한 양의 금은보화를 챙겨갔다. 낙타와 노새 수천 마리가 동원될 만큼 어마어마한 양의 재보財寶를 몇 주일에 걸쳐 바빌론으로 옮겨놓고, 막 태동한 자신의 헬레니즘 제국과 계속 진행 중이던 동방 원정의 재원으로 썼다. 그다음에는 약탈이 있을 것으로 예상되었지만, 그런 일은 벌어지지 않았다. 재보를 옮긴 그는 페르세폴리스에 불을 질렀다. 그 불로 거대한 삼목재 문들과 기둥들에서는 불길이 날름거렸고, 목재 상인방과 지붕들은 석회암이 쪼개질 정도의 맹렬한 열기를 가진 불에 타버렸다. 알렉산드로스가 왜 페르세폴리스를 불태울 생각을 했는지 우리로서는 알 길이 없다. 일부 역사가들은 그것을 150년 전인 기원전 480년(그리스-페르시아 전쟁이 진행 중일 때/역자), 페르시아인들이 아테네를 불태운 것에 대한 복수라는 설을 제시했지만 나로서는 브루스 채트윈이 제기한 주장을 포함해 다른 동기가 더 설득력 있어 보인다.

브루스 채트윈은 1971년 페르세폴리스를 바라보면서, 황권이 불안정한 지배자가 드러내는 권력의 표현 같다고 생각했다. 그가 (페르세폴리스가 있는) 마르브 다슈트 평원에 도착할 때 그의 곁에는 카슈카이족 유목민도 함께 있었다.

우리는 비를 맞으며 페르세폴리스를 걸었다. 카슈카이족 유목민들은 비에 흠뻑 젖은 채 행복해했고, 동물들도 비에 젖었다. 비가 멎자 그들은 마치 춤을 추듯 몸을 흔들어 옷의 물기를 털어내고 가던 길을 계속 갔다. 우리는 흙벽으로 둘러싸인 과수원을 지나쳤다. 비 온 뒤의 대기에서는 오렌지꽃 향이 풍겼다.

내 옆을 한 소년이 걸어갔다. 그가 한 소녀와 흘끗 눈짓을 주고받았다. 소녀는 어머니 뒤에서 낙타를 타고 가고 있었다. 그런데 낙타의 움직임이 자꾸 빨라졌다.……그렇게 우리는 페르세폴리스로 나아갔다.

페르세폴리스를 지날 때는, 세로로 홈이 파인 기둥들, 주랑 현관들, 사자들, 황소들, 그리핀들, 금속으로 매끈하게 마감 처리된 돌, 과대망상적 비문에 새겨진 글을 보았다. "짐은……짐은……짐은……왕은……왕은…… 불태웠다……죽였다……정착했다……."

나는 그것을 불사른 알렉산드로스 대왕에게 동정심을 느꼈다.

카슈카이족 유목민 소년에게 다시 한번 그것을 보게 하려고 했다. 그가 다시 한번 어깨를 으쓱했다. 소년은 페르세폴리스가 성냥개비로 지은 것일지도 모른다고 생각하는 듯했다. 아니면 알 바 없다고 여기거나. 우리는 산 위로 계속 올라갔다.[43]

채트윈은 그해 늦여름 2,500년 전의 페르시아 문화를 기념하는 행사의 일환으로 현대의 텐트 도시가 세워지는 아이러니도 목격했다. 이란 국왕이 내린 지시에 따라 세워진 이 도시는, 이슬람 혁명으로 국왕이 실각하기 전 마지막으로 개최된 페르시아풍 유목민 축제의 일환으로 기획되었다. 그런데 정작 그 텐트 도시는 이란인이 아닌 파리의 실내 장식업체인 메종 얀센이 건설했다. 텐트에 투숙한 세계적 유명인사, 정치지도자와 왕족들에게 샴페인, 캐비아, 외국산 산해진미를 대접한 주체도 파리의 최고급 레스토랑인 막심의 직원들이었다. 그들 모두 수많은 이란인들이 가난에 시달릴 때 샤를 축하하기 위해서 그곳에 온 귀빈들이었다. "짐은······짐은······짐은······." 고대의 기단을 지나며 채트윈은 생각했다. "왕은······왕은······."

채트윈은 페르세폴리스를 자기과시와 정당화의 표명으로 이해했지만, 나는 그 유적의 가장 두드러진 양상—특히 다른 고대 도시의 유적과 비교했을 때—이 도시답지 않게 지어진 데에 있다고 생각한다. 그곳은 신전답지도 않았다. 헤로도토스는 그에 대해 이런 설명을 내놓았다. "그들[페르시아인들]에게는 동상, 신전, 제단을 설치하는 일이 매우 이질적인 행위여서, 사실상 그 모든 관습을 백치들이나 하는 짓으로 간주했다."[44] 하지만 만일 페르세폴리스의 기단에서 특정 신전, 제물을 바친 증거, 핏물이 흐르는 도랑이 확인되지 않았다면, 그것은 기단을 설치한 것 자체가 신성한 행위이고 그 전 구역이 신성한 공간이었기 때문일 것이다. 기단은 국왕이 매해 봄 신들로부터 선택받은 존재임을 확인하고, 사절을 보내 금, 말, 아마, 그 밖의 예물을 조공하는 27개 속국 혹은 종족에 대한 자신의 종주권을 확인하면서, 그 자신의 부활도 연기하는 무대였다. 채트윈도 인정했듯이 페르세폴리스는 이집트에서부터 카스피 해, 그리고 비옥한 초승달 지대에서 끌어온 예술, 건축 양식, 상징들을 혼합하는 방식으로 제국을 재천명한 공간이었다는 점에서 무대인 동시에 힘의 선언이었다. 페르세폴리스는 제국 문화의 다양성을 돌로 찬양한 곳이었고, 그것이 바로 알렉산드로스가 바빌론이나 수사와 같은 제국 도시들은 온전하게 남겨두고 페르세폴리스만 확실하게 파괴한 이유일 것이다. 알렉산드로스는 페르세폴리스의 기단에 깃든 신성함을 이해하고 있었고, 그러니 그것의 중요성 역시 인식하고 있었을 것이기 때문이다. 그는 동방 원정에 나서기 전 올림포스 산의 낮은 경사면에 페르세폴리스와 흡사하게 조성된 기단의 성소에서 제우스 신에게 희생 제의를 올렸다. 그 시대에는 가장 웅변적이고 설득력 있게 취지를 표현할 수 있는 방법이 상징이었고, 그랬던 만큼 알렉산드로스가 페르세폴리스를 파괴한 것은 아케메네스 왕조와 그들의 낡은 세계질서에 사망 선고를 내린 행위였다.

그러나 그 새로운 질서의 지배자는 상징들은 파괴할 수 있었을지언정 유목민 세계는 파괴하지 못했다. 그 세계의 가치와 사람들은 살아남아, 페르세폴리스와 크게 다르지 않은 제국을 창조하고 있었으니 말이다.

우리에게는 도시가 없다

주 왕조가 중국을 지배하고 이탈리아에서 고대 에트루리아인들이 출현하던 기원전 9세기 무렵, 메디아인과 파르스인들이 이란 고원 너머로 퍼져나가고 있던 때와 같은 시기에, 또다른 스텝 종족이 근동에서 최초로 모습을 드러냈다. 스키타이족은 제국의 중심지를 건설하지도, 폴리스를 형성하지도 않았다. 그들은 보다 가볍게 이동하는 삶을 선호했다. 그렇다고 그들에게 제국이 없었다는 뜻은 아니다.

정주 지역들에서는 스키타이족 아이들이 걷기도 전에 말을 타고, 로마와 진나라 아이들이 바퀴 달린 장난감이나 팽이 돌리는 법을 알았듯이 활을 당겨 화살 쏘는 법을 본능적으로 안다는 소문이 돌았다. 기원전 2세기의 중국의 대역사가 사마천도 "어린 소년들은 양을 타고 활을 쏘아 새와 쥐 잡는 법을 배우는 것으로 시작해 나이가 들면 활로 여우와 산토끼를 잡아 양식으로 삼았다"고 썼다.[45] 성인이 되면 그들은 용맹함의 증거로 허리띠나 고삐에 머리 가죽을 매달고 다니는 말 위의 살인자였다. 동쪽이든 서쪽이든 말을 타고 다니며 남녀 가리지 않고 그들이 죽이는 머리 수에 따라 사람의 값어치를 매기는 형편이었으니, 어디에서든 유혈과 비참함이 존재했다. 스키타이족은 모든 사람들의 악몽이었다. 하지만 우리는 심지어 그들이 스스로를 뭐라고 불렀는지조차 모른다.

그들의 명칭인 스키타이족은 양치기와 관련된 인도유럽어 낱말이지만, 페르시아어, 그리스어, 혹은 인도어에서 한때 별개의 다양한 종족을 아우르는 낱말이었다는 점에서 두루뭉술한 표현이다. 이 경우 스키타이족은 흑해와 카스피 해 너머에 살았고, 사르마티아족과 마사게타이족, 왕족 스키타이족Royal Scythians, 사카족, 그 외의 다른 많은 사람들이 포함된 종족들의 동맹을 묘사하는 말이다. 이들과 흉노족이 포함된 더 먼 동쪽의 동시대 종족들에게는 고향이 신령들로 북적거린 스텝이었다는 공통점이 있다. 이들은 무거운 바퀴가 달린 수레를 타고, 목초지를 찾아 말과 소와 양 떼를 몰며 그 지역 일대를 방랑했다. 말인즉슨 유목민이었다는 뜻이다. 또한 이 이주성 종족들은 몸에 문신을 새기고, 가죽옷을 입으며, 스스로를 꾸미기 위해서 정교한 금장신구를 만들고, 칼, 창, 합성궁을 몸에 지니고 다니는 등의 다양한 공통점이 있었다. 매장埋葬을 하나의 판단 기준으로 본다면, 여인들도 지위와 영향력 모두를 향유했다. 스키타이족은 천해天海를 유랑하는 믿음을 가지고, 불, 땅, 공기, 물을 신성하게 여긴, 하늘 신을 숭배하는 애니미즘 신봉자이기도 했다. 또한 그들은 말 젖을 발효시켜 마유주를 만들었으며, 그것과 포도주를 취하도록 마셨다. 고대 아테네인들이 희석하지 않은 포도주를 좋아하는 사람에게 "스키타이인처럼 마신다"고 하고, "스키타이인처럼 취했다"는 말을 흔한 농담으로 주고받았을 정도이다. 하지만 그들이 취했던 것이 재미를 위해서였는지 신성한 의식의 일환이었는지는 확실하지 않다. 스키타이인들은 대마(헴프와 마리화나)도 사용했다. 작은 천막 안에서 그것을 화로에 태워 실내를 연기로 가득 채워놓고 취하면 기쁨에 겨워 울부짖었다. 하지만 이 역시 의식 행위였을 가능성이 있다.[46] 스키타이 샤먼만 해도 상습적인 마약 복용이 가져다준 능력으로 의식의 이면으로 넘어가 가성의 쇳소리를 내면서 신탁을 내리는 트랜스베스타이트(크로스드레서와 유사한 개념으로, 본인의 신체적 성과 반대되는 옷을 입는 것에서 감정적 만족을 얻는 사람/역자)였기 때문이다. 스키타이족은 그들의 거친 생활 방식으로 보나 그보다 더 거친 그들의 세계로 보나, 그들의 서쪽에 사는 그리스인이나 페르시아인 혹은 동쪽에 사는 중국 한족과는 거의 관련이 없었다. 그들 모두 스키타이족을 야만인으로 간주했다. 하지만 만일 그들이 그 시대의 다른 사람들과 마찬가지로 야만인이 아니었다면?

스키타이족이 역사에 처음으로 등장한 것은 그들이 메디아 및 바빌로니아와 연합해 아시리아 제국의 수도 니네베를 약탈하고 제국을 멸망시킨 기원전 612년이었다. 하지만 이 스텝 종족을 남쪽의 메소포타미아로 내려가게 한 것은 오랫동안 전사들을 유혹해온 미끼, 즉 영광과 약탈에 대한 유혹뿐만이 아니었다. 그들이 내려간 것은, 기후 변화와 스텝의 건조화로 유목민과 가축 떼가 주변 지역으로 흘러들고, 이 각각의 집단이 목초지를 찾아 그들 앞의 집단을 전방으로 밀어붙여 벌어진 일이기도 했다. 이 공간적 이동은 유라시아 전역에 그보다 더 광범위하게 일어난 지각 변동과도 맞물려 벌어졌다. 페르시아, 그리스, 로마, 인도의 마우리아 왕조, 중국의 한나라 모두 기원전 800년과 기원전 200년 사이에 제국으로 부상했다. 그런데 널리 알려진 바로는, 이 제국들의 부상 또는 몇몇 경우 제국들의 갑작스런 몰락에 유목민의 이동이 촉매제 역할을 했다는 것이다. 그렇다면 로마, 그리스, 페르시아, 인도, 중국 사이에 위치한 광대한 땅은 어땠을까? 서쪽의 도나우 강과 카스피 해, 그리고 동쪽의 중국 만리장성 사이에 놓인 그 유라시아 핵심 스텝 지대는, 적절한 다른 호칭이 없으니 제국이라고 불러도 좋을, 모종의 다양한 종족들이 동맹을 맺고 있던 지역일 가능성이 매우 높다. 그것을 우리는 스키타이 제국이라고 부를 수도 있을 것이다.

거대한 노마드랜드를 제국이라고 부를 때에 제기되는 하나의 문제는, 무엇을 제국의 성립 요소로 볼 것인가이다. 일반적인 가설은 제국이든 유대나 이스라엘과 같은 소규모 신생 왕국이든 수도와 행정 중심지를 중심으로 발전했다고 본다. 파틸라푸트라, 장안, 아테네, 로마 모두 21세기에 미국의 한 대통령(도널드 트럼프)이 "국경이 없으면 나라도 없다"고 직설적으로 말할 것임을 예상하고, 스스로 정한 경계 너머로부터 스스로를 보호하기 위해서 성벽과 군대를 보유했다.[47] 하지만 정주민들이 경계와 성벽을 자신들의 왕국을 지키는 데에 필수적이라고 보고, 도시를 권력과 행정을 집중시키는 데 그 못지않게 불가결한 요소로 본 것과 달리, 유목민들은—이 시대에 우리가 알고 있는 것처럼—그런 요소들이 가동성에 좋지 않다는 점을 알고 있었다. 가동성의 결여, 국가 간 이동의 결여는 상인, 순례자, 다른 모든 이주자들과 마찬가지로 유목민들에게도 좋지 않았다.

기원전 800년경에 시작되는 그 600년의 기간에, 오늘날까지도 전해지는 필수적인 원전元典 및 사상도 형성되었다. 그것은 얼마간 제국의 신민, 성벽 방어자 및 성벽 내 거주자들의 행동을 규제해야 할 필요성에 대한 응답으로 나타난 현상이었다. 남아시아 일대의 기둥과 암벽들에 새겨진 아소카 왕의 칙령, 알렉산드리아에서 그리스어로 번역된 『토라』/『구약 성서』(70인역), 소크라테스와 플라톤, 아리스토텔레스, 공자와 석가모니의 다양하면서도 영구적인 원전들이 그 600년 동안에 창시되었다. 이 엄청난 분출 중에서도 특히 성벽과 경계 내에서의 삶을 어떻게 **관리해야** 하는지를 가장 명료하게 정리한 이들은 고대 그리스인들이었다. 폴리스polis(도시와 도시 국가의 뜻한 겸비한)라는 단어에서 파생되었고, 도시에서 경험하는 일을 묘사하는 정치politics, 정치체polity, 예의 바른polite, 경찰police과 같은 낱말을 우리에게 제공한 것도 고대 그리스인이니, 이는 타당해 보인다. 그런 낱말들은 유목민과 관련해서는 거의 사용되지 않았다. 성벽과 경계 내에 사는 사람들은 유목민 세계를 흔히 폴리스와 반대되게 존재하는 것으로 제시했다.

최소한 한 가지 본질적인 면에서는 유목민 세계가 정주민 세계의 반대쪽을 점하고 있었다. 유목민 문화는 제아무리 많이 발전했다고 해도 거의 전적으로 구전으로만 남아 있었다. 그들이 쓰기를 불신했던 데에는 그럴 만한 뚜렷한 이유가 있었다. 원전만 해도 운반이 요구되었고, 도서관도 공격에 취약했으며, 낱말들도 오인되거나 재해석될 위험이 있었다. 그래서 그들은 차라리 생각을 이야기로 만들어 제국 전역에서 시대를 초월해 회자되고 재차 이야기될 수 있도록 하는 편이 낫다고 여긴 것이다.

플라톤은 정세가 불안하던 시기에 아테네에서 태어났다. 그가 폴리스의 가치와 필요조건을 세세하게 명시한 것도 그래서였다. 아테네는 기원전 5세기 중엽에 끝난 페르시아 전쟁으로 그리스 동맹의 맹주로 부상했고, 아테네의 부상은 다른 동맹국들, 특히 스파르타를 좌절시켰다. 기원전 424년 플라톤이 태어났을 당시에는 그 분노로 촉발된 펠로폰네소스 전쟁이 이미 진행 중이었고, 그로부터 13년 뒤 아테네의 민주 지도자들이 타도된 뒤에도 전쟁의 불길은 여전히 깜빡거리고 있었다. 펠로폰네소스 전쟁은 플라톤의 나이 스무 살에 아테네의 패배로 겨우 끝이 났다. 9년 뒤에도 스파르타에 대항하는 또다른 전쟁(코린토스 전쟁)이 발발했으나, 그 전쟁 역시 지지부진 오래 이어졌다. 플라톤은 그의 스승 소크라테스가 처형된 일에 대한 응답으로, 이렇게 되풀이되는 전쟁과 정치적 동요 그리고 사회적 혼란을 배경으로 이상적 사회와 그 사회의 중심에 자리한 정체, 곧 이상적 도시에 대한 생각을 글로 정리했다.

플라톤의 『법률Nomoi』은, 아테네인 한 명과 식민지 건설을 원하는 몇몇 크레타인들 사이에 오가는 가상의 대화를 이야기로 서술한 저작이다. 여기서 아테네인은 새로운 폴리스가 어떻게 조직되어야 하는지에 대해서 상당히 구체적인 생각을 가지고 있다. 그는 사회, 경제, 정치가 완벽하게 기능하기 위한 도시의 적정 인구를 5,040명으로 본다. 그 정도 수의 시민이면 각 가정이 먹고살기에 충분한 농지를 보유할 수 있다고 믿는다. 플라톤은 상속의 복잡성에 대해서는 장자가 부모의 토지를 물려받는 장지상속권을 최상의 해법으로 제시했다. 장자 이외의 아들들은 남자 상속인이 없는 가정에 "줄" 수 있다고 했다. 토지 없는 남자가 너무 많을 때에는 5,040명 규모의 신생 식민지를 건설하도록 보내는 일도 가능하다고 보았다.

플라톤은 바다에서 정확히 80스타디온(약 14.5킬로미터) 떨어진 곳에 자신의 이상적인 도시국가를 위치시켰는데, 그 이유로는 "만일 국가가 해안가에 위치해 있고, 멋진 항구를 보유하고 있으면 모든 물건을 만들지 않아 물품 부족 현상이 벌어질 텐데, 그럴 경우 갖가지 사치품을 소유하는 행태와 악습을 막을 수 있는 강력한 구원자와 신성한 입법자 등이 필요하게 될 것"임을 들었다.[48] 그 철인哲人은 바다로의 접근성이 "인간의 정신을 극악하고 교활하게" 만들고, 그들 도시를 "신의 없고 냉랭한" 곳으로 만들었다고도 했다.[49] 플라톤은 바다와의 거리가 자신이 권고한 것의 절반에도 미치지 못하는 곳에 위치해 있고 지적 교양도 높다고 알려졌던 도시, 아테네에서 살고 있었다. 그러므로 그가 생각한 곳은 자신이 태어난 도시였을 가능성이 있다.

플라톤은 다양성이 필요하다는 점도 인식하고 있었다. 카인 곁에 아벨이 있었듯이, 그의 도시들에도 유목민의 역할이 있었기 때문이다. 비록 그들의 물리적 상황은 폴리스 내에 사는 사람들과 정반대였지만, 플라톤의 이상적 도시는 유목민의 출입을 금하지 않았다. 아니 오히려 그 반대였다. 그 철인은 자신의 경험상 그리스인들은 허구한 날 서로 싸우기만 하므로, 균형을 잡아줄 외부인이 필요하다는 점을 이해하고 있었다.

그래도—그리고 이것이 바로 핵심인데—도시 생활의 모든 양상은 통제되어야 한다고 믿었다. 플라톤은 남자가 최고 위치를 점한 가운데 여자와 자연계가 제 위치를 지키는 질서정연한 사회를 만들기 위해서, 중앙통제, 규정, 법을 자기 계획의 핵심에 놓았다. 그는 그리스인들은 (대부분) 그런 요소와 다른 많은 것들을 보유하고 있는 반면, 산 위에서 양과 염소를 치는 야만인들은 (대부분) 그 점이 부족하다고 여겼다. 그러므로 소크라테스와 플라톤이 강하게 주장했듯이, 만일 인간들이 충일된 삶을 살 수 있는 곳이 도시 안쪽뿐이라면, 그 너머에 사는 인간들은 열등한 삶을 살 것이 틀림없었다(물론 우리도 알다시피, 그 인간들이 올림포스 산에 사는 신들이라면 이야기가 달라지겠지만 말이다).

유목민, 즉 바르바로이barbaroi(이어족異語族 혹은 야만족)에는 도시 밖에서 충일하지 않은 삶을 사는 "열등한 종족"이라는 뜻이 함축되어 있다. 그들이 살아가는 자연은 접근하기 어렵고 극한의 경관과 기후를 가진 외딴곳이었다. 그들에게는 읽고 쓰는 능력도 거의 없다시피 해서, 플라톤의 견해로는 도시 성벽 내 사람들이 거둔 위대한 두 성과, 즉 예술과 산업도 일으키지 못했다. 하지만 산업혁명 때와 우리 시대에도 일어난 일이듯이, 그러한 성과가 정신에는 만족감을 주었을지언정, 그 진보를 이루기 위해 치른 대가에는 예전의 순수했던 생활 방식, 자연계의 아름다움 속에서 살았던 삶을 희생시킨 것도 포함되어 있다는 꺼림칙한 우려가 항상 함께했다. 19세기 초에 윌리엄 블레이크와 20세기에 브루스 채트윈이 그랬듯이 소크라테스와 플라톤이 성벽 너머의 잃어버린 황야, 아르카디아, 보다 순수하고 무구했던 먼 옛날 우리의 상태를 동경의 눈으로 바라보지 않을 수 없었던 것도 그래서였다.

아르카디아는 성벽으로 둘러싸이지 않고 수풀이 우거진 곳에서 주민들이 자연과 조화를 이루며 살았던 그리스 펠로폰네소스 반도에 실재하는 지역이다. 또한 그곳은 잃어버린 황금시대로 거슬러 올라가는 신화적 고장이기도 했다. 두 곳 모두 목자들이 계절의 순환에 따라 양 떼를 몰고 이동했던 유목민의 본향이었다. 아르카디아는 반은 인간, 반은 염소인 황량한 산의 목양신, 판Pan의 고향이다. 공포를 뜻하는 영어 단어 panic(그리스어로는 panikos)도 여기에서 비롯되었다. 하지만 만일 그 다른 세상이 무법천지가 아니었다면? 공포와 혼란이 난무하는 세상이 아니었다면? 아르카디아 제국이 그리스 본토가 아닌 정착한 페르시아인이나 그리스인 혹은 로마인이나 중국인의 땅에 버금갈 만큼 넓고 강력한 판pan의 왕국, 먼 동쪽의 스텝 지대에 있었다면? 플라톤이 들었다면 비웃을 만한 생각이다. 유목민, 바르바로이의 제국이라니. 그에게 그것은 용납할 수 없는 말이었다. 하지만 플라톤이 태어났을 즈음에 『역사』를 저술한 헤로도토스는 상황을 다르게 보았다.

스키타이

헤로도토스의 『역사』에 나오는 첫 스키타이인들은 그의 청중이 가졌던 최악의 두려움을 확증해주었을 것이다. 기원전 580년대를 배경으로 하는 그 이야기가 한 유목민 집단이 "피의 복수전에 휩쓸려……메디아인의 영토에 몰래 스며드는" 것으로 시작되니 말이다.[50] 메디아 왕이 그 스키타이인 집단에게 도피처를 제공하자, 그들은 왕의 은혜를 갚기 위해 사냥에 나선다. 그들은 매일같이 왕의 식탁에 올라갈 짐승을 잡아 온다. 얼마 뒤 그들의 용맹함에 깊은 인상을 받은 왕이 그들의 언어를 배우고 말 위에서 활 쏘는 법을 배우게 하려고 메디아인 젊은이 몇 명을 스키타이족에게 보내기로 한다. 그러던 어느 날 유목민이 사냥을 갔다가 빈손으로 돌아온다. 왕은 식탁에 올라갈 고기를 마련해 오지 못한 그들에게 사냥 기술이 형편없다고 조롱한다. 다음 날 창피를 당한 스키타이인들이 메디아인 젊은이 하나를 도살해 고기의 육질이 좋은 부분을 왕의 식탁으로 보낸다. 그러고는 식탁에 앉은 사람들이 자신들이 무슨 고기를 먹는지 알아차리기도 전에 말을 타고 리디아로 내뺀다. 피의 복수자, 어린아이 도살자, 숙련된 사냥꾼. 이것이 헤로도토스가 우리에게 소개하는 유목민의 모습이다.

이 원형적인 이야기의 가장 놀라운 측면은 그것이 유목민을 직접 경험한 사람에게서 나온 견해라는 점이다. 헤로도토스는 그의 자료 일부를 흑해 동쪽 기슭의 드니프로 강에 인접한 스키타이 지역의 초입에서 수집했다. 그는 그곳에서 스키타이인들이 스스로 자신들의 기원이라고 주장하는 이야기를 들었다. 그들은 자신들이 전능한 번개의 신 제우스와 드니프로 강의 여신 사이에서 태어난 자식의 후손이라고 말했다. 하지만 역사의 아버지는 그 말에 의구심을 가졌다. "나 자신은 그들이 주장하는 그 말을 신용하지 않았다"고 쓴 것이다.[51] 그가 흑해 유역의 다른 사람들로부터 들은 바로 스키타이인은 헤라클레스와, 궁둥이 위쪽은 여성이고 아래쪽은 뱀인 여인 사이에서 태어난 자식의 후손이었다. 그 말을 한 그리스인들은 이 결합에서 태어난 아들 스키테스가 받은 활과 금잔이 달린 허리띠도 헤라클레스가 주었다고 말했다. 한편 헤로도토스가 "내게는 가장 그럴싸하게 들렸다"고 말한 또다른 이야기는 아시아의 먼 동쪽에서 이주해온 유목민을 스키타이인으로 묘사한다. 페르시아인들이 이 스키타이인들을 위협으로 인식했던 것은 아마도 그들 자신이 유목민 출신이었기 때문일 것이다. 스키타이인이 원했던 것은 페르시아인과의 교역뿐이었는데도, 페르시아 제국의 창건자, 왕중왕, 세계의 네 모퉁이 왕, 우주의 왕 키루스는 그들을 가만히 내버려둘 수 없었다.

이 무렵 키루스는 이미 메디아를 정복하고 근동을 가로질러 이동하면서 북쪽의 헬레스폰트 해협(다르다넬스 해협)과 동쪽의 인더스 강 유역 및 인도로까지 진출한 상태였다. 그는 전투에 능하고 반대 세력에게 잔인하다는 점을 입증했으며, 세계 최대의 제국도 창건했다. 키루스는—둘 다 인도유럽인 스텝 지대에서 이주해온 유목민 종족이었던—메디아인과 파르스인의 피가 섞인 사람이었다. 열린 무역과 종족들의 자유로운 이동, 다양성, 다문화주의, 아니 심지어 보편주의라고 해도 좋을 것의 결과로 번영이 온다는 믿음도 가지고 있었다. 그는 제국의 국경도 개방했는데, 그 덕에 상품들은 지중해와 메소포타미아, 페르시아와 인도 사이를 비교적 용이하게 넘나들었다. 사람들도 이동했다. (바빌론의) 유대인들을 예루살렘으로 돌려보내 솔로몬이 지었던 성전을 재건할 수 있게 해줌으로써, 그들이 바빌론 강가에서 반세기 동안이나 우는 것을 멈추게 한 사람도 키루스였다. 이런 뒷이야기를 감안하면 스키타이족에 대한 그의 첫 접근 방식도 우호적이었을 것 같지만, 웬걸 그의 첫 행보는 침공이었다.

키루스에 맞선 스키타이인 지도자는 토미리스 여왕이었다. 왕중왕은 그 유목민 여왕에게 혼담을 보냈다. 헤로도토스는 그녀가 "그가 구애하는 대상이 그녀가 아니라 그녀의 왕국임을 훤히 알고 있었다"고 썼다.[52] 여왕이 그의 요청을 거부하자 키루스는 강을 건너 군대를 이동시키기 위해서 약사르테스 강(시르다리야 강)에 배를 이어 다리를 놓으라고 명령했다. 공사가 진행되는 동안 토미리스 여왕은 페르시아 왕에게 출병을 포기하라고 촉구했다. "그대는 그대의 백성이나 잘 돌보시오. 나도 내 백성을 보살필 테니." 하지만 그녀는 키루스가 자신의 말을 귓전으로 들었다는 것을 알았다. "그대는 진실로 평화를 원하지 않는군. 그러니 결단코 나의 권고도 받아들이지 않겠지."[53]

당시 키루스의 측근에는 리디아의 왕 크로이소스도 있었다. 그는 몇 년 전까지만 해도 엄청난 부자의 대명사였으나, 키루스가 북방 원정을 할 무렵에는 그 유명한 부는 사라지고 리디아도 페르시아 제국에 병합되어 황제의 측근 중 한 사람이 되어 있었다. 그 크로이소스가 스키타이 여왕에게서 온 전언을 듣더니, 산해진미와 포도주를 푸짐하게 차려놓은 다음 페르시아군의 본대는 철수시키고 소수의 비전투원들만 남기는 식으로 함정을 놓으라고 키루스에게 제안했다. 그러자 스키타이인들은 무슨 일이 벌어졌는지를 알고 페르시아 하인들을 죽인 뒤 잔치를 벌이며—이번에도 스키타이인처럼 포도주를 마시고는—취해 잠이 들었다. 유목민은 어리석다는 크로이소스의 생각이 입증된 것이었다. 그들이라고 왜 정주민처럼 살기를 마다하겠는가? 적군이 잠이 들자 페르시아인들이 돌아와 그들의 다수를 죽이고 나머지 사람들은 사로잡았다. 포로로 잡힌 사람들 중에는 스키타이인 사령관인 토미리스의 아들 스파르가피세스도 있었다.

토미리스는 아들이 포로가 되었다는 소식을 듣자 격노했다. 헤로도토스에 따르면 키루스에게 보낸 그녀의 전언은 모욕으로 시작해 위협으로 끝났다고 한다. 만에 하나 자신의 아들에게 무슨 일이 생기면 "피에 굶주린 자라고 하니, 너에게 피 맛을 실컷 보게 해주겠다"고 했다는 것이다.[54] 무슨 일인가는 결국 벌어지고 말았다. 잠에서 깨어난 스파르가피세스는 자신이 포로로 잡혔음을 알고, 몸을 결박하고 있던 사슬을 풀어달라고 요구했다. 그래서 풀어주자 그는 즉시 칼로 자살했다. 헤로도토스가 암시하기로, 유목민에게 어중간함은 없었다.

아들이 죽었다는 소식에 여왕은 전쟁을 일으켰다. 헤로도토스는 그것을 "경쟁관계인 두 야만족 사이에서 벌어진 가장 끔찍한" 전투였다고 우리에게 전한다. 그는 전술에 대해서는 "내가 몸소 행한 조사 덕에 견해상의 문제가 아니라 움직일 수 없는 사실"이라고 하면서 이렇게 말한다.[55] 먼저, 놋 화살촉이 붙은 화살이 하늘을 어둡게 했다. 그다음에는 창들이 떨어지고, 칼집에서 예리한 단검들이 뽑혔다. 스키타이인들은 머리에 황금 투구를 쓰고 양날 도끼를 휘두르며 치명적인 활을 쏘면서 페르시아군 대부분을 학살했다. 희생자 중에는 페르시아인들에게 제국을 부여하고 왕중왕으로 29년이나 나라를 통치한 키루스도 있었다.

싸움터가 온통 시체와 찌그러진 갑주가 나뒹구는 피바다로 변한 가운데 전투가 끝나자 여왕 토미리스가 나타났다. 그녀는 사람의 피가 가득 든 가죽 부대를 들고 있었다. 부하들이 사방을 뒤져서 키루스의 시체를 찾아내 그의 머리를 잘라 가지고 왔다. 헤로도토스는 그녀가 이렇게 말했다고 인용한다. "내가 너에게 피에 대한 갈증을 풀어주겠다고 했지. 자, 실컷 먹어라." 그리고는 피가 가득 든 가죽 부대에 그의 머리를 푹 담갔다.[*]

---

[*] 벨기에 화가 페테르 파울 루벤스는 특히 이 장면에 영감을 받아 그림을 그렸다.

사정이 이러하므로 이 방랑하는 아시아 유목민을 어린아이 도살자와 숙련된 사냥꾼으로 제시한 헤로도토스의 첫 번째 견해에 우리는 그들이 왕을 죽인 시역弑逆이었다는 사실도 덧붙여야 할 것이다. 테르모필레에서 명예롭게 죽은 스파르타인들과 달리 스키타이인들은 세계 최대 제국의 대군을 무찌르는 일까지 감행했으니 말이다. 그런데도 우리는 여전히 그들에 대해서 아는 것이 적으며, 그나마 아는 것도 대부분 전쟁과 관련이 있다.

  키루스의 아들 캄비세스가 죽은 지 8년 뒤에 왕권을 장악한 다리우스의 치세 동안에는 스키타이인에 대한 더 많은 것이 알려졌다. 다리우스 1세는 제국의 판도를 최대로 넓히고 페르세폴리스에 자신의 거대한 기념물을 축조했다. 그런데 그 페르세폴리스의 벽에 새겨진 그림에, 대왕 앞에 무릎 꿇은 다른 종족 및 민족과 함께 스키타이인의 모습이 있었던 것이다. 그 스키타이인은 메디아인 안내인의 손에 이끌려 알현실로 향하고 있었다. 이로써 페르시아 왕도가 내려다보이는 비수툰 산의 비문(과 얼마 전에 파편들이 발견된 이집트 아스완의 비문을 비롯해 제국 주변에 보다 간단하게 세워진)에 새겨진 다리우스 포고문은 실제 있었던 일로 확인되는 듯하다. "나는 군대와 함께 뾰족 모자를 쓴 스키타이인들 뒤를 쫓았다. 스키타이인들이 내게서 도망쳤다. 나는 강에 도착해, 내 모든 군대와 함께 강을 건넜다. 그후 나는 스키타이인들을 완전히 쳐부쉈다." 이야기 끝. 하지만 사실은 달랐다.

  페르세폴리스의 벽에 새겨진 그 스키타이인은 왕중왕에게 예를 표하는 여타 사람들과 어딘가 다른 점이 있었고, 나도 그 수수께끼를 풀기 위해서 한동안 그것을 뚫어지게 바라보았다. 그가 달라 보였던 것은 귀마개가 달린 뾰족 모자를 쓰고 있었기 때문도 아니고, 머리가 길고, 수염이 덥수룩하며, 말 타는 사람이 입는 튜닉과 바지 차림을 하고 있어서도 아니었다. 그의 차별점은 페르세폴리스에서 예를 표하는 다른 모든 "외국인"과 다르게 부기를 소지한 채 어전 입장을 허락받았다는 데에 있었다. 그는 허리띠에 칼을 차고, 어깨에 화살통을 메고 있었다. 이는 비수툰 산 중턱에 새겨진 포고문에도 불구하고 다리우스 대왕이 어쩌면 스키타이인을 정복하지 못했음을 암묵적으로 인정한 것일 수도 있다. 아니면 적어도 그들의 힘을 인정해주었거나.

헤로도토스는 다리우스가 스키타이인을 침공한 지 30년 후에 태어났다. 그런데도 우리는 그 시대의 많은 부분에 대해 그렇듯 이 문제에 대해서도 그를 최고의 길잡이로 삼고 있다. 헤로도토스는 다리우스가 헬레스폰트 해협에 어떻게 다리를 놓아 노련한 병사들로 구성된 70만 명의 군대와 함께 해협을 건넜는지를 우리에게 말해준다. 그가 유럽에 도착하는 모습은 확실히 인상적이다. 하지만 그 일은 매우 느리게 진행되었고, 따라서 그동안 스키타이인에게는 타우리아인, 보우디니아인, 사우로마티아인(사르마티아인), 네우리아인 및 다른 많은 동맹 종족과 협의할 시간이 있었다. 그들 모두 페르시아 대군과 붙었다가는 패할 것이 분명하므로 정규전은 피해야 한다는 데에 동의했다. 그들의 계획은 페르시아군의 사정권 밖에 머물러 있자는 것이었다. 헤로도토스는 이주성 민족을 이해하는 데에 매우 중요한 사항으로서 거의 불변의 정의라고 해도 좋을 구절에서, 스스로 잡히기를 원하지 않는 한 침략군에게 잡히지 않기 위해서 그들이 어떤 준비를 하고 있었는지를 이렇게 설명한다.

그들은 도시를 세우거나 성벽을 쌓기보다는 수레에 집을 싣고 다니고, 말 위에서 궁술 훈련을 하며, 농작물보다는 가축을 길러 생계 수단으로 삼는다. 사정이 이럴진대 그들이 어떻게 자신들을 정복하거나 제압하려는 모든 노력을 좌절시키지 않을 수 있었겠는가?[56]

다리우스의 군대가 스키타이에 도착한 지 얼마 되지 않았을 때, 페르시아군 정찰병이 적군의 두 부대를 발견했다. 그들이 철수하자, 페르시아군은 추격에 나섰다. 추격은 스키타이를 지나고 멜란치라에니족의 땅과 아가티스리아족의 땅을 지나도록 계속되었다. 끝없는 추격에 좌절한 다리우스는 결국 날랜 기수 한 명을 스키타이인의 왕 이단티르수스에게 사자로 보냈다. 멈춰 서서 싸우든지, 그렇지 않을 것이면 "그대의 주군으로서 내가 받아 마땅한" 전통적인 공물, 즉 흙과 물을 보내든지 결단을 내리라는 것이 그의 명이었다. 이단티르수스는 이렇게 답했다. "[나는] 이때까지 어느 누구건 그가 무서워서 도망친 적이 없고, 지금도 그대로부터 도망치는 것이 아니오. 사실 나는 평소에 하던 버릇대로 지금 아무것도 하지 않고 있소."[57]

다리우스 대왕은 화려한 융단 위 발판에 두 발을 올려놓고 위풍당당하게 앉아 사자의 보고를 들었다. 그의 주변에는 조언자, 조짐을 읽는 능력이 있는 흰옷 차림의 마기magi, 그리고 청동으로 무장한 불사 부대가 도열해 있었다. 대왕은 아마도 뾰족하게 기른 자신의 숱 많은 수염을 쓰다듬으며 스키타이인이 한 말을 듣고 있었을 것이다. 아후라 마즈다(조로아스터교의 최고신/역자)가 나타나주리라는 믿음으로 하늘도 올려다보았을 테지만, 조짐은 없었던 것으로 알려져 있다.

그의 앞 어딘가에는 가죽 바지, 두꺼운 외투, 뾰족 모자를 쓰고 허리띠에 칼을 차고 어깨에 화살통을 멘 스카타이인의 전사 무리가 있었다. 이번 원정은 수월한 정복, 군대들의 충돌, 또 하나의 영광된 승리로 끝났어야 했다. 하지만 상이한 문화와 억측이 이 모든 것을 가로막았다. 페르시아인도 스키타이인과 마찬가지로 기본적으로는 유목민이었지만 고정된 제국의 겉치레가 몸에 밴 탓이었다.

다리우스는 유목민들이 왜 페르시아인들과 전장에서 마주치지 않으려 하는지 알고 싶었다.

스키타이 지도자는 그에 대해 "우리에게는 도시가 없으므로 그대에게 점령될 걱정을 할 필요도 없고, 농작물이 없으니 황폐화될 걱정도 할 필요가 없기 때문이오"라고 답했다.[58]

스키타이인은 페르시아인에 대해서 알고 있었지만, 다리우스는 스키타이인의 삶의 특징을 이해하지 못했던 것 같다. 아니면 적어도 그와 경쟁관계에 있는 종족들의 연맹, 다른 호칭으로 부르면 유목민 제국이라고 할 만한 것을 직면할 가능성을 염두에 두지 않았거나.

이제 상황은 스키타이인에게 유리해졌다. 페르시아인도 마음속으로는 유목민이었지만—다리우스도 자신이 가진 유목민의 유산을 존중하여 페르시아 목축민의 상징인 푸른색이 들어간 예복을 입었다—아케메네스 제국이 생각하는 정복은 군대 격퇴와 도시 점령이었기 때문이다. 그런데 약탈할 도시가 없으니 다리우스로서는 스키타이인을 전투에 끌어들일 묘안을 찾아야만 했다. 유일한 방법은 그들 조상의 무덤을 모독하는 것뿐이었다. 그렇게 나오면 스키타이인도 싸울 수밖에 없을 터였다.

이단티르수스는 그에 대해 다리우스에게 경고를 한 바 있었다. 헤로도토스는 그가 "그 무덤들을 공격할 시, 조만간 그대는 우리가 투사인지 아닌지를 알게 될 것"이라고 말했다고 책에 적었다.[59] 다리우스는 무덤에 무엇이 들어 있는지를 몰랐거나 아니면 스키타이인 신들이 진노하면 벌어질 일에 대한 대비가 되지 않았을 수도 있었다. 하지만 스키타이인 왕이

나무로 벽을 댄 묘실에 엄선된 최상의 물건과 여타 그의 소유물 그리고 금잔 몇 개와 함께 웅장하게 묻혔다는 사실을 헤로도토스가 우리에게 전해주는 것으로 볼 때, 그는 그것을 알고 있었다. 스키타이인들은 왕의 잔을 받드는 자, 요리사, 집사, 심부름꾼, 첩 한 명, 말 몇 마리를 교살해서 왕의 무덤 가까이에 묻고 전 구역을 거대한 봉분으로 덮었다.

헤로도토스가 말한 것의 일부는 고고학자들에 의해서 지난 300년에 걸쳐 수정되었고, 새로운 사실과 내용도 추가되었다. 카스피 해에서 몽골에 이르는 스키타이족 동맹 종족들의 땅에서 발견된 거대한 쿠르간(분구묘) 고분들 모두 『역사』에 묘사된 것과 매우 흡사했고, 그리스 북부의 베르기나에 있는 알렉산드로스 대왕의 아버지 필리포스 2세의 무덤과도 다르지 않은 방식으로 배열되어 있었다. 왕족 스키타이인의 분구묘들은 형태가 둥글고 복잡성의 정도가 다양했는데, 그중에서 가장 인상적인 것 하나가 1970년대 초 알타이 산맥의 동쪽에서 발견되었다. 기원전 9세기에 돌과 낙엽송으로 만들어진 그 분구묘는 중앙의 폭이 120미터를 넘고, 70개의 묘실을 갖추고 있었으며, 안에는 인간의 유골 15구와 말 유골 160구가 들어 있었다. 기원전 6세기부터 기원전 4세기까지 흑해 유역의 쿠반 지역에 조성된 것과 같은 후대의 매장지들에는 사람과 동물이 더 많이 묻혀 있었다. 그 가운데 한 곳에는 말 360마리가 묻혀 있기도 했는데, 이는 그 놀라운 무덤들에 상징성이 있었음을 암시한다.

그것이 조상을 중시해서 한 행위인지, 스키타이인의 신에게 바치는 의식이었는지는 모르겠지만, 아무튼 다리우스는 분구묘의 신성을 해치는 행위는 하지 않았다. 대신 그의 페르시아 대군은 스키타이인을 추격하는 일에 나섰다. 지금의 우크라이나와 러시아 남부를 지나 광대한 대륙을 가로지르는 장정은 훈련이 잘된 군대도 지치게 하고 물자 보급로도 위험할 정도로 약화시킬 수 있다는 사실, 즉 나폴레옹과 히틀러도 체득하게 된 사실을 알게 될 때까지 그는 추격을 계속했다. 하지만 중요한 교전 없이 자꾸 이동만 하는 것, 또 자신의 약점도 늘어나는 상황이 걱정되어 결국 다리우스는 추격을 단념하고 돈 강 서안에 일련의 보루를 구축하라고 명령했다. 이것이 국경 역할을 했다면 그는 이오니아인, 스키타이인, 그 밖의 종족들이 교역을 하던 스키타이 서부를 병탄할 수도 있었을 것이다. 하지만 다리우스는 이 계획조차 곧 포기했고, 헤로도토스는 그 보루가 다리우스의 치세에 폐허가 되었다고 썼다.

그러나 그 어느 것도 다리우스가 비수툰 산 바위에 스키타이인은 이제 "나의 종속민"이 되었고 그 지방도 나의 것이 되었다는 포고문을 새기는 것을 막지 못했다. 그것은 가짜 뉴스였다. 스키타이는 한 번도 페르시아 제국의 일개 지방이 된 적이 없었다. 지방이 되기는 고사하고 오히려 말 위의 살인자라는 자신들의 명성에 스텝 지대의 힘 있는 교역인, 숙련된 장인, 금세공인이라는 타이틀을 추가시켰다. 그들은 하늘 신의 보호하에 왕중왕에게조차 무릎 꿇기를 거부하며 당당하게 독립된 상태로 남아 있었다. 그러다가 기원전 329년 키루스 대왕이 머리를 잃었던 바로 그 약샤르테스 강에서 알렉산드로스 대왕과 교전을 벌였고, 비록 승패는 판가름 나지 않았지만, 이 전투로 스키타이인의 무적성은 산산조각이 났다.

하늘에 버림받은 종족

일의 시작과 끝을 밝히기는 쉽지 않다.……
나는 사발을 머리에 인 사람은 하늘을 볼 수 없다고도 생각했다.
― 중국의 대역사가 사마천[60]

헤로도토스는 올비아를 그리스인들이 인접한 스텝 지대에서 유목민과 교역을 했던 흑해 북부 연안(지금의 우크라이나)의 한 도시로 묘사한다. 그가 방문했던 목조 건물은 아마 부두를 벗어난 위쪽 마을의 가정집이거나 모종의 여관이었을 것이다. 누군가는 나무 의자와 탁자도 보았을 법하니, 역사의 아버지가 램프 연기가 자욱한 곳에서 사람들에게 둘러싸여 돌고래 모양의 기묘한 동전들이 쨍그랑거리는 소리를 듣고, 몹시 이질적인 세계를 등진 채 눈앞에 펼쳐진 바다에서 풍기는 내음을 맡고 있는 모습을 상상하기는 어렵지 않다. 그가 동과 서가 만나는 이 장소에 온 것은 그리스 상인들의 이야기를 듣기 위해서였다. 그리스 상인들은 말, 가죽, 양털, 융단, 금속―특히 청동―을 거래하기 위해, 그리고 어쩌면 오르페우스 밀교密敎에 의식을 전해준 스키타이인 샤먼을 보기 위해 이곳에 왔을 것이다. 헤로도토스는 이야기 장사를 하러 온 것이었고, 그래서 21세기의 기자처럼 자신이 들은 내용을 분류하고 선별하기에, 그리고 그 고장과 그곳에서 만난 사람들에 대한 인상을 적어두기에 바빴다. 그런 다음에는 목록을 작성했다. 목록에는 이때까지 만난 적 없는 종족, 아니 심지어 (고대 그리스어에서) "식인종"으로 해석되었던 안드로파기Androphagi와 같이 난생처음 들어보는 종족도 있고, 바다 너머의 경관과 한 번도 본 적 없는 큰 강도 있다. 하지만 그 오래 전에 헤로도토스가 올비아를 다녀온 덕에 우리는 시간을 소급해 스텝 지대를 넘나들며 동쪽 고대 유목민들의 모습을 조금이나마 엿볼 수 있다.

이 초기 역사가가 우리에게 말해주는 것의 일부에는 확실히 허황된 면이 있다. 심지어 책 곳곳에서 그가 그런 사실을 알고 있었다는 흔적도 눈에 띈다. 그는 이르카에족이 말과 사냥개가 추격할 준비를 갖추고 나무 아래에 배를 깔고 엎드려 있게 하고 그들은 나무 위로 올라가 야생동물이 다가오기를 기다려 사냥을 한다고 기록했다. 하지만 그의 말 중에는 신빙성이 떨어지는 것들이 있다. 그가 스카타이인의 고장이라고 부른 곳은 심토心土에서 풀이 무성하게 자라는 평평한 지대이지만, 그 너머에는 산맥이 있다. 추측컨대 이 산맥은 고비 사막과 시베리아의 중간지대에서 스텝을 동서로 갈라놓고, 현재는 중국, 러시아, 카자흐스탄, 몽골에 걸쳐 있는 알타이 산맥일 것이다. 그런데 헤로도토스는 자신이 듣기로 그 산맥에 사는 사람들은 "모두 태어날 때부터 대머리였다"는 것이다.[6] 또한 그들은 들창코에 턱이 길고, 우리가 아는 바와 마찬가지로 가죽 바지와 두꺼운 외투를 입으며, 남들과 다른 언어를 사용한다고도 했다. 헤로도토스는 "그 각각의 사람들이 나무 밑에서 살았으며", "겨울이 오면 방수가 되는 흰색 펠트로 나무를 둘렀다"고도 기록했다. 이들은 게르나 유르트(중앙아시아 유목민이 쓰는 전통적인 이동형 천막집/역자)에 사는 유목민이었을 것이 틀림없다. 기원전 5세기의 이 비판적인 그리스 청취자에게 그 지역 너머는 도저히 알 수 없는 곳이었다. 헤로도토스는, 그 지역 너머 사람들이 염소 발을 가지고 있다는 대머리 유목민들의 말에도 불구하고 그 산을 넘는 것은 불가능하다고 말했다. 더욱 기묘한 것은 그 산 너머에는 반년 동안이나 잠을 자는 사람들이 있다는 것이었다. 헤로도토스는 "나로서는 '그 점은' 받아들이기가 어렵다"고 우리에게 말한다.

만일 헤로도토스가 그로부터 수백 년 뒤 알렉산드로스 대왕이 페르세폴리스를 파괴하고 이어서 스키타이족 영토를 지나 아프가니스탄으로 진격한 후, 중국이 평화와 번영이 가져다주는 이점을 깨닫기 시작하고, 로마가 지중해 유역에서 힘과 영향력을 공격적으로 확대하고 있을 때 올비아를 찾았다면, 그의 세계와 고대 중국의 사마천의 세계가 서로 연결되어 있었음을 깨달았을 것이다. 어쩌면 그는 알타이 산맥 너머에서 온 사람들을 만나 그곳 사람들의 이야기를 들을 수도 있었을 것이다. 어쩌면 유목민인 흉노, 혹은 한漢 제국의 상인을 만났을 수도 있고, 심지어 로마인들은 "언제나 한나라로 사절을 보내고 싶어하는데, 안식국(파르티아)이 다채로운 중국 비단 교역을 지배할 속셈으로 [로마인들이] 가는 길을 막았다"고 보고한 중국 황제의 사신도 만났을지 모른다.[62]

그리고 만약 그 일이 벌어졌다면, 헤로도토스는 알타이 산맥 동쪽 사람들이 염소 발이 아니며 한번 잠들면 반년을 잤다는 것도 사실이 아님을 스스로 알게 되었을 것이다. 그런 황당무계한 정보 대신에 부단하게 이동하는 세계를 발견했을 것이고, 자신이 만났던 스키타이인과, 어느 시점에는 거대한 유목민 동맹을 형성했던 종족들의 일부인 흉노족 사이에 유사점이 있다는 사실도 깨달았을 것이다. 또한 그는 중국과 지중해 유역 정착민들이 그들 사이의 지역에 살았던 그 이주성 종족들에게 비슷하게 부정적이었다는 점도 알았을 것이다.

황허 이남 사람들은 한 제국이 흥기하기(기원전 2세기부터 시작되었다) 오래 전부터 그들의 국경과 생활 방식을 위협하는 이주자들에 대해서 불평했다. 우리가 그 사실을 아는 것은 기원전 1세기에 활동한 중국의 대역사가 사마천의 저술 덕이다. 그는 이 책에서 유목민을 "중국에 끝도 없는 걱정과 피해를 주는 존재"라고 기록했다.[63] 유목민은 그에게도 개인적으로 피해를 입혔다.

사마천의 삶에 대해서는 그 자신이 우리에게 말해주는 것 외에는 거의 알려진 바가 없다. 이 점은 물론이고 다른 점들에서도 그는 헤로도토스와 공통점이 많은 인물이다. 기원전 80년대 말 무렵에 편찬된 그의『사기史記』역시 헤로도토스의『역사』의 대응물로 읽힐 수 있다. 사마천도 헤로도토스와 마찬가지로 최대한 성실하게 그 시대에 자신이 본 것과 들은 것을 기록했기 때문이다. 하지만 두 사람이 다루는 역사의 범위에는 차이가 있다. 헤로도토스가 그리스와 페르시아 간의 전쟁과 관련된 부대 사항과 사건들을 체계적으로 제시하는 데 반해, 사마천은 상고시대부터 그의 시대까지 중국 통사를 저술하겠다는 야망을 품고 있었다. 그리스인, 페르시아인, 스키타이인을 이해하는 길잡이로 헤로도토스를 이용했듯이, 나는 이 사마천을 중국의 유목민족을 이해하는 길잡이로 쓸 생각이다.

사마천은 그에 앞서 대역사가이자 조정의 역관이었던 아버지 사마담 덕에 역사가가 되고 관직을 가질 수 있었다. 사마천의 직무는 대부분 역법, 그리고 황제와 조정이 결정한 일을 편찬하는 일과 관련되어 있었다. 그가 이 직무에만 충실했다면 더 잘 지낼 수 있었을 것이다. 그런데 그만 유목민과의 문제가 터졌다.

기원전 99년 흉노족이 중국 북부를 공격했다. 그것은 하등 놀랄 일이 아니었다. 유목민족은 지난 몇 세기 동안 국경을 계속 침략해왔기 때문이다. 하지만 이번에는 전한의 무제가 반격을 결심하고, 장군 이릉에게 군사를 주어 토벌하게 했다. 문제는 이릉이 낙관론에 빠져 정벌 계획을 부실하게 짰다는 것이었다. 그는 충분한 군량미와 뒤를 받쳐줄 군대도 없이 유목민 침략자들을 찾아 병사 5,000명을 한 달 동안이나 행군시켰다. 그러고는 한나라 국경을 지나 알타이 산맥 가까이에 다다르자 황제에게 사자를 보내서 정벌 과정을 터무니없이 부풀려 이야기하고 유목민과의 전투도 성공적이었다고 보고했다. 하지만 그 보고를 올린 지 얼마 되지 않아 그는 흉노족의 주력군과 정면으로 마주쳤다. 한 기록에 따르면 그 병력이 11만 명이었다고 한다. 피비린내 나는 전투는 불가피했다. 유목민도 피해를 입기는 했지만, 이 전투에서 이릉의 군대는 5,000명 중에서 겨우 400명만이 다시 국경을 넘었다.

황제는 장안의 궁궐에서 그 소식을 전해 듣자 "음식의 맛도 모르고, 어전 회의에서도 즐거움을 찾지 못했다"고 사마천은 기록했다. 이후 이릉이 싸우다 전사하거나 패배했다는 수치심에 스스로 목숨을 끊는 대신 유목민에게 투항하고 포로가 되었음을 알게 되자, 상황이 가장 좋을 때조차 변덕이 심했던 황제는 기어코 폭발을 하고 말았다.

사마천이 선을 넘어 황제의 명예를 실추시킨 장군을 변호하고 나선 것이 이 시점이었다. 사마천은 자신의 전기(『보임소경서報任少卿書』)에서 자신은 이릉 장군과 친밀했던 적이 없다며, 이렇게 해명한다. "우리는 좋아하는 것과 싫어하는 것이 달랐다. 함께 술을 마시거나 친교의 즐거움을 나눠본 적도 없다."[64] 따라서 그가 장군을 변호하며 제국을 통틀어 그를 가장 출중한 장군 중의 한 사람이라고 한 것은 감정이 아닌 확신에 따른 발언이었다. 하지만 그의 변론은 그의 의도대로 받아들여지지 않았다. 사마천은 황제를 기만하려고 한 죄로 체포되었고, 재판에서 유죄를 선고받고 궁형에 처해졌다.

사마천은 사람들을 경원시하는 버릇이 있었던 듯한데, 재판정에서 그를 변호해준 사람이 없었던 것도 아마 죄과의 심각성과 더불어 그것 때문이었을 것이다. 그에게는 중재를 해줄 만한 가족 연줄도, 뇌물로 쓸 만한 재산도 없었다. 이릉이 자국민에 맞서 유목민의 기병대를 지휘한다는 소식이 궁정에 전해졌을 때, 그에게는 확실히 판결을 피할 방법이 없었다.

궁형의 경우, 판결받은 당사자는 전장에서 패색이 짙어진 상황에서처럼 형을 감수하고 치욕스러운 삶을 사느니 차라리 자결할 것으로 예상되었다. 하지만 사마천은 범부가 아니었고, 따라서 형을 받아들였다. 그는 통풍이 잘되지 않는 데다가 더운, 그 스스로 "잠실(누에치는 방)"이라고 부른 방에 남겨졌다. 거세된 수형자가 회복이 되든 죽든 방치해두는 곳이었다. 그는 "불구의 몸으로 극도의 치욕을 안고 사는" 사람이 되었다. 하지만 필력과 결의는 꺾이지 않았다. 옥에서 풀려난 뒤에는 공직에서 물러나 『사기』의 집필을 재개했다. "마음속에 있는 것을 다 드러내지 못해서" 그리고 "나의 저술이 빛을 보지 못하면 천추의 한으로 남을 것 같아······", 살고자 했던 자신의 결심이 옳았음을 입증하기 위해서였다.[65] 그런데 이 저술에 유목민 흉노에 대한 최초의 기록이 있었다.

중국에서 정착민과 유목민 간의 분쟁은 새로울 것이 없었다. 그로부터 1세기 전인 기원전 200년대 말에도 진나라군은 유목민 세력을 국경에서 몰아내고 몽골 고원까지 추격한 바 있었다. 일찍이 『시경詩經』의 시인들은 그것을 이렇게 묘사했다.

우리는 북방의 오랑캐를 물리쳤다네.
우리는 험윤玁狁[흉노]을 공격하여
대평원으로 몰아냈다네.
우리는 장엄하게 진용을 이룬 전차들을 내보내고
북쪽 지역에 성벽을 쌓았다네.

여기에 나오는 성벽은 훗날 만리장성이 된 것의 첫 번째 성벽이었다. 그런데 이 성벽의 축조와 중국의 행동이 서쪽에 예기치 못한 결과를 가져왔다. 그 무렵까지만 해도 흉노는 이주성 종족의 느슨한 연맹에 지나지 않았지만, 한나라의 거세지는 압력에 직면하자, 보다 선명한 조직과 확실한 후계 승계 방식을 갖추고 동서남북의 방위로 정해지고 색으로 식별되는 서로 다른 종족들로 탈태를 한 것이다.

놀라운 점은 알타이 산맥에 기원을 둔 사마천의 유목민과 헤로도토스의 스키타이인 사이에 유사점이 많다는 것이다. "그들은 동물을 키울 목초지를 따라 곳곳을 방랑하며 지낸다. 동물들은 대부분 말, 소, 양이다.······머물러 지내며 밭을 경작할 성곽 도시는 없지만, 그들 각자는 땅을 가지고 있다."[66] 그들은 자신들 삶의 근간이 되는 보이지 않는 힘, 하늘과 땅, 그들 조상의 혼백에 제물을 바치며 경의도 표했다. 또한 자연계의 구성 요소도 존중했으며, 금속, 그중에서도 특히 청동을 주조했다. 언어는 스키타이 인도유럽어를 포함해 여러 언어를 사용했다. 그리고 그들이 스스로를 어떻게 불렀는지는 모르겠지만, 스키타이인과 마찬가지로 중국어로 흉노匈奴가 "노예의 사생아"로 해석되는 만큼 그 호칭을 쓰지 않았던 것은 분명하다.[67]

흉노는 세습 왕인 선우가 지배했고, 사마천의 책에도 흉노의 선우인 두만 이야기가 나온다. 흉노의 왕권은 맏아들이 물려받는 것이 관례였으나 두만은 자신이 총애하는 어린 아들에게 왕위를 물려주고 싶어했다. 이 문제를 해결하기 위해서 그는 맏아들 묵돌을 자신과 경쟁관계에 있던 북서쪽의 유목민(월지)에게 보냈다. 그러고는 전투 와중에 묵돌이 살해될 것이라고 기대하며 그 유목민을 공격했다. 하지만 묵돌은 살해되지 않고 유목민의 명마 하나를 타고 도망쳤으며, 두만은 이런 아들의 용맹을 높이 사, 그에게 흉노 기병 1만 명을 지휘하게 했다.

묵돌은 이들을 열심히 훈련시키고 대우도 잘해주었다. 그는 이들에게 스키타이인 지배자가 코미타투스에게 기대했을 만한 것, 즉 그의 형제가 되어주기를 바랐다. 무조건적인 복종, 흔들림 없는 충성, 공사共死의 필연성을 빋아들이는 형제가 되어주기를 바란 것이다. 그는 자신이 활을 쏘는 표적에 그들도 활을 쏘게 하는 방식으로 충성심도 시험했다. 명을 따르지 않는 사람은 처형했다. 그가 첫 번째로 자신의 애마에 활을 쏘자, 몇몇 기병도 그를 따라 말에 활을 쏘았다. 그다음에는 그의 애처와 아버지의 애마를 쏘고, 이번에도 그를 따라하지 않는 기병은 사형에 처했다. 그다음에는 아버지, 그다음에는 가족 가운데 자신과 경쟁관계에 있는 사람, 뜻을 굽히지 않는 관리 몇 명을 쏘았다. 그로써 반란은 끝났다. 묵돌은 코미타투스를 다른 모든 유대 위에 두고, 종족 내의 경쟁자를 모두 제거함으로써 새롭게 선우가 된 것이다.

이 특별한 이야기에 얽힌 진실이 무엇이든—그리고 스키타이인의 경우처럼 이에 관련해서도 사건에 연루된 종족으로부터 설명을 들은 바는 없지만—우리는 묵돌이라는 지도자가 만리장성의 존재에도 불구하고 종족들을 통합하고 유목민의 힘을 이용해, 흉노의 교역과 영향력을 확대했다는 사실을 알고 있다. 중국의 왕족과 장군 그리고 보병대의 변절도 그의 세력 확대를 도왔다.

사마천은 스텝 지대의 반대편 끝에 있던 스키타이인이 그랬듯이, 흉노도 아이들을 말 위에서 키우며 강력한 전사로 만들었다고 말한다. 그러나 그는 흉노의 수준 높은 사회와 정치 구조에 대해서는 알려주지 않는다. 『사기』에는 그들이 단일 종족, 하나의 민족 집단으로 제시되어 있다. 하지만 고고학과 최근의 유전학은 그것과 사뭇 다른 결과를 보여준다. 그들이 다양한 언어를 사용하고 중앙아시아의 광대한 지역에 걸쳐 활동한 복잡한 종족 집단이었다는 것이다. 그들의 다수는 이주성 유목민이었고, 여타 사람들은 농부였으며, 심지어 극소수 사람들은 성벽 너머에 살기도 했다. 이 세 부류의 사람들 모두 선우를 군주로 인정한 수준 높은 사회정치 체제로 결합되어 있었다.

흉노의 기병은 새로 창건된 한나라의 군대도 힘겨워하는 상대가 되었다. 그 사실은 기원전 200년 한 왕조의 고조(유방)가 국경을 안정시키기 위해 대군을 지휘해 북쪽으로 원정을 떠났을 때에 명백하게 드러났다. 내몽골의 변두리에 위치한 바이덩 산에서 흉노와 전투를 벌여 완패한 것이다. 게다가 한 고조는 호위 부대와 함께 본대로부터 고립되어 거의 죽을 뻔하기도 했다. 묵돌은 그를 포로로 잡아 처형할 수도 있었지만, 유목민의 전통에 따라 황제의 목숨을 살려주고 장안으로 돌아가게 하는 것이 그에게 더 쓸모 있으리라는 왕비의 제안을 받아들여 도망하게 해주었다.

이후 한 고조는 흉노와 화친을 맺음으로써 그들이 미개한 양치기 도적 떼를 넘어서는 존재임을 인정했다. 이제는 그들을 자신들과 동등하게 대우하고 선우에게도 비단, 곡식, 술, 금, 철을 매년 조공하기로 했다. 공물을 실어 보낸 첫 해에는 장녀를 함께 보내 선우와 결혼도 시켰다. 선우는 그 대가로 중국을 공격하지 않기로 합의했다. 한나라가 흉노에게 주는 공물은 이후 60년간 꾸준히 늘었다. 자국 생산량의 7퍼센트가 유목민에게 "선물"로 넘어갈 만큼 중국이 서쪽으로 실어 보낸 비단과 곡물의 양은 엄청났다. 그때쯤에는 힘의 균형도 기울어졌다. 변절하여 흉노에게 넘어간 한나라의 옛 관리가, 마치 아벨이 카인에게 으름장을 놓듯이 한나라 관리들에게 "흉노에게 비단과 곡물류를 보낼 때에는 양과 질을 엄수하도록 하시오. 내가 할 말은 그뿐이오.……만일 양이 부족하거나 질이 좋지 않을 때에는 가을 수확기에 말을 끌고 가서 농작물을 짓밟아 쑥대밭으로 만들어놓을 것이오!"라는 메시지를 보낼 정도였다.[68]

이렇게 매번 선물을 받고 의례적 인사를 주고받게 되자 묵돌은 더욱 대담해졌다. 중국 만리장성의 서쪽으로 수천 킬로미터나 뻗어나간 제국의 지배자였으니 그럴 만도 했을 것이다. 5년 뒤에는 장안에서 매년 받는 공물과 함께 또다른 황실 여인을 왕비로 맞았다. 하지만 이것도 그가 신임 황제의 모후인 여태후(전 황제인 고조의 황후/역자)에게 직접 편지를 쓰는 일을 막지는 못했다. 편지는 뻔뻔스럽다는 점에서도 놀라웠지만, 유목민 영웅이자 미개한 야만인으로 간주되었던 인간의 목소리가 담겨 있다는 점에서 더욱 놀라웠다. 묵돌은 장안에서 고귀한 둘째 부인이 도착했다는 사실에도 아랑곳하지 않은 채 이렇게 편지를 시작했다. "저는 아내를 잃은 외로운 지배자입니다. 습지 가운데에서 태어나 소와 말이 뛰노는 땅인 거친 스텝 지대에서 자랐지요. 중국을 여행하고픈 마음에 국경 가까이로 종종 가보기도 했습니다. 폐하 또한 미망인으로서 외롭게 살아가는 지배자이지요. 우리 둘 다 낙도 없고 즐길 거리도 없습니다." 그런 다음 선우는 편지를 이렇게 맺었다. "바라옵건대 우리가 가진 것을 서로 주고받으며 우리가 가지지 못한 부분을 채워갔으면 하는 마음입니다."[69]

장안의 궁정은 이 마지막 구절을 청혼으로 받아들였다. 성벽 밖 출신의 군신이 한나라 황제의 모후와 혼인으로 맺어져 황제의 막후 실세가 될 수 있으리라는 전망에 유목민은 마음이 들떴을 법도 하다. 하지만 황태후는 격노하여, 군대를 보내 흉노의 무례함을 응징하고 싶어했던 것으로 전해진다. 그런데 실제로는 놀랍게도 군대를 보내는 대신 자신을 깎아내리는 편지를 썼다. "나는 기운이 쇠해가는 고령의 여인이오. 선우께서는 과장된 소문을 들으신 것 같습니다. 나는 귀공의 체면이 깎이게 할 만한 자격이 없습니다." 그리고는 이렇게 호소했다. "허나 내 나라는 잘못한 일이 없습니다. 그러니 선처해주시리라 기대합니다."[70]

외람된 말씀이오나, 황태후는 묵돌의 진의를 파악하지 못했던 것 같다. "우리가 가진 것"을 서로 주고받자던 그의 말은 구혼이 아니라 거래 제안이었을 수 있다. 하지만 한나라는 그들을 국경에서 떨어뜨려놓고 싶어했고, 따라서 교역소가 생기면 완충지대를 유지하기가 힘들어질 터였다. 그래서 흉노는 국경을 넘는 습격을 계속하며, 한나라에 거부당했다고 느낀 것을 빼앗아갔다. 치세 33년째 되는 해였던 기원전 176년, 묵돌은 다시 편지를 썼다. 이번에는 황제에게 보내는 편지였다. 그는 "활을 쏘며 살아가는 모든 민족은 이제 단일 종족으로 통합되었다"며, 명백히 흉노 제국의 동맹, 다시 말해서 제국에 대해 설명하고는 "그리하여 북쪽의 전 지역은 평화로워졌습니다. 그래서 저도 이제 무기를 내려놓고, 병사들도 쉬게 하며, 말들에게는 풀을 뜯게 하고 싶습니다……"라고 말했다.[71] 하지만 전한 시대의 정치가 가의가 황제에게 설명했듯이, 그 유목민은 단순히 말들에게 풀을 뜯기는 정도의 평화를 원한 것이 아니었다. "흉노가 절박하게 필요로 하는 것은 국경 시장입니다." 가의는 외국인을 본능적으로 멀리하려는 한나라의 태도를 일축하고, 묵돌의 제의를 좋은 아이디어라고 생각했다. 그는 황제에게도 국경 시장을 개방하고 교역소를 설치하며, 그들이 양껏 먹을 만큼의 날고기, 술, 죽, 밥, 통구이 고기를 제공하라고 조언했다. 한 번에 스키타이인 수백 명이 먹을 수 있는 규모의 주점을 차려놓으면, 그들은 오래지 않아 전투를 하고자 하는 욕구보다 중국 음식에 대한 욕구가 더 강해지리라는 것이 그의 생각이었다.

그것은 예리한 평가, 유목민이 교역을 원하고 있음을 알아차린 지극히 예리한 평가였다. 거의 모든 이동성 민족과 마찬가지로 흉노도 시절에 민감했다. 그들은 한나라가 흉노의 상품을 필요로 했던 것 못지않게 쌀과 곡식을 확보해야 했고, 자신들이 키운 마소를 겨울이 오기 전에 이동시켜야 했다.

한나라는 무기 거래는 금한다는 한 가지 조건을 붙여 시장 개방에 동의했다. 그러자 묵돌은 서쪽으로 방향을 돌려, 흉노 상인들이 축산물, 비단, 자기, 그리고 여타 중국산 사치품을 무기 및 철과 바꿀 수 있는 하서주랑河西走廊과 타림 분지를 손에 넣는 식으로 문제를 해결했다. 전에 없던, 우리가 알고 있는 바로 그 실크로드의 시작이었다.

전한의 무제도 이 유목민 교역의 성공에 자극받아 자국인들을 중앙아시아로 보냈다. 무제가 이런 결정을 내린 데에는 흉노 말[馬]에 대한 중국의 의존도를 끊고, 흉노에 의해서 서쪽으로 밀려났던 유목민족 월지와 접촉하려는 두 가지 이유가 있었다. 무제는 월지 유목민이 한나라와 동맹을 맺어 그들의 공공의 적과 싸워주기를 바랐다. 이 민감한 사절단을 이끌 사람으로는 조정의 젊은 군자가 뽑혔다.

장건은 기원전 138년 100명의 사절단을 이끌고 제국의 수도 장안을 떠났다. 떠나기가 무섭게 흉노에 포로로 잡혔고, 이는 한나라가 그런 종류의 원정 계획을 세워본 적이 없음을 나타내는 징표이다. 장건은 흉노에 10년간 억류되어 지내면서 흉노 여인을 아내로 맞아 살았다. 그러다가 마침내 탈출에 성공한 그는 본국으로 돌아가는 대신 여정을 이어가서 종국에는 월지와 연락을 취하는 데에 성공했지만, 그 유목민은 이제 정착을 하여 흉노와는 싸울 뜻이 없다는 것을 알게 되었다. 장건은 지금의 아프가니스탄에 도착해 귀국길에 올랐으나, 또다시 흉노에게 붙잡혀 2년간 억류되었다. 그런 다음 드디어 본국을 떠난 지 13년이 되던 해에 장안으로 돌아오자, 무제는 "진기한 산물이 그득하고, 사람들이 땅을 경작하고 중국인과 비슷한 방식으로 삶을 영위하는" 다수의 "큰 나라들이 있다"는 것과 그가 듣기로 "그 모든 나라들은 군사적으로는 취약하며, 한나라의 상품을 높

이 평가한다"는, 장건의 중앙아시아 이야기에 귀를 기울였다.[72]

무제는 흉노와 싸울 군사 동맹이 성립되지 못한 데에 낙담하면서도, 그 "큰 나라들"과 교역할 가능성에 마음이 끌려 장건에게 두 번째 임무를 주었다. 이번에는 장건이 300명의 사절단과 양 1만 마리와 수많은 말들, 그리고 상품 한 가지를 가지고 길을 떠났다. 상품이란 다량의 중국 비단이었다. 기원전 2세기 당시 아시아와 지중해 일대에서는 중국 비단의 수요가 많았기 때문이다. 하지만 장건은 페르가나 분지(타지키스탄)까지 가는 데 그쳤고, 그의 사절단만 박트리아(아프가니스탄)와 소그디아나(우즈베키스탄)까지 도달했다. 기원전 116년, 장건은 마침내 이전까지 중국인들에게 알려지지 않았던 세계에 대한 소식을 가지고 장안의 거대한 성문을 통해서 귀국했다. 그는 다수의 경이로운 땅, 파르티아 왕이 그의 대표단을 맞기 위해 보낸 수천 명의 기수, 페르가나 분지의 "천마天馬들"에 대해 이야기했다. 천마에 대해서는 사마천도 『사기』에 "황제[한 고조]가 주역으로 점을 쳐 북서쪽에서 '천마들이 나타나리라'는 점괘를 얻으셨다"고 언급했다.[73] 장건은 박트리아인들에 대해서는 군인으로서는 형편없어도 교역에는 능하다고 생각했다. 큰 강(인더스 강) 유역의 덥고 습한 지역에 살면서, 코끼리를 타고 전투하는 선두Shendu(인도인)라고 불리는 사람들과, 유목민인 페르시아인에 대해서도 이야기했다. 장건은 말의 여물로 쓰이는 자주개자리 씨앗과 그 밖의 이국적 산물도 가지고 왔다.

이런 수고를 한 덕에 장건은 공로를 인정받아 황제로부터 관직을 수여받고, 오늘날까지 서양에서 마르코 폴로와 크리스토퍼 콜럼버스가 존경을 받는 정도의 존경을 중국에서 받고 있다. 하지만 장건이 서역 여행에서 가져온 가장 중요한 것은 지도도, 이국적 산물도 아니었다. 그것은 바로 중앙아시아를 가로질러 서쪽 시장과 거래하면 중국이 혜택을 보게 되리라는 것, 즉 다양성과 상호 작용이 주는 혜택에 대한 생각이었다. 한나라는 언제나 **중국**을 문명 세계로 보았고, 제국의 국경 너머에 사는 사람들을 하늘에 버림받은 종족이라고 믿었다. 그러니 성벽을 벗어날 이유가 없었던 것이다. 그랬던 그들이 이제 서쪽으로 가려는 각오를 다진 것이다.

묵돌이 여태후에게 흉노와 한나라의 교역을 제안하는 편지를 썼을 때, 한 제국의 세력은 북쪽으로는 한반도와 황해, 남쪽으로는 지금의 베트남 하노이와 가까운 남중국해까지 뻗어 있었다. 기원전 168년에는 공화정 로마가 제3차 마케도니아 전쟁을 종결지으며, 일리리아, 달마티아 해안지대 그리고 알렉산드로스 대왕의 무장 안티고노스가 창시한 마케도니아 왕국과 더불어 이탈리아의 많은 지역, 스페인, 시칠리아, 사르데냐, 코르시카를 자국에 편입시켰다. 파르티아 제국은 고대 메소포타미아와 페르시아를 지배했다. 그들이 남긴 기념물, 그들 혹은 그들의 적이 남긴 연대기를 통해서 우리는 그 나라들과 다른 제국들 그리고 고대 왕국들에 대해 알고 있다. 우리는 카르타고, 쿠샨 제국, 클레오파트라, 그리고 기원전 30년 로마 제국에 흡수된 이집트인들에 대해서도 알고 있다. 하지만 흉노 제국과 서쪽에 있던 그들의 "쌍둥이" 제국 스키타이에 대해서는 아는 바가 거의 없다.

묵돌의 힘이 절정에 달한 기원전 2세기, 흉노는 만주에서 카자흐스탄, 시베리아 남부에서 내몽골, 그리고 지금의 중국 신장 성(1955년부터의 공식 명칭은 신장위구르 자치구/역자)에 해당하는 타림 분지까지의 모든 영토를 직간접적으로 지배했다. 스키타이인 역시 키루스, 다리우스, 그리고 알렉산드로스의 침입을 받았음에도 불구하고 흑해와 카자흐스탄의 알타이 산맥 사이에 놓인 넓은 땅을 여전히 점유하고 있었다. 우리는 알타이 엘리트들이 카스피 해 해안가 숲에 덫을 놓아 잡은 치타의 털로 끝부분을 장식한 의복을 입고 페르시아인이 짠 양탄자 위에 앉아 중국인이 만든 거울을 들여다보았다는 것도 안다. 또한 스키타이인과 흉노 엘리트들이 착용했던 황금 버클과 정교한 다른 장식물의 디자인이 같으며, 동일한 동물 문양이 새겨져 있었다는 것도 안다. 흉노의 고분들에서 로마유리, 페르시아 옷감, 그리스 은이 발견되었다는 것도 안다. 이 모든 것이 말해주는 것은 한나라 황제가 실크로드를 통해서 파르티아, 페르시아 혹은 지중해 유역으로 상인들을 보낼 생각을 하기 오래 전부터 이주성 세계는 황허와 페르시아 만 사이에서 교역을 하고 있었다는 것이다.

실크로드의 전설적인 이야기를 읽다 보면, 사막 주변을 지나고, 고개를 넘고, 스텝을 가로지르는 낙타와 말들의 카라반에 대한 이미지가 머리에 떠오른다. 하지만 페르시아 왕도가 페르시아의 동쪽 지역을 메소포타미아와 연결해준 것과 같은 방식으로 고대 유라시아 전역을 이어준 단일 도로나 넓은 고속도로는 없었다. 역사가 피터 프랭코판의 말을 빌리면, 거기에 "있는 것은 사방팔방으로 퍼져나가는 네트워크, 순례자와 전사, 유목민과 상인들이 여행을 하고, 물품과 산물을 사고팔고, 생각을 교환하고 응용하고 발전시킨 길들이었다."[74] 그 길들의 한쪽 끝에는 중국, 반대편 끝에는 지중해가 있었다. 그 제국들이 확장되고 그들의 힘이 증대하자 사치품에 대한 수요도 따라 증가했다. 기원전 1세기의 로마에서는 중국의 비단이 귀해서 지배층만 비단옷을 입을 수 있었다. 보통 사람은 중국 비단을 가졌다고 해봐야 메달처럼 장식용으로 걸고 다니는 작은 조각에 불과했을 것이다. 비단은 진주, 루비, 에메랄드, 그리고 동방의 다른 보석들과 동급으로 취급되었다. 그래도 수요는 시장의 확대를 불러와, 상인들은 전보다 더 적극적으로 고비 사막의 남북 통로들로 진출했고, 기원전 1세기에는 로마 작가 대大플리니우스가 넘쳐나는 교역량을 보다 못해 외국산 물품과 그것을 탐하는 여인들을 비난하는 장광설을 늘어놓는 지경이 되었다.

우리는 이제⋯⋯그들이 옷감을 얻으러 세레스Seres[중국]에 가고, 진주를 얻으러 홍해의 심해를 탐험하며, 에메랄드를 정련하러 땅속 깊은 곳까지 간다는 사실을 알게 되었다. 심지어 그들은, 몸에 구멍을 뚫어 그것을 삽입하려 한다면 모를까 보석으로 목걸이와 관冠을 만드는 것쯤은 너무도 시시한 일이라는 듯 귀를 뚫는다는 어리석은 생각까지 하게 되었다. 인도와 세레스 그리고 [알바니아] 반도로 흘러드는 우리 제국의 돈은 수치를 가장 낮춰 잡아도 해마다 도합 1억 세스테르티우스에 달한다. 그것은 우리의 사치품과 우리 여인네들이 우리를 희생시켜 지불한 대가이다.[75]

일부 추정에 따르면, 로마인들이 동방의 사치품에 쓴 돈이 제국 전체 국내총생산GDP의 절반에 달했다고 한다.

중국과 로마의 두 제국 간에 이런 교역이 진행되었던 몇 세기 동안, 로마에서는 중국인이 거의 보이지 않았고 중국에서도 로마인이 거의 보이지 않았다. 중국인과 로마인이 상대 나라를 직접 방문하는 경우는 기원전 27년에 정권을 잡은 아우구스투스 황제 치세 때와 같이 특별히 중요한 일이 있을 때였다. 로마의 역사가 플로루스는 그 중요한 일이 있고 나서 1세기 뒤에 이런 글을 썼다.

심지어 스키타이인과 사르마티아인들도 사절을 보내 로마의 호의를 구했다. 당연히 세레스[중국인]도 왔고, 수직의 태양 아래에서 사는 인도인들도 보석, 진주, 코끼리 같은 선물을 가지고 왔다. 하지만 그들은 자신들이 가져온 것들이 그래봐야 그들 말로 4년이나 걸렸다는, 그들이 거쳐 온 엄청난 거리의 행정보다 중요하지 않다고 여겼다. 하긴 그들이 우리와 다른 세계의 사람이라는 점은 그들의 안색만 봐도 알 수 있었다.[76]

그리고 솔직히, 그들을 조금만 더 눈여겨보았다면 그들이 공식 사절이 아니라 민간 상인들이었다는 사실도 알았을 것이다. 중국의 황제가 로마 궁정에 사절을 보냈음을 보여주는 기록은 로마에도 중국에도 없다. 그럴 만한 이유가 있었다. 여정이 너무 힘들 것이라고 여긴 것이다. 기원전 97년 후한 시대의 어느 장군이 감영을 지중해에 사절로 파견했다. 감영은 당시 파르티아 제국의 일부가 되어 있던 메소포타미아까지는 도달했다. 하지만 서쪽으로 가는 그의 여행은 페르시아 만에서 끝이 났다. 그곳에서 배를 타야 로마에 도착할 수 있는데, 그것은 최대 2년이 소요되는 여정이라는 말을 들었기 때문이다. 결국 그는 대부분의 사람들이 했을 만한 일, 즉 변덕스러운 바다에 모든 것을 거느니 자신이 수집한 정보를 가지고 귀국하는 편이 낫겠다는 판단을 내렸다.

유목민이 대다수인 중앙아시아 사람들은 다르게 생각했다. 흉노와 서쪽에 있는 그들의 짝 스키타이인은, 헤로도토스와 사마천이 말하는 동과 서의 세계를 연결하면 혜택이 생긴다는 점을 이해하고 있었다. 스텝 민족은 사치품 교역을 이끌어간 초기의 견인차였다. 성벽 내에 사는 사람들은 대부분 자국민 위주로 유대를 형성했다. 하지만 이주의 필요성 때문에 부득불 말 타기의 명수가 되고 수레와 전차를 발명했던 스텝 민족은 방대한 거리를 횡단하는 습성이 있었다. 그들은 마음을 가라앉히는 법을 알고 있었고, 낯선 것에도 편안해했다. 또한 생소한 관습을 용인할 줄 알았고 이해할 수 없는 언어들을 우회하는 방법을 찾아냈다. 그들이 볼 때 그리스인, 로마인, 중국인, 그리고 심지어 페르시아인은 자연계를 외면하고 성벽 너머에 사는 사람들, 하늘에 버림받은 종족이었다. 신이 그들을 빌하기 위해서 채찍(아틸라)을 보낸 이유도, 동쪽에서 다가오는 로마인들에 대해서 우려했던 이유도 그 때문이었을 것이다. 그때쯤에는 "우리의 사치품과 우리 여인네들"이 지불한 대가에 대한 대플리니우스의 탄식도 무의미해 보였다. 실크로드 무역은 제국으로서는 사소한 문제였기 때문이다.

기원후 449년

콘스탄티노플 궁정에서 세르디카(불가리아 소피아)까지는 2주일이 걸리는 여정이었다. "새로운 로마" 콘스탄티노플 사절단은 황제의 특사 막시미누스가 통솔했고, 훈족 왕의 비서인 플라비우스 오레스테스와 콘스탄티노플에 와 있던 훈족 왕의 사절 에데코, 이렇게 2명의 훈족이 안내를 맡았다. 사절단은 훈족과 협력해 아틸라와 그의 막강한 군대, 즉 동방이 제기한 심각한 문제의 해법을 찾겠다는 테오도시우스 2세의 희망을 안고 있었다. 테오도시우스는 최소한 콘스탄티노플 주위에 성벽을 쌓을 때까지만이라도, 로마가 보내준 금—마지막으로 보낸 것이 7,000파운드였다—으로 아틸라의 군사 행동이 저지될 수 있기를 바랐다.

아틸라는 스텝 지대에 뿌리를 둔 강력한 전사였다. 하지만 그는 아킬레우스가 아니었고, 따라서 아킬레우스가 했다는 "목숨은 금덩어리로도 살 수 없다"는 말도 하지 않았다. 아니, 오히려 그 반대였다. 그에게는 지배해야 할 제국이 있었고, 돈을 대야 하는 군대가 있었으며, 부하들의 충성도 계속 유지해야 했다. 그리고 이 모든 일에는 금이 필요했다. 21세기의 대기업과 마찬가지로 그도 살아남기 위해서는 힘을 계속 확장해야 했다. 금을 많이 얻을수록 더 많은 병력을 동원할 수 있었다. 테오도시우스가 제공한 금이 훈족을 달래지 못했던 것도, 만족을 모르는 그의 확장욕 때문이었다. 금 7,000파운드는 거액이었다. 하지만 제국 소득의 극히 일부에 지나지 않았고, 그래서 아틸라는 금을 더 보내지 않으면 다시 전쟁을 일으키겠다고 위협했다. 그는 로마로 망명한 훈족의 송환도 요구했다. 로마 황제는 바로 이 문제를 해결하기 위해서 고위층 사절을 보낸 것이고, 사절의 출발과 함께 매우 다른 두 가지 계획을 실행했다.

특사 막시미누스와 그의 보좌역 프리스쿠스는 로마 제국과 훈족 제국 사이의 완충지대와 국경, 유목민의 이익에 반드시 필요했던 역외 시장의 위치 지정, 훈족 망명자 17명의 송환, 증액된 금의 지불과 같은 아틸라의 관심사를 논할 예정이었다. 그런데 사절단의 임무에는 막시미누스와 프리스쿠스가 모르게 완수해야 할 또다른 목표가 있었다. 테오도시우스의 환관이 아틸라의 사절 에데코를 매수해 아틸라를 살해할 계획을 세운 것이었다. 그가 지불한 피의 대가는 금 50파운드였다. 콘스탄티노플 궁정은 로마인과 훈족 사절이 북쪽으로 향하는 것을 지켜보며 이 두 번째 계획이 성공하기를 바랐다.

그들의 여정에는 가령 세르비카에서처럼 즐거웠던 때도 있었다. 로마 사절단은 그곳에서 양과 소를 구입해 연회를 개최했다. 연회는 로마인들이 테오도시우스를 위해서 축배를 들며 술을 마시는 것으로 시작되었다. 훈족이 아틸라에게 경의를 표하사 로마인 통역 비길라스가 인간을 신과 비교하는 것은 적절하지 않다고 한마디 했다. 그런데 통역이 말하는 신이 아틸라가 아니고 테오도시우스임을 깨달은 훈족이 불같이 화를 냈고, 이들의 분노는 비단과 진주를 선물로 받고서야 가라앉았다. 사절단은 니시에서도 그에 못지않은 고통을 당했다. 그것은 비단 콘스탄티누스 1세의 출생지인 그곳이 훈족의 지배하에 있었기 때문만은 아니었다. 그들이 고통스러웠던 것은 6년 전 아틸라에게 유린당하고 거의 몰살당하다시피 해서, 아직도 그곳이 아수라장이었기 때문이기도 했다. "강기슭으로 통하는 모든 곳은 전투 중에 죽은 사람들의 유골로 가득했다"고 프리스쿠스는 기록했다.[77] 어느 이른 아침에는 도나우 강에 도착한 그들이 방향 감각을 상실한 나머지 서쪽에서 해가 뜬다고 생각해 가슴이 철렁 내려앉기도 했다. 그것을 "예사롭지 않은 일이 일어나리라는" 전조로 받아들인 것이다.[78] 사절단은 자신들의 임무에 두려움을 가졌던 것일까? 아니면 유목민이 신으로 간주될 수도 있는 시대에 살아남을지가 걱정스러웠던 것일까?

유목민 세계까지 포함하여 세계가 수백 년이나 일종의 질서를 유지할 수 있었던 것은 중국과 로마 제국이라는 안정된 두 지주 사이에 존재한 시장들 덕이었다. 국경은 개방되었고, 도로는 혼잡했으며, 훈족과 고트족 상인들은 스키타이, 흉노, 페르시아, 파르티아 그리고 그 밖의 지역에서 온 상인들과 함께 상품과 수익을 얻으리라는 기대를 실어 날랐다. 이 미묘한 균형 잡기balancing act에서 중추적 역할을 한 것은 이주성 유목민이었지만, 문화적 차이 및 정착민과 이주민 간의 사고방식 차이를 고려하면, 그들은 무역 분쟁과 로마권 지역에서 폭력이 발생할 위험성을 증대시킨 면도 있었다. 로마인들은 무려 인구의 3분의 1이 도시적 환경에서 살았고, 나머지 사람들도 대부분 뿌리 있는 삶을 살았다. 그러나 로마가 팽창하는 인구를 먹여 살리는 데에 어려움을 겪자, 제국의 농부들은 목초지까지 밀고 들어가 농지의 범위를 늘렸고, 그 과정에서 유목민과는 협력하는 것이 상책이라는 점도 깨달았다.[79] 유목민은 스텝과 사막 언저리 일대의 고지대, 메마른 땅에서 번성하기는 했지만, 그들 중에는 수확기에 일꾼으로 일하거나 추수가 끝난 밭에 양과 염소들을 풀어놓아 곡식의 밑동을 뜯어먹게 하는 방식으로 제국의 농경에서도 일익을 담당한 사람들이 많았다. 로마 또한 로마인들 사이에는 오래된 기마 전통이 없었던 탓에 그리스의 전례를 따라 무력 분쟁 때는 유목민 병력, 특히 유목민 기병대를 이용하기도 했다. 북아프리카의 누미디아 기병대와 아시아의 스키타이인 그리고 사르마티아인들이 기꺼이 서로 협력하며 싸운 것이다.

그런데 4세기 초에 실제적으로나 은유적으로나 세계를 바꿔놓을 기후 변화가 일어났다. 겨울은 길고 혹독해졌으며, 여름은 덥고 건조해졌다. 유라시아 일대의 강우가 줄어들자 하천들도 수위가 낮아지거나 완전히 말라붙었다. 카스피 해의 물도 빠졌다. 가뭄으로 기근의 위험이 닥치자 유라시아 일대의 사람들은 농작물, 동물, 그리고 자신들이 사용할 물을 찾아 이동했다.

이동하는 삶에 길이 든 사람들에게도 가뭄은 심각한 문제였다. 하지만 극복이 불가능하지는 않았다. 삶의 대부분을 신선한 목초지와 새로운 시장을 찾아 이주하는 것으로 꾸려가다 보니, 다수의 정착민보다는 변화하는 기후에 순응하는 능력이 나았기 때문이다. 그래도 이제는 목초지나 물을 찾아 이동해야 하는 거리가 너무 길어졌고, 그러다 보니 부득불 새로운 장소로 옮겨가야 하는 종족도 많아졌다. 흉노만 하더라도 만리장성을 휩쓸고 지나가며 동쪽과 남쪽으로 향하는, 불어나는 이주민 물결의 일부가 되어 중국으로 들어갔다. 하지만 중국도 가뭄의 피해를 받기는 마찬가지여서 "중국의 어머니"라는 황허조차 수량이 줄어들고 있었다. 기근은 너무나 빨리 다가와, 서진의 회제 사마치는 수도 밖으로 궁정을 옮길 생각까지 했다. 하지만 그러기 전에 흉노에게 먼저 잡혔다.

스텝 유목민은 유총이라는 선우의 지휘 아래 제국군을 제압하고 황제를 사로잡으며 그의 수도인 낙양(뤄양)을 점령했다. 유총은 기원후 313년의 신년 맞이 연회에서 황제에게 자신의 술 시중까지 들게 했다. 황제를 모독하는 그의 불경한 행동에 황제의 측근, 왕과 공公들이 분노하자 유총은 그들 모두를 독살해버렸다. 그것이 자신의 위상을 높이는 데에는 효과적이었을지 몰라도, 불확실성은 교역에 좋지 않았다. 유목민이 신에게 선택된 중국 황제를 시살했다는 소식은 유라시아의 통로들을 따라 빠르게 전해졌고, 심지어 중국 국경의 관문인 옥문관 가까이의 고비 사막 동단에 외롭게 서 있던 망루에까지 전해졌다. 겨울은 혹독했으며, 중국에는 어둠이 드리워졌다. 이제 황제는 죽었고 흉노는 제멋대로 날뛰었다. 망루의 파수꾼들은 수도에서 온 소식을 듣고 이제 무엇을 지켜야 하나, 또 누구를 위해서 감시해야 하나 고민했다. 그리고 만족할 만한 답이 생각나지 않자 망보기를 그만두고 짐을 꾸려 망루를 떠나기로 의견을 모았다. 그런데 급히 서두르다가 서쪽으로 보낼 우편 행낭을 잊고 떠났는데, 1899년, 그 행낭 속에 들어 있던 편지 한 통이 313년 당시 내버려둔 모습 그대로 발견되었다. 거친 천으로 덮인 갈색의 비단 봉투 안에 여러 겹으로 접힌 그 한 장의 종이는 서쪽으로 3,200킬로미터 떨어진 사마르칸트의 누군가에게 보내는 편지였다. 상인 고용주들을 "나리님들"이라고 부르며 시작되는 그 편지에는 이런 내용이 적혀 있었다. "사람들이 말하기를 마지막 황제는 기근 때문에 낙양에서 도망쳤고, 그의 궁궐과 도시에서는 화재가 일어나, 궁궐은 불에 타고 도시는 파괴되었다고 합니다. 낙양은 이제 없습니다."[80] 이제는 황제도 없고, 누구도, 심지어 흉노조차 안전하지 않았다.

수백만 명의 사람들이 동쪽뿐 아니라 서쪽으로도 이동했다. 이주민의 물결은 흑해-카스피 해 스텝 지대에 도착하면, 볼가 강, 돈 강, 드네프르 강을 건넌 불가르인, 아바르인, 페체네그인, 이아시인과 함께 유럽으로 들어갔다. 모든 강기슭에서는 동쪽 제방에 머물러 있던 종족이 굶주림과 수적인 압박, 혹은 뒤에서 밀어닥치는 그보다 더 강력한 위협 때문에 강 건너의 서쪽으로 계속 떠밀려가는 순서로 일이 진행되었다. 많은 사람들이 도나우 강으로 향했다.

4세기에는 동로마와 서로마 제국 모두 국경으로 쇄도해오는 거대한 이주민 무리를 막아내거나 그들에게 편의를 제공해줄 설비를 갖추고 있지 못했다. 따라서 그들의 출현에 따른 압박감이 삶의 모든 측면에서 느껴졌다. 상업 부문에서는 물품의 유입이 중단되었고, 종교 부문에서는 로마 제국의 오랜 장점이던 다양성이 위협받았다. 서진의 황제가 흉노에게 시살된 313년 로마 황제 콘스탄티누스는 기독교로 개종하고 "기독교도와 다른 모든 종교인들은 저마다 최선이라고 생각하는 종교 형태를 신봉할 자유를 가지는 것이 마땅하다"는 칙령을 반포했다.[81] 그런데 이 양심의 자유가, 로마 제국 사람들 대부분이 야만인으로 간주한 종족들의 막대한 유입으로 도전을 받은 것이다. 난민과 이주민들이 북서쪽으로 이동하며 유럽과 미국으로 들어왔을 때 우리 시대에도 벌어진 일이듯이, 보수주의자들은 이들의 유입에 반발했다. 이동의 자유와 마찬가지로 양심의 자유도 유약함으로 비춰졌고, 이교도 신앙은 금지되었으며, 이교도 신전은 폐쇄되었고, 신전의 수입은 국가가 가져갔다. 하지만 그보다 더 직접적으로 다른 해악도 나타났다.

376년 고트족 20만 명이 저항을 무릅쓰고 도나우 강 국경을 넘어 로마 제국 영내로 들어왔다. 고트족은 아마도 본래는 발트 해 지역 출신이었을 테지만, 지난 몇 세기에 걸쳐 흑해-카스피 해의 스텝 지대로 이주했고, 로마 작가들이 혼동을 일으켜 그들을 스키타이인으로 지칭한 것도 그 때문이었을 것이다. 대다수 작가들에게 그들은 모두 야만인이었다. 그들이 들이닥쳤을 때 동로마 제국의 황제 발렌스는 페르시아와 전쟁을 하고 있었다. 따라서 고트족 문제에 집중할 수도, 고트족의 출현을 막을 병력도 없었다. 그래서 그는 그들이 도나우 강 너머 제국으로 진입하는 것을 허용하고, (로마의 속주였던) 트라키아에 정착하도록 했다. 하지만 고트족의 엄청난 수효는 우리도 보았던, 21세기에 일어난 유럽 난민 사태와 유사한 문제들을 낳았다. 속주의 행정관들은 이들을 수용할 기간 시설이 없는 상황에서 어찌할 바를 몰랐고, 관리들은 그것을 교통이나 양식을 제공한 대가로 돈을 갈취할 기회로 보았다. 이주민 집단이 분산되고 가족이 뿔뿔이 흩어지며 식량도 부족해지자, 고트족은 반란을 일으켰다. 이 분란이 원인이 되어 지금의 튀르키예 에디르네와 가까운 하드리아노플에서는 양측의 결전이 벌어졌다. 고트족 1만5,000명이 황제가 직접 지휘하는 그와 비슷한 규모의 로마군과 맞붙은 전투였는데, 이 전투에서 고트족은 동로마 제국의 핵심 군대를 격파하고 황제도 죽였다. 또다른 황제가 죽은 것이다.

376년 고트족이 도나우 강을 넘게 한 종족은 중앙아시아 스텝 지대의 유목민인 훈족이었다. 훈족이 흉노족과 연관이 있었던 것은 확실하고,

어쩌면 흉노족의 한 분파였을 가능성도 있다. 두 종족 모두 알타이 산맥의 유라시아 핵심지대에 기원을 두고 있었다. 그들은 사용하는 무기도, 국가 구조도 비슷했다. 심지어 흉노라는 용어도 어원적으로 훈족과 밀접한 관련이 있다. 설령 다른 점이 있었다고 해도 그 동양인들에게 겁먹고 로마 제국으로 넘어온 고트족에게는 구별이 되지 않았을 것이다. 그다음에는 훈족이 뒤따랐다.

훈족의 기록에는 로마인들에 관한 묘사가 없지만, 훈족을 기록한 로마인들의 이야기는 많이 남아 있다. 그중에서 가장 유명한 것이 4세기의 로마 역사가 암미아누스 마르켈리누스가 쓴 글이다. 그로부터 1,400년 뒤에 글을 쓴 영국의 역사가 에드워드 기번은 암미아누스를 "정확하고 신뢰성 있는 안내자"로 묘사하면서, "동시대인의 정신에 악영향을 미치게 마련인 편견과 열정에 빠져들지" 않은 점을 칭찬했다.[82] 하지만 그 "정확한" 로마인이 아틸라와 그의 종족에 대해서 다음과 같이 쓴 것을 보고, 혹자는 기번이 암미아누스의 책을 실제로 읽기나 했는지 고개를 갸우뚱할지도 모른다.

고대의 기록에는 거의 언급되지 않은 훈족이라는 종족은 아조우 해 너머 얼어붙은 바다의 언저리에서 살고 있고, 가히 필적할 인간이 없을 정도로 포악하다. 그들은 수염이 날 연령이 되어도 상처에 막혀 수염이 나지 않도록 하기 위해 태어나자마자 아이의 뺨을 인두로 깊이 지진다. 그래서 훈족은 자라도 수염이 없고, 멋지지도 않다. 그들에게는 모두 단단하고 튼튼한 팔다리와 두툼한 목이 있다. 하지만 덩치가 크고 다리가 휘어져 있어 누가 그 모습을 보면 두 다리를 가진 짐승을 떠올릴 것이다.

그들의 생활 방식은 외모보다 더 지독했다. 암미아누스의 글은 이렇게 계속된다.

그들에게는 일정한 거처가 없고, 화덕도 없으며, 느슨하거나 정착된 삶의 방식도 없다. 그들은 짐마차를 끌고 다니며 마치 도망자처럼 여기저기 끝도 없이 방랑한다. 그 짐마차 안에서 아내는 남편이 입을 괴상한 옷을 짓고, 남편과 동거하며, 아이를 낳아 사춘기가 올 때까지 기른다. 그들의 자식들은 누가 물어봐도 출생지를 말하지 못할 것인데, 그것은 그들이 엄마의 배 속에 있을 때의 장소와 태어난 장소가 서로 동떨어져 있고, 자라난 장소는 그보다 더 멀리 떨어져 있기 때문이다.

훈족에 대한 암미아누스의 공격은 그들이 입는 옷과 먹는 음식으로까지 확대된다. 그는 훈족이 어떻게 "허벅지와 말 등 사이에 끼워넣어" 날고기를 연하게 만들었는지를 기술함으로써, 쇠고기 타르타르에 대한 최초의 언급일 수도 있는 표현을 시도하기도 했다.[83]

암미아누스가 만일 협상이 결렬될 때마다 훈족이 전쟁을 일으켜 로마군을 몇 차례나 격파했던 로마 불신의 시대, 즉 그다음 세기까지 살았다면 그의 독설은 더 정당화될 수도 있을 것이다. 서고트족이 불가침의 세계 도시로 쳐들어가는 모습, 그리고 410년 8월 24일 서고트족의 왕 알라리크가, "살인하지 말지니라"라는 단 하나의 금지 명령을 내리면서 병사들의 로마 약탈을 허용해주는 것을 보고 그가 어떤 글을 썼을지를 상상해보라. 향 연기 자욱한 신전에서 기도를 드리고 희생 제물을 바쳤음에도 알라리크는 아랑곳하지 않았다. 서고트족이 재보를 가득 안고 제국의 도시를 떠났지만 재보는 다시 채울 수 있었다. 하지만 사건의 기억은 악취를 풍기며 위대한 도시 주변을 맴돌았고, 그로부터 40년 뒤 막시미누스와 프리스쿠스가 동로마 제국의 사절로 협정을 논의하기 위해 아틸라에게 파견되었던 때, 아틸라의 "야만인" 제국이 로마 제국과 필적할 만해지고, 중앙아시아에서 동유럽을 넘어 오늘날의 발트 해와 네덜란드 경계까지 그의 영토가 뻗어나간 때까지도 그 기억은 여전히 감지되었다.

프리스쿠스는 수염이 희어지고 머리숱도 줄어들고 있었다. 하지만 보는 눈은 정확했으며, 판단력도 지극히 정상이었다. 암미아누스와는 달랐다. 프리스쿠스는 그가 스키타이인이라고 불렀던 훈족을 이전에 최소한 한 차례 방문한 적이 있어서, 그들도 충분히 정중할 수 있다는 사실을 알고 있었다. 그 방문 당시 훈족 진영에 억류되어 있던 그리스인을 만난 것도 그는 기억했다. 프리스쿠스는 몸값을 지불하고 자유를 찾아주면 그가 고마워할 것으로 기대했다. 하지만 그렇지 않았다. 그 그리스인은 자신은 훈족들 틈에서 자유롭게 지냈고 그가 그들과 함께 지내는 것은 그곳을 떠날 수 없기 때문이 아니라 그곳에서 살기로 선택했기 때문이라는 점을 분명히 했다. 그는 훈족의 일반 병사가 로마 군단의 밀레스(보병)보다 좋은 대우를 받는다는 이유로 로마보다는 훈족을 위해서 싸우는 편을 택하겠다고도 했다. 평화 시에도 유목민과 함께 있는 것이 즐겁다고 했다. 그는 로마에서 평민으로 살기가 고생스러웠다면서, 그 이유를 이렇게 설명했다. "세금도 가혹하게 징수하고, 법률의 효력이 모든 사회 계급에 미치지 못하다 보니 부도덕한 인간들이 타인에게 위해를 가합니다. 부유층은 법을 어겨도 불법 행위에 대한 벌을 받지 않는 반면, 사정을 모르는 가난한 사람은 법적 처벌을 받습니다."[84]

프리스쿠스가 이전 방문을 통해서 알게 된 또다른 사실은 훈족이 비잔티움 황제의 사절을 정중히 대하리라는 점이었다. 그런데 아틸라가 황제 사절단의 면회를 허락하지 않자, 그는 깜짝 놀랐다. 그러던 차에 그는 비잔티움 황제가 훈족 사절 에데코를 매수해 아틸라를 살해할 계획을 세웠다는 사실과, 에데코가 주군을 죽이기는커녕 오히려 전모를 털어놓았다는 이야기를 듣게 되었다. 프리스쿠스는 이 극적이고 불확실한 순간 또한 기회가 될 수 있음을 알아차렸다.

비잔티움 사절단은 훈족 왕이 며칠간의 여정을 떠날 때 그의 측근을 수행해도 좋다는 허락을 받았다. 그런데 가는 도중에 아틸라가 또다른 부인을 취하기 위해 우회를 하자, 로마인들은 그보다 먼저 훈족 중심지로 보내졌다. 훈족 땅을 여행하는 동안 그들은 환대를 받았다. 가령 한 마을에서는 "음식과 육체관계를 맺을 수 있는 예쁜 여자들을 보내주었다." 프리스쿠스는 이에 대해 "스키타이인에게 그것은 명예의 징표였다. 하지만 우리는 여자들에게 우리 앞에 놓인 음식만 인심 좋게 권했을 뿐 육체관계는 가지지 않았다"고 해명했다.[85]

프리스쿠스의 상세한 설명은 매혹적이다. 하지만 5세기의 외교에 대한 서술—아틸라가 대군을 보유하고 있었다는 점과 그가 자신에 대한 살해 음모를 알던 점으로 미루어, 특사가 어떤 양보도 받지 못하고 귀국하리라는 것은 불을 보듯 뻔했다는 내용—은 유목민 지도자와 그의 부하들을 앞 열에서 구경했던 부분을 제외하면 별로 매력적이지 못하다.

아틸라는 유목민의 자손이었지만 모든 제국에는 행정 중심지가 필요하다는 점을 깨달았고, 따라서 수도를 건설했다. 도나우 강의 동쪽 기슭에 위치한 그 유목민 "도시"의 유일한 영구 건축물은 아틸라가 그의 부인들 중 한 명을 위해서 지은 석조 목욕장뿐이었다. 아틸라 "궁전"만 해도 "일부만 장식 효과를 내기 위해 깎아 조립한" 목재로 지어졌고, 대다수 다른 건물들은 캔버스 천이나 펠트로 지어졌다.[86] 프리스쿠스는 약간은 어처구니없어하면서, 아틸라가 자신이 정복한 모든 도시들보다 그곳을 좋아했다고 적었다.

사절단이 아틸라의 부인 중 서열이 가장 높은 사람을 예방한 것은 훈족 도시에 도착한 지 얼마 되지 않았을 때였다. 그녀는 폭신한 장의자에서 그들을 맞았다. 펠트 양탄자가 깔린 궁의 바닥에서는 일군의 여성들이 수를 놓고 있었다. 사절단은 이후에는 목재로 지어진 방에서 아틸라가 개최한 궁중 연회에 초대받았다. 아틸라는 홀 중앙의 장의자에 앉아 있었다. 가슴이 넓고, 피부는 검으며, 눈이 작고, 코는 납작하며, 그 나이에 벌써 머리가 희끗희끗한 단신의 사나이였다. 나이는 40대 초반이었으며, 전반적으로 보아 멋지지는 않았지만 피에 굶주린 전형적인 야만인 상과는 거리가 멀었다. 그의 뒤에도 또다른 장의자가 놓여 있었는데, 고운 마직과 아름답게 수놓아진 직물로 가려진 곳에는 그가 잠을 자는 높은 침대가 있었다. 아들 중 둘은 아버지 곁에 놓인 의자들에 앉아 있었고, 장남은 장의자의 끄트머리에 아버지와 더 가깝게 앉아 있었다. 장의자의 좌우 벽에도 좌석들이 줄지어 놓여 있었다. 프리스쿠스도 알고 있었듯이, 이럴 때는 오른쪽에 좌석을 배정받는 것이 큰 영광이었다. 하지만 그와 그 일행은 왼쪽 줄의 말단 부분에 앉았다.

프리스쿠스는 비록 거동까지는 아닐지라도, 아틸라의 행동에 깊은 인상을 받았다. "그의 몸가짐에는 그가 지닌 자긍심의 힘이 나타나 있다"고 그는 썼다.[87] 다가오는 세계 지배자에 대해서 귀가 닳도록 들었던 프리스쿠스는 그가 재물욕에만 눈이 밝은 피에 굶주린 극악한 야만인이리라고 생각했다. 하지만 그의 앞에 선 인간은 그런 이미지와는 분명히 달랐다. 프리스쿠스는 그를 이렇게 평했다. "전쟁은 좋아하지만 폭력 지향적이지는 않았다. 그는 조언을 구하는 사람에게 관대하고 친구로 받아들인 사람에게는 성실한, 매우 현명한 조언자였다."[88] 아틸라는 또 절제가 몸에 배어 커다란 궁전에서 살 수 있었음에도 이동하며 살거나 목조 궁전에서 살기를 신호했다. 음식도, 주변 사람들 모두가 즐겼던 "은쟁반에 푸지게 차려진 요리"를 먹을 수 있었겠지만, 그러지 않고 구운 고기를 나무판에서 집어 먹었다. "의복도 깨끗하다는 점을 제외하면 여타 사람들과 전혀 다르지 않게 수수했다. 옆구리에 찬 칼, 부츠를 조이는 장치, 말의 굴레도, 금이나 보석 또는 무엇이든 값진 장식물로 꾸몄던 스키타이인과 다르게 장식을 하지 않았다." 프리스쿠스의 표현에 의하면 그 신의 채찍은 알고 보니 "온화하고" 가정적인 사람이었다.[89] "이름이 에르나흐였던 막내아들이 와서 그의 곁에 서자……그는 볼을 잡아 아들을 더 가까이 끌어당겨서는 따스한 눈길로 지그시 바라보았다."[90] 아틸라가 마침내, 그를 직접 만난 적이 있고 구태여 윤색할 이유가 없는 누군가에 의해서 가정적인 사람으로 묘사된 것이다.

아틸라는 아마도 금의 광채와 정착 사회의 유혹을 거부함으로써 스텝 세계의 정신과 유목민 혈통을 보전할 수 있었을 것이다. 그는 스텝 지대에서는 살아본 적이 없었다. 태어나 자란 곳은 헝가리 대평원이었을 것이다. 그는 이동하는 삶을 살았고, 하늘 신과 그 밖의 옛날 신을 숭배했으며, 스텝에서 행해진 옛 제식을 준수했고, 샤먼이 해석해주는 징후와 조짐의 안내를 받았다. 또 옛 풍습을 아무리 준수하고, 신이 자신의 편임을 알려주는 전조가 아무리 많이 나타난다고 해도 그가 향하는 곳은 동쪽이 아닌 서쪽이었다.

이듬해에는 서로마 제국의 황녀 호노리아가 아틸라에게 환관 히아신투스를 보내서 둘 사이의 동맹을 제안했다. 그녀로서는 그럴 만한 여러 가지 이유가 있었다. 그녀의 남동생 발렌티니아누스 3세가, 시종장과 관계를 맺고 있던 현장에서 그녀를 붙잡아 따분한 원로원 의원과 강제로 시키려고 했던 결혼이 임박한 것도 한 가지 이유였다. 호노리아의 환관 히아신투스는 이 결혼에서 그녀를 구해주고, 지도자 역량이 부족한 발렌티니아누스로부터 위대한 제국도 구해야겠다는 생각으로 청혼서를 들고 아틸라에게 접근했다. 혼인의 성사를 위해서 황녀가 준 반지도 가지고 갔다. 하지만 그것은 사랑의 징표라기보다는 훈족과 손잡고 로마 제국을 개조하겠다는 아우구스타(아우구스투스의 여성형으로, 로마 제국에서 황후와 같은 지배층 여성에게 부여했던 호칭/역자)의 의지가 진지함을 보여주는 것이었다.

이후 로마인과 훈족 간에는 호노리아의 제안이 정확히 무엇이었는지를 두고 열띤 논쟁이 벌어졌다. 아틸라는 그것이 청혼—양가의 결합—이었고, 자신은 그 청혼을 수락했다고 주장했다. 아마도 그는 호노리아의 어머니인 갈라 플라키디아가 40년 전 로마에서 서고트족에게 포로로 잡혀가, 414년 새해 첫날 로마 장군의 복장을 한 서고트족의 왕 아타울프와 (프랑스 남부의) 나르본 성당에서 자의로 결혼했음을 알고 있었을 것이다. 또한 그는 플라키디아가 테오도시우스라는 이름의 아타울프의 아들을 낳았다는 사실도 알고 있었을 것이다. 1년도 되지 않아 죽지 않았다면 로마의 황권에 도전했을 아이였다. 이후 아타울프까지 세상을 떠나자 황후는 로마로 돌아와 콘스탄티누스 3세와 결혼해 두 아이를 낳았으며, 이 아이들은 둘 다 살아남았다. 이들 중 한 명이 미래의 발렌티니아누스 3세, 다른 한 명이 바로 아틸라에게 지금 동맹을 제안하고 있는 그의 누나 호노리아였다.

훈족 왕으로서는 플라키디아의 딸과 결혼하면 여러 가지 이점이 있었다. 제국 규모의 지참금을 받을 수 있는 것도 그중의 하나였다. 아틸라는 발렌티니아누스에게 누이와 서로마 제국의 절반을 지참금으로 넘겨 달라고 요구했다. 발렌티니아누스 역시, 비록 거부하기는 했지만, 황족으로 태어난 누이가 야만인과의 결혼을 원했을지도 몰라서 제안을 내치지는 못하는 나약함을 드러냈다. 450년은 로마에 상서롭지 않은 해였으므로, 야만인과의 결혼을 원하는 일이 벌어지는 것도 불가능하지는 않았다. 하지만 황제는 그 가능성을 받아들이는 대신, 호노리아의 제안은 정치 동맹이었지 혼인 동맹이 아니었고, 따라서 청혼은 하지 않았다고 주장했다. 로마의 권력을 쥔 쪽이 여자들이 아닌 남자들인 상황에서 달리 어떻게 행동할 수 있었겠는가?

아틸라는 황녀가 보낸 반지를 청혼의 증거로 제시하며 아우구스타와의 결혼과 지참금을 집요하게 요구했다. 그러고는 요구를 거부당하자 훈족과 그의 동맹 종족—고트족, 프랑크족, 부르군트족과 여타 종족—을 이끌고 갈리아로 진격했다. 451년 6월 20일, 그는 파리 남서쪽에 위치한 카탈루니아 평원에서 로마-고트족 연합군을 격파했다. 동로마의 역사가 요르다네스는 그다음 세기에 글을 쓰면서 이날 전투에서 죽은 사람이 양쪽 병력을 전부 합쳐도 모자랄 숫자인 16만5,000명이었다고 주장했다. 그러나 전사자 수야 어찌되었든, 중요한 것은 결과였다. 아틸라는 로마의 힘을 분쇄함으로써 로마 제국에 결코 회복할 수 없는 타격을 입혔다. 그로부터 25년 뒤에는 로마의 마지막 황제가, 훈족이었을 가능성이 있고 권력을 쥐면서 황제가 아닌 왕으로 알려지기를 더 좋아했던 오도아케르에게 폐위되었다. 구 질서가 사라진 것이다.

2년 뒤에는 아틸라가 콘스탄티노플을 공격하겠다고 위협했다. 그런데 군대를 거느리고 진군하기에 앞서, 40대였던 그 전사는 짬을 내서 또다른 결혼식을 올렸다. 전해지기로 아틸라는 혼인 잔치에서 질펀하게 논다음 젊은 신부와 함께 물러났다고 한다. 그런데 아침에 잠에서 깬 신부는 그 신의 채찍이 자기 옆에 여전히 누워 있는 것을 발견했다. 그는 모종의 과다 출혈로 죽었다. 아틸라는 금, 은, 철로 만들어진 만든 관에 안치되어 묻혔지만, 그의 무덤은 결코 발견되지 않았다. 그러나 그의 전설은 살아남아 처음에는 로마인들 사이에서, 그다음에는 유럽 전역으로 퍼져나가다가 결국에는 책으로 엮여져 후세까지 보존되었다.

이 상호 연결된 이야기의 출발점에서는 모든 인류가 세계를 이동하며 살았다. 그 세계에서는 인위적인 장벽이라고 해봐야 가시와 나뭇가지를 엮어 만든 것, 혹은 임시 거처를 보호하기 위해서 바윗덩어리 몇 개를 차곡차곡 쌓아올린 것이 고작이었다. 도시 진출이라는 큰 꿈에 매료되어 우루크, 바빌론, 로마 그리고 다른 많은 도시들로 이끌려 들어간 사람들도 있었지만, 대다수는 여전히 성벽 밖에서 살았고 그들 가운데 많은 이들—이주자, 유목민, 상인—이 이동하는 삶을 살았다. 유적 속에서 골라낸 길, 다시 말해서 역사의 고속도로는 우리로 하여금 기원전 1만 년의 현저한 업적 모두가 정착민들의 성취라고 믿게 만든다. 하지만 괴베클리 테페의 건설자들로부터 로마 제국의 종말을 재촉한 훈족에 이르기까지, 유목민, 이주자, 그리고 이동하며 살았던 그 밖의 종족들 역시 최초의 석조 기념물을 세운 것에서부터 말을 길들이고, 그 말과 연결해 수레 및 전차를 만든 것에 이르기까지 문명의 진보에 상당한 기여를 했음을 우리는 알고 있다.

사뭇 다른 그 두 가지 삶의 방식 사이에서 벌어진 매력과 혐오의 끝없는 춤은 『역사』의 말미에서 헤로도토스가 페르시아의 왕 키루스에 대해 말하는 부분에 잘 포착되어 있다. 일련의 전투에서 힘겨운 승리를 거둬, 인더스 강 유역에서부터 지중해 유역에 이르기까지 제국의 판도가 넓어진 시점에서 키루스가 귀국길에 올랐을 때였다. 그의 장군들 중 한 사람이 본국 페르시아가 겪는 고난을 염두에 두고, 살기가 좀더 편한 곳으로 이주를 하자고 키루스에게 제안했다. "우리의 그 좁고 거친 땅을 떠나, 그곳과는 다르고 토질도 좋은 땅을 차지하는 것이 어떻겠습니까."

키루스는 그 제안을 탐탁지 않게 여겼다. 부드러운 땅에서 살면 지배자로 군림하는 기간이 더 짧아지리라고 믿었기 때문이다. 그는 "부드러운 땅에서는 부드러운 인간이 나오는 법"이라고 하면서 그것을 이렇게 설명했다. "작물 수확을 잘하면서 전쟁에도 강한 사람을 배출해 유명해질 수 있는 나라는 없다."[91] 아벨도 이보다는 나은 설명은 하지 못했을 것이다. 그래도 만일 이전의 수천 년 동안 그리고 내가 서술한 이야기들에서 무엇인가 드러난 것이 있다면, 그것은 정착민은 유목민을 필요로 했고, 유목민은 정착민을 필요로 했다는 점이다. 클레르몽의 주교 성 시도니우스가 아틸라가 죽기 몇 년 전에 기록했듯이, 협력이 필요해졌을 때, 그리고 국경과 시장과 생각이 열렸을 때 세계는 더 나은 곳이 되었다. 그 거룩한 주교는 수풀이 우거진 프랑스 중부의 화산지대, "언덕 꼭대기에 목초지가 있고, 포도밭이 경사지를 뒤덮고 있으며, 저지대에는 주택들이 들어서 있고, 바위에는 성이 세워져 있으며, 이곳에 숲, 저곳에 개간지가 있고, 강물이 곳을 축축이 적시는" 그곳의 양치기, 농부, 도시인들에게는 똑같이 충분한 공간이 확보되어 있음을 인식하고 있었다.[92] 그런 의식은 페르시아인들도 지니고 있었다. 앞으로 출현할 위대한 유목민 황제들도 그 점에서는 마찬가지였다.

제2부

제국 세우기

상황이 전반적으로 변화할 때에는

마치 전 우주가 바뀌고 온 세상이 개조되는 것처럼,

마치 세계가 다시 창조되어 새로 탄생하는 것처럼 다가온다.

— 이븐 할둔

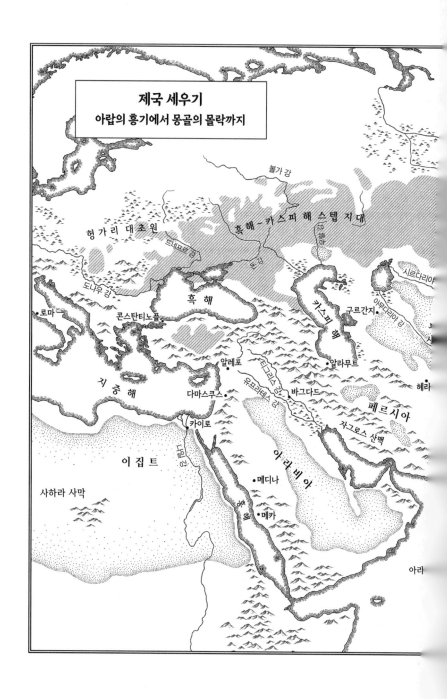

제국 세우기
아랍의 흥기에서 몽골의 몰락까지

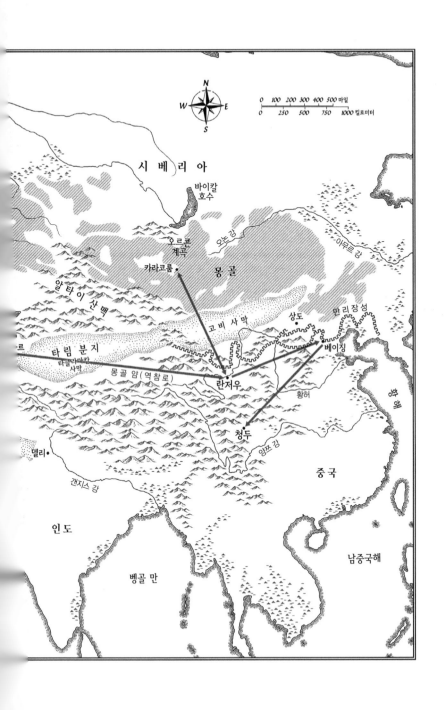

1375년 : 성

이븐 살라마 성은 지중해와 백색 도시 알제에서 남쪽으로 4–5일 거리의 굴곡진 언덕과 험한 골짜기 위에 서 있었다. 오늘날에는 알제리의 티아레 주에 있는 현대 도시 프렌다에서 남쪽으로 몇 킬로미터 떨어진 곳이다. 이븐 살라마 성과 바다 사이에는 토질이 좋아 잉여 농산물이 생산되는 농지가 있었다. 이곳은 과세를 할 수 있어 "정부 토지bilad al-makhzan"라고 불렸다. 북쪽 지대는 땅이 비옥해 고대 동안 찬란한 문명이 지속되었고, 주요 인물들의 고향이기도 했다. 로마 황제 셉티미우스 세베루스만 해도 북아프리카의 렙티스 마그나 출신이었고, 디도도 카르타고의 여왕이었으며, 로마의 장군 안토니우스와 클레오파트라의 딸인 클레오파트라 셀레네도 구불구불 이어진 알제리의 해안 도시 셰르셀(고대의 마우레타니아/역자)의 왕비였다. 성의 남쪽 지대는 풀 한포기 자라지 않는, 말 그대로 "쓸모없는" 험난한 땅, 정부의 통제권을 벗어난 땅bilad al-siba이었다. 베르베르인, 풀라니인, 투아레그인, 워다베인, 그리고 그 밖의 방랑하는 종족들이 자유롭게 배회하며 지낸 유목민 고장이 바로 그 광야sahra, 사하라 사막이었다. 하지만 그 사막에 정부의 힘이 미치지 못했다고 해서 정부의 이권까지 미치지 못한 것은 아니었다. 그곳에서 남쪽으로 약 2,000킬로미터 떨어진 곳, 암석과 사막 너머 그리고 간혹 생명을 살리는 오아시스도 있었던 땅 너머에는 나이저 강과 말리의 도시 팀북투가 있었다. 소금, 금, 상아, 노예, 그리고 여타 이국적인 "상품들"이 도보로 혹은 낙타에 실려 사막을 가로질러 연안 지대로 옮겨질 채비를 하던 곳이었다.

북아프리카의 그 지역민들은 다채로운 지형만큼이나 다른 점도 많았다. 그러나 유목민과 정착민이 함께 있을 때면 언제나 그랬듯이 그들의 운은 밀접히 연관되어 있었고, 대부분의 역사에서 상호 의존적이었으며, 때로는 사이좋게 지내기도 했다. 영국 출신의 작가 팀 매킨토시-스미스의 지적대로, 그 본질적 유대는 아랍어에도 완벽하게 표현되어 있다. "아랍어는 쌍형어를 좋아하고, 쌍형어 중에서도 이왕이면 같은 운율의 쌍형어를 선호한다(카인과 아벨도 아랍어로는 Qabil wa-Habil로 표기된다). 흙집과 낙타털로 지은 '집에 거주하는 사람들madar wa-wabar', 혹은 '파종과 젖 짜기zar'wa-dar'를 하는 사람들 특유의 이중성이 언어에도 드러나 있는 셈이다."[1]

때로는 다름이 유목민과 정착민을 압도해 유대가 깨지고 화합에 균열이 생겨 형제 살해가 일어나기도 했다. 하지만 그럴 때조차 둘 사이에 낀 누군가에게는 완충지대와 성이 피난처로 주어졌다. 1375년에도 그런 성의 입구에 술탄의 신하들 중 한 사람이 서 있었다. 이따금 찾아와 굴복이나 조세를 요구하는 징세 관리와 군 장교 그리고 다른 정부 관계자들과 달리, 그는 장서와 원고를 싸들고 가족과 함께 여행을 하면서 이곳에 체류할 수 있기를 바랐다.

이븐 살라마 성에 도착했을 때 왈리 알 딘 아브드 알 라만 이븐 할둔은 40대 초반이었고, 그 나이에 벌써 외교관과 재판관으로서 명성을 떨치고 있었다. 그의 가족사는 아랍 제국의 흥기와 가운家運이 긴밀히 연관되어 있었다. 할둔 가家가 지금의 아라비아 반도 남쪽에 있는 예멘의 소박하고 아름다운 하드라마우트 계곡을 떠나 최초의 이슬람 군대와 함께 북쪽의 유프라테스 강 유역으로 향한 시기는 7세기였다. 나중에 그들은 서쪽으로 진격해가는 아랍인들을 따라갔고, 종국에는 세비야에 정착해서 스페인의 무슬림 국가인 알 안달루스 사회에서 지도적 가문이 되었다. 가문의 명성과 운은 1248년까지 뻗어나갔다. 이베리아 반도의 기독교 왕국들이 벌인 국토회복운동, 즉 레콩키스타Reconquista가 다수의 무슬림 가문들과 마찬가지로 이븐 할둔의 조부를 귀족에서 난민으로 일변시키기 전까지는 말이다. 할둔의 조부는 부와 높은 지위를 잃고도 명성은 잃지 않아 지브롤터 해협을 넘어 돌아온 그를 튀니스 통치자는 재무 대신으로 임명했다.

할둔 가의 되살아난 운은 다음 불행이 닥칠 때까지 계속되었다. 레콩키스타로부터 정확히 100년 뒤, 흑사병이 북아프리카를 휩쓸고 지나가면서 이븐 할둔의 부모, 스승, 그리고 친구들 상당수의 목숨을 앗아갔다. 당시 10대였던 이븐 할둔은 그나마 목숨을 부지했으니 우리는 그가 살아남은 데에 감사해야 할 일이다. 그래야 하는 것은 튀니지에 그의 모습이 담긴 지폐가 있어서도 아니고, 인도네시아에 그의 이름을 딴 대학, 카이로에 그의 이름을 딴 민주주의 연구소, 튀니스 중심지에 그의 이름을 딴 비즈니스호텔 혹은 사우디아라비아에 그의 이름을 딴 레스토랑이 있기 때문이 아니라, 이븐 살라마 성에서 그가 저술한 책 때문이다.

이븐 할둔은 베르베르인 언덕에서 베르베르인들 틈에서 4년을 보냈다. 그는 광대한 사막, 비옥한 농지, 웅장한 기념물들을 마주한 채, 가족사와 그 자신의 경험, 알 안달루스의 멸망이라는 암흑, 흑사병이 초래한 황폐함의 결과, 그로부터 30년이 지난 당시에 예상되던 동방으로부터의 흉포한 야만인의 출현을 염두에 두고, 역사의 패턴과 부족적 정체성의 힘을 고찰하고 14세기 못지않게 현재와도 관련이 있는 일련의 문제들에 대한 답을 찾는 일에 착수했다. 운명의 바퀴는 왜 도는 것일까? 황제와 제국들은 왜 흥하고 망할까? 그것은 필연적일까? 도시에 사는 사람들은 벽지에 사는 사람들과 어떻게 다를까? 일부 집단 사람들은 다른 집단 사람들보다 왜 힘이 셀까? 문명이란 무엇이고 우리는 거기서 무엇을 기대할 수 있을까?

그런 문제들에 대한 답을 찾아 이븐 할둔이 집필에 들어간 책은 『역사서설al-Muqaddimah』이라는 제목이 암시하듯, 그보다 한층 방대한 『이바르의 책Kitab al-Ibar』의 서문이었다(서문만 해도 3권에 달한다). 하지만 그의 천재성이 돋보인 것은 『이바르의 책』이 아닌 『역사서설』이고, 마키아벨리의 『군주론Il Principe』과 마찬가지로 오늘날 우리 모두가 사고하는 방식에 영향을 끼친 저술 역시 그 작품이다. 역사학과 사회학의 체계적인 연구에 필요한 초석을 놓은 것도 옥스퍼드 대학교 출신의 20세기 영국 역사가 아널드 J. 토인비가 "어느 때, 어느 곳, 어느 사람의 정신도 일찍이 담아내지 못한 가장 위대한 작품"이라고 묘사한 『역사서설』이었다.[2] 『역사서설』에는 주제 및 조사가 필요한 분야와, 그런 연구의 진척을 이룰 방법이 함께 제시되어 있다. 또한 경제적인 내용도 포함되어 있다. 재정 체계의 작동에 대한 이븐 할둔의 통찰력 있는 의견이 개진되어 있는 것인데, 그중 가장 유명한 것이 "왕조 초에는 조세를 적게 하여 세수를 늘리는 반면, 왕조 말에는 과한 조세로 세수를 감소시킨다"라고 말한 것이다. 이 견해는 20세기 영국의 경제학자 존 메이너드 케인스가 채택했고, 미국의 경제학자 아서 래퍼가 이론화했다. 래퍼 곡선을 만듦으로써 세수와 권력의 역관계를 최초로 인지한 사람이 이븐 할둔임을 인정한 것이다. 이는 또한 "우리에게는 몇몇 공통되는 친구들은 있었을지 몰라도 나 개인적으로는 이븐 할둔을 알지 못했다"라고 한 고故 로널드 레이건 미국 대통령의 농담에 대한 설명도 된다.

그 업적이 더욱 빛나는 것은 그가 아리스토텔레스의 아테네도, 알렉산드리아의 고대 도서관도, 바그다드의 지혜의 집도 아닌, 그의 주변에서 어둠과 고난이 퍼져나가고, 정부들이 서로 싸우며, 사람들은 각자도생을 하러 떠났던 난세의 14세기에 북아프리카의 외딴 성에서 글을 썼기 때문이다. 때는 이동에 공격의 위험이 따르고, 치명적 병에 감염될 수도 있으며, 여행이 힘들고 위험한 시기였다. 대다수의 사람들은 가장 가까운 시장이나 마을 회관 정도만 다닐 뿐 그보다 먼 곳에는 갈 엄두를 내지 못했다. 로마인들이 자랑스럽게 도로를 건설하고 유지했던 유럽 역시 방치된 곳이 많고 자원이 부족하여 짧은 여행이 아닌 모든 여행이 시련이었다. 그 결과 여행은, 대개는 영국의 캔터베리와 성모 성지인 월싱엄, 야고보의 무덤이 있다고 알려진 스페인의 콤포스텔라, 중동의 메카나 예루살렘 같은 곳으로 순례를 떠나거나 십자군 전쟁에서 싸워 구원을 얻으려고 할 때처럼 상당한 위험과 심각한 불편을 감수할 이유가 있을 때에만 하는 것이 보통이었다. 이븐 할둔은 온 세상이 이처럼 고난에 처해 있고 황폐함이 만연하던 시기에 누구도 해본 적이 없는 일에 착수해서 인간이 어떻게 정연하고 효율적으로 스스로를 조직할 수 있었는지를 글로 정리하려고 한 것이었다. 그리하여 최종적으로 문명, 도시들과 제국들의 흥기, 그리고 그것들의 필연적 멸망 이야기에 불과한 책을 내놓았지만, 그렇다고 그것이 우리가 알 만한 내용이었던 것은 아니다. 서구의 역사서와 달리 『역사서설』은 유목민을, 말이나 타고 다니며 과거에 창조된 것들을 파괴하는 야만인으로 제시하지 않고 원동력이자 킹메이커(숨은 실력자)로 제

시했다. 이븐 할둔의 세계에서 아벨의 자식들은 촉매, 사회 갱신의 주요
동인이었다.

새롭고, 특이하며, 매우 유용한

"이 주제는 새롭고, 특이하며, 매우 유용하다는 점을 알아야 한다." 이븐
할둔이 다른 때는 몰라도 이번만은 옳다는 듯 요란하게 나팔을 불며 이
야기를 시작한다.[3]

이둔 할둔은 헤로도토스나 사마천의 작품을 접하지는 못했지만, 기존
역사서들에 대해서는 웬만큼 알고 있었다. 따라서 그가 언덕에 머무는
동안 다른 역사서들이 저술되고 있다는 점도 충분히 알았을 것이다. 그
는 자신이 읽은 대부분의 역사서가 부실한 자료에 의존하거나 결론이 잘
못 내려졌다는 이유로 변변치 못하다고도 생각했다. 그는 다른 역사가
들이 기꺼이 받아들인 기존의 학문을 받아들이려고 하지 않았고, 잘못된
점을 입증하기 위해서 바그다드 출신의 10세기 역사가 알 마수디의 작품
을 언급했다. 알 마수디의 『황금 목장과 보석 광산*Murūj aḍ-Ḍahab wa-Maʿādin
al-Jawhar*』에는 모로코의 사하라 사막에 있는, 구리로만 지어지고 성문이
없는 도시 하나가 묘사되어 있는데, 그 도시에 들어갈 수 있는 길은 사다

리를 타고 성벽을 올라가는 것뿐이다. 그러나 들어간 사람은 많은데 나온 사람은 없었다. 이븐 할둔은 이 이야기를 "이야기꾼들의 허튼소리"로 즉각 일축했다.[4] 일례로 이스라엘 사람들과 싸웠던 고대 가나안의 지배자 아낙의 자손 옥에 대해서 옥이 키가 어찌나 큰지 바다에서 물고기를 잡아서 "열에 익히려고 태양을 향해 그것을 들어올렸다"는 이야기를 적었다.[5] 이븐 할둔은 태양이 열을 생성한다는 말을 믿을 정도로 어수룩한 사람은 없다고 믿었을 것이다. 그래서 한 치의 망설임도 없이 "태양은 뜨겁지도, 차갑지도 않으며, 다만 빛을 내뿜는 단순한 비합성 물질"이라고 단언했다. 14세기의 과학이 모든 답을 얻기에는 아직 갈 길이 멀었다.

이븐 할둔의 작품은 시간이 지난다고 해서 상황이 반드시 좋아지는 것은 아니라는 세계관에 바탕을 두고 있다. 그것이 그의 저술의 핵심이다. 시간의 경과에서 그가 본 것은 "인간의 향상", 상승의 진행이나 심지어 몰락의 진행이 아닌, 모든 것의 순환이었다. 그는 운명의 바퀴가 돌 듯이, 그리고 달과 해와 계절이 순환하듯이, 권력에도 흥망성쇠가 있으며, 제국들도 부침을 겪고, 도시들도 세워졌다가 무너지며, 사람도 살고 죽으며, 모든 것은 무無에서 나와 무로 돌아간다고 보았다. 그가 글을 쓴 시점이 위대한 아랍인의 제국이 와해되고, 알 안달루스가 멸망하고, 흑사병으로 수백만 명이 목숨을 잃고, 다수의 군주가 폐위되고, 힘 있는 친구들이 추방되거나 처형된 뒤였음을 감안하고, 그 모든 일과 그가 지속적으로 마주했던 어려움, 특히 그를 성으로 피신하게 만든 경쟁자들로부터의 위협을 고려하면, 사태를 더 비관적으로 보지 않았다는 점이 오히려 이상할 지경이다. 이븐 할둔이 여행에서의 경험과 초기 문명이 이룩한 업적에 대한 글을 읽고 추론하며 전망한 인류관은 이븐 살라마 성 이남의 경관만큼이나 암담해 보였다. 그럼에도 그의 걸작에는 반짝이는 줄 한 가닥이 있었으니, 바로 다양성과 변화를 포용할 줄 알고, 그런 능력과 그들의 에너지를 이용하여 세계에 활력을 불어넣을 줄 알았던 유목민의 능력이 그것이었다.

이븐 할둔은 "역사의 기저에는 지리가 놓여 있다"고 말한 이마누엘 칸트에 앞서 그러한 통찰력으로 세계를 설명하고, 경관과 기후가 어떻게 우리의 특성과 행동을 만들어가는지를 고찰하면서 자신의 역사서를 열어간다. 그의 지리적 범주에서 그가 중간지대라고 부른 곳의 거주민에는 아랍인, 비잔티움인, 페르시아인, 이스라엘인, 그리스인, 인도인, 중국인이 포함된다. 이븐 할둔은 그들을 천성적으로 온화하고 네 가지 서로 다른 방식으로 살아가는 존재로 서술한다. 도시에 사는 사람, 정주 생활을 하는 시골의 농부, 목동, 사막 유목민이 바로 그들이다. 그중 첫 번째 집단은 따로 설명이 필요하지 않고, 두 번째 집단은 경작을 하는 "소규모 지역 사회, 마을, 산지의 주민들"로, 대다수 베르베르족과 비非베두인족이 여기에 속한다.[6] 세 번째 집단은 목축을 하는 사람들이다. 따라서 동물들을 놓아 기를 수도 있고 시장과도 가까워 축산물을 거래할 수 있는 황무지의 변두리에서 지낼 필요가 있고, 베르베르인, 쿠르드인, 튀르크인, 투르크멘인과 슬라브인, 그리고 이븐 할둔이 머물 수 있도록 성을 제공한 아왈라드 아리프 부족민들이 여기에 포함된다. 마지막 집단은 낙타를 키우는 사람들인데, 이븐 할둔에 따르면 새끼를 낳는 산고를 암낙타가 견디기 위해서는 사막의 불볕더위도 필요하고, 그와 별개로 방목지도 필요하기 때문에 사막 깊숙이 여행을 한다. 이븐 할둔은 이런 고난 속에 살아야 하는 그들을 "길들여지지 않는 야생동물, 말 못하는 육식 동물과 같은 선상에 있는……가장 야성적인 인간들"이라고 생각한다. 칼라하리 사막의 산족San 사냥꾼, 얼어붙은 북부 지방의 이누이트족, 숲에 사는 원주

민도 그런 사람들일 수 있지만, 이븐 할둔에게는 "아랍인이 그런 사람들"이었다.[7]

a'rab이라는 단어에는 무엇인가 본질적이면서도 불가피하게 유목적인 요소가 있다. 그것의 본딧말은 사막에 사는 종족인 바드우badw, 즉 정착민hadar과 반대되는 베두인족을 가리킨다. a'rab이라는 단어가 최초로 사용되었다고 알려진 곳은, 지금의 시리아 북서쪽에 있는 오론테스 강 부근에서 다마스쿠스의 왕과 이스라엘의 왕, 그리고 베두인 전사 1,000명을 이끌고 참전한 긴디부Gindibu라고 불린 왕이 포함된 동맹이 아시리아인들과 벌인 전투를 기록한 기원전 853년의 비문이다. 낙타를 타는 유목민이었던 그 아랍인들은 고향으로부터 아주 멀리까지 와 있었지만, 이동이야말로 그들을 정의하는 특징들 가운데 하나였다. 실제로 그들은 "허리에 칼을 차고 머리에 터번을 두른 뒤 낙타를 탈 때"만이 위대함을 얻을 수 있었다는 설까지 있었다.[8] 하지만 그날 오론테스 강 전투에서 그들은 위대함을 획득하지 못했다. 아시리아인들이 승리했기 때문이다.

이븐 할둔은 거친 아랍인들이 모든 종족을 통틀어 가장 굳센 종족이리라고 생각했다. 그에게 그들은 "유목민 중의 유목민"이었다. 그는 그들을 "창조된 최초의 자연적 상태에서 영혼은 선과 악 그 어느 것이 주는 영향이건 쉽게 받아들일 수 있다"는 이유로 "정주민보다 더 선량한 편"이라고도 여겼다.[9] 하지만 그도 알았듯이 인간은 본래 "관습과 익숙해진 것의 자식"인 것이다. 게다가 그 아랍인들은 높은 성벽도 없고 튼튼한 문도 없는 외진 곳에서 살았고, 이는 그들이 스스로를 지켜야 함을 의미했다. 요컨대 그런 환경이 그들로 하여금 용기와 강건함을 가지게 하고, 서로를 보살피도록 했다는 것이다. 이것이 바로 『역사서설』의 핵심 주장이다.

유목민은 그들의 환경을 존중해야만 살아남을 수 있음을 알고 있었기 때문에 자연계에 묶여 있었다고 인지한 이븐 할둔의 생각은, 환경이 붕괴되고 있는 이 시대에 더 큰 타당성을 가진다. 유목민은 주위 환경에 철저하게 의존하고 있었던 탓에 자연과 조화를 이루며 살았다는 것이다. 게다가 그들은 이주할 때마다 가재도구를 모조리 꾸려 가지고 다녀야 했기 때문에 가볍게 여행할 수밖에 없는 생활 방식을 영위하기도 했다. 이런 이유로 "그들은 기본적 필수품만 취득하고, 때로는 그것조차 얻지 못하며, 어떠한 경우에도 편안하거나 풍족하게 살 만큼 충분하게 소유하지 않는다.……그런데도 곡식과 조미료가 부족한 사막 사람들이 신체적으로 더 건강하고 성격도 좋다." 그들을 "문명과 도시의 기반이자 저장소"가 되는 데에 적격으로 만들어준 특성이 바로 그 건강함, 강인함, 좋은 성격이었다.[10]

그 "최초의 사람들"이 도덕적 힘과 신체적 힘을 갖추고 있었다는 발상은 새로울 것이 없었다. 플라톤도 기원전 360년에 저술한 『티마이오스 Timaios』에서 환경의 붕괴로 문명이 제거될 위험에 처했을 때, 홍수가 도시를 파괴하고 주민들을 쓸어가는 이야기(아틀란티스를 말하는 것/역자)를 상상하며 그에 대해서 언급한 바 있다. 거기서 살아남은 사람들은 고지에서 살다가, 이제는 아래쪽으로 내려와 평지의 주민으로서 도시를 재건한 거칠고 순진한 유목민 목동들뿐이었다. 이븐 할둔은 플라톤을 접하지 못했겠지만, 안달루시아 출신의 12세기 아랍계 철학자인 이븐 루시드(아베로에스로 더 잘 알려져 있다)와, 고대 그리스인들의 책을 접한 다른 작가들의 저술은 읽었다. 따라서 그것도 이븐 할둔이, 본래적 선량함과 에너지를 지녔고, 자연계를 이해하고 존중했으며, 가볍게 이동하는 삶을 살았던 사람들이 문명을 시작하고 갱신한 사람들이었다고 믿는 데에 도움을 주었을 것이다.

유목민은 "문명과 도시의 기반이자 저장소"가 되기 전에 먼저 지도자에 의해서 결집되고 영감을 받을 필요가 있었다. 그 카리스마 있는 지도자를 중심으로 형성된 집단은 그와 혈연으로 맺어진 대가족일 수도 있었고, 공통의 혁명적 생각이나 신앙으로 결속된 이질적 집단일 수도 있었다. 지도자는 그런 사람들을 묶어주는 힘을 아사비야asabiyya라고 불렀다.

아사비야라는 용어는 『역사서설』에도 500번 이상 등장한다. 많은 아랍어 단어들이 그렇듯이, 아사비야에는 넓적다리를 묶지 않으면 젖을 내주지 않는다는 암낙타, 터번을 묶는 행위, 광신자를 비롯해서, 맥락이 어렴풋한 여러 다양한 의미가 담겨 있다. 하지만 이 부분에서 가장 어울리는 의미는 당파심, 연대의식, 단결심, 부족적 연대이다.[11]

이렇게 보면 아사비야는 인도유럽인의 코미타투스를 맺어준 유대와 비슷한 것 같기도 하다. 아사비야가 가리키는 것은 혈연일 수도, 부족적 유대일 수도, 공통된 신념이나 지도자에 대한 헌신일 수도 있다. 하지만 유대를 끈끈하게 해준 "접착제"가 무엇이든, 분명한 것은 아사비야가 안전하다는 의식과 상호 부조에 대한 확신을 집단에게 부여했다는 것이다. 이는 영국의 탐험가 윌프레드 세시저가 아라비아 반도를 함께 횡단했던 베두인족에 대해서 쓴 글에도 지나칠 정도로 명확히 드러나 있다. "어려운 시기에는 (부족민 중) 한 사람이 본능적으로 동료 부족민들을 지원한다. 부족민도 그가 같은 입장에 처하면 그를 돕는다. 일개인이 사막에서 부족의 틀을 벗어나 안전할 수 있는 길은 없다."[12]

이븐 할둔은 개인의 생존이나 집단의 생존보다 아사비야의 힘이 외부로 향했을 때 일어난 일에 더 매료되었다. 아사비야는 탈가족, 탈부족일 때 개개인을 합쳤을 때보다 더 강력해져 역사를 개조하고, 왕국과 제국을 세우거나 파괴하며, 문명을 촉진하거나 붕괴하게 만드는 촉매일 수 있었다. 이븐 할둔이 독창적이고 날카로운 인식으로 깨달았던 것은 정부와 제도의 성격도 국가 내에 존재하는 그 연대의식의 성격에 좌우된다는 점이었다. 한 정치 평론가가 최근에 표현했듯이, 그것이야말로 "인간 존재 양식의 기본 실체"인 것이다.[13] 그리고 그것이 나타내는 바는 부단히 변화하고, 이동하고, 이주하며 사는 유목민의 존재 양식이다.

이븐 할둔은 이렇게 말한다. "사막 생활이 용맹의 원천이라는 데에는 의심할 여지가 없고, 그렇기 때문에 야성적 집단은 다른 집단들보다 용감하다. 따라서 이들은 우월함도 더 잘 확보할 수 있고, 다른 종족들의 수중에 있는 것들도 더 잘 빼앗을 수 있다."[14] 여기에서 이븐 할둔이 말하는 다른 종족들의 수중에 있는 "것들things"이란, 힘, 왕권, 땅과 부를 의미한다. 또한 그는 유목민 지도자는 아무리 힘을 가지고 싶어도 "연대의식의 도움을 받지 않고서는 그 목표를 완벽하게 달성할 수 없고……그렇게해서 왕권은 연대의식이 도달하는 목표가 된다"는 점도 인지하고 있었다.[15] 이것은 단순한 발언 같지만, 이븐 할둔 이전에는 그런 말을 한 사람이 없었고, 이론으로 체계화하여 국가와 제국들의 흥망을 설명한 사람도 없었다.

북아프리카와 스페인에서 이븐 할둔이 섬겼던 군주들 중에도 그런 식으로 성공하거나 몰락한 왕들이 많았다. 가령 무와히둔(알모하드) 왕조 사람들만 해도 지금의 모로코에 속하는 아틀라스 산맥 이남 출신의 베르베르 유목민으로, 개혁적 종교학자 이븐 투마르트의 엄격한 강령으로 무장한 그들만의 아사비야를 가지고 있었다. 모로코 지배 왕조(무리비트 왕조)의 타락에 불만을 표출하며 사막 언저리에서 시작된 그 힘은 이윽고 북쪽으로 퍼져나가며 대세가 되었다. 그리고 그로부터 25년도 지나지 않아 무와히드인들은 북아프리카에서 알 안달루스에 이르는 무와히드 칼리파국을 건설했다.

무와히드인들은 유목민이 아사비야의 힘을 이용했을 때 무엇을 성취할 수 있는지를 보여주었다. 하지만 이븐 할둔은 문명의 흥망을 설명하는 가설을 세우면서 자기 종족의 과거에서 더 의미심장한 사례를 발견했다. 그 이야기는 다수의 유목민 이야기와 마찬가지로 "낙타가 풀을 뜯는 광활한 땅과 목초지",[16] 부족민들과 통상로, 그리고 특히 천사의 방문을 받았다고 주장하는 사막 도시 출신의 한 상인과 함께 시작된다.

7세기의 사자들

한 사자使者가 아라비아 사막을 나와 동쪽의 유프라테스 강으로 향했다. 그는 페르시아의 수도 크테시폰에서 사산 왕조의 왕 호스로 2세에게 메시지를 전했다. 스스로를 "하느님의 종"으로 칭하는 사람이 보낸 것으로, 왕에게 "(이번 생과 다음 생에서) 안전하려면" 새로운 종교를 받아들이라고 요구하는 메시지였다. 메시지는 협박으로 끝났다. "나의 요구를 받아들이기를 거부할 경우……마기가 지은 죄에 대한 책임을 지게 될 것이오."[17]

페르시아는 비잔티움, 기독교가 지배한 서구, 그리고 북방 유목민과의 오랜 투쟁으로 부와 힘이 약화된 상태였다. 그래도 샤한샤는 여전히 지중해 유역에서 히말라야 산맥에 이르는 지역을 지배하고 있었고, 그 제국에는 아라비아 북부의 거친 땅도 포함되었다. 9세기의 페르시아 역사가 알 타바리에 따르면, 사산 왕조의 호스로 2세는 그 왕조의 대다수 왕들보다 용감하고 지혜로웠으며, 제국의 규모가 줄어들기는 했지만 그래도 여전히 파르베즈Parvez(승리자)라는 별칭(호스로 파르베즈가 그의 별칭이었다/역자)으로 불릴 만했다고 한다. 호스로는 사자가 가져온 메시지를 권유가 아닌 모욕으로 받아들였고, 메시지의 작성자를 자기 앞에 데려와 처벌받게 하라고 요구했다. 메시지를 작성한 장본인 역시 사자로부터 왕의 답변을 듣고는, 알라가 호스로와 그의 제국 모두를 파멸시키리라고 예언했다. 아니나 다를까 그 예언은 적중하여 왕은 그의 친아들이 내린 명령에 따라 서서히 죽었고, 페르시아 제국도 곧바로 몰락했다.

그와 유사한 메시지가 북쪽의 콘스탄티노플에 있는 비잔티움 황제에게도 전해졌다. 호스로와 달리 헤라클리우스는 메시지 작성자에 대해서 궁금증을 가졌던 것으로 전해진다. 하지만 그곳 전역도 조만간 아라비아 출신의 그 인물을 따르는 추종자들의 힘을 느끼게 될 터였다.

무함마드 이븐 압둘라는 570년 메카에서 태어났다. 유목민으로 정의되는 문화의 후예였지만, 메카 사람들은 교역과 우리가 지금 종교 관광이라고 부를 만한 일에 종사했다. 메카는 성스러운 잠잠Zamzam 우물과 전설에 겹겹이 둘러싸인 높이 15미터의 정육면체 건물인 카바가 있어서 오랫동안 사람들의 숭배를 받아왔다. 3개의 기둥이 떠받치고 있는 카바의 지붕 아래에는 천사가 가져왔다고 전해지는 검은 돌이 놓여 있다. 분석을 거치지는 않았지만, 돌의 재질은 운석이나 흑요석일 것으로 간주된다.

카바는 무함마드가 젊었을 때 에티오피아 교회와 닮은꼴로 재건되었다. 안에는 성모 마리아와, 나바테아인의 신 후발Hubal의 조각상을 포함해 우상 360개가 있었는데, 한쪽 팔이 금으로 되어 있고 7개의 화살로 둘러싸인 후발 상은 붉은 마노를 깎아 제작되었다.[18] 카바는 연중 내내 순례자들을 끌어당기고, 연례 모임을 위해서 베두인족이 총집결하는 성소 겸 문화 시설의 역할을 했다.[19] 이런 대규모 부족 행사가 열릴 때 사람들은 화살을 가진 후발과 다른 신들에게 점을 쳤다. 아마도 성소 바깥은 중세의 기독교 박람회 또는 21세기 판 이집트 마울리드moulid(성인의 날) 행사로 극심한 혼잡을 빚었을 것이다. 사람들은 거래를 하고, 식품과 여타 자선 물품을 분배하며, 설교를 하고, 혼인 계약을 맺었다. 전설적인 아라비아의 시인들도 수천 년 전의 인도유럽인 선조들처럼 위대한 전사, 숭고한 행위, 이루어질 수 없는 사랑을 주제로 한 시를 지어, 영예를 차지하기 위한 경연을 벌였다. 경연에서 이기면 그 시인의 시구는 긴 천 조각에 새겨지거나 수놓아져 카바 지붕에 걸렸고, 시어들은 말 그대로 사막의 공기 속을 훨훨 날아다녔다.

당시에는 메카인들도 속으로는 실리적 상인의 마음을 가지고 있었다. 따라서 정주민과 유목민 모두를 환영하고, 아라비아 반도 일대의 도시와 정주지들에서 온 순례자들을 받아들이며, 정주지의 산물인 곡식, 금속 세공품, 그 밖의 제품을 유목민이 가져온 양모, 동물 가죽, 치즈, 직물과 교환하는 물물거래를 했다. 하지만 메카인들을 부유하게 해준 것은 국제무역이었다. 처음에는 돈을 빌려주고 자기들 지역을 통과하는 물품에 세금을 부과하는 데에 그쳤다. 그러다 종국에는 그들도 그들만의 카라반을 조직, 남쪽의 예멘으로 가서 인도, 중국, 그리고 동쪽의 다른 지역에서 수송되어 온 물품과 함께 유향을 싣고는, 그것들을 팔기 위해 예루살렘, 다마스쿠스, 알레포, 비잔티움으로 낙타 행렬을 몰아갔다.

무함마드도 다마스쿠스를 오간 메카의 상인이었고, 적어도 한 차례는 북쪽의 시리아를 여행했으리라고 믿어진다. 가는 길은 힘겹고, 무역은 고달프며, 생활도 쉽지 않은 여정이었다. 그러나 그는 인간은 하나의 천국에만 들어갈 수 있으리라고 생각하고, 천상의 낙원에 들어가기 위해서 끝까지 자중하며 다마스쿠스로 들어가기를 거부했다고 한다. 무함마드의 앞날은 스물다섯 살 무렵 자력으로 돈을 버는 부유한 상인이었던 열다섯 살 연상의 하디자와 결혼하면서 호전되었다. 그녀의 밑천과 연줄 그리고 그의 에너지가 더해지면서 부부의 사업은 번창했을 것이 틀림없고, 따라서 만일 일이 다르게 풀렸더라면 우리는 지금 하디자와 무함마드 그리고 그의 여섯 자녀를 아라비아의 무역 명가로 알고 있을지도 모를 일이다. 그런데 비잔티움과 페르시아 간의 만성적 전쟁으로 유라시아 경제가 피폐해지고 무역 조건도 까다로워졌다. 궁정과 일반인들의 돈이 빠져나가면서 아라비아를 횡단하는 카라반과 메카 순례자들의 수효는 갈수록 줄어들었다. 그 무렵 마흔 살 남짓이던 무함마드는 여유 시간이 생겨, 메카의 집을 떠나 주변 야산의 동굴에서 명상에 잠기고는 했다. 그렇게 명상 수행을 하던 어느 날, 그에게 한 목소리가 들렸다고 한다. 대천사 가브리엘의 목소리였다.

복창하라Recite! 대천사가 명령했다.

그리고 말씀이 쏟아져 나왔다. **인간이 알지 못하는 것도 가르쳐주셨노라**[20]가, 하느님의 마지막 말씀이었다.

대천사의 말이 끝나고 하느님의 말씀이 기억으로 각인되자, 무함마드는 이제 예언자가 되어 호스로와 헤라클리우스에게 했던 대로 아랍인과 주변에 있는 그들의 동포, 가산 왕조, 라흠 왕조 그리고 여타 왕국의 지배자들에게 사자를 파견하여 자신의 말을 경청하라고 요구했다. 그가 고지한 메시지는 이런 내용이었다고 전해진다. "정도正道를 따르는 자에게 평화 있으라. 무슬림이 되면 안전할 것이고, 하느님의 보상도 2배로 받을 것이지만, 이 이슬람의 권유를 거부할 시에는 백성을 잘못 지도한 죄를 감당하세 될 것이로다."[21]

호스로와 헤라클리우스는 수용하지 않았지만, 아라비아에서는 적잖은 사람들이 그 권유를 받아들였다. 무함마드의 메시지를 믿었기 때문이기도 하고, 믿을 준비가 되어 있었기 때문이기도 했다. 불황이 아라비아 반도의 많은 사람들로 하여금 아사비야가 제공해줄 수 있는 일체감과 소속감에 대한 필요를 느끼게 만들었다. 그들에게 예언자 무함마드의 메시지는 직접적이고 단순했다. 이슬람 공동체, 즉 움마ummah에 들어오고, 하느님은 한 분뿐이며, 무함마드가 그분의 예언자임을 공언하라는 것이었다. 이 메시지가 사람들에게 호소력을 가졌던 것은 초기 기독교와 다르게 성직의 위계 없이 접근한 방식 때문이었고, 그것이 메카와 메디나의 정주민 상인, 자유를 사랑하는 오아시스와 사막의 유목민 모두의 마음을 사로잡았다. 이 하느님은 또 유대교, 기독교, 조로아스터교 혹은 나바테아의 신과 다르게 아랍인의 언어로 유목하는 아랍인들에게 호소하는 방식으로 사람들의 관심도 요구했다.

이븐 할둔도 카바를 알았고, "그들이 시를 이용하여 자신들의 학문과 역사, 선악의 판단 증거들을 기록으로 보존한" 이슬람 이전의 경쟁심 강한 시인들도 알았다.[22] 이번에도 그는 자신의 가설을 이용해, 예언자 무함마드의 메시지가 어떻게 아랍인들을 매혹했으며 아벨의 자식들이 왜 카리스마 있는 지도자를 중심으로 아사비야를 만들었는지를 알아냈다. 이븐 할둔은 비록 아라비아 반도 밖에서 벌인 아랍인들의 첫 전투는 계획대로 진행되지 않았지만, 그들이 거둔 놀라운 군사적 업적도 알고 있었다.

629년 9월 3,000명의 무슬림 군대가 북쪽으로 말을 달려 지금의 요르단에 있는 이른바 왕의 대로, 즉 다마스쿠스로 가는 고대 통상로 변의 무타로 진군했다. 예언자의 사자들 가운데 한 사람이 북쪽(가즈나 왕국)으로 메시지를 전하러 갔다가 처형당한 일에 대한 복수를 하러 가는 길이었으나, 습격한 시점이 좋지 않았다. 그들은 계획대로 현지의 소규모 비무슬림 아랍인 군대를 기습하는 대신에 오히려 그곳에서 비잔티움 군대와 맞닥뜨렸다. 요르단 강 동쪽 영토의 지배권을 되찾기 위해서 헤라클리우스가 파견한 비잔티움 군대와 동시에 도착한 것이었다.

유목민이 대부분이었던 무슬림들이 그때까지 상대해본 적은 아라비아의 다른 전사들뿐이었다. 그러니 완전 무장하고 대형 말을 탄 비잔티움 철갑 기병대와 훈련이 잘된 제국의 보병 부대가 그들에게는 더 심대한 위협이었다. 나중에 아랍 기록물들은 그 전투의 전력을 말하면서 무슬림군이 10만 명 규모의 비잔티움군을 수적으로 상회했다고 부풀려 이야기했지만, 실제로는 수적으로 아주 열세여서 그들의 혈전은 갈수록 절망스러워졌다. 유능한 명장 할리드 이븐 알 왈리드가 지휘권을 잡았을 때에는 이미 3명의 사령관이 전사한 뒤였다. 나중에 예언자로부터 "알라의 검"이라는 칭호를 받게 될 그 새로운 무장은 전투 중에 9개의 검을 부러뜨렸다고 전해지는데, 그렇다면 그것은 전투 자체보다는 아랍인의 금속 세공술 수준(혹은 무슬림 성인전聖人傳)에 대해서 더 많은 시사점을 던져준다고도 할 수 있지만, 어쨌거나 그는 죽지 않고 살아남은 용감하고 노련한 전사였다. 결국 양측 모두가 승리를 주장하며 전투가 끝났을 때에는 비잔티움인들이 제국의 남쪽 국경에 신진 세력이 등장했음을 인식하게 되었다.

전해지기로 예언자 무함마드는 그의 병사들이 쾌승을 거두지 못하고 돌아온 데에 화를 냈다고 한다. 무함마드가 사망한 뒤였던 그 4년 후에도 할리드 이븐 알 왈리드는 비잔티움과 페르시아 군대를 상대로 다시 군사 행동에 나섰고, 그 4년 뒤에는 그와 "카라반을 이끌던 대장에서 전술가로 변모한"[23] 그의 동포 아랍인들이 메소포타미아, 시리아, 그리고 아나톨리아의 일부 지역을 그들 통제하에 두었다.

아랍인 무슬림 세력의 극적인 확대는 기존의 세계질서를 바꾸었다. 할리드가 여러 전투에서 승리하고 예언자 무함마드가 사망한 지 1세기가 조금 지난 700년대 중엽에는, 로마 제국이 콘스탄티노플의 일부 지역과 발칸 반도의 오지로 규모가 축소된 반면, 아랍의 지배권은 인더스 강에서부터 대서양까지 뻗어나가 이전의 어느 제국보다 커졌다. 하지만 이 신생 제국의 가장 놀라운 점은 제국의 크기가 아니라 그 제국이 이동하는 습성을 신속한 정복으로 이끌어간 사막인, 유목민이 쟁취한 것이라는 점이었다. 핵심 측근과 장군들의 대다수는 도시 정착민이었지만, 아랍인의 85퍼센트와 8세기 무슬림들은 대부분 이동하는 삶을 살거나 유목민의 전통으로 단련된 사람들이었다. 첫 번째 이슬람 물결의 근간인, 이 비교적 적은 숫자의 아라비아 부족민들이 "출신 성분이 다양하고 군기가 제법 잡힌 군인들의 소규모 본대"[24]와 나란히 싸우며 이룩한 막대한 성공은 전통적으로 그들의 종교적 신념으로 설명되곤 한다. 요컨대 그들은 알라를 위해서, 그리고 설령 전사를 하더라도 순교자가 되어 천국에 갈 것이라는 확신으로 싸웠다는 것이다. 9세기의 한 역사가가 설명했듯이, 페르시아, 비잔티움, 이집트, 그리고 다른 나라의 병사들은 현세의 것을 찾아 참전한 반면 무슬림 전사들의 욕망과 염원은 모두 내세에 있었다는 것이다.[25] 이븐 할둔의 생각은 달랐다. 그는 아랍인의 성공 요인을 유목민의 아사비야가 가진 힘에서 찾았다. 아랍인들의 승리는 그들이 정주 생활의 겉치레 없이 홀가분한 "자연 상태"에 가까웠기 때문이라고 말이다.

일부 상황과 일상의 구체적인 조건들—특히 기후, 아라비아 반도의 크기, 말이 아닌 낙타에 의존하는 것—에서는 차이가 있었지만, 아라비아 유목민의 아사비야와 스키타이인, 흉노, 훈족, 그 밖의 스텝 유목민들의 연대 사이에는 비슷한 점이 많았다. 마찬가지로 사하라 사막 이북 유목민과 이남 유목민 사이, 프랑크족 유럽과 게르만족 유럽의 이동성 집단과, 아메리카 초원과 남아메리카 팜파스를 방랑한 집단들 사이에도 유사점이 있었다. 그들의 정체성과 자아감은 자연계를 누비며 이동하는 삶을 살 때의 가족과 부족의 유대로 형성되었다. 그들 가운데 일부는 또 카인과 아벨, 도시와 농촌, 시민, 농부, 유목민 간의 본질적이고도 미묘한 관계에 대한 이해력도 갖추고 있었다. 이제 아랍인은 아사비야와 그들을 승리로 이끌어준 에너지를 유지하면서 정착하는 법을 배워야 하는 도전에 직면하게 되었다.

도시들의 문제

아틸라도 한 제국의 군주라면 저택, 연회장, 회의실은 갖추고 있어야 한다는 것을 알고 있었다. 비록 나무로 지어 무너지기는 했지만, 그가 세운 건축물들도 정주 세계를 표현한 것이었고, 이런 점들을 고려하면 그것들 역시 우리가 수도라고 부를 수 있는 것에 가까웠다. 하지만 아틸라 개인의 습관은 늘 유목하는 스텝 지대의 유산, 다시 말해서 최초의 인도유럽인 짐마차가 스텝을 느리게 굴러다니며 세계를 바꾼 이래 줄곧 고수해온 가치로 되돌아갔다. 마찬가지로 그의 품행도 유목민 품행의 기준—개인의 명예욕, 평판 관리, 약속 준수, 충성, 부족, 가족, 코미타투스의 가치—을 따랐다. 비잔티움의 사절로서 아틸라를 직접 관찰했던 프리스쿠스도, 아틸라가 자신이 가진 그 모든 힘과 부에도 불구하고 자신이 정복한 도시들 가운데 한 곳에 있는 궁전이 아닌 평원에서 소박하게 사는 쪽을 택하는 것을 보고 놀랐다. 하지만 아틸라는 여전히 전진하고 있었으며, 여전히 더 큰 목표물에 시선을 두고 있었다. 따라서 그가 만일 자신의 야망을 이루고, 또다른 결혼식을 올린 첫날밤에 마흔일곱 살의 나이로 죽지 않았다면, 만일 그가 로마 점령에 성공했다면, 정착을 했을지도 모른다. 만일 일이 그렇게 되었다면 그 역시 7-8세기의 아랍 군주들이 빠져들었던 것과 동일한 딜레마, 즉 거대 제국에 요구된 사항 및 수도가 있어야 할 필요성과 이동하는 전통과의 균형을 어떻게 맞춰야 할지에 대한 딜레마에 직면했을 것이다.

아랍 제국 최초의 중심지들은 오랜 역사를 지닌 도시들을 개조하여 만들어졌고, 그렇게 변형된 도시들 가운데 가장 극적으로 변한 곳이 다마스쿠스였다. 다마스쿠스는 634년 누구도 말릴 수 없었던 할리드 이븐 알왈리드에게 점령되었고, 8세기 초에는 제국의 새로운 수도가 되어 권력 중심지로서의 위상을 정립하기 위한 모스크 건립이 추진되었다. 사원의 부지로 선정된 곳은 이전에 기독교 성당, 세례자 요한의 무덤, 로마의 유피테르 신전, 셈족이 숭배한 폭풍의 신 하다드-람만Hadad-Ramman의 신전이 있던 곳이었다. 모든 문명은 선행 문명에 자신들의 문명을 강요했으나, 신축 모스크는 아랍의 토속 건축 양식보다 비잔티움의 건축 양식을 더 많이 차용한 탓에 교회로 착각할 만했다.

또한 아랍 제국의 새로운 도시들은 아랍 정복 이후 첫 몇 해 동안에 세워졌으며, 서로 다른 방식으로 아랍인 유목민 전통과의 계속되는 관련성을 표현하기도 했다. 튀니지의 카이르완Kairouan—"카라반Caravan"—만 해도 처음에는 단순한 도시가 아닌 교역지였다. 이집트에서도 정복자인 아랍 군대가 나일 강변의 비잔티움 요새 곁에 세운 천막 도시 푸스타트—"병영"—가 알 카히라, 즉 카이로로 발전했다. 그다음 751년에는 아랍인 칼리프(아바스 왕조의 초대 칼리프/역자)가 에덴동산이 있었다고 추정되는 장소에서 멀지 않은 곳에 새로운 수도를 건설하기로 결정했다. 유목민 도시는 아니었지만, 도시의 설립과 그곳에 깃든 정신은 모두 유목민의 과거에 빚을 지고 있었고, 그 부富도 기존 유목민과의 연계에서 나오게 될 곳이었다.

정착민들에게는 단순함과 강인함, 그리고 이둔 할둔도 감탄했던 이동하는 사람들이 지닌 여타 많은 특성들이 결여되어 있었다. 이븐 할둔은 그가 유목민에게서 발견한 본질적인 선함이 정착민들에게는 없다고 생각했으며, 그것은 도시인들의 특성이 이렇기 때문이라고 했다. 즉 그들은

나태함과 안락함에 익숙해졌다. 그들은 행복과 사치에 매몰되었다. 자신들의 재산과 생명 지키는 일을 그들을 통치하는 지배자와, 그들의 보호 임무를 맡은 수비대에 맡겨버렸다. 그들은 자신들을 둘러싼 성벽, 자신들을 지켜주는 요새 속에서 전적으로 안전하다고 확신한다.[26]

이븐 할둔은 이런 의존성이야말로 정착민들을, 다른 무엇보다도 특히 "우월함을 더 잘 확보할 수 있고, 다른 종족들의 수중에 있는 것들도 더 잘 빼앗을 수 있는" 유목민의 공격에 취약하게 만든다고 결론지었다.[27] 이 논리는 아바스 이븐 아브드 알 무탈리브의 가문에도 들어맞았다.

메카 출신의 아바스 이븐 아브드 알 무탈리브는 예언자 무함마드의 삼촌이자 가까운 동료였다. 무슬림 제국이 성장하고 아랍인들의 재정착이 이루어지자, 그 가문의 일부 사람들도 요르단 사막에 있는 카라반 교역지 후메이마에 터를 잡았다. 인근에 있던 도시 페트라의 고대 나바테아인들이 건설한 수도교도 있고 수조들도 있어서 물은 상시로 공급되었지만, 삶이 고달파 그곳의 아랍인들은 통과 무역 외에 낙타 목축에도 기대 살았다. 그래도 아바스 가문의 몇몇 자손들은 원대한 포부를 품고 있었고, 그리하여 아바스가 죽은 지 1세기가 조금 지난 뒤인 750년에는 그의 고손자가 제국을 장악하고 그의 조상 이름을 딴 아바스 왕조, 즉 새로운 칼리프국을 수립했다.

아바스 왕조의 새로운 칼리프인 알 만수르는 치세의 첫 2년 동안 근거지를 네 번이나 옮긴 뒤에야 새로운 수도를 건설하기로 결심했다. 그가 그렇게 옮겨 다닌 것은 아마도 베두인족 출신인 것에 예를 표하려는 의도였을 것이다. 기존의 제국 중심지였던 다마스쿠스는 지중해 세계를 지향하는 데다가, 비잔티움 국경과 위험할 정도로 가깝기도 했다. 반면에 알 만수르의 야망은 아시아의 동쪽을 향해 있었고, 그런 이유로 그는 메소포타미아에 있기를 더 좋아했다. 알 만수르가 메소포타미아를 선호한 데에는 다른 이유도 있었다. 제국들은 곡물을 필요로 했는데, 헤로도토스도 썼듯이, 메소포타미아도 적절히 관개만 하면 "세계의 빵바구니"가 될 수 있었기 때문이다.

전해지기로 알 만수르는 배를 타고 티그리스 강을 오르내리며 새로운 도시를 물색하는 일에 나섰다고 한다. 혹자는 이전 정복자들이 왜 그 강을 조사했는지, 그들 모두 왜 티그리스 강과 유프라테스 강이 가깝게 흐르는 바로 그곳에 도시를 세웠는지 의아해할 법도 하다. 그런 곳들 중에서도 가장 최근에 지어진 도시가 기원전 2세기에 파르티아인들이 세운 크테시폰이었다. 알 만수르가 점령했을 때는 크테시폰이 페르시아 제국의 수도이자 인구 50만 명의 터전인 세계 최대의 도시였다. 새로운 칼리프는 티그리스 강 상류 32킬로미터 지점에 거처를 정하고 점성가, 건축가, 시인, 예언자들의 도움을 받아 새 도시를 건설할 기본 계획을 세웠다.

알 만수르의 나이는 이제 마흔 살이었다. 그는 요르단의 사막에서 태어나 자라고 성인기의 많은 시간을 이동하며 살았으며, 그 대부분의 기간을 "많은 사람들을 죽인" 전장에서 보냈다.[28] 이랬던 그가 이제 칼리프 겸 황제, 지구상에서 가장 강력한 사람이 되어 경이로운 도시, 지상 최고의 도시를 세워 자신의 생각을 드러내고 싶어했다. 하지만 그의 유목민 배경은 그에게 도시는 허상이라는 것도 가르쳐주었다. 적어도 영원을 빙자해 확실성을 드러낸다는 점에서는 그랬다. 알 만수르는 우루크—인구 8만 명의 터전이었던 길가메시의 위대한 도시—와 바빌론을 비롯해 지금은 티끌이 되어버린 고대의 몇몇 위대한 도시들의 폐허를 직접 보기도 했다. 그래서 왕궁과 도시들이 영원하지 않다는 것을 진즉에 알고 있었다. 최근에는 그 이름조차 영원하지 않다는 것을 깨달았다. 그가 새로운 도시의 이름을 알 만수르의 도시를 뜻하는 마디나트 알 만수르Madinat al-Mansur로 정하려다가, 그것이 알 쿠파 부근의 한 궁전 이름이었던 것을 알고 평화의 도시를 뜻하는 마디나트 앗 살람Madinat as-Salam으로 지은 것도 그래서였다. 평화의 도시를 뜻하는 마디나트 앗 살람이라는 이름도 앞으로 그곳이 조장할 다수의 갈등을 감안하면 그저 희망 사항처럼 보이지만 말이다. 나중에는 명확한 이유 없이 그곳이 바그다드라는 더 수수한 이름으로 알려졌다.

바그다드는 2개의 직선 도로가 열십자 모양으로 도시를 가르고, 그 도시를 4개의 문이 달린 외벽이 감싼 형태로 설계되었다. 알 만수르는 도시의 설계와 그곳이 지닌 독창성의 공을 자신에게 돌렸지만, 당초 그 아이디어를 내고 몇 가지 영감의 원천을 제공한 사람은 그의 수석 건축가였던 할리드 이븐 바르마크였다. 그렇지만 그 건축가 역시 열십자 모양으로 가른 그 원형의 이미지가 "도시"를 뜻하는 고대 이집트의 상형문자라는 사실은 몰랐을 것이다. 그래도 그는 부친이 메르프(지금의 투르크메니스탄)에 있던 나우바하르Nawbahar라고 불린 불교 사원의 주지였기 때문에, 불교에서 사용하는 만다라의 중추를 반영해 원형으로 지은 건물에서 자랐던 적은 있었다. 또한 그는 2년간 총독으로 봉직한 경험이 있어, 페르시아 파르스 지방의 도시 피루자바드에 있던 사산 왕조의 원형 궁전에 대해서도 알고 있었다. 따라서 직경 36미터의 녹색 돔이 얹어진 알현실과 더불어 칼리프의 궁전을 정중앙에 위치시켜 위대한 제국의 수레바퀴의 중심축이 되게 했다는 점에서, 그의 원형 수도에도 어느 모로 보나 만다라만큼이나 상징적인 의도가 담겨 있었다.

바그다드를 둘러싼 여러 허구들 가운데 하나는 외벽 높이 18미터, 내벽 높이 27미터에 길이가 6킬로미터라는 장대한 성벽이 억지력으로 작용해서 성 안의 사람들을 안전하게 지켜주었다는 것이다. 성벽이 누군가를 안전하게 지켜준 때가 있기나 했을까? 성벽은 트로이나 로마, 우르나 바빌론에서도 사람들을 지켜주지 못했다. 안전을 보장해준 것은 오히려 4개의 도시 성문에 배치된 1,000명의 수비대였다. 게다가 알 만수르는 도시의 안전이 필요했던 이유도 그곳이 "실로 내가 창건을 하고, 내가 기거를 하며, 나중에는 내 자손이 지배할 곳이기" 때문이라고 말했던 것으로 전해진다.

알 만수르는 그의 가문, 그의 수도, 그의 제국이 번창할 때 자신에게 필요한 것은 성벽이 아니라 사람들의 이동을 용이하게 하고, 번득이는 아이디어를 주고받고 물품의 자유로운 거래를 촉진시켜줄 유동성이라는 점을 누구보다 잘 알고 있었다. 바그다드는 바로 그 유동성의 표현, 이동의 승리였으며, 도시의 원형 성벽은 유목민 세계의 회전을 가능하게 한 구심점이었다. 그곳을 수도의 부지로 선정한 것도 식량 공급이 보장되는 평야의 비옥함과, 제국의 아시아 지방들 및 그 지방들 너머로 거미줄처럼 뻗어나간 교역로 때문이었다. 바그다드는 티그리스 강 및 유프라테스 강과 연결되어 있어 남쪽의 페르시아 만과 북쪽의 시리아로 가기에도 좋은 위치였다. 또한 바그다드는 지중해와 나일 강을 중앙아시아의 스텝과 인도 그리고 그 너머의 시장들과 이어준 옛 페르시아 왕도와도 가까웠다. 알 만수르도 실크로드의 생존력을 알아차리고, "우리와 중국 사이에 장애물은 없다. 그것(실크로드)만 통하면 바다에 있는 모든 것을 얻을 수 있다"고 말했다.[29] 바그다드는 이렇게 이동성 세계의 중심으로서 부와 경이의 장소가 되었고, 알 만수르가 예언한 대로 오랫동안 그 자손들의 본거지가 되었다. 그리고 그 자손들 가운데 가장 이름 높았던 인물이 바로 알 만수르의 손자 하룬 알 라시드였다.

하룬에 대해서는 상반되는 견해들이 존재한다. 일부 사람들은 그를 살벌한 지하드(성전聖戰)에 평생을 바치고 치세 동안 하즈(메카 순례)를 여덟 차례나 수행한 금욕적인 무슬림으로 본다. 하지만 그보다 더 보편적인 견해는 그가 쾌락을 좋아하고 시운을 얻어 제국의 전성기에 나라를 통치한 칼리프였다는 것이다. 하룬은 큰 키에 용모가 수려하고 언변이 좋았으나, 『천일야화』의 주인공인 칼리프로서 오만하기도 했다. 그의 할아버지 알 만수르는 "왕국에서 가장 작은 동전을 창시한 사람Abu Dawanik"이라는 별명으로 불릴 만큼 검소했지만, 제국의 재정을 확고한 토대 위에 올려놓아 하룬으로 하여금 비잔티움 황제에게 "최소한의 신하들로 최소한의 영토를 다스려 얻는 나의 수익이 당신 나라 전체 영토에서 나오는 수익보다 큽니다"라고 큰소리를 칠 정도의 부를 가지고 치세를 시작할 수 있게 해주었다.[30] 하룬은 조부와 달리 씀씀이가 후하고 환대를 잘하기로 유명했다. 전해지기로 그는 결혼식 날에도 여자에게 베풀 수 있는 연회로는 가장 호화로운 연회를 열어주기도 전에 신부에게 진주와 루비 세례를 퍼부었다고 한다. 피로연 때에도 하객들을 초대해, 은화가 가득 담긴 금 쟁반과 금화가 가득 담긴 은 쟁반을 마음껏 가져가게 했다. 돈 쓰기를 좋아한 하룬의 성향은 후계자인 아들 알 마으문에게도 전수되었다. 이븐 할둔에 따르면 알 마으문은 결혼할 때 자신의 신부인 부란을 금실로 짜고 루비와 진주로 수놓은 융단에 앉히고는, 당시에는 루비를 묘사하는 말로 사용되었던 "히아신스" 1,000개를 주었다고 한다. 황궁의 조리장에서도 피로연 음식을 조리하기 위해서 노새 15만 마리분의 나무를 땠다고 하며, 하객들을 싣고 연회장을 들락거린 배도 3만 척이나 되었다. 이븐 할둔은 이븐 살라마 성의 외풍 심한 방에서 모든 것이 부족한 생활을 하는 중에도 이 모든 것을 머릿속에 그리며 "이외에도 이런 것들은 부지기수"였다고 확언했다.

하룬은 메카 순례를 마친 사람(하지)이기도 하고, 지하드를 수행한 사람이기도 하며, 관대한 자유지상주의자이기도 했을 것이다. 그것이야말로 여러 가지 면에서 『천일야화』가 그를 찬양한 방식이기 때문이다. 그는 인생의 쓴맛과 단맛을 통렬하게 맛본 칼리프로서, 동료, 시인, 음악가, 무희, 가인들로 구성된, 자신을 둘러싼 소규모 집단을 즐겁게 해주기를 좋아했다. 이들은 다량의 이란산 시라즈 적포도주와 다른 포도주를 마시고, 대규모 연회를 열며, 주지육림을 즐겼다. 궁정 시인들 가운데 한 사람인 무슬림 이븐 왈리드가 "사랑, 주연酒宴, 아름다운 눈동자에 빠져드는 것이 아니면 인생은 대체 무엇일까?"라고 읊을 정도였다.[31] 하룬은 불면증 환자이기도 하여 재상 자아파르와 사형집행인을 대동하고 익명으로 수도의 밤거리를 헤매고 다니며 자기 멋대로 선물과 벌을 내리고, 속임수 쓰는 상인을 붙잡고, 시인들과 장난으로 마상 창시합을 벌이고, 예쁜 여자들의 뒤꽁무니를 쫓아다니기 좋아했던 것으로 전해진다. 그런 여자들의 일부는 하렘으로 들어왔고, 다른 여자들은 재보를 받는 것으로 끝이 났다. 이것이 사실이라면 그는 유목민과 정주민, 부족과 민족이 융화를 이룬 가운데, 모두가 전체의 이익을 위해서 일하며 그 자체로 화합을 이루었던 도시와 제국에는 더할 나위 없는 군주였다. 제국적 규모의 아사비야를 구현한 군주였던 것이다.

알 만수르는 바그다드를 건설할 때 시장들을 원형 성벽 내에 위치시켰다. 하지만 상황이 빠르게 변해 시장들은 그 궁전 도시의 남쪽에 있던 새로운 교외 카르크karkh로 옮겨갔다. 일설에 따르면 시장의 위치가 바뀐 이유는 상인들이 더 넓은 장소를 원했기 때문이 아니라 칼리프가 "적들"을 성벽 안으로 불러들였다는 비잔티움 사절의 발언에 알 만수르가 자극을 받았기 때문이라고 한다. 여기에서 사절이 의미한 "적"은 외국인이었고, 외국인의 다수는 유목민이었다. 그러나 사람, 상품, 지식, 생각, 신앙, 이야기, 시가詩歌, 표현 양식 그리고 그 밖의 모든 다채로운 문화적 양상이 산맥과 사막을 뚫고 계곡과 스텝을 지나 대양 너머로 전달되게 함으로써 제국이 번창할 수 있게 도와준 것은 그들이었다. 아랍 문명은 이런 환경에서 꽃핀 것이다.

하룬도 이슬람 황금기의 막대한 부와 반짝이는 영감이 성벽과 국경이 제공해준 안전이 아니라, 늘 움직이는 존재, 알 안달루스에서부터 중앙아시아까지 뻗어나간 제국을 자유롭게 이동할 수 있었던 사람들로부터 나온다는 것을 알고 있었다. 아바스 왕조의 영향력은 이제 사하라 사막의 이남, 남쪽의 인도, 북쪽의 시베리아, 서쪽의 비잔티움 국경, 그리고 동쪽의 중국에서도 느껴졌다. 이슬람 제국의 주요 도시들인 푸스타트, 사마르칸트, 바스라, 다마스쿠스, 모술은 공개된 시장들이었다. 게다가 아랍인들이 유럽에 등을 돌리면서 대부분의 세계 무역도 이제는 세계 최대의 두 도시, 즉 인구가 100만 명에 달하는 당나라의 수도 장안과 780년대 말경에는 최소한 인구 60만 명의 터전이었던 바그다드로 옮겨갔다.[32] 하지만 로마도 기원후 1년 무렵의 인구가 100만 명은 되었을 테니, 그만한 크기의 도시들은 하등 새로울 것이 없었다.

이런 교류, 그리고 이런 사람들 사이에서 이루어진 교역의 결과로 바그다드는 하룬의 황금 손이 지배하는 "세계의 교차로"라는 말을 듣기에 손색없는 곳이 되었다. 도시에는 황금 가지가 달리고 그 나뭇가지들에는 그 어떤 생물보다 목소리가 감미로운 황금빛 오토마톤 새가 앉아 있었다는 기상천외한 이야기들이 솟아나게 한 호화로운 궁전들과 한가로이 노닐 수 있는 유원지들이 있었다. 거액의 돈을 들여 유라시아 최고의 화가와 도공, 최고의 가인과 악사들을 유치함에 따라 예술과 과학도 번성했다. 아랍인들에게는 늘 인기 있었던 남녀 시인과 이야기꾼들도 이제는 회관과 새로운 수도의 번잡한 장소에서 옛날이야기를 낭송하고, 새로운 이야기를 지어내 그 시대를 위대한 아랍 운문의 시대로 만들면서 당대의 슈퍼스타가 되었다. 심지어 왕녀도 시를 썼으며, 하룬의 왕세자인 알 아민의 새색시 루바나도 그런 사람들 중 한 명이었다. 전해지기로 루바나는 당대 최고의 절세미인이었다고 하는데, 그런 미모와 뛰어난 재주를 지녔음에도 남편이 환관들을 더 좋아한 탓에 시의 소재는 부족할 일이 없었다. 알 아민이 왕위 계승권 다툼을 벌이다가 자신의 형인 알 마으문에 의해서 참수형을 당했을 때, 결혼은 했지만 여전히 처녀의 몸이었던 루바나는 이런 글을 썼다. "오, 장군들과 수비대의 배신으로 죽어 노천에 누워 있는 영웅이여. 내가 당신의 죽음에 우는 것은 나의 위안처나 반려를 잃었기 때문이 아닙니다. 나는 당신의 창, 말[馬], 꿈 때문에 우는 것입니다. 초야를 가져보기도 전에 나를 과부로 만든 남편 때문에 웁니다."

그러나 바그다드가 아무리 이야기꾼과 시인들로 유명했다고 해도, 그 도시를 가장 유명하게 만든 것은 바이트 알 히크마Bayt al-Hikmah, 즉 지혜의 집이 거둔 다수의 잘 알려진 업적이었다. 지혜의 집도 처음에는 바그다드의 다른 많은 것들이 그랬듯이, 초기의 페르시아 기관을 모방해 설립되었고, 그다음에는 알렉산드리아와 아테네 기관들의 본을 많이 따랐다. 도시의 부와 문호 개방으로 당대 최고의 지성인들 일부도 제국의 지방들과 그곳들 너머에서 유입되었다. 수도의 정치를 피하려는 사람들에게는 다마스쿠스, 쿠파, 바스라, 호라즘과 같은 또다른 학문의 중심지들이 있었다. 지혜의 집은 학문의 기초는 대개 고대 세계에 두고 그리스어, 콥트어, 고대 시리아어로 된 다수의 문헌을 번역했다. 번역은 하룬의 아들 알 마으문이 비잔티움 황제에게 "비잔티움 영토에서 보존되고 전수되어온 고대 과학 서적들"을 보내달라는 편지를 쓴 이후에 특히 많이 이루어졌다.[33] 철학, 수학, 법학, 예언자 무함마드의 말씀을 기록한 하디스와, 그리스어, 페르시아어, 산스크리트어, 그리고 여타 동양 언어로 쓰인 타

종교들의 원전도 모두 아랍어로 번역되었다. 하지만 이 모든 학문의 진원지였던 지혜의 집은 단순한 번역 기관이 아니었다. 아랍과 페르시아의 학자들이 고대의 지식과 이론을 훗날 유럽에서 르네상스와 계몽주의로 심화될 작품으로 변모시킴에 따라서, 대수학, 연금술, 연산법(알고리즘) 그리고 그 외의 많은 학과와 학문도 그 기간 동안에 만들어지거나 발전했다.

아바스 왕조의 학문 중심지와 고대 도서관 그리고 무세이온(고대 이집트의 알렉산드리아에 있던 학술 기관/역자) 사이의 중요한 차이점 하나는, 생각들이 양피지나 파피루스가 아닌 종이에 필사되었다는 점이다. 중국이 오랫동안 극비로 지켜오던 종이 제조법이 751년에 서방에 전해졌기 때문인데, 흔히 그렇듯 그 계기는 전쟁이었다. 그해에 아바스 왕조와 당나라 군대는 현대의 키르기스스탄에 있는 탈라스에서 신기원을 이루는 전투를 벌였다. 그 전투의 한 가지 결과로 비공식적인 국경이 그어져서 서역으로 향하는 중국의 세력 확대가 제한되었다. 탈라스 전투가 가져온 또 하나의 결과는 아랍군에 사로잡힌 당나라 포로들 가운데 한 명이 아랍인들에게 제지 기술을 가르쳐준 것이었다. 그 제지법은 사마르칸트로 옮겨 갔고, 같은 해인 751년과 8세기 말엽에는 바그다드에서도 종이가 제조되고 사용되었다.

정착의 황금기

이븐 할둔도 알고 있었듯이, 그런 진보에는 치러야 할 대가가 있었다.

우마이야 칼리프국이 처음 세워졌을 때만 해도 아랍인들은 가죽과 양모로 만든 천막, 즉 기존의 주거를 계속 사용했다. 그때는 베두인족의 방식으로 살기를 포기한 아랍인이 극소수뿐이었다. 그들은 습격을 하거나 전쟁에 나설 때에도 자신들은 말을 타고, 유목민 식솔들은 낙타에 태우며, 그들에게 딸린 아녀자들도 데리고 다녔다.……그러다 보니 군대 구성원의 많은 부분을 차지한 것도 가구원들이었다.[34]

그러나 아바스 왕조의 황금기에는 "아랍 왕조가 다양한 형태의 정주 문화와 겉치레를 도입했다. 사람들은 마을과 도시에 정착했다. 천막 거주자들이 저택 거주자들로 변모했다. 타는 동물도 낙타에서 말과 당나귀로 바뀌었다."[35]

아바스 세계의 사람들, 특히 아라비아 반도 출신 사람들의 생각과 행동을 형성한 것은 여전히 본래의 아랍인 유목민 문화였다. 그러나 아바스 제국은 점점 더 국제적이고 다문화적이며 정착적 사회로 변해갔으며, 정부의 페르시아 색채도 더욱 짙어졌다.

아바스 세계 사람들이 자유롭게 이동하고, 자유롭게 사고하며, 자유롭게 말하는 유목민에서 안정된 도시 거주자로, 거칠고 가볍게 사는 사막인에서 사치를 좋아하는 시민으로 변모해가는 과정은 빠르고도 완벽했다. 아바스 왕조의 바그다드 궁전과 "알라의 검" 할리드 이븐 알 왈리드의 천막 사이, 하룬의 치세와 아랍인이 말과 낙타를 타고 아라비아를 떠나 대서양, 인더스 강, 인도양과 그 너머 지역으로 갔던 때 사이에 가로 놓인 기간은 불과 1세기였다. 아랍 지배자들로 하여금 거대 제국을 통제할 수 있게 해주고, 자신들의 새로운 종교를 지구상에서 가장 인기 있는 종교로 만들 수 있게 해준 거친 에너지, 힘, 헌신, 그리고 맹렬함이 그 1세기 동안에 사라진 것이다. 지도자들이 바그다드에 정착하고 페르시아인과 그 외의 종족들이 제국을 통할하게 되자, 아랍인들은 자신들이 무엇을 잃었는지를 깨닫기 시작했다.

그것은 단순히 희석된 혈통의 문제가 아니었다(혈통도 아바스 왕조 칼리프 37명 가운데 아랍인 어머니에게서 태어난 사람이 단 3명뿐일 정도로 앞으로는 심각한 문제가 될 테지만 말이다). 많은 아랍인들이 자신들의 문화, 역사, 정체성을 잃을지도 모른다고 느꼈다. 그들이 자신들의 과거에서 멀어진 것은 어쩌면 불가피한 일일지도 몰랐다. 11세기의 시인 겸 철학자 알 마아리도 나중에 "온 세상 사람들이 뒤섞였다. 평지 사람들이 산지의 딸들과 섞였다"고 썼으니 말이다.[36]

이븐 할둔도 그런 괴리가, 아바스 왕조가 몰락할 수밖에 없었던 이유들 중 하나라는 판단을 내렸다. 그는 "왕조에도 개인과 마찬가지로 자연적 수명이 있다"라는 단원에서 자신이 불가피한 과정이라고 본 것의 단계를 이렇게 제시했다.

1) 왕조를 수립한 세대는 왕조에 대해 강경하고 거칠게 굴며, 아사비야로 결합되어 있다.
2) 그러다 일단 권력과 권위가 확립되면 "사막인의 태도는 정주민 문화에 물들고, 결핍이 사치와 풍부함으로 대체되는 2세대의 변화가 일어나면서" 부패가 만연하기 시작한다.[37] 그러면 지배자는 집단의 나머지 사람들과 분리

되고, 나아가 그것은 애초에 정복을 가능하게 했던 연대의식의 와해로 이어진다.

3) 3세대가 되면, 사막인의 삶과 강인했던 시절은 아예 존재하지도 않았던 것처럼 그런 때를 깡그리 잊는다. 그들은 명예의 맛과 연대의식이 주는 달콤함을 느끼지 못한다.……유복하고 편안한 삶에 젖어 사치가 극에 달한다.[38]

왕조의 흥망에 대해서 이븐 할둔이 개략한 부분은 바그다드의 아바스 왕조에도 잘 들어맞는다.

1) 알 사파(초대 칼리프/역자)와 알 만수르(2대 칼리프/역자)는 왕조를 수립하고 수도를 건설한다.

2) 알 만수르에 이어 칼리프가 된 그의 아들 알 마흐디는 말[馬]에 열중하면서, 사치스럽고 풍족한 삶에 안주한다.

3) 알 마흐디의 아들 하룬 알 라시드는 극도의 번영과 안락함을 즐긴다.

이븐 할둔이 아바스 왕조의 "4세대에는 조상의 위신이 땅에 떨어진다"라고 쓴 것도 하룬의 두 아들 알 마으문과 알 아민이 제국의 지배권 다툼을 벌임으로써 사실로 입증되었다.[39] 바그다드, 아랍, 메소포타미아 군대는 알 아민을 지지한 반면, 페르시아와 그 밖의 동부 지방들은 알 마으문을 위해 싸우면서, 지역에 따라서 충성을 바치는 대상도 갈렸다. 계승권 다툼은 2년이나 계속되다가 알 마으문이 동생을 죽이는 것으로 끝이 났다. 하지만 다양한 방면으로 분출된 내분은 20년이나 더 지속되었다. 그 결과, 비록 알 마으문은 바그다드의 칼리프로서 통치했지만, 가족의 단합, 부족의 결속, 정치적 화합, 아사비야, 무슬림 공동체 의식, 그리고 이븐 할둔이 조상의 위신이라고 부른 것, 아랍의 자부심은 바그다드에서 자취를 감췄다. 익명의 시인이 다음과 같은 글을 쓴 것도 아마 그때였을 것이다.

나는 바그다드를 혐오한다. 그곳의 삶을 혐오한다.
이는 바그다드를 겪어본 뒤, 경험에서 우러나온 생각이다…….

시인은 바그다드인들에 대해서는 이렇게 끝을 맺는다.

고귀함의 길을 버리고,
불복종하고 죄를 짓는 대신 그들은 서로 싸우기만 한다.[40]

자부심 상실이 가져온 한 가지 결과는, 지난날을 그리워하는 향수의 파고가 높아진 것이었다. 한동안 계속되던 그 현상—페르시아인과 여타 종족들이 아랍인을 대신해서 정부의 요직을 꿰차기 시작한 이후로 나타났을 현상—이 이제는 아랍성을 회복하는 일에 착수하도록 학자들을 고무했다. 그것은 예언자의 시대에 있었던 일을 되살리려는 욕구가 아니었다. 무함마드가 고취해 무슬림 사회를 변모시킨 종교는 이제 제국적, 국제적으로 영역이 넓어졌기 때문이다. 800년대에 일어난 노스탤지어는 아바스 세계가 갈수록 정착화, 농업화, 도시화되면서 상실한 이슬람 이전의 아라비아, 언어, 일군의 가치, 유목민의 가치를 지향했다. 착수의 시대 Age of Setting Down로 알려질 9세기의 그 노스탤지어의 결과로, 바그다드와 여타 지역의 학자와 시인들은 많은 사람들이 급하게 제국이 되는 과정에서 잃어버렸다고 느낀 본래의 **아랍** 정체성을 회복하는 일에 나섰다. 문자 그대로 잃어버린 정체성 회복에 나선 것이었고, 이를 위해 그들이 첫 번째로 주시한 곳은 바스라였다.

유프라테스 강과 티그리스 강이 합류해 페르시아 만 쪽으로 흘러드는 수로인 샤트알아랍 강변에 위치한 바스라는 아라비아와 페르시아로의 접근이 가능했고, 따라서 전략적, 경제적 요지였던 탓에 일찌감치 중요한 교역지가 되었다. 그곳은 오늘날까지도 이라크의 경제 중심지로 남아 있으며, 또한 이라크에서 가장 더운 곳이기도 하다. 바스라는 아라비아와 가장 가깝기도 해서 착수의 시대 동안 문화적으로도 중요했다.

아라비아 반도의 베두인족도 바스라 외곽 몇 킬로미터 지점에 있었던 시장 미르바드에서 무역을 했다. 그들이 천막을 세우면 그곳에서는 이내 시인들의 목소리가 들렸다. 미르바드는 그렇게 시인이나 순회 가객을 보고 싶어하는 사람들에게 좋은 장소가 되었다. 부족민들이 상품을 거래할 동안 파라즈다크와 자리르 같은 8세기의 시인들은 미르바드에서 시로 "말다툼"을 하거나 욕설을 주고받았다. 다른 사람들이 무기를 가지고 싸우는 것 못지않은 열정으로 말로 시합을 벌이던 그 관습은 1세기가 지난 뒤에도 여전히 인기가 있었다. 하지만 800년대가 그때와 달랐던 점은 경쟁하는 시인들에게 바그다드의 학자 청중이 생겼다는 점이었다. 학자들은 "진기하고 모호한 낱말들"과 페르시아화된 도시들에서 사라져간 옛 아라비아어를 발견할 수 있으리라는 기대를 안고 말 시합 대회를 쫓아다녔다. 그들은 도시에서 사라진 말들이 베두인족 사이에서는 통용될지도 모른다는 기대감에서 부족민 여성들과 면담을 하기도 했다.

이런 움직임이 힘을 얻자, 다른 이들보다 더 의욕적이었던 일부 학자들은 연구 영역을 남쪽의 사막과 아라비아로까지 넓혔다. 이 용감한 연구자들 중 가장 유명했던 사람이 바스라의 『코란』 암송자로 베두인족 시가에 특별한 열정을 가지고 있던 아부 암르 알 알라(일명 바스라의 아부 암르)였다. 아래의 소품에도 나타나듯이, 그는 꼬치꼬치 캐묻기로 유명했다.

"어느 부족 출신인가요?"

"아사드족이에요."

"아사드족의 어느 분파입니까?"

"나드족이요."

"출신지는 어디예요?"

"오만입니다."

"당신이 쓰는 말의 순수성은 어디에서 기인하나요?"

"우리는 고립된 지역에 살아요."[41]

『코란』 암송자는 이제 어떤 언어로도 이런 말을 할 수 없었다. 칼리프나 그의 아랍인 가족 혹은 그의 측근들도 마찬가지였다. 이븐 할둔이 개략적으로 보여준 왕조의 극적 흥기와 점진적 몰락까지는 아직 가야 할 길이 조금 남아 있었다. 하지만 유목민이 창건하고 만들었으며 원형 도시 바그다드를 중심으로 돌아간 아바스 제국조차 쇠망을 피할 수는 없을 터였다.

천국의 미소

영국의 시인 퍼시 비시 셸리는 "세상은 저마다, 마치 강에서 일어난 거품이 반짝거리다 터지며 꺼져버리듯, 창조에서 쇠락으로의 순환 과정을 밟는다"고 썼다. 하지만 시작이 끝이고 끝이 시작일 때 그 순환—계절 주기, 해[年]의 순환, 사람들의 이동, 도시의 순환성—은 어디에서 시작되는 것일까? 셸리는 그것을 알 수 있는 단서도 제공한다.

> 세계의 위대한 시대가 새롭게 시작된다.
> 황금시대가 돌아온다.
> 대지는 뱀처럼 새로워지고
> 겨울 잡초는 시들어빠졌다.
> 천국이 미소 짓고, 신앙과 제국은 빛을 발한다.
> 소멸되는 꿈의 잔해와도 같이.[42]

이븐 할둔도 궁정 관리로서는 도시인이었을 것이다. 그러나 베르베르인의 성에서 『역사서설』을 집필한 4년은 그가 계절의 흐름, 자녀들의 성장, 그리고 그 자신의 나이 듦을 통해서 모든 것은 돌고 돈다는 순환성을 인식하기에 충분했다. 그 4년은 또한 그가 1370년대와 마찬가지로 오늘날에도 여전히 본질적인 질문을 고찰하기에 족한 기간이었다. 인간의 삶이라는 것이 뒤뚱거리며 왔다가 비틀거리며 가는 것이고, 싹이 나는 모든 것은 시들며, 해가 뜨면 지는 것이 순리라면, 사회와 정치 구조도 같은 길을 걷지 않으리라는 법이 있겠는가? 아사비야, 왕조, 문화, 문명, 이 모든 것은 결국 발흥했을 때처럼 몰락할 것이 확실했다. 하지만 이븐 할둔도 알고 있었듯이, 새로운 시작에 반드시 있어야 할 필수 에너지는 이동하며 사는 사람과 자연계, 카인이 아닌 아벨, 길가메시가 아닌 엔키두에서 나올 것이므로 그것들은 다시 흥기할 수도 있었다.

유목민, 수렵인 그리고 자연계에서 살았던 다른 사람들은 그 진실을 인지하고 있었다. 정확히는 몰랐을 수 있지만, 달이 찼다가 이지러지는 현상, 위도에 따라 태양의 위치가 달라진다는 것, 싹이 나서 열매를 맺고 떨어지기까지의 진화 과정에 자신들의 삶을 견주어봄으로써 만물은 순환한다는 사실을 알아차렸다. 또한 권력에 대한 대망을 품었던 사람들은 소멸되는 꿈에 대해서도 알고 있었다. 셸리가 언급한 세상, 다시 말해서 제국들도 종국에는 창조에서 쇠락으로의 순환 과정을 밟아갔기 때문이다.

쇠락의 그 불가피성은 이동하지 못한 그들의 무능력에 있었다. 도시와 성벽은 자연계에서 오는 위험과 이방인들이 제기하는 위협은 막아주었을지 몰라도, 그 안전은 유연성 부족으로 얻어진 것이었다. 스키타이인은 페르시아군의 압도적 힘에 직면했을 때 그것을 그저 피해갔다. 페르시아군의 추격을 따돌릴 때, 스키타이 왕은 자신이 도망치는 이유를 (페르시아 왕에게) 이렇게 설명했다. "우리에게는 도시가 없으므로 그대에게 점령될 걱정을 할 필요도 없고, 농작물이 없으니 황폐화될 걱정도 할 필요가 없기 때문이오."[43] 스키타이가 이렇게 나오자 페르시아군도 하는 수 없이 추격을 단념하고 본국으로 돌아갔다. 고대에 유라시아 스텝이 기후 변화를 맞았을 때에도 인도유럽인 유목민은 스키타이인이 했던 것처럼 새로운 목초지를 찾아 다른 곳으로 이동했다. 그러나 궁전에 갇힌 사람들은 그렇게 하기가 점점 힘들어졌다.

아바스 왕조도 이븐 할둔의 말대로 "그런 종류의 것", 즉 쇠퇴에 직면해서도 융통성을 발휘할 줄 몰랐던 무능력에 압도된 것이었다. 애당초 그들에게 힘을 주어 세계의 절반에 해당하는 지역에 이슬람의 영광을 전하며 제국을 수립할 수 있게 해준 눈부시게 상승하는 유목민의 기세는 그들이 바그다드의 원형 성벽 너머에 거의 정착하기 무섭게 꺾였다. 제아무리 "자리가 잡혀도", 베두인족 언어의 순수성이나 아랍 유산을 회복해도, 슬금슬금 다가오는 쇠퇴를 막을 수는 없었다. 그러기에는 때가 늦었다. 아바스 왕조의 아사비야는 사라졌고, 그것이 없어지자 그들은 정치, 군사적으로 무력해졌다. 혹은 무력해질 것이었다. 아바스의 칼리프들은 그들 고유 집단에게 충성을 요구하고 그들을 결집해 병력을 동원할 수 없게 되자, 행정에는 페르시아인을, 군대에는 페르시아인과 튀르크인, 셀주크인, 그리고 다수의 다른 유목민을 활용하는 방식으로 다른 종족의 지원과 힘에 의존했다. 그리고 "그렇게 되자" 이븐 할둔이 묘사했듯이―그리고 누구라도 그가 하는 말에서 가차 없는 불가피성을 느낄 수 있듯이―"지방들에 대한 제국의 통제력은 페르시아인(비 아랍인)과 피지배민들에게로 넘어갔다. 왕조의 영향력은 점점 축소되어 바그다드 주변 지역으로 국한되었다. 그러다 마침내 다일람족(카스피 해 남쪽에 살던 페르시아인)이 바그다드를 차지하고 말았다. 칼리프가 그들의 지배를 받게 된 것이다."[44]

우리는 정지되어 있는 것은 아무것도 없음을 안다. 그리스 철학자 헤라클레이토스도 강물은 끊임없이 변하므로 같은 물에는 두 번 발을 담글 수 없다고 말했다. 그것이 이치였으므로, 다일람족이 이윽고 훈족, 페르시아인 그리고 그들에 앞선 다른 종족이 그랬듯이, 카스피 해 너머의 거대한 스텝 지대를 벗어나 남쪽으로 말을 달렸던 튀르크 계열의 부족 셀주크족에게 압도당한 것도 놀랄 일은 아니다. 부족들은 기후 변화, 목초지 부족, 인구 급증, 침략에 따른 이동, 열정적 지도자의 격려에 따라—지금의 우리가 인간 이주의 영원한 순환이라고 알고 있는 형태로—파상적으로 움직이면서 진진하거나, 때로는 단지 그럴 능력이 있다는 이유만으로 움직였다. 이븐 할둔도 독서를 통해서, 그리고 그의 가족이 관계를 맺고 있던 북아프리카의 왕조들 및 안달루시아의 우마이야 왕조를 통해서 유목민의 변천사를 알고 있었다. 하지만 운명의 바퀴에 대한 그의 특별한 해석은 베자족의 이주성 목축민으로서, 오늘날의 수단에 살았던 탕키시 부족의 왕들에게도 쉽게 적용할 수 있다. 또한 그 해석은 오늘날의 니제르에 사는 워다베 부족과 유사한 방식으로 소박한 갈대 오두막에서 살았던 중앙 아프리카 카넴 왕국의 두구와족 왕들에게도 적용할 수 있다. 혹은 유럽의 세르비아인, 슬라브족, 바이킹, 사미족에도 적용할 수 있을 것이다. 독수리가 선인장 꼭대기에 앉아 귀한 뱀을 먹는 지점을 찾으라는 아스텍족의 신 위칠로포치틀리의 명령이 떨어질 때까지는 이주를 지배적 삶의 형태로 삼았던 아스텍인에게도 그 해석을 적용할 수 있을 것이다. 아스텍족은 우이칠로포치틀리의 명령에 따라 그곳에 정착했다. 멕시카라고 불린 지역이었다.

이븐 할둔도 3세대 혹은 4세대 유목민은 대체로 아사비야와의 접촉이 끊겨 그것을 지지하지 않는다는 점을 알았다. 그 현상은 그들이 성벽 너머에 정착해 호화로운 생활로 정신이 흐물흐물해졌을 때 일어났다. 아바스 칼리프와 군주들은 지나칠 정도로 안전하게 살았다. 하지만 그들의 삶은 그들의 종족과 분리되었으며, 그들이 고취시킨 아사비야는 위축되었다.

"마침내 타타르족이 밀려왔다"고, 이븐 할둔은 위대한 이슬람 제국의 나머지 부분에 대해 썼다.

테무친

전해지기로 테무친의 종족은 수컷 다마사슴과 푸른 늑대를 조상으로 두었고, 이들은 광활한 바다 건너편에 살다가 유라시아 동쪽 스텝의 큰 산에 둘러싸인 계곡으로 옮겨 왔다고 한다.

전해지기로 테무친은 어머니가 신성한 빛을 품어 잉태했으며, 손에 핏덩이 한 움큼을 쥐고 태어났다고 한다. 하지만 무염 수태受胎의 전설 외에 우리는 그가 1162년 무렵에 태어났다는 사실도 알고 있다. 때는 십자군 전쟁이 진행 중이었고, 토머스 베켓이 캔터베리 대주교였으며, 잉글랜드가 브르타뉴를 점령했고, 신성 로마 제국의 황제인 붉은 수염왕 프리드리히가 밀라노를 점령해 공공건물들을 파괴하고 성벽을 박살낼 때였다.

테무친의 어린 시절은 다른 많은 부분이 그렇듯이 전설에 싸여 있다. 우리로서는 신생아의 손에 한 움큼의 피가 쥐어져 있었다는 이야기가 사실인지도 알 수가 없다. 비록 그것이 그가 정복자가 될 것이고 앞으로 유혈 사태가 일어나리라는 징조로 널리 받아들여지기는 했지만 말이다. 그래도 몇 가지 사실에는 의심의 여지가 없다. 그의 이름이 말[馬]에 기대어 살고, 걸음마를 시작하기 무섭게 말 타는 법을 배우며, 승마 기술을 익히기가 무섭게 활 쏘는 법을 배우는 유목민에게는 흔한 이름이었던, "대장장이"를 뜻하는 테무친인 것도 그렇다. 그 유목민에게는 또 결혼 당사자들의 혼기가 차기 오래 전에 혼약을 맺어두는 전통이 있었다. 동맹을 통해서 부족이 이득을 볼 수 있을 때에는 특히 그랬다. 하지만 여기에도 전설이 있다. 아홉 살 난 테무친이 자신의 신부가 될 보르테의 집으로 보내졌을 때, 그의 장인 될 사람은 큰 매 한 마리가 발톱으로 해와 달을 움켜쥐는 꿈을 꾸었다. 샤먼은 이 꿈을 테무친이 세계를 지배하리라는 또 다른 징후로 해석했다. 하지만 꿈이라고 매번 실현되는 것은 아니니 이번 꿈도 실현될 가능성은 없어 보였다. 소년의 아버지가 경쟁관계에 있던 유목민에게 살해당하고, 그의 집 양과 말들까지 도난당하자 그럴 가능성은 더욱 없어 보였다. 아버지를 잃고 집으로 돌아온 그는 혹독한 곤궁을 견디며 몇 년을 보냈다.

전해지기로 아버지가 죽은 직후 테무친은 다른 부족 사람들에게 붙잡혀 감금된 뒤 머리 크기에 맞게 만든 널빤지 틀을 목에 쓰고 있었다고 한다. 달아나거나 모욕당한 데에 대한 앙갚음을 하지 못하게 하려고 취한 조치였다. 그러나 그는 산으로 도망쳤고, 그곳에서 매에게 길러졌다. 복수를 향한 욕망도 함께 커나갔다. 그가 가운을 되살리겠다고 맹세한 곳도 그곳이었다.

1178년에는 테무친이 약혼자인 보르테와 결혼도 할 수 있었다. 두 사람 모두 아직 10대였다. 하지만 결혼한 지 얼마 되지 않아 보르테가 또 다른 유목민 부족에게 납치되었다. 테무친은 『몽골 비사 _Mongγol-un niγuca tobčiyan_』에 기록되어 있듯이, "비어 있는" 침대와 "찢어지는" 가슴을 안고 여덟 달 동안이나 그녀를 잃은 슬픔에 괴로워했다. 왕조들의 흥망에 대한 이븐 할둔의 관점은 이야기의 이 부분에도 꼭 들어맞는다. 테무친은 아내를 되찾아오기 위해 지지자 무리를 끌어 모았다. 지지자들은 그를 자신들의 칸khan(왕)으로 추대했으며, 그들의 이러한 헌신이 아사비야의 시작이었다. 테무친의 나이 스물네 살이던 1186년에는 그의 운이 제자리로 돌아왔다. 보로테는 여러 명의 아들을 낳았으며, 테무친을 모욕했던 유목민 지도자는 그에게 살해되었다. 그의 아사비야는 점점 강해졌다.

테무친은 이제 자신을 잘 보필하는 사람은 승진시키고, 출신 성분이나 본래 속했던 부족 또는 종교적 신앙에 관계없이 자신에게 충성하는 모든 사람들에게 상을 내리는 훌륭한 지도자가 될 것이었다. 마찬가지로 징벌을 받아 마땅한 사람은 용서하지 않을 터였다. 테무친은 남자든 여자든 사람을 보는 안목도 뛰어났다. 경쟁관계에 있던 부족의 궁수가 활을 쏘아 그를 거의 죽일 뻔한 일을 당했을 때였다. 테무친은 그를 생포하여 자신의 눈앞에 대령하도록 했다. 그 궁수는 피부가 벗겨지거나 몸에 난 구멍들이 모조리 꿰매진 채 강물에 던져지는 형에 처해질 것으로 예상되었다. 하지만 테무친은 그를 죽이기는커녕 오히려 자신이 가장 신뢰하는 조언자 중 한 사람으로 만들었다. 궁수도 스텝의 장수들 가운데 가장 위대하고 주군에 충성하는 사람이 됨으로써 테무친의 신뢰에 보답했다. 하지만 테무친은 친교에서는 관대할 수 있을지 몰라도 누군가의 적수로서는 무시무시했다. 매번 승리를 거둔 것은 아니지만 전투에서도 치열하게 싸웠고, 원수도 집요하게 쫓았다. 그는 자신과 척을 지고 있던 몇몇 사람도 그들이 목숨을 잃기 전까지 광대한 지역을 훑으며 몇 달 동안이나 추격했다.

테무친은 교묘한 동맹, 쉼 없이 벌인 살벌한 전쟁, 그 자신의 강한 성격, 보르테의 슬기로운 조언, 자기 안에 내재된 냉혹한 면, 적절한 타이밍, 한동안 따뜻하고 습했던 몽골 스텝 지대의 날씨 등의 조건이 맞아떨어지면서, 부족의 칸이 된 지 20년 만에 인구 200만 명의 지도자가 되었다. 그들 대부분이 부족 간 네트워크와 편의에 따른 충성이라는 양대 요건을 행동의 지침으로 삼고 있던 이주성 유목민이었다. 그랬던 그들이 이제는 테무친 아래에서 커져가는 야망으로 추동되고, 새로운 범 몽골 정체성으로 결합된 것이다. 그들의 아사비야를 묶어준 비밀이 그것이었다. 부족들이 결합되고, 아니 최소한 반대 세력이 진압되자 테무친의 말은 이제 1,600킬로미터에 걸친 중앙아시아, 중국에서 카자흐스탄으로 이어지는 동서 지역, 북쪽의 바이칼 호수에서부터 남쪽의 고비 사막으로 이어지는 965킬로미터의 지역에서 법이 되었다.

병인년丙寅年인 1206년에는 테무친이 쿠릴타이(몽골 제국의 장로들이 중요한 국사를 결정할 때 소집되었던 모임/역자)를 소집해 자신의 지위를 공고히 했다. "펠트로 둘러쳐진 천막에 거주하는 사람들"의 이 정기 모임은 몽골 부족들이 한데 모여 유혈 사태 없이 불만을 해소하고, 새로운 규정이나 법률을 제정하며, 장래 계획을 세우고, 이번 경우처럼 새로운 지도자를 추대할 수 있는 중요한 기회였다.[45] 1206년의 쿠릴타이는 오늘날의 러시아, 몽골, 중국의 국경이 만나는 곳 가까이에 있는 오논 강의 수원 곁, 부족의 정신적 기반이 있는 장소에서 개최되었다. 공기가 맑고 칼바람이 쌩쌩 불며 계곡의 사면들이 시베리아 낙엽송과 소나무들로 뒤덮인, 아름다우면서도 황량한 침엽수림 지대(타이가)였다. 테무친이 양육되고, 그의 어머니가 식량을 구하러 다닌 장소가 그곳이었다. 『몽골 비사』에는 그것이 다음과 같이 생생히 묘사되어 있다.

머리에 긴 모자를 꾹 눌러쓰고,

허리끈을 질끈 동여매

치마 길이를 짧게 하고는,

오난Onan(원문 그대로의 표현) 강가를

오르내리며,

그녀는 야생 능금과 귀룽나무 열매를 채집해,

밤낮으로 아이들의 주린 배를 채웠다.[46]

이제 40대 초반의 테무친은 어린 시절의 그 고향으로 돌아와 자신의 흰 천막 앞에 9개의 백색 깃발을 높이 걸어놓고, 일개 부족의 장과 몽골족의 수장에서 미래의 세계 황제로 탈바꿈했다. 새롭게 가지게 된 그의 호칭은, 그것을 어떻게 해석하는 것이 정확할지—흉포한 지도자가 맞을지 혹은 세계의 지도자가 맞을지—가 여전히 논쟁 거리로 남아 있다. 그러나 큰 매가 그 인물의 특성을 분명하게 예측해주었듯이, 칭기즈 칸이라는 호칭도 모든 사람을 지배하도록 신들이 보내준 지도자임을 나타내려는 의도로 정해졌던 것이 분명하다.

칭기즈 칸은 "몽골족을 정비하며" 그다음 몇 주일을 보냈다.[47] 가족과 부족의 결속을 새롭게 하고, 그의 전사들을 천호千戶라는 99개 군사조직으로 편제하며, 그를 지지하는 사람들에게는 상을 내리고, 향후 나아갈 바를 검토했다. 몽골족은 이때까지는 그들만의 테두리 안에 갇혀, 절대적으로 필요한 경우가 아니면 지역적 대결을 피해왔다. 하지만 이제는 지역 강국이었으므로 칭기즈 칸은 몽골 제국의 팽창을 위해 장기적 안목으로 대담한 계획을 수립했다. 처음에는 동쪽, 그다음에는 서쪽으로 나아가며, 세계에서 유목민의 영향력이 극대화될 지역들 중 하나에서 전 세계로 뻗어나갈 계획을 세웠다.

그렇다면 칭기즈 칸은 왜 몽골족 전통을 깨뜨리고 자신의 고향 땅을 떠나려고 했을까? 왜 대다수 왕들의 야망을 억누를 만큼 충분히 광대했던 중앙아시아의 지배권을 가시는 데에 만족하지 못했을까? 서구의 역사서들은 칭기즈 칸의 삶에 일어난 이 변곡점을 북쪽의 갈리아에 이어 잉글랜드로 진격한 율리우스 카이사르나, 체코슬로바키아와 폴란드를 점령했던 히틀러에 비교하고는 한다. 그런 시각에서 바라보면 칭기즈 칸의 인생에 찾아온 변곡점도 자원이나 수입원을 얻을 욕심이나 필요에 따른 정치적 동기처럼 여겨진다. 하지만 칭기즈 칸의 계획은 일개 부족 지도자가 전진을 멈출 경우에 벌어질 일이 두려워 변덕스럽게 세운 것이 아니었다. 폭넓은 몽골족 관점에 따르면, 심지어 그 움직임은 그의 결정에 의한 것도 아니었다. 그것은 신이 정해주고 재가한 운명이었다. 그러니 그것을 실현하는 것 역시 단순한 전쟁 선언이 아니라, 하늘 신, 창천의 신, 즉 텡그리의 뜻을 수행하는 것이었다.

칭기즈 칸은 그보다 800년 앞서 살았던 훈족의 아틸라와 그보다 170년 뒤에 살았던 티무르와 더불어 지금도 그 이름이 울려 퍼지는, 역사기를 통틀어 몇 안 되는 유목민 지도자들 중 한 명이다. 칭기즈 칸의 이름이 최소한 서구에서는 다른 유목민 지도자들보다 더 친숙하게 들리는 것도, 그가 도시들을 불사르고 유라시아 전역을 초토화시킨 냉혹한 인물, 2,000만, 3,000만 혹은 심지어 4,000만 명이나 되는 사람들의 피로 자신의 손을 적신 도살자, 가장 흉악하고 복수심에 불타는 살인자로 각인되어 있기 때문일 것이다. 그가 죽인 사람 수에는 논란의 여지가 있고 어느 쪽이든 입증도 불가능하지만, 그 주장들 모두 딱히 잘못된 점은 없다. 하지만 그 인물과 그의 종족들에 대해서는 많은 것이 그렇듯이 더 고려해야 할 사항이 있고, 정정해야 할 것도 많다. 흔히 그를 충동적인 야만인 무장으로 그리고 있는 것만 해도, 기록에 따르면 그는 면밀하게 전략을 세운 사람이었다. 그가 복수의 화신으로 기억되는 것도, 그의 어린 아내 보르테를 납치한 유목민을 추적해 죽이기는 했지만, 호메로스의 작품에 나오는 그리스 영웅들이 헬레네를 되찾아오겠다고 1,000척의 배를 보내 트로이에 가서 행한 일을 넘어서지는 않는다.

그것보다, 그의 성적 취향과 그가 자신의 유전자를 퍼트리는 데에 관대했다는 전설—오늘날 살아 있는 남성 200명 가운데 1명이 그의 유전자를 지니고 있다는—보다 우리가 더 기억해야 할 것은 그가 이룩한 업적이다. 그는 로마 제국보다 2배 이상이나 큰 제국을 건설했다. 최소한 팍스 로마나에 버금갈 변화를 불러온 평화, 즉 팍스 몽골리아나를 실현하기도 했다. 그는 우호적이고 허심탄회했을 수도 있었다. 가장 중요한 것은 그가 편견과 싸우며 법규에 따라 자신의 대제국을 통치했다는 점이다. 몽골의 법체계 한쪽에는 살인과 간통을 하면 사형에 처한다는 규정이 있었지만, 다른 쪽에는 신앙의 자유를 용인하고 심지어 권장한다는 조항도 있었다. 거대한 몽골 영토 내에 사는 사람은 누구든 불교, 이슬람교, 유교, 조로아스터교, 유대교, 기독교, 정령 숭배, 심지어 무교까지 마음대로 종교를 신봉할 수 있었다.

누구 못지않게 편견을 퍼뜨릴 능력이 있었던 에드워드 기번도 "우리의 경탄과 칭찬을 가장 많이 받을 가치가 있는 것은 칭기스(원문 그대로의 표현)의 종교 정책이다"라고 쓸 만큼 양심의 자유를 인정해준 몽골에 특히 깊은 인상을 받았다. 기번은 칭기즈 칸의 아시아가 그의 국경 개방과 양심의 자유 정책 덕에 번영을 구가할 동안, 군주국 프랑스는 국왕들과 교황권이 이단으로 간주한 기독교 종파, 즉 카타리파(알비파)를 탄압하기 위해서 군대를 출동시켰다는 사실도 알고 있었다. 프랑스 남부로 향한 이 알비 십자군 원정으로 죽은 기독교도는 최소 20만 명, 아니 어쩌면 그 것의 5배일지도 모른다. 기번은 계속해서 이렇게 썼다. "언어도단적 행위 를 잔학함으로 변호한 유럽의 가톨릭 종교 재판관들은 아마 철리哲理의 이치를 예측하고 순수한 유신론과 완전한 관용 체계를 자신의 법규로 확 립한, 한 야만인이 보여준 모범에 혼란을 느꼈을 것이다."[48]

한 무리의 새들 같은

신의 은총에 의해서든 아사비야의 힘에 의해서든 1206년 오논 강변에서 쿠릴타이를 개최하고 10년 뒤, 칭기즈 칸은 이주성 세계뿐 아니라 중국 의 많은 지역도 포괄하는 지배자가 되었다. 몽골 전사들이 가장 잘하는 것이 기마였는데, 유목이든 수렵이든 스텝 지대의 삶에서 기마가 차지한 중요성을 감안하면 당연한 일이었다. 풀을 잘 뜯어먹어 따로 마초를 준 비할 필요가 없었던 스텝 지대의 조랑말을 타고 합성궁으로 무장한 몽골 전사들은 치명적이었으며, 속력으로 기동성을 발휘할 수 있었던 탁 트인 땅에서는 그들이 특히 효과적이었다. 그러나 몽골 전사들은 다른 종류의 전투에는 그리 능숙하지 못했다. 포위 공격 때만 해도 전투원들 모두가 힘겨워했다. 유목민들에게는 말의 먹이가 될 초원을 찾는 일도 부담이었다. 몽골 기마병들이 말 여러 마리와 함께 몇 달씩 이동해야 했다는 점이 문제를 더 심각하게 만들었다. 몽골군이 포위 공격 없이 항복하는 마을 이나 도시들에 종종 관용을 베풀던 것도 무엇보다 그런 이유가 컸다. 그 것은 또 그들에게 반항하는 도시들을 몽골군이 왜 초토화했는지도 설명 해준다. 실제로 많은 중국의 도시들이 몽골군에 맞섰다가 황폐화되었는 데, 그중에는 지금은 베이징으로 알려져 있고 1215년 몽골군에게 초토화 되었던 대도大都(나중에 원나라의 수도가 되는 곳/역자) 부근의 금나라 수도 도 있었다. 몽골군이 자신들에게 맞선 도시들을 무참하게 짓밟았던 것은 유혈을 좋아했기 때문이 아니라, 다른 도시들이 저항을 하지 못하도록 본때를 보여주기 위함이었다.

칭기즈 칸은 황허의 비옥한 범람원을 차지한 뒤에는 군대의 대부분을 중국에서 철수시켜 서쪽의 중앙아시아로 향했다. 이곳에서도 다른 지역 에서처럼 흉포함과 관대함을 적절히 구사했으며, 엄청난 성공도 거두었 다. 격렬하게 저항했을 위구르족마저 그의 종주권을 인정했다.

정복자 칭기즈 칸에게 위구르족과의 연합은 상당한 의미가 있었다. 이 제는 몽골 영토가 된 곳의 많은 지역이 전에는 그들 지배하에 있었기 때 문에 특히 그랬다. 위구르족은 힘이 약해지자 타클라마칸 사막 위에 있 는 타림 분지 북쪽에 정착하고는 실크로드 주변에 놓인 주요 무역 통로 들 가운데 하나를 통제했다. 그것이 그들을 무역과 함께 동과 서를 이동 하는 세력과 그들의 생각들에 노출시켰다. 위구르족은 또 불교와 네스 토리우스파 기독교 등의 다양한 종교들도 편하게 받아들였다. 그런 종 족의 지도자들이 이제 떠오르는 강국과 제휴함으로써 정치적으로도 기 민할 수 있음을 보여준 것이었다. 비몽골계 종족이 그런 행동을 보인 것 은 그들이 처음이었다. 칭기즈 칸은 칭기즈 칸대로 위구르족이 여태껏 고립되어 있던 자신의 종족에게 좀더 세련된 세계관을 심어줄 수 있을 것임을 알아차렸다. 위구르족은 문해율이 남달리 높아, 새로운 제국에서 서기관, 행정관, 기록관, 교사로도 일할 수 있었다. 칭기즈 칸의 아들들도 타타르 통가로 불린 위구르족에게 교육을 받았다. 몽골은 이렇게 위구르 칸국을 곁에 두고서, 자신들이 구사하는 외교적 구애 정책의 성공을 바라며 위구르족에 이웃한 호라즘 왕조를 향해 서쪽으로 계속 나아갔다.

대칸Great Khan은 농지를 목초지로 바꾸고 싶어하는 자신의 스텝인 본능을 억제하는 법도 배워가고 있었다. 중국의 궁정에서 일한 경험이 있는 조언자들이, 정주민을 이전처럼 계속 살게 해주면 득이 되리라는 것, 특히 그들과 거래하면 부를 얻게 되리라는 점을 그가 깨닫도록 도와주었다. 칭기즈 칸이 호라즘의 샤인 알라 웃딘 무함마드 2세와 메시지를 주고받은 것도 그런 유의 통상관계를 수립하려는 의도에서였다. 1218년 그는 호라즘의 샤에게 사절단을 파견했다. 선물도 함께 들려 보냈는데, 그중에서 가장 인상적이었던 것은 전용 손수레가 따로 필요했을 만큼 크기가 어마어마한 금괴였다. 몽골 사절단은 이 선물과 함께, 무슬림 지역인 서쪽에서 생산되는 곡물과 직물을 호라즘이 공급해주면 그 대가로 칭기즈 칸은 몽골과 중국 시장들에 대한 접근권을 제공할 수 있다는 제안서도 가지고 갔다. 칭기즈 칸은 사절단에게 호라즘의 샤에게 이렇게 말하라고 시켰다. "나는 동쪽 지역의 군주, 귀하는 서쪽 지역의 군주올시다! 우리가 우호와 평화 속에 오래 살 수 있기를 기원합니다.……내 땅에서 나는 일반 물품이 귀하의 땅으로 운송되고 귀하의 땅에서 나는 일반 물품이 내 땅으로 운송되는 일도 [오래 지속되기를 기원합니다.]"[49] 칭기즈 칸은 그의 사절단 외에 낙타 500마리분의 상품을 싣고 가는 교역 사절단에도 재정을 지원해주고, 호라즘인들의 정서를 고려해 사절단의 구성원도 무슬림으로 뽑았다. 혹시 모를 불상사에 대비해 몽골 기병 100명으로 구성된 경무장 호위 부대도 그들에게 딸려 보냈다.

호라즘 영토에서 카라반이 맨 먼저 들른 곳은 지금의 카자흐스탄에 있는 도시 오트라르였다. 오트라르는 고대에는 약사르테스 강으로 알려진 시르다리야 강변의 오아시스 도시로, 알렉산드로스 대왕이 창건한 제국의 최북단 지역이자, 스텝 지대와 카라반 도시들 사이에 위치한 중요한 교역지였다. 도시의 총독은 샤 무함마드의 친척이었다. 그런데 그는 카라반이 도착하자, 사절단의 체포를 명령했다. 그가 외국인들 모두와 문제가 있었는지, 특별히 몽골족과만 문제가 있었는지, 아니면 그들의 물품을 가로챌 욕심이 있었는지, 그것도 아니면 주군의 명령을 따른 것인지는 확실하지 않다. 동기야 어찌되었건, 그는 교역 사절단에 간첩 혐의를 씌웠다. 몽골인들로서는 총독이 부과한 간첩 혐의나 사형 선고에 상소할 길이 없었다. 하지만 그런 운명적인 일에는 가끔 있는 일이듯, 그 사건에도 생존자가 한 명 있었다. 총독의 병사들이 상인들을 체포하던 바로 그 순간에 소변을 보러 간 낙타 몰이꾼이 있었던 것이다. 그가 자리를 비운 사실은 모른 채 지나갔고, 돌아온 그는 무슨 일이 벌어졌는지를 목격했다.

오트라르의 함정을 벗어난 낙타 몰이꾼은 허둥지둥 국경을 넘어 몽골의 칸 궁정으로 갔다. 칭기즈 칸은 그의 이야기를 듣고 보통 때와 달리 침착한 반응을 보였다. 잔혹한 복수를 다짐하는 대신, 호라즘 왕조에 보상할 기회를 준 것이다. 그는 이번에도 호라즘의 종교적 신념을 존중해 무슬림으로 구성된 사절단과 몽골인 2명을 보내, 오트라르 총독을 몽골에 넘겨 처벌받게 하라고 요구했다. 하지만 샤는 다른 생각을 가지고 있었다. 몽골인들을 처형하고 무슬림 사절단은 턱수염을 깎는 수모를 주어

주군에게 돌려보낸 것이다.

어쩌면 샤 무함마드는 최근에 거둔 일련의 군사적 승리로 차지하게 될 옛 페르시아 제국의 많은 영토, 뛰어난 군대, 강력하게 방어되는 다수의 도시들에 우쭐하여 담이 커졌을 수도 있다. 몽골군의 공성전 기술이 형편없다는 것도 물론 알고 있었다. 어쩌면 그는 모욕을 두 번이나 당하고도 몽골이 이렇다 할 반응을 보이지 않고 침묵하는 것에서 용기를 얻었을지도 모른다. 하지만 1219년 칭기즈 칸은 자그마치 12만 명이나 되는 군대의 선두에 서서 국경을 넘었다.

서구의 역사서는 칭기즈 칸과 그의 몽골인 무리를 갓난아기들의 내장을 끄집어내고 산 사람의 가죽을 벗기고 도시를 불태우고 농지를 짓밟는 행위를 재미있다고 생각하는 피에 굶주린 살인마로 그리는 것이 보통이다. 하지만 몽골족의 공식 역사서인『몽골 비사』는 기세등등한 칸의 성격의 또다른 측면을 묘사하면서, 호라즘의 샤가 자신을 모욕했다는 소식을 듣고 칭기즈 칸이 "어떻게 나의 '황금 고삐'를 끊어놓는 짓을 할 수 있지?"라는 물음으로 대응했다고 말한다. 여기서 황금 고삐란 칭기즈 칸과 그에게 충성을 빚진 사람들 간의 유대를 뜻한다. 몽골인들은 이 유대를 신이 재가한 것이기 때문에 신성하다고 여겼고, 그러므로 그것이 끊기면 복구하고 질서를 회복해야 한다고 생각했다. 그렇게 해서 몽골인들은 그들 말대로라면,

복수를 하러,
잘못을 되갚아주러 갔다.……[50]

『몽골 비사』에 따르면 칭기즈 칸의 부인 중 한 명이 그 또한 죽음을 피

할 수 없으리라고 보고, 출정하기 전 그에게 그를 이어 대칸이 될 사람을 생각해두라고 제안했다고 한다. 당신도 영원히 살 수는 없다고 하면서 그녀가 이렇게 말했다는 것이다.

당신의 몸이 거대한 고목처럼,

쓰러지면,

뒤엉킨 삼과도 같은

당신의 종족을 누구에게 남기시렵니까?

기둥의 초석과도 같은 당신의 몸이

무너지면,

한 무리의 새들 같은

당신의 종족을 누구에게 남기시렵니까?[51]

그러자 칭기즈 칸은 네 아들에게 계승 문제에 종지부를 찍으라는 분부를 내렸고, 아들들은 모두 잘못을 되갚아주고 질서를 회복하기 위해서 떠날 채비를 했다.

샤 무함마드도 드넓은 평원에서 몽골 전사들이 얼마나 위협적일 수 있는지를 알고 있었다. 몽골 기병과 궁수들은 평원에서 가장 치명적이었기 때문이다. 몽골 전사들은 "용감하고 두려움이 없으며, 전쟁이라는 고난 앞에서 보여주는 용기와 굳건함, 창으로 찌르고 검으로 꿰찌르는 솜씨에서는 누구도 그들의 상대가 될 수 없다."[52] 하지만 또한 그는 몽골인들은 유목민이고, 공성전을 지속하는 데에 늘 애를 먹는다는 사실도 알고 있었다. 그가 몰랐던 것—그리고 그의 스파이가 보고하지 않았던 것—은, 몽골 지휘관들이 중국 원정에서 배운 것이 많다는 사실이었다. 스텝 지대에서 오트라르 쪽으로 난 길을 따라 삐걱대고 덜커덩거리며 길게 행렬을 지어 내려가는, 지평선 저 너머까지 뻗어나간 소달구지들에는 거대한 합성궁과 높은 성벽 너머로 불화산과 다른 인화물질을 쏠 망고넬(지렛내 투석기/역자), 사람 크기만 한 돌을 날릴 또다른 투석기, 공성탑을 만드는 데에 필요한 모든 자재, 성벽을 올라갈 때 쓸 사다리 등등이 실려 있었다.

샤 무함마드도 시간을 헛되이 보내지는 않아, 공백기에 가외의 세금을 징수하여 도시의 방어 시설을 강화하고 용병을 고용해 병력도 충원했다. 최근에 행한 군사 원정의 성공으로 사마르칸트와 타슈켄트 같은 도시들, 페르가나 계곡 등의 상당한 영토도 제국에 포함시켰다. 하지만 바그다드로 진군했다가 자그로스 산맥의 눈에 묻혀 군대의 상당 부분을 잃었을 때처럼, 그는 오판을 하기도 했다. 따라서 그 모든 허장성세에도 불구하고 호라즘이 몽골군의 결연한 의지와 기량을 이겨내기에는 준비가 부족했던 것도 놀랄 일은 아니다. 호라즘 군대는 궤멸되고 막대한 인명 피해를 입었다. 하지만 그것도 시작에 불과했다. 호라즘의 도시 사마르칸트는 1208년 샤 무함마드에게 점령된 뒤 신속하게 제국의 행정수도 겸 실크로드의 주요 교역 중심지들 가운데 하나가 되었다. 부하라도 이슬람권 최대의 도시들 중 하나이자 제국의 종교 중심지 그리고 학자들의 피난처였다. 구르간지(코네우르겐치) 또한 북서 통상로와 동서 통상로라는 요지에 위치한 덕분에 막대한 부를 얻고 있었다. 몽골의 지도자들은 이 각각의 도시들 앞에서 진격을 잠시 멈추고, 총독들에게 성문을 열라고 요구했다. 조건은 언제나 그렇듯 똑같았다. 몽골의 종주권을 인정하고 대개는 금의 형태로 된 공물을 바치면 도시와 주민은 안전하리라는 것이었다. 하지만 총독들은 자신들의 도시가 몽골 군사의 예봉鋭鋒을 막아낼 수 있으리라 확신하고, 항복하지 않았다.

몽골군은 성벽이 파열되거나 해자가 메꿔져 성문이 저절로 밀려날 때까지 도시들에 화살과 나프타 탄을 밤낮없이 계속 쏟아부었다. 구르간지에서는 원정 2년째였던 1221년 물살의 힘을 이용해 성벽 아래에 구멍을 뚫을 요량으로 강의 흐름까지 바꾸었다. 그러고 나서 맨 먼저 강습 부대가 물밀 듯이 성 안으로 밀고 들어갔는데, 이들의 다수는 적의 공격에 인간 방패로 이용된 호라즘의 포로들이었다. 최초의 유혈 충돌이 끝나자 몽골 전사들이 성 안으로 진입했고, 그 결과는 언제나 그렇듯 피범벅이었다. 도시의 원로와 이맘들은 도시가 함락되었거나, 혹은 함락될 처지에 놓이자 화의를 구걸했다. 몽골군은 대개 이런 사람들이 항복을 거부한 대가를 볼 수 있을 때까지 살려두었다. 장인과 예술인들은 그들의 기술이 필요한 곳으로 보냈고, 예쁜 여자들은 다수의 귀족이나 궁중의 하렘으로 보냈다. 병사들에게 강간당하는 여자들도 있었으며, 그 두 가지를 동시에 당하는 여자도 있었다. 몽골군은 나머지 주민들은 칼로 베어 죽였다. 도망치거나 숨지 못해 그렇게 죽어간 사람이 수만 명, 때로는 수십만 명에 달했다. 그것이 최소한 전투가 끝나고 벌어진 일을 설명하는 한 가지 버전이었다. 하지만 실제로는 칭기즈 칸이 성채나 모스크에서 저항하고 숨어 있던 사람들만 죽이고, "어떤 형태로든 [다른] 주민들은 괴롭히지 않았을" 공산이 더 크다.[53] 목숨을 부지했다고 해서 삶이 편한 것은 아니었던 것이, 그런 사람들은 몽골군에 징집되는 일을 감수하거나 노동에 이용되었기 때문이다.

몽골군이 호라즘에서 한정적으로 폭력을 행사했던 것은 얼마간, 아직도 몽골의 진격에 저항하는 동쪽의 중국, 북쪽의 러시아, 그리고 페르시아와 아랍 지역 너머의 유럽에 메시지를 보내려는 의도에서였다. 몽골에 저항해봤자 헛수고라는 메시지였다. 테무친은 자신을, 전 세계가 그의 제국의 일부임을 주장하도록 창천의 신이 보낸 사람이라고 믿었다. 비록 그에게 맞선 사람들 대부분은 그를 또다른 정복자에 지나지 않는 것으로 간주했지만 말이다. 종교적 신념이 새로운 세계 지배자에게 동조한다는 이유가 되기에 충분하지 않다면, 피에 물들었던 지난 몇 년간 죽어간 사람들의 머릿수는 그 이유가 되기에 충분할 수도 있었다. 게다가 중앙아시아의 가장 부유한 일부 지역이 황무지로 변하고 옥토가 다시 황량하게 버려지며, 가장 강력했던 몇몇 도시들이 초토화되고, 아프가니스탄의 여러 미관美觀이 사라지고, 전설적인 지하 수로들이 포함된 페르시아의 핵심지들이 자취를 감췄다는 사실까지 알면 새로운 지배자에게 동조할 수 있을지도 몰랐다. 수십만 명, 아니 어쩌면 수백만 명일지도 모를 사람들이 쇄도하는 몽골군의 물결을 피해 달아났다. 아랍 역사가인 이븐 알 아티르도 일반인들의 감정에 공명하며 "아아, 어머니께서 나를 낳지 않으셨다면 좋았을 것을. 좀더 일찍 죽어 잊힌 사람이 되었다면 좋았을 것을"이라고 썼다. 그의 생각에 몽골군의 공격이 가져온 "재난"의 결과는 이 세상에 일어난 그 어느 재앙보다 끔찍했고, 무슬림은 그중에서도 가장 심대한 타격을 입은 듯 보였다. 그는 계속해서 "적그리스도"는 최소한 적들만 죽였지만 몽골군은 "아무도 남겨두지 않았다"고 썼다.[54]

알 아티르는 철저한 검토 없이 글을 쓴 것이 확실하다. 몽골군은 엄청난 학살을 자행했지만, 자비도 베풀었다. 몽골에 쓸모 있거나 가치 있는 사람들에게는 특히 그랬다. 전해지는 바에 따르면 호라즘의 도시 히바를 포위 공격하기 전에도 칭기즈 칸은 수피 종단의 창시자인 샤이크 나짐 알 딘 쿠브라에게 안전하게 통행시켜주겠다는 메시지를 보냈다고 한다. 하지만 샤이크는 차라리 순교자로 죽겠다고 하면서 그의 제안을 거부하고, 자신이 전투에 참가하는 동안 제자들만 도시를 떠나게 해주었다는 것이다. 그 결과 그는 참수되고, 유해는 그의 고향 도시인 구르간지에 묻혔다. 하지만 이 이야기에는 칭기즈 칸을 피에 굶주린 인물로 대서특필한 글이, 그렇게 쓴 사람들 대부분이 본인들이 묘사한 사건들을 목격하지 못했으면서도 다수의 아랍, 페르시아, 유럽 작가들이 야만인으로 간주한 몽골족에 대한 편견을 부추기기 위해서 부풀린 것이었다는 암시가 나타나 있다.

시신 수야 어찌되었든, 몽골의 침공으로 혼돈이 초래되었던 것은 분명하다. 하지만 그 혼돈 속에서는 변화 그리고 가장 위대한 인간의 몇몇 업적도 나왔다. 당시 이동 중이던 사람들 중에 지금의 북아프가니스탄에 있는 도시 발흐 출신의 바하 웃딘 왈라드라는 신비주의자 겸 법학자가 있었다. 호라즘의 많은 사람들이 그랬듯이 바하 웃딘도 죽음을 무릅쓰기보다는 고향을 떠나기로 결심했고, 그의 제자 몇 명도 그의 뒤를 따라와 그와 그의 가족은 서쪽으로 이동했다. 처음에는 바그다드로 가고, 그곳에서 메카로 순례 여행을 하며, 나중에는 북쪽의 비옥한 초승달 지대를 지나, 그곳이라면 몽골의 힘이 미치지 못하리라는 기대를 안고 중부 아나톨리아로 향했다. 그런데 이 여정에서 바하 웃딘 왈라드는 알 아타르(파리두딘 아타르)라는 저명한 수피 시인을 만났다. 전해지는 바에 따르면 알 아타르는 자신을 향해 다가오는 바하 웃딘과 그의 10대 아들을 보고, 바다 뒤로 대양ocean이 따르고 있음을 알아차렸다고 한다. 여기에서 말하는 "대양"은 조만간 신비주의 시로 명성을 얻게 될 바하 웃딘의 아들 잘랄 웃딘 알 루미였다. 수피들과 다른 많은 사람들에게는 "우리의 스승"을 뜻하는 모울라나로 불리기도 하지만, 일반적으로는 루미로 더 잘 알려진 인물이다.

루미도 만물은 돌고 돈다는 순환성에 내포된 위험을 간파하고 있었다.

하지만 운명의 바퀴는 필연적으로 돈다고 믿고 회복에 대한 희망에서 안심과 위안을 찾았던 이븐 할둔과 달리, 루미는 그의 추종자들에게 사물을 다르게 바라보고 "시간의 순환에서 벗어나라"고 권고했다.

유목민 제국

그들은 여전히 유목민이었다. 그러나 4년에 걸친 서방 원정이 끝난 1223년 무렵에는 몽골 제국이 캅카스 지역에서 카스피 해 연안과 고려, 그리고 태평양까지 7,250킬로미터나 뻗어나갔다. 그 시점에는 칭기즈 칸도 그의 차지가 된 여러 궁궐들 중의 한 곳에 자리를 잡거나 구르간지, 사마르칸트 혹은 이제는 그의 제국의 일부가 되었고 학살이 벌어졌음에도 불구하고 다시 번영을 누리고 있는 다른 여러 도시들에서 왕으로 군림할 수도 있었을 것이다. 콘스탄티노플이나 로마를 정복할 수도 있었을 것이고, 그랬다면 "세계의 황제"라는 칭호도 그의 어깨에 사뿐히 내려앉았을 것이다. 그는 아바스 왕조의 본을 따라 새로운 수도를 건설할 수도 있었다. 하지만 칭기즈 칸은 그러는 대신 유목민이 하는 일을 했다. 오르콘 계곡에 있는 자신의 여름 목초지, 즉 "검은 천막들"의 땅으로 알려진 친숙한 예전 야영지인 카라코룸으로 돌아온 것이다. 현재 카라코룸Qara

Qorum(오늘날에는 Karakorum이 더 흔한 명칭이다)에는 몽골 제국의 유적이 미미하게만 남아 있다. 정복자의 물결이 세월과 풍화가 시작해놓은 일을 끝내고, 한때는 찬란했던 유목민 도시를 초토화시킨 탓인데, 그 가장 최근의 물결은 20세기 말 러시아의 지원을 받은 몽골 공산주의자들이었다. 하지만 1223년부터 30년간은 카라코룸이 몽골 제국의 중심지였으며, 그러니—19세기와 20세기의 상당 기간 동안 런던이 그랬던 것처럼—세계의 수도이기도 했다. 몽골 제국에는 연결성이 좋고 부유하여 카라코룸보다 행정수도가 되기에 더 적합한 곳이 많았다. 하지만 그는 올바른 판단력을 지닌 사람임을 확인시키며 카라코룸을 수도로 선택했다.

카라코룸이 위치한 오르콘 계곡은 낮은 언덕들로 둘러싸여 있고, 오르콘 강이 굽이굽이 흐르며 지나가는 곳이다. 이상적인 미기후微氣候(지표면과 가까운 좁은 범위의 기후/역자)가 나타나는 축복받은 지역이면서, 몽골의 말과 가축 무리에 좋은 목초도 넉넉히 자라는 곳이다. 하지만 칭기즈 칸에게 가장 중요했던 것은 아마 유목민들 사이에서 그곳이 점하고 있는 신성한 위상이었을 것이다. 1,000년 전에는 그 계곡이 흉노족의 땅이었으며, 그다음에는 유목민인 돌궐족이 그곳을 수도로 삼았다. 8세기에는 돌궐족을 제치고 위구르족이 그곳으로 들어왔다. 위구르족은 카라코룸에서 북서쪽으로 25킬로미터 떨어진 오르두 발리크에 거대한 중심 도시를 세웠다. 시장 겸 왕도王都의 용도로 지어진 성채에는 전설적인 황금 천막도 완비되어 있었다. 현재로서는 오르콘 계곡의 어떤 바위에 종교적 의미가 있었는지, 혹은 그 장소에서 한때 어떤 조짐이나 전조가 나타났는지는 알 수 없다. 그러나 그 계곡이 오랫동안 동쪽 스텝 유목민들의 물리적, 정신적 고향이었던 데에는 나름의 이유가 있을 것이다. 그곳을 이제 몽골이 차지한 것이다.

새 황제의 오르콘 계곡 정착은 부족의 정체성을 강화하고 그의 아사비야를 단단하게 하는 데에 도움이 되었다. 몽골의 칸은 바그다드의 아바스 칼리프들과 달리 새로운 수도에서 그의 종족과 함께 살았다. 800년 전의 아틸라가 그랬을 법하게, 그는 어느 중국인 현자에게 이렇게 썼다. "나는 미개한 북방에 살면서 소와 말을 치는 목부들이 입는 것과 같은 의복을 입고, 그들이 먹는 것과 같은 음식을 먹습니다. 우리는 희생도 같이 하고 재산도 같이 나눠 가집니다." 그 스스로 "무분별한 열정"이라고 부른 것 없이 사는 삶에 대해서 칭기즈 칸이 한 말은, 몽골 제국의 수도를 찾았다가 그를 본 외국인들에 의해서도 확인되었다. 그가 신하들이 먹는 것과 똑같은 음식—산토끼, 사슴, 멧돼지, 마멋, 그리고 사냥을 했을 때는 영양, 그렇지 않으면 오르콘 강에서 잡은 물고기와 기르는 양의 고기—을 먹는 모습을 본 것이다.

카라코룸 역시, 1206년에 열린 쿠릴타이 이후 20년에 걸쳐 칭기즈 칸이 축적한 거대한 부와 힘에도 불구하고, 그가 도착하기 전에 세웠다가 1226년처럼 정복자가 이동하면 철거하는 유목민의 유르트 촌과 별반 다르지 않았다. 이번에 그가 향한 곳은 동쪽의 황허 유역이었다. 그는 중국의 핵심지에 대한 지배력을 공고히 하기 위해서 그곳으로 향했다. 그런 뒤 이듬해에는 카라코룸으로 돌아왔고, 이번에는 영원히 수도에 머물렀다. 『몽골 비사』에는 그 이유가 "그가 하늘로 올라갔기" 때문이라고 적혀 있다.[55]

칭기즈 칸에 대한 다수의 내용이 그렇듯이 그의 사망 원인에 대해서도 여러 가지 설이 있다. 한 기록에는 그가 말에서 떨어지는 가장 유목민다운 사고를 당했다고 제시되어 있다. 티베트 연대기에는 칭기즈 칸이 그가 공 중이던 서하의 왕녀들 가운데 한 명과 성교를 한 뒤에 죽었다고 나와 있다. 그녀의 음부에 칼이 숨겨져 있어서 출혈로 죽었다는 것이다.[56] 하지만 마르코 폴로가 기록했듯이, 그보다는 전투 중에 입은 부상으로 죽었을 공산이 더 크다.

그때쯤에는 몽골족도 어느 정도는 민주적으로 대칸을 뽑는 절차가 완비되어 있었다. 이듬해인 1229년 케룰렌 강변의 코데에 아랄에서는 왕자들과 귀족들이 참석한 가운데 쿠릴타이가 개최되어 칭기즈 칸의 죽음을 애도하는 한편으로 그의 후계자를 뽑는 투표가 실시되었다. 후계자를 정하는 데에 엄격한 준칙은 없었지만, 몽골의 관습은 막내아들의 왕위 계승을 지지했다. 그렇게 해서 칭기즈 칸의 막내아들 툴루이가 선거에서 후계자로 뽑혔으나, 그는 몽골 제국 전역에 대한 지배권은 부여받지 못했다. 그는 몽골 본토의 지배권만 보유하고, 제국의 나머지 지역은 그의 형제들에게 배분되었다. 형제 한 명에게는 트란스옥시아나, 다른 형제에게는 동쪽 영토, 또다른 형제에게는 지금의 러시아에 있는 극서 지역의 지배권이 돌아갔다. 그로부터 2년 뒤에 두 번째 쿠릴타이가 개최되었고, 이번에는 왕자들과 귀족들이 동쪽 지역의 지배자인 오고타이에게 대칸의 호칭을 주기로 합의했다.

칭기즈 칸의 셋째 아들인 오고타이는 대단한 활동력을 지닌 인물이었다. 삶에 대한 욕구와 삶이 주는 온갖 쾌락욕도 강했다. 그는 특히 사냥과 음주를 좋아했다. 또한 향후 10년에 걸쳐 다수의 원정 과정에서 사로잡은 장인과 직인의 소규모 군단을 이용하여 유르트 촌이었던 카라코룸을 제국적 위상을 갖춘 영원한 도시로 바꿔놓기도 했다. 견고한 건축물들을 세우고 장식하며, 오르콘 계곡 아래의 넓은 땅을 농지로 개간하고, 중국과 연결되는 교통로를 닦아내어 도시의 식량 공급에도 차질이 없게 했다.

기독교권의 많은 사람들은 악행, 흉포함, 무자비함 같은 야만인의 호칭에 들러붙어 있는, 모두 명백히 과장된 표현들만 가지고 몽골인을 유목민 야만인으로 간주했다. 하지만 그들의 야만성에 대한 진실이 무엇이든, 몽골인은 이제 세계의 지배자였다. 유럽이 동방으로 줄줄이 사절단을 파견한 것도 그런 이유에서였다. 하지만 그들이 사절단을 파견한 이면에는 몽골 제국 내에서 창출되는 막대한 부를 나눠 가지려는 욕구 외의 또다른 주요 동기가 있었다.

　첫 번째 동기는 1241년에 벌어진 일에 대한 기억이었다. 그해에 몽골군은 오고타이의 명령에 따라 유럽으로 진군했다. 이 진군으로 루스 공국들, 헝가리, 폴란드가 황폐화되었고—헝가리 인구의 절반이 몽골군의 도나우 강 도하 이후에 벌어진 전쟁으로 목숨을 잃은 것으로 전해진다—그 사이에 몽골군의 두 번째 부대는 달마티아 해안으로 진격했다. 당시 그곳에는 동방의 침략군에 대항할 수 있을 정도로 주목할 만한 야전군이 없어, 오스트리아의 빈마저 위험에 노출되어 있었다. 하지만 겨울이 다가오고 있었기 때문에 몽골군은 봄이 올 때까지는 빈 정복을 미루어야 했다. 그들은 도나우 강 너머로 물러가 말들을 방목시키기에도 더할 나위없고 봄 원정에 필요한 첩보를 입수하기에도 편리한 헝가리 대평원에 겨울 숙영지를 설치했다. 하지만 봄 원정은 결코 실현되지 못했다. 다수의 기독교인들은 그것을 신의 행위로 간주하여 자신들이 구원을 받았다고 믿었다. 그러나 봄 원정이 불발된 데에는 또다른 이유가 있었다. 1241년 12월 오고타이는 측근들과 오르콘 계곡에 있는 야산으로 사냥을 하러 갔다가 사냥을 마친 뒤 밤새 질펀하게 술판을 벌였다. 그리고 이튿날인 12월 11일, 그는 죽어 있었다. 새로운 칸을 선출하는 자리에 출석할 의무가 있었던 왕자들이 헝가리 대평원의 겨울 숙영지에 군대를 남겨두고 오르콘 계곡으로 돌아가면서 몽골군의 유럽 침략은 연기되었다. 기독교 서방은 신이 아니라 한 영국 역사가가 말했듯이 몽골의 민주주의가 지켜준 것이었다.[57]

유럽이 카라코룸으로 사절단을 파견했던 또다른 이유는 몽골군의 공격 방향을 유럽에서 중동으로 돌리도록 몽골 지도자들을 설득하려는 유럽 군주들의 의도에서 나왔다. 중동이라면 십자군이 기독교 왕국을 확보하는 데에 실패하고 캅카스의 노예 출신 군인인 맘루크들이 이집트와 성지의 많은 땅을 지배하고 있는 곳이었다. 교황과 유럽의 기독교 왕들은 아시아 유목민에 대한 뿌리 깊은 편견을 제쳐두고, 이 아시아 유목민이 무슬림이라는 공통의 적에 맞서서 공동의 대의명분을 찾을 수 있기를 바랐다. 그것이 가능하리라고 보았던 한 가지 이유는 유럽에 널리 퍼져 있던, 오고타이가 기독교도라는 믿음 때문이었다. 칭기즈 칸과 오고타이 두 사람 모두 해, 달, 땅, 물을 신성시하는 한편으로 위대한 몽골 전통에 나오는 하나의 신—하늘 신 혹은 텡그리—을 숭배하는 애니미즘 신봉자였다. 대칸으로 새로 선출된 귀위크 역시, 양심의 자유가 여전히 몽골 사회의 기조로 남아 있었기 때문에 모든 종교를 기꺼이 받아들였다. 하지만 유럽에는 그와 같은 융통성이 없었다. 잉글랜드만 해도 같은 시기에 유대인을 추방하고, 사람들이 유대인들에게 진 모든 채무를 탕감해주기까지 했다. 서구의 일부 사람들은 카라코룸에 기독교도들이 많다는 소식이 들리자, 그 유목민 야만인들 중에는 기독교도 왕도 존재하리라고 확신했다. 그들의 말에 따르면 프레스터 존이 그의 이름이라는 것이었다.

프레스터 존 혹은 사제왕 요한이라는 이름은 적어도 이전 세기 동안에는 유럽의 궁정에서도 언급되었다. 1145년에는 시리아 주교가 아시아에 기독교 사제왕이 등극했다는 희소식을 교황 에우게니우스 3세에게 알리기 위해서 로마에 나타났다. 주교에 따르면 프레스터 존은 목하 그의 조상인 동방박사들의 본을 따라 예루살렘으로 여행할 수 있기를 바라며, 다른 이유 없이 그 하나의 이유만으로도 언제든 십자군을 도울 준비가 되어 있다는 것이었다. 같은 시기에 로마와 콘스탄티노플에서도, 자신은 "부, 덕, 권능의 면에서 전 세계 모든 왕들을 능가한다"고 주장하는, 사제왕 본인이 직접 썼다고 알려진 편지 한 통이 나돌았다. 사실로 들렸을 수도 있지만, 놀라운 것은 그가 편지에서 계속 "우리 땅에는 젖과 꿀이 흐르고, 독약도 아무 해를 끼치지 못하며, 개구리가 개골개골 시끄럽게 울지도 않는다. 전갈도 없고 독사가 풀숲을 돌아다니지도 않는다"고 말하는데 누구 하나 의혹을 제기한 사람이 없었다는 점이다.[58] 그것은 그들이 몽골의 도움을 그만큼 절실히 필요로 했다는 것, 중동의 무슬림 세력에 맞선 자신들의 전쟁이 실패로 끝나자, 유럽의 기독교 수장들이 귀위크 칸과 프레스터 존을 동일 인물로 믿을 만큼 상황이 절박했다는 신호였다. 유럽 사절단은 귀위크 칸에게 유럽의 대의를 납득시키기 위해 몇 달, 심지어 몇몇 경우에는 몇 년씩이나 걸리는 목숨 걸린 여정을 감수하면서 카라코룸에 도착했다. 우리가 아는 유목민 수도의 삶에 대한 생생한 경험담도 이 사절단에서 나왔다.

신만이 알 일

최초의 공식 사절은 교황 알렉산데르 3세가 "의사이자 우리의 친구"라고 부른 마스터 필립이라는 인물이었다. 1177년 10월 그는 교황의 지시에 따라 베네치아에서 배를 타고 바벨탑 너머 지역으로 가서, 교황이 "그리스도 안에서 낳은 독실한 아들, 걸출하고 숭고한 인도인들의 왕"에게 보내는 서신을 전달할 예정이었다.[59] 극동으로 파견된 이 최초의 교황 사절은 마스터 필립이 팔레스타인 해안에서 배를 내려 내륙으로 향한 뒤 소식이 끊김으로써 좋지 않게 끝났다. 이 실종으로 유목민의 흉포성과 관련해 일부 유럽인들이 가지고 있던 편견이 확인되었다. 그럼에도 동방에 기독교 왕이 존재한다는 미신은 지속되었다. 50년 뒤, 성지의 십자군들 사이에서는 "이교도를 분쇄하고 무함마드의 교지를 무너뜨리라고 하느님이 보낸 인도의 기독교 왕"이 나오는 익명의 문건, 즉 「다윗 왕에 대한 보고서」가 논의되었다.[60] 그 직후에는 다윗 왕과 프레스터 존이 함께 말을 타고 와서 이교도를 무찌를 것이라는 출처 불명의 예언이 떠돌아다녔다. 이집트와 근동의 거의 모든 지역에서 패하는 처지였음에도 십자군은 아바스 술탄의 화의 제의마저 거부한 채 카이로 공격을 준비할 만큼 그 예언을 곧이곧대로 믿었다. 결국 이들의 패배로 제5차 십자군은 끝이 났다.

2년 뒤인 1224년, 한 거대한 군대가 조지아 왕국과 러시아 공국들을 휩쓸고 다녔다.[61] 헝가리 왕은 교황에게 그 낯선 무리들이 앞에 십자가를 들고 있다고 하면서, "다윗 왕이라는 사람, 아니 보통은 프레스터 존으로 더 많이 불리는 사람이 무슬림들과 싸우기 위해 온 것 같다"고 추측하는 내용의 편지를 썼다.[62] 그 낯선 왕이 기독교도 20만 명을 학살했다는 소문이 퍼져나갔는데도 헝가리인들은 그 죽은 사람들이 어쩌면 그리스 정교회를 믿는 조지아 이단자들일 수도 있고, 따라서 사제왕 요한은 단지 교회를 청소하고 있을 뿐이라는 해명을 내놓을 만큼 심각한 망상에 빠져 있었다. 그들보다는 오히려 노브고로드의 동시대 연대기 작가의 정신이 더 온전했다. 그는 "우리가 지은 죄 때문에, 실체가 무엇인지, 어디에서 왔는지, 어떤 언어를 쓰는지, 어떤 종족인지, 무슨 종교를 믿는지를 누구도 정확히 모르는, 자칭 타타르인이라는 미지의 종족이 왔다"며 불안과 당혹스러움을 나타내는 글을 썼다.* 그렇다면 그 타타르인은 누구였을까? "오직 신만이 알 일이다."[63] 하지만 유라시아의 모든 사람들도 종국에는 이들이 동방의 어떤 신화적인 기독교 왕국에서 온 무리가 아니라는 사실을 알게 될 터였다. 이들은 칭기즈 칸의 몽골인이고, 동유럽에 크나큰 발자취를 남긴 다음 자신들이 점령한 땅과 도시를 떠나 본국으로 돌아가리라는 사실을 말이다. 유럽인들은 이 사실에도 당황했다. 그 야만인들의 실체가 드러나서만이 아니라, 자신들이 원했던 것 때문이었다.

교황과 유럽 군주들은 몽골인 행동의 특징이라고 믿은 흉포성에도 불구하고 동방으로 더 많은 사절을 보냈다. 최초의 교황 사절이 실종된 지 50년 뒤에는 정규 사절단이 칸들과의 협의를 위해서 동방을 왕래했으며, 그중에는 헝가리인 수도사 리카두스와 율리안, 도미니코 수도회의 수도사 아셀리누스, 폴란드의 베네딕트, 생캉탱의 시몽도 포함되었다. 조반니 데 피아노 카르피니와, 몽골인의 삶에 대한 가장 계도적인 이야기들 중 하나를 가지고 돌아온 또다른 교황 사절도 있었다. 몽골도 같은 시기에 서방으로 사절을 파견했다. 서아시아의 몽골군 지휘관이 보낸 사람들

---

* 타타르(Tartar 또는 Tatar)는 볼가 타타르인과 크림 타타르인뿐 아니라 몽골족을 가리키는 말로도 사용된다.

중 한 명은 유럽의 기독교도 왕들에게 십자군 운동을 계속하라고 권유하고, 몽골의 칸이 프레스터 존의 손자이고 기독교로 개종도 했기 때문에 양측은 공동의 대의를 가지고 있다는 암시도 주었다.

그러나 귀위크는 기독교도가 아니었고, 따라서 사절의 개종 활동도 귀찮게 여겼을 것이 분명하다. 1246년 그는 교황 사절이 칸에게 기독교로의 개종을 제안했다는 편지를 교황 인노켄티우스 4세에게 쓰면서, "귀하의 청원을 이해할 수 없다"고 했다. 그는 개종을 하기는 고사하고 오히려 "영원한 하늘"에 대한 신앙을 맹세했다. 그런 다음 스스로를 "위대한 전체 종족을 대표하는 대양ㅊ﹗의 칸"이라고 칭하면서 "지체 높은 교황께서도 모든 왕들과 함께 친히 우리에게 경의를 표하러 와달라"고 요구했다.[64]

어느 정도는 그에 대한 응답으로, 이번에는 프랑스의 루이 9세가 롱쥐모의 앙드레를 동방으로 파견했다. 성 십자가 조각들과 미사 집전 때 쓰는 자주색의 휴대용 천막 예배소가 포함된 선물도 들려 보냈다. 그런데 앙드레와 동료 사절들이 카라코룸과의 중간 지점인 지금의 카자흐스탄에 들어서자, 몽골 안내인들은 방향을 바꿔 그들을 산속으로 데려갔다. 그들이 우회로를 택했던 이유는 귀위크가 죽자 유럽 군주의 사절이 자기 아들의 계승권 주장에 도움이 될 수 있을 것으로 본 귀위크의 아내가 그 아이를 대칸으로 선출되게 하기 위해서 책략을 쓴 탓이었다. 앙드레는 결국 루이가 보낸 선물에 사의를 표하면서 더 많은 선물을 보내달라고 요청하는 청년 칸의 편지를 가지고 프랑스로 귀환했다. 젊은 칸은 프랑스 왕이 보낸 선물을 몽골의 우위를 인정한다는 표시로 받아들인 것이 분명했다. 그렇지 않으면 루이가 공물을 보낼 이유가 없지 않겠는가 하고 생각했을 것이다.

그 무렵 카라코룸을 찾았던 서방의 방문객들 중에서 가장 좋은 성과를

낸 사람은 성격이 쾌활한 플란데런의 프란체스코회 수도사 빌럼 판 루브뢰이었다. 영어 이름이 루브룩의 윌리엄William of Rubruck인 그는 성왕 루이(루이 9세)와 십자군 원정도 이미 함께 다녀왔고, 몽쥐모의 앙드레가 여행에서 돌아와 루이에게 보고하는 자리에도 임석해 있었다. 그가 몽골 중심 지역에 교회의 지원을 받지 못하는 기독교도 노예들이 있다는 것, 그리고 자신이 그 상황을 바로잡을 수 있으리라고 생각했던 것도 그 자리에 있었기 때문이다. 게다가 그는 이들 유목민이 종교 문제에서는 관대하다는 소문도 들은 터여서, 귀위크의 후계자 문제가 해결되어 칭기즈 칸의 또다른 손자인 몽케가 대칸으로 선출된 직후인 1253년, 낙관적인 생각과 선물을 가지고 흑해로 가는 항해에 올랐다. 빌럼 수도사는『성서』, "과일, 머스캣 포도로 빚은 포도주, 맛좋은 비스킷",[65] 프랑스 왕의 편지, 그리고 새로운 세계 지배자를 기독교의 편으로 끌어들일 수 있는 예리한 눈초리와 확고한 종교적 열정으로 무장하고 있었다.

카라코룸으로 가는 길은 그 플란데런 지방 사람이 "또다른 세상"이라고 표현할 만큼 기나긴 행로였다. 그 길은 또한 그가 충분한 시간을 가지고 여행 중에 지나치는 장소들과 가는 도중에 알게 된 일들을 기록할 만큼 더디기도 했다. 중앙아시아에 대한 빌럼의 묘사는 카스피 해의 크기와 물의 유입, 돈 강과 볼가 강의 진로에 대한 최초의 기록이자, 그리스와 로마인들이 세레스라고 부른 곳이 중국이었음을 입증한 최초의 기록이고 (지금은 세레스가 중국과 인도를 포함하여 비단을 생산하는 아시아의 일부 지역을 가리키는 말로 사용된다), 몽골이 추가로 땅을 획득했던 티베트에 대한 묘사로도 최초의 기록이었다. 적지 않은 유럽인들이 여전히 1,700년 전 헤로도토스가 그랬듯이 극동에는 용, 눈이 하나뿐인 사람, 염소 발을 가진 사람이 산다고 믿던 시대에 그의 이야기는 혁명적이었고, 19세기까지도 그것을 능가하는 이야기는 나오지 않았다.[66] 그의 글에는, 그 유목민족이 나무 막대들로 둥그런 테를 만들고 흰색 펠트를 씌워 지은 천막에 살았던 것, 그 천막들의 일부는 너비가 약 9미터나 되지만 그중 가장 큰 것도 수레에 실을 수 있었다는 것, 문은 언제나 남쪽을 향해 있지만 집 주인은 언제나 북쪽을 향해 앉았다는 등의 세세한 내용이 담겨 있었다. 빌럼은 그 야만인 유목민들이 여름에는 중국제 비단옷을, 겨울에는 모피 외투와 비단을 덧댄 바지를 입었다고도 썼다. 또한 그들은 위구르족에게서는 고대 소그디아나 문자를 배웠고 티베트의 불교도들에게서는 만트라(진언眞言)도 배웠다고 기록했다. 빌럼은 불교의 중요한 진언인 옴 마니 밧메 훔Om mani padme hum을 최초로 기술한 사람이었다.

빌럼 수도사는 몸이 비대한 사람이었고, 여행 때 달콤한 포도주와 비스킷을 챙겨갔다는 것은 그가 인생의 낙이 될 만한 것을 좋아했다는 사실을 시사한다. 그랬던 만큼 카라코룸까지 가는 기나긴 행로의 두 번째 구간이 그에게는 고행으로 여겨졌을 것이 틀림없다. 몽골 안내인은 저녁식사를 위해서만 가던 길을 멈출 뿐 유럽인들에게 종일 강행군을 시켰으니 말이다. 그나마 식사도 안내인이 앞으로 겪을 공포와 고통의 이야기를 양념으로 버무린, 불에 태운 양고기가 전부였다.

몽골인들에게도 빌럼 수도사에 대한 의혹이 없지 않았다. 몽골은 당시 몽케가 대칸으로 선출되면서 칭기즈 칸 가문의 한 계열에서 또다른 계열로 권력 이동이 일어나 분위기가 과열되어 있었다. 새로운 칸이 심지어 롱쥐모의 앙드레도 만났던 귀위크 칸의 아내마저 처형할 만큼 자신의 지위를 위협하는 사람을 모조리 제거한 터여서 특히 그랬다. 하지만 카라코룸이 가까워지면서 신임 칸이 유럽 군주들과 친밀한 관계를 맺고 싶어한다는 말이 들리자, 빌럼도 약간은 안도감이 들었다.

빌럼 수도사와 동료 사절들이 카라코룸에 도착하는 데에는 거의 1년이 걸렸다. 몽케 칸도 천막 생활을 좋아했던 할아버지 칭기즈 칸처럼 수도 외곽에서 야영을 하고 있었다. 때는 12월 말이었고 수도사를 위시한 사절단은 춥고 기진맥진한 데다가 험난한 여정에 식량마저 불충분했던 터라, 지난 겨울 팔레스타인 해안에서 출발할 때보다 체중도 상당히 줄어든 상태였다. 대칸은 그들이 프랑스의 공식 사절단이 아니라는 점에 실망하면서도 혹시 유용한 정보를 가져왔을지도 몰라 수도에 머물게 해주었다. 알현을 허락하기 전에는 황제의 수석 서기관이 그들에게 그들 나라와 여정, 그리고 그들이 사는 세상의 소식에 대해서 질문했다. 황제나 서기관은 그들이 말한 모든 것을 믿었을까? 그것은 모를 일이다. 반면에 그가 쓴 글에 명백한 사실뿐 아니라 황당무계한 이야기도 들어 있는 점으로 보아 유능한 수도사는 몽골인들이 한 말을 믿었던 것이 확실하다. 그런 이야기들 중에 내 마음에 쏙 들었던 것은, 사람처럼 생겼지만 키가 고작 팔뚝만 하고 무릎이 굽혀지지 않는, 중국 동쪽에 산다는 동물에 관한 이야기였다. 이 작은 피조물들은 술은 좋아하지만 술에 대한 내성이 없어, 사냥꾼들이 먹다 남은 벌꿀 술을 버려두고 가면 "친친chin, chin"이라고 외치며 들이키고는 그대로 나가떨어졌다고 한다. 수도사는 그렇게 쓴 다음, 그 사냥꾼들이 인사불성이 된 생명체들 목의 동맥을 따서 몇 방울의 피를 뽑았다고도 말함으로써, 그보다 더 어수룩한 면을 보여주었다. 뽑아낸 피는 자주색 염료로 사용되었고, 그 생명체들은 친친Chinchin으로 알려지게 되었다던가…….

빌럼 수도사는 카라코룸에 도착한 지 일주일 뒤에야 칸의 알현을 허락받았다. 안내를 받아 대칸이 있는 야영지로 가면서 그는 무슨 생각을 했을까? 그는 외관만으로도 적의 입을 얼어붙게 만들고 칼이나 방패를 들힘조차 잃게 만들며, 살벌한 영특함으로 수백만 명의 목숨을 앗아가고, 서구에서는 그 종족의 이름만 속삭여도 아이들 버릇이 고쳐졌다고 알려진 유목민에게 둘러싸여 있었다. 지금 그는 그 유목민에 대한 정주민의 온갖 편견을 확인해줄 듯한 평판을 지닌 종족의 지도자를 만나려 하는 것이었다.

수도사는 칸과 접견하기 전에 숨겨진 무기가 있는지 철저한 수색을 받았다. 몽골에서는 심지어 중심지에서도 아사신Assassin에 대한 두려움이 있었기 때문이다. 아사신은 이슬람의 급진적 시아파로, 이 분파의 추종자들은 이미 저명인사 여러 명을 은밀하게 살해한 바 있었다. 수색이 끝나자 천막 자락이 젖혀져, 유럽인은 그가 "또다른 세상"이라고 부른 곳으로 걸어 들어갔다. 유르트는 크기가 어마어마했고, 황금 천이 걸려 있는 내부는 추운 겨울을 이기려고 나무와 (동물의) 똥으로 불을 피워놓아 따뜻했다. 뭉케는 유르트의 가운데 부근, 호화로운 천이 씌워진 장의자 옥좌에 앉아 있었다. 키는 작달막하고 코는 들창코였으며 바다표범 가죽옷을 입고 많은 여자들의 시중을 받고 있었다. 뭉케가 보인 첫 번째 행동은 몽골어로 내객들에게 음료를 권한 것이었다. 그들은 어떤 음료를 마셨을까? 포도주였을까, 쌀로 빚은 술이었을까, 마유주였을까, 벌꿀 술이었을까? 빌럼 수도사가 그의 통역관의 몽골어에 대한 이해 능력이 형편없음을 깨달은 것이 이 초기 단계였다. 통역관은 어떤 음료를 마시고 싶다는 답변조차 하지 못했고, 어느 정도는 그가 이미 취해 있었다는 점이 일을 더 어렵게 만들었다. 접견이 끝나자 황제는 그들에게 추위가 가셔 편안히 여행할 수 있을 때까지 몽골인들 사이에서 두 달간 편히 지내고 가라고 했다. 유럽인의 체력이 약하다는 것과 여행이 힘들다는 것을 알고 한 말이었을 것이다. 빌럼 수도사와 그의 사절들은 봄 새싹이 돋지도 않은 몇몇 나무들을 축복해주면서 3월 말의 종려 주일 때까지 천막 숙사에서 칸의 수행원들과 함께 지냈다. 그런 다음에야 유럽인 내객은 마침내 궁정의 조신들과 함께 수도의 견고한 토벽에 다가섰다.

확대된 유르트 천막촌에서 제국의 수도로 변한 카라코룸의 모습이 가장 압축적으로 표현된 곳은 칸의 새로운 관저였다. 오르콘 강변에 지어진 만안궁萬安宮만 해도 칸이 유럽인을 맞아들였던, 내부에 금이 덧대어진 유르트에 비하면 경천동지할 변화였다. 빌럼 수도사는 이 만안궁을, 몽케가 관대함을 공개적으로 표하고 알코올을 과도하게 섭취하면서 추종자들 사이에 아사비야를 강화한 국가 행사, 즉 "주연酒宴"을 벌인 장소로 묘사했다. 몽케는 궁궐로 몰려든 밀집한 귀족들을 곁에 두고서, 자신의 동료들을 승진시키고, 그들에게 직함, 영지, 모피, 금을 나눠주었다. 몽골인들은 이러한 행사 때 제국의 성공이 창출한 이익의 배당금을 지급받았다. 21세기의 주주들이 그들이 투자한 회사에 이익이 나면 배당금을 지급받듯이, 그들도 쿠릴타이와 그 밖의 모임들에서 "대칸의 직접 관리를 받는 지역들에서 거둬들인 조세와 공물"이라는 이윤의 배당금을 받은 것이다.[67]

그 모임에 술이 넘쳐났음은 카라코룸을 찾았던 또다른 방문객인 한 아르메니아인의 일지를 통해서도 알 수 있다.

그들은 가능하면 언제든 먹고 마셨지만, 가능하지 않을 때에는 절제했다.……마유주나 포도주를 마시기 위해서는 먼저 그들 중 한 명이 손에 커다란 사발을 들고……하늘에 술을 뿌리는 것을 시작으로 그다음에는 동쪽, 서쪽, 북쪽, 남쪽순으로 술을 뿌렸다. 그리고 나서는 헌주자 본인이 몇 모금을 마시고, 나머지 술을 귀족들에게 권했다.[68]

칸의 많은 손님들에게 술을 제공하기 위해서 만들어진 것으로 궁궐에서 가장 눈에 띄었던 것은 커다란 나무였다. 궁궐 바로 안쪽에 심어진 그 나무는 꽃을 피우게 하려고 따로 축복을 해줄 필요도 없었다. 무료로 푸짐하게 주연을 베푼 13세기 지배자의 궁극적 장식물인 순은純銀 나무였기 때문이다. 이 나무를 제작한 이는 프랑스의 금세공 명인 기욤 부셰였다. 그는 몽골 정복 때 포로로 사로잡혔다가 세계에서 가장 부유한 궁정에서 일할 수 있으리라는 가능성에 매료되어 자진하여 카라코룸에 눌러앉은 사람이었다. 부셰가 이 기예에 대한 보수를 두둑이 받았다는 데에는 의심의 여지가 없다. 하지만 그 금세공인이 마지막으로 받은 공임이 오늘날의 가치로 따져 1,400만 파운드 이상이었을 것으로 본 빌럼 수도사의 추정은 과장이었을 것이다. 그러나 수수료는 부정확했을지 몰라도, 그는 은제 나무에 대해서는 설득력 있게 상세히 묘사했다. 나무는, 4개의 가지가 천국의 네 강을 형상화하여 각 가지에서 서로 다른 종류의 술이 흘러나오고, 입에서 마유주가 흘러내리는 네 마리 사자는 나무의 뿌리를 지키며, 사자들 위 나무 꼭대기에는 은제 천사가 설치되어 술통들 중의 하나가 고갈될 기미가 보이면 염소가죽 술 부대를 더 가져오라는 신호로 나팔을 울리는, 경이로운 물체였다.

몽케가 지배하는 제국은 아마도 세계 최대였을 테지만 그래도 그는 여전히 유목민이어서, 이동 중에 거쳐 갈 때나 오르콘 계곡을 벗어날 때에만 수도와 궁전에 머물렀다. 어쩌면 그는 이븐 할둔이 장차 밝혀내게 될 사실을 진즉에 알아챘는지도 모른다. 도시는 실존적 위험에 빠질 것이고, 도시가 주는 유혹이 아사비야를 압도해 유목민은 자신들의 정체성을 잃을 수도 있다는 사실 말이다. 하지만 카라코룸은 다른 도시들과 달랐다. 궁전 지구가 뚜렷이 구분되어 있지 않아 저택에 사는 사람도 있고 오두막에 사는 사람도 있는 등 부자와 빈자가 나란히 살았고, 4개의 성문 이름도 문의 방향 혹은 그곳에서 살았거나 죽은 사람이 아닌, 판매하는 상품을 따라 지어졌다. 서쪽 성문은 양과 염소, 동쪽 성문은 곡식, 남쪽 성문은 소와 수레, 북쪽 성문은 말[馬]인 식이었다. 이런 식으로 제국의 수도는 여전히 시장임을 일깨워준 것이다.

그러나 그 외의 면에서는 카라코룸도 여느 시대의 제국 수도와 다를 바 없었다. 몽골인, 중국인, 튀르크인, 헝가리인, 알라니인, 루테니아인, 조지아인, 아르메니아인, 아랍인 그리고 다수의 다른 종족으로 이루어진 주민들이 도시의 좁은 길목에서 어깨를 부딪히고, 선술집에서 합석을 하며, 제국의 방대한 지배 범위를 반영하고 있었던 것만 해도 그랬다. 칭기즈 칸은 자신이 정복한 도시들에서 목수, 보석 세공인, 여타 숙련된 장인들을 찾아내 몽골로 보냈다. 그 과정에서 그와 그의 후계자들은 다리우스가 페르세폴리스 건설을 위해서 장인들을 끌어들였던 것처럼 독특하게 조합을 이룬 사람들뿐 아니라 새로운 수도를 건설하고 그 안을 채우는 데에 필요한 막대한 재원도 그러모았다. 카라코룸에는 중국인 장인과 상인 구역이 있었다. 또다른 구역에서는 서구에서 데려온 금속 세공인의 작업장들이 칼, 등자, 가마솥, 굴대와 화살촉, 그리고 물렛가락을 만들었다. 물렛가락을 만들었다는 사실은 몽골인이 양털에서 실을 자아내 양탄자를 짰음을 시사한다. 카라코룸에는 타일과 피니얼(용마루 따위의 꼭대기 장식/역자), 조각품, 식기류, 대형 접시, 유리를 굽는 가마도 있었다. 보석 세공인들도 금, 은, 보석들로 아름다운 물건을 제작했다. 고고학자들이 카라코룸에서 발견된 그 시대의 금 장신구와 다른 장신구들이 모양과 기법 면에서 1,000년 전의 스키타이인이 착용한 것과 유사했음을 밝혀낸 것으로도 알 수 있듯이, 그들—파리의 금세공인 기욤도 다수의 보석 세공인들 중 한 명이었을 뿐이다―은 그런 작업을 고대 전통의 테두리 안에서 했다.

카라코룸에는 생산자와 상인들 못지않게 생각과 신앙도 혼재되어 있었고, 그 무렵 카라코룸의 정신과 제국을 요약해준 한 가지 항목이 있다면, 그것은 바로 그 지역에서 발견되는 다종다양한 종교 건축물들이었다. 모스크, 사찰, 네스토리우스파 기독교 교회가 카라코룸의 12개 주요 예배 장소들 사이에 섞여 있었고, 칸의 가족 중 일부도 그들 외래 종교로 개종했다. 심지어 칸도 빌럼 수도사의 축복을 기꺼이 받았다. 그는 이렇게 양심의 자유라는 생각을 극단으로 받아들여, 네스토리우스파 기독교들에게는 자신을 위해 기도할 수 있게 해주고, 불교 승려에게는 만투라(진언)를 봉독하게 해주며, 무슬림 이맘에게는 살라트(이슬람의 다섯 기둥 중 두 번째 기둥으로 모든 이슬람교도에게 부과된 기도/역자)를 암송하게 해주었다. 하지만 그러는 동안에도 그는 땅에 깃든 다수의 정령 및 혼령과 함께 땅의 신성함에 대한 믿음을 고수했으며, 샤먼도 믿었고, 별의 움직임 및 짐승의 내장을 보고 자신에게 점을 쳐준 점성가도 신뢰했다. 칸 또한 다수의 몽골인들과 마찬가지로 큰 매 한 마리가 발톱으로 해와 달을 움켜쥐었던 꿈에 그들이 영광을 차지할 것임이 이미 예시되어 있었다는 믿음을 가지고 있었으니 그것은 당연했다.

눈물이 말해줄 것이다

빌럼 수도사가 유럽을 떠나 동방으로의 멀고 먼 여로에 올랐을 즈음, 훌라구도 유목민 대군의 선두에 서서 카라코룸 밖으로 말을 달렸다. 그의 어머니는 기독교도였고, 그는 나중에 불교를 받아들였지만 아직은 오르콘 계곡 출신의 애니미즘 신봉자였다. 전해지기로 몽케는 동생 훌라구의 이마에서 정복, 통치권, 왕위, 행운을 말해주는 징후를 보았다고 한다. 몽케가 훌라구에게 서아시아와 메소포타미아에 대한 몽골의 힘을 주장하라는 임무를 맡긴 것도 그를 카라코룸에서 떨어뜨려놓기 위함이었을 것이다. 몽케는 그의 또다른 동생 쿠빌라이도 중국을 정벌하라며 카라코룸에서 쫓아냈다. 따라서 전쟁으로 영광을 얻고 몽골의 평판도 높아질 것이라는 기대가 훌라구에게는 승리에 박차를 가할 정도의 동기가 되기에 부족했더라도, 정복한 땅에 대해서는 통치권을 주겠다는 몽케의 승낙을 받아놓은 터여서, 그는 자신의 미래를 위한 싸움까지 하고 있었다.

　훌라구는 페르시아 북서부에서 니자리 이스마일파와 최초의 중요한 교전을 벌였다. 이슬람의 이 파벌은 정적을 살해하라고 내보내기 전에 추종자들에게 환각제를 먹여, 천국에 들어가게 해주고 결혼 적령기 처녀들의 관심을 끌게 해주겠다는 약속을 했다고 전해지는 수장이 이끄는 급진적 시아파였다. 암살자들은 아랍어로 대마초 피우는 사람을 뜻하는 하시신Hashishin으로 통용되었으나, 그들을 행동으로 이끈 것은 환각 작용보다는 종교적 헌신이었을 가능성이 더 높다. 우리에게는 아사신Assassin으로 알려진 이 하시신은 때로는 십자군과 연대하기도 하고, 또다른 때는 무슬림의 적과도 손을 잡는 등 1세기가 넘도록 중동에서 독자적인 세력으로 활동했다. 종교 혹은 인종적 편향성이 아닌 단순히 살아

남기 위한 행동이었다. 아사신이 고지대에서 50개 정도의 성채 혹은 요새의 보호를 받는 독립된 거점에서 평온하게 지내는 동안, 그들을 둘러싼 세계는 부분적으로는 그들의 칼날이나 독극물에 의해서 점점 더 불안정하고 살벌한 곳이 되어갔다. 기독교도 왕, 예루살렘의 족장, 트리폴리의 레몽 2세를 포함한 십자군 기사들, 2명의 바그다드 칼리프, 카이로의 술탄, 다마스쿠스의 또다른 술탄, 이스파한의 카디(이슬람 법관)가 그들의 칼날이나 독극물에 목숨을 잃었다. 그렇다고 죽음이 필연적인 것만은 아니어서, 십자군에도 참가했던 "다리 긴 왕" 에드워드 1세는 독 묻은 아사신의 단검을 맞고도 살아남아 잉글랜드 왕으로 30년간이나 치세를 누렸다. 위대한 아랍 지도자 살라흐 앗 딘도 독 바른 단검이 천막을 뚫고 들어와 그의 침상 가까이에 놓인 탁자에 메시지가 꽂히는 일을 당했지만 죽지는 않았다. 몽골인들도 이 아사신에 대한 모든 것을 알고 있었다. 빌럼 수도사가 대칸을 알현하기 전 몸수색을 받았던 것도 그래서였다. 따라서 훌라구도 이전의 페르시아 제국에 몽골의 지배권을 수립하기 위해서는 이 은밀한 살인자들을 반드시 제거해야 했다.

아사신은 시리아의 일부 지역과 이란의 가장 외진 곳들에 요새를 세웠고, 그 요새들 가운데 가장 험준한 곳에 지어진 것이 페르시아 북서부의 엘부르즈 산맥 남쪽 기슭에 있던 카즈빈 부근의 요새였다. 알라무트 성은 산의 정상과 비옥한 계곡 가장자리에 외로운 이빨처럼 서 있는 거대한 바위의 안부鞍部에 세워졌다. 지금도 남아 있는 그 성의 유적은 산 정상을 잘라 그 위에 외부 요새, 깊은 우물, 음식을 시원하게 보관할 수 있고, 내가 그곳을 찾았을 때 안내인이 확언한 바에 따르면 하시신의 밀담 장소로도 편리하게 사용되는, 그 못지않게 깊은 저장실까지 갖춰 지은 것이 참으로 인상적이었다. 페르시아어로 "독수리 둥지"를 뜻하는 성의 호칭 알라무트도 과장된 이름이 아니었을뿐더러, 이 이동성 포식자들도 맹금류만큼이나 자연환경의 이점을 취해 방어 거점을 마련했다는 점에서 더할 나위 없이 석절한 표현었다.

알라무트 요새의 가장 높은 곳에서 깎아지른 긴 절벽과 그 너머 엘부르즈 산맥과 수풀이 우거진 계곡을 내려다보면, 그곳에서의 삶이 얼마나 엄혹했을지 쉽게 상상이 된다. 비록 바그다드의 아바스 칼리프는 칸의 요구에 응하지 않았지만, 훌라구와 그 지역에서 차출한 백성들로 수가 불어난 그의 대군을 보고 아사신이 얼마나 절망했을지도 어렵지 않게 상상할 수 있다.

훌라구는 그런 적과 난공불락으로 간주된 요새에 맞게 신중하게 알라무트로 접근해갔다. 그는 먼저 그 지역의 취약한 아사신 요새 몇 곳에 접근해, 그중의 한 요새에서 아사신파의 새로운 수장인 스물여섯 살의 이맘 루큰 알 딘 쿠르샤를 찾아냈다. 그런 다음 생포한 그 이맘에게 아사신의 다른 요새들도 항복하라는 지시를 내리라고 설득했고, 그러자 그도 패배의 불가피성을 인정하고 목숨이라도 건질 수 있을까 하는 기대감으로 훌라구가 시키는 대로 했다. 위대한 아사신 이야기는 알라무트 성마저 항복함으로써 그다지 명예롭지 못하게 갑자기 종말을 맞았다. 아사신파의 수장도 카라코룸으로 보내졌는데, 무사할 것이라는 확약과 달리 처형되었다. 당시 훌라구를 수행했던 동시대의 페르시아 역사가 아타 말리크 주베이니는 이 모든 일을 "악마의 소굴에 둥지를 튼 이단자들"에게 내린 신의 징벌이라고 묘사했다.

주베이니는 또한 몽골인이 "왔고, 그들은 무너뜨렸고, 그들은 불태웠고, 그들은 학살했고, 그들은 약탈했고, 그들은 떠났다"고 후대에 전하는 글도 썼다.[69] 그러나 그것은 명백히 사실이 아니었다. 몽골인은 바그다드와 다른 지역에서처럼, 그리고 서구에서 회자되는 이야기와는 반대로, 이곳에서도 모든 것을 파괴하지는 않았다. 알라무트 성의 서고만 하더라도 성이 해체되기 전에 안전하게 지켜져 동쪽으로 보내졌다. 아사신파와 함께 지냈던 학자들도 일부 살아남았으며, 그중에서 가장 유명한 인물이 수학자 겸 철학자 겸 점성가로 삼각법에 대한 최초의 글을 쓴 나시르 알 딘 투시였다. 훌라구도 투시를 자신의 조언자로 등용하고, 나중에는 지금의 이란에 있는 칸의 새로운 수도 마라게에 정착시키고는 당시로서는 최첨단이었던 관측소도 지어주었다. 마라게 관측소는 그 시대의 가장 정교한 관측소였으며, 15세기에는 사마르칸트, 16세기에는 콘스탄티노플, 18세기에는 인도 관측소들의 모델이 되기도 했다. 그러나 그렇다고 그것이 투시의 역점 사업은 아니었다. 투시가 마라게에서 그보다 더 역량을 발휘했던 일은 훌라구가 믿는 별점을 치는 데에 꼭 필요한 정확한 천체 운동표를 만들어, 그가 자신이 내린 결정이 옳은지를 판별하게 해준 것이었다.

말을 타고 성을 나와 몽골군에 합세하지는 않았지만, 바그다드 사람들 역시 지금도 납득이 가능한 이유로 아사신파의 몰락을 기뻐했다. 아바스 칼리프는 수니파였고, 그러다 보니 산속의 광신적 시아파가 그에게도 나름의 골칫거리였던 것이다. 하지만 이 기쁨은 오래가지 못했다. 그로부터 1년 전 당대의 위대한 시인들 중 한 명인 시라즈 태생의 사디는 "표범들이 표범처럼 굴던 행위를 그만두었다"고 썼다.[70] 그런데 그 표범들은 1258년에 바그다드를 향해 이동하기 시작했고, 게다가 그들은 굶주려 있었다.

훌라구는 바그다드의 아바스 왕조 칼리프 알 무스타심에게 이런 편지를 썼다.

그대도 물론 칭기즈 칸 시대로부터 오늘에 이르기까지 몽골군이 세계와 세계인들에게 어떤 징벌을 내렸는지를 높고 낮은 지위를 가진 신하들에게서 들어 알고 있을 것이다. 몽골군은 영원한 신의 은총에 힘입어, 호라즘의 샤, 셀주크 왕조, 다일람의 군주들, 아타벡 그리고 위엄과 권세를 지닌 것으로 유명한 그 밖의 군주들을 굴종시켰다. 하물며 이런 종족에게도 바그다드의 성문 출입을 금지하지 않았거늘……그 많은 병력과 그 많은 힘을 지닌 우리의 입성을 막겠다는 것인가?[71]

훌라구의 주장은 논리적으로 설득력이 있었다. 그런데도 칼리프의 마음은 요지부동인 것을 알자, 훌라구는 만일 바그다드 사람들이 싸우기 위해서 집결한다면, 몽골인들도 "당연히 분노를 느껴" 신의 손길로 공격할 것이라는 경고를 보냈다.

나는 하늘 꼭대기에서 너를 끌어내려,
마치 한 마리 사자처럼 저 아래 가장 깊은 곳으로 던져버리겠다.
너의 나라 백성은 단 한 사람도 살려두지 않을 것이고,
너의 도시, 영토, 제국도 불길에 휩싸이게 하겠다.

몽골의 신생 왕조, 그들의 강력한 아사비야, 유목민의 강한 에너지가 오래되고 부패한 왕조, 수 세대에 걸친 정착 생활로 힘이 약화된 그 왕조의 아사비야를 꺾어놓겠다고 으르는 것보다 이븐 할둔이 이야기한 운명의 수레바퀴가 작동하고 있음을 보여주는 더 좋은 사례가 있었을까?

몽골 대군이 바그다드 주변에 출현했을 때 알 무스타심은 치세 16년째를 맞고 있었다. 우둔하고, 나약하며, 인색하고, 허영심 강하며, 무능하

고, 겁 많은 칼리프로 비난받아온 인물이었다. 그는 사냥에서 즐거움을 찾고 하렘에서 쾌감을 느꼈으나 제국의 남은 부분을 다스리는 일에는 흥미를 보이지 않았고, 따라서 그의 치세도 영광과는 거리가 멀었다.[72] 설상가상으로 유목민의 도전에 대처하는 최선의 방법을 두고 조정 신하들의 의견도 엇갈렸다. 아바스 왕조의 군대와 도시들은 수년에 걸쳐 지출을 줄인 탓에 무방비 상태였다. 다수의 신하들은 항복하는 수밖에 다른 도리가 없다고 주장했다. 반면에 다른 신하들은 칼리프제가 처음 수립되었을 때의 영광과 아랍인 선조들을 계속 들먹이면서 알 무스타심에게 싸울 것을 촉구했다.

홀라구 군대는 그 유명한 기병을 비롯해 몽골인 전사들이 대부분을 차지했지만, 아르메니아인, 조지아인, 안티오키아에서 파견한 부대 그리고 정예 중국인 공성 부대도 군의 일부를 구성하고 있었다. 홀라구가 "개미와 메뚜기 떼만큼이나 많다"고 묘사한 몽골 군대는 10만 명에서 30만 명 사이의 규모였으리라고 추정된다. 하지만 그보다 수효가 적었다고 해도, 착각에 빠질 대로 빠져 있던 바그다드인들이 얼마나 더 버틸 수 있을지를 생각하게 만들기에는 충분했을 것이다.

몽골인들은 그들에게 씌워진 야만인 유목민의 이미지와는 다르게 바그다드의 파괴를 원하지 않았고, 칸이 칼리프에게 최후의 요구문을 보낸 것도 그래서였다. 그는 편지에서 너와 가족이 살고, 너의 도시가 번영하고, 너의 백성이 번성하려면 우리에게 항복하라고 요구했다. 몽골 제국도 번창할 터였다.

그러나 홀라구는 칼리프가 항전할 것임을 알고 있었다. 그래서 그는 이븐 할둔의 펜 끝에서 곧장 나온 듯한 말투로 이렇게 썼다. "멋들어진 것이나 좋아하고, 부, 자존심, 덧없는 행복에 대한 망상에 완전히 사로잡헌 너에게 선의를 가진 사람들의 말은 우이독경일 것이라.……이제부터 네가 할 일은 전쟁을 준비하는 것뿐이다."[73] 하지만 전쟁 준비마저도 아바스 병력의 다수가 탈영하고 심지어 그들의 일부가 몽골군으로 넘어가면서 여의치 않았다.

1258년 1월 중순, 알 무스타심의 장군들이 티그리스 강 너머로 2만 명의 군대를 보내 선제공격을 가했다. 몽골군도 그에 대한 대비를 하고 있었다. 그들은 고전적인 유목민의 행동대로 후퇴를 하면서 아바스 군대를 그들이 의도한 것보다 도시에서 더 멀리 떨어진 곳으로 유인했다. 그런 다음 공병들을 투입하여 강의 제방을 허물고 평원을 물바다로 만들었다. 이 범람으로 원정군의 대다수가 물에 빠져 죽었다. 훌라구는 재빨리 유리한 고지를 점하고 바그다드의 그 유명한 원형 성벽 밖에 자리를 잡았다. 그리고 나서 다시 12일이 지나자, 성문과 성벽들에 공성 기계와 공성퇴들이 설치되고 공격이 시작되었다. 공성 기계들이 느리게 방벽을 무너뜨리는 동안, 갖가지 투석기들에서 발사된 돌덩이와 나프타 통들이 도시 내로 반원을 그리며 날아들었다. 몽골군이 쏘는 합성궁의 화살도 도시 안으로 빗발쳤다. 일부 화살들에는 이슬람 법관, 지도자, 상인들에게 보내는 종이쪽지가 꽂혀 있었다. 그들과 아직 무기를 들지 않은 사람들의 목숨은 살려주겠다고 약속하는 쪽지였다. 언제나 그렇듯 몽골군은 사상자도 최소한으로 내고 도시로 들어가는 시간도 최소한으로 줄이고 싶었던 것이다. 그러는 한편으로 그들은 도시의 상류, 하류 하천 모두에 티그리스 강을 가로지르는 부교를 놓아 도망자들의 차단에 나섰다.

알 무스타심이 몽골 지도자에게 대표단을 보낸 것은 부교를 놓는 일이 끝나기 전 패전이 명백해졌을 때였다. 그의 아들들과 고관들은 선물을 잔뜩 들고 와서 항복할 뜻을 밝혔다. 하지만 협상은 전투 개시 전에 하는

제국 세우기

것이 몽골의 관례였고, 따라서 일단 전투가 시작되었으면 한쪽이 파멸할 때까지 끝을 보아야 했다. 칼리프의 최고 사령관은 대표단이 파견된 직후 수비대원 700명과 함께 사로잡혔다. 그는 "칼리프는 운명을 따랐을" 뿐이라며 몽골 지도자의 입에서나 나올 법한 말로 항변했다. 그러나 변명도 탄원도 그와 그의 부하들의 목숨을 구해주지는 못했다.

공격이 시작된 지 12일 후에는 예언자 무함마드의 계승자이자 아바스 왕조의 제37대 칼리프 알 무스타심이 한때 지구상에서 가장 위대한 도시였던 곳의 성문 밖으로 걸어 나왔다. 그의 아들들과 다수의 고관들도 그 뒤를 따랐다. 성벽도 그들을 지켜주지는 못한 것이다. 그들은 훌라구의 막사에서 항복했다. 하지만 그것 역시 그들의 무사함을 보장해주지는 못했다. 그것은 몽골의 방식이 아니었기 때문이다. 훌라구 본인의 말에 따르면, 약 20만 명의 비그다드인들이 도시 밖으로 끌려나와 처형을 당했다. 그러나 동시대의 한 역사가는 살해된 사람 수를 그것의 4배로 기록했다. 칼리프의 환관 1,000명과 하렘 여인들 700명도 몽골군의 칼날에 스러졌다. 처형이 끝난 뒤에는 훌라구의 허락하에 장병들이 바그다드를 약탈하고 강간과 학살을 자행했다. 그다음에는 불을 놓아 지혜의 집을 비롯해 도시의 많은 것들을 불태웠다. 그곳은 지난 몇 세기를 거쳐오며 많은 손상을 입었지만 그래도 세계 최대의 지식의 보고들 중 하나로 남아 있던 도서관이었다. 그런 도서관이 이날 맞은 운명은 여전히 논쟁의 대상이 되고 있다. 하지만 알라무트 성의 아사신 도서관도 화를 면하게 해준 훌라구가 그보다 규모가 크고 중요했던 지혜의 집의 서적들을 파괴했다는 것은 앞뒤가 맞지 않는 말이다.

항복 뒤 몽골군 진영에 억류되어 있던 칼리프가 당한 일에 대해서는 여러 가지 설이 존재한다. 페르시아와 아랍 측의 자료에는 훌라구가 그에게 음식을 주지 않고 굶기다가 그가 먹을 것을 달라고 애원하자 각각 금, 은, 보석이 담긴 접시 3개를 가져다주었다고 나와 있다. 칼리프가 이것은 음식이 아니라고 항의하자, 훌라구는 그를 이렇게 질타했다고 한다. "먹을 수 없는 것이면 쟁여놓은 까닭이 무엇이더냐? 그중의 일부는 우리를 회유하기 위해 선물로 보내는 데, 나머지는 우리 공격을 저지하려고 군대를 모집하는 데 쓰려고 했겠지."[74] 그 순간 알 무스타심은 이전에 자신이 몽골의 지도자에게 보낸 메시지를 떠올렸을지도 모른다. "공은 잊은 모양인데, 동쪽에서 서쪽까지 알라의 모든 숭배자들은 국왕이든 거지든, 젊은이든 늙은이든 모두 이 조정의 노예이고 내 군대의 일원이다."[75] 만일 칼리프가 아사비야에 충실했다면, 최소한 일어났어야 했고, 일어났을 일이 그것이었다. 하지만 이븐 할둔이 간파했듯이, 선대의 많은 조상들처럼 칼리프도 그를 지켜줄 수 있었을 사람들과 떨어져 지냈고, 아바스 가문 사람들을 집권하게 해준 연대의식도 오래 전에 사라지고 없었다.

조건부 항복을 거부한 사람에게 몽골인이 가하는 처벌은 죽음이었다. 하지만 훌라구는 예언자의 후손을 피 흘리게 하는 일에 주저했다. 어쩌면 그는 수니파 조언자들로부터 끔찍한 결과가 초래될 수 있다는 경고를 받았을 수도 있다. 그러나 아사신파의 거점이던 알라무트 성에서 목숨을 건진 점성가로 시아파였던 나시르 알 딘 투시는, 세례자 요한이 참수된 뒤나, 이맘 알리 이븐 아비 탈리브(무함마드의 딸인 파티마의 남편/역자)가 죽은 뒤, 그리고 이맘 후사인 이븐 알리(파티마의 차남, 즉 무함마드의 외손자/역자)가 죽은 뒤에도 중차대한 일은 벌어지지 않았음을 칸에게 환기시켰다. 아사신의 수장 이맘 루큰 알 딘 쿠르샤가 죽은 뒤에도 물론 마찬가지였다.

전해지는 바에 따르면 훌라구는 칼리프를 죽여야 하는 부담을 그의 부하들에게 지우고 싶어하지도 않았고, 그만한 지위에 있는 사람의 피를 흘리는 것도 바람직하지 않다고 여겨, 색다른 처형 방식을 고안했다고 한다. 충실한 신자들의 왕, 최후의 칼리프를 그의 아들 겸 후계자와 함께 양탄자로 둘둘 말아 몽골인의 말 혹은 칼리프의 말로 계속 짓밟게 했다는 것이다. 이 이야기는 사실이 아닐 수도 있다. 하지만 유목민의 뿌리로부터 너무나 멀리 벗어나 있던 한 지배자가 스텝 조랑말의 발굽에 압사당하는 일은 자연스럽다는 점에서 어쩌면 진짜로 일어났을 수도 있다. 그가 양탄자에 둘둘 말리는 것도 부적절하지는 않다. 양탄자야말로 이주 공동체가 특징적으로 소유하는 물건이었기 때문이다.

알 무스타심은 의식을 잃기 전 한순간이나마 맑은 정신을 유지했을까? 훌라구도 알았고 이븐 할둔도 나중에 깨닫게 될 것, 즉 일이 어디서부터 잘못되었는지 알 수 있었을까? 그의 종족이 이동하는 삶의 방식을 단념한 것이나, 그들이 고대광실에 현혹되고 도회풍에 나약해진 것을 뉘우쳤을까? 훌라구도 칼리프가 말굽에 짓밟힐 때에 자신에게 닥칠 운명을 잠시나마 숙고했을까? 그도 결국에는 정착을 하게 될까?

칼리프가 죽자 훌라구는 아바스 왕조의 거대한 보고를 비워, 그 안에 있던 재물을 둘로 나누었다. 동시대의 한 연대기 작가가 그들은 "금, 은, 보석과 진주, 직물과 값비싼 의상, 금은으로 만들어진 식기와 항아리들의 무게에 짓눌린 나머지, 두 금속(금, 은), 보석, 진주, 직물과 의상들만 챙겼다"고 기술한 것을 보면, 그가 형인 대칸과 나눠 가지기에는 재물의 양이 충분했을 것이다.[76] 훌라구는 재물의 절반을 카라코룸의 몽케에게 보내고, 나머지는 그의 새로운 수도인 마라게 인근의 우르미아 호수에 있는 샤히 섬으로 실어 보냈다. 그도 머지않아 실려가게 될 곳이었다. 그로부터 7년 뒤인 1265년에 죽어 희생 제물인 말들과 힘들여 얻은 다량의 재보와 함께 지체 높은 유목민의 마지막 무덤 가운데 하나에 매장되었으니 말이다.

바그다드가 불타고 있을 때, 훌라구의 한 지휘관은 도시의 기능을 유지하게 하는 편이 몽골에 득이 된다는 점을 칸에게 일러주었다. 바그다드는 정착한 칼리프에게 안전, 힘, 안정을 의미했고, 따라서 그런 곳을 파괴하면 유목민의 힘에 맞서 자신들을 지킬 수 없음을 바그다드인들에게 인식시킬 수는 있을 터였다. 하지만 유목민에게는 바그다드가 시장 겸 합류점이기도 하다는 것이 지휘관의 주장이었다.

훌라구도 그 말에 수긍하여 병사들을 보내 도시의 불을 끄고 썩어가는 시체들을 치우도록 했다. 아마도 자신의 어머니가 믿는 종교를 의식하고 몽골의 그 유명한 양심의 자유를 떠올렸는지, 파괴를 면한 칼리프의 궁전들 중 하나를 네스토리우스파 기독교 주교에게 주고 교회 신축용으로 넓은 부지를 선사하기도 했다. 페르시아 역사가 주베이니에게 총독직을 주어 살아남은 바그다드 주민들이 그의 지배를 받도록도 해주었고, 주베이니는 도시와 그곳 주민의 삶을 재건하는 막중한 임무에 착수했다. 그럼에도 많은 사람들은 여전히 칼리프국이 멸망하고, 바그다드가 위대한 이슬람 도시로서의 명성을 잃었으며, 그들의 아사비야가 종말을 맞고, 소속감과 공통의 대의를 잃은 것에 낙담했다.

당대의 시인 이븐 아비 알 유스르도 비탄에 젖어 "오오, 바그다드의 소식을 듣고 싶어하는 사람들아, 그것은 눈물이 말해줄 것이다"로 시작되는 시를 썼다.

사랑하는 사람이 떠난 마당에, 여기 남아 있는다고 무슨 득이 될까,
오오 알 자우라를 찾는 이들이여, 여기는 오지 말게나.

바그다드는 이제 피난처가 될 수 없나니, 이곳에는 지금 아무도 없다네.

칼리프의 왕관, 위대한 기념물,

모든 것이 불에 타 잿더미가 되었다네.[77]

한편 훌라구는 서진을 계속하여, 이제는 지중해 유역을 향해 가고 있
었다. 시리아로부터 그 아래쪽의 이집트에 이르기까지 비옥한 초승달 지
대의 기름진 지중해 유역 농지는, 다수가 몽골 영토의 주변부에서 태어
난 맘루크의 통제하에 있었다. 십자군도 맘루크에 의해서 해안가로 축출
된 상태였지만, 트리폴리에서 야파에 이르는 주요 항구들은 여전히 기독
교도가 장악하고 있었다. 그런 판에 훌라구까지 출현하자 오랫동안 질질
끌어온 십자군 드라마의 양상은 더욱 복잡해졌다. 훌라구는 말을 먹일
풀을 따라 진로를 택해, 비옥한 유프라테스 강 및 티그리스 강 계곡을 따
라가다가, 처음에는 바그다드의 북쪽으로 군대를 이끌었다. 그런 다음
그곳에서 서쪽으로 이동해—(항복한 홈스와 달리) 그의 요구를 거부한 알
레포와 다마스쿠스는 초토화시켰다—강력한 맘루크군과 맞붙기 위해
서 남쪽으로 계속 나아갈 채비를 했다.

만약 맘루크와 맞붙었다면 그는 맘루크와 십자군을 동시에 격파하고
그 지역의 통제권을 거머쥘 수 있었을 것이다. 그랬다면 역사의 흐름도
바뀌었을 것이고, 중동의 운명과 어쩌면 유럽의 운명도 사뭇 달라졌을
것이다. 하지만 그에 앞서 1259년 8월 몽케가 사망함으로써 그런 일은 일
어나지 않았고, 그에 따라 그도 18년 전 오고타이가 사망했을 당시 형가
리 평원에 있던 몽골 왕자들이 그랬듯이 대칸 선출을 위해서 중앙아시아
로 돌아갈 수밖에 없었다. 몽골군은 지도자도 없고 병력 규모도 줄어든
상태에서 고전하다가 1260년 9월 나사렛 부근의 아인잘루트에서 바이바

르스가 이끄는 맘루크에 대패했다. 맘루크군은 내처 훌라구가 세력을 구축해놓은 북동쪽의 아제르바이잔 쪽으로 몽골군을 밀어내 승리를 확고하게 했다. 1260년 겨울에는 바이바르스가 비옥한 초승달 지대의 많은 부분을 차지하고 카이로에서 술탄으로 즉위했다. 어쩌면 그에게는 술탄보다는 그의 후계 맘루크들 가운데 한 사람(맘루크 왕조의 제8대 술탄 알 아슈라프 칼릴/역자)이 가졌던 호칭이 더 잘 어울렸을 수도 있다. 이제는 그가 진짜로 "강한 자, 무서운 자, 반란군 처벌자, 프랭크인, 타타르인, 아르메니아인 사냥꾼" 그리고 특히 마지막으로 "악당들의 손에서 성을 빼앗은 자"였으니 말이다.[78]

1271년

바그다드가 함락된 지 13년이 지나고, 혜성으로도 전조가 나타났다는 훌라구의 때 이른 죽음으로부터 6년 후에 한 10대 소년이 베네치아를 떠나 대칸 쿠빌라이의 궁정으로 향하는 여행길에 올랐다. 우리가 지금 이동의 자유와 양심의 자유라는 두 기둥에 기반을 둔 제국, 몽골인의 거대 제국이 이룩한 업적에 대해 무엇인가를 알고 있는 것도 그와 다른 사람들 덕분이다.

마르코 폴로의 여행길에는 아버지와 삼촌이 동행했다. 두 사람은 모두 유라시아 일대를 여행해본 경험이 있었다. 하지만 그 경험도 이번 행로의 고단함을 덜어주지는 못했고, 여행의 속도를 높여주지도 못했다. 그 아들 마르코 폴로는 길을 떠난 지 24년 후에 베네치아로 돌아왔다. 그리고 3년 뒤에는 고향 도시 베네치아와 서로 경쟁관계에 있던 제노바 간의 해전에 참전했다가 전투의 마지막 국면에 포로로 잡혀 투옥되었다. 이 강요된 격리가 전화위복의 계기가 되었던 것이, 여행 이야기를 정리할 시간을 가질 수도 있었고, 그의 구술을 받아 적을 수 있는 동료 죄수도 곁에 있었기 때문이다. 마르코 폴로는 그 특별한 여행 때문에, 그리고 그 모험담을 기록해 책으로 엮어낸 것(『동방견문록*Divisament dou Monde*』) 때문에, 고향 도시에 그의 이름을 딴 공항이 있을 정도로 역사상 가장 유명한 여행가들 중 한 사람으로 평가받고 있다. 그렇다면 유럽 중심적인 그 모든 소란은 다 무엇일까? 전해지기로 그 시대에는 처녀도 험한 일을 당하거나, 목숨을 잃거나, 재물을 잃을 걱정 없이 유목민의 거대 제국을 오갈 수 있었다고 한다. 머리에 황금 사발을 이고 가도 문제가 없었다는 것이다. 그런데 하물며 무장한 일군의 유럽 남자 여행객들이 여정을 두려워할 까닭이 있었을까?

칼리프제가 몰락한 뒤 유라시아는 서로 경쟁하는 이주민 종족들의 지배하에 놓였다. 마르코 폴로의 기행문이 의미 있는 책으로 계속 평가받는 이유도, 멋진 이야기도 이야기이지만, 그 새로운 세계 정복자들에 대한 상세 정보가 담긴 사료원으로서의 가치가 높기 때문이다.

새롭게 부상하는 몽골 지배하에서의 삶은 칭기즈 칸 아래에서의 삶과 달랐다. 쿠빌라이 칸은 카라코룸을 떠나 지금의 베이징인 칸발리크(대도)에 겨울 수도를 건설했다. 하지만 여름에는 그곳과 가장 가까운 스텝 지대의 서늘함을 더 좋아해 베이징에서 북쪽으로 350킬로미터 정도 떨어진 상도를 수도로 정해, 매들이 둥지를 틀고 소나무 숲 언덕에 둘러싸인 아름다운 터에 궁궐을 짓기로 했다. 목초지가 풍부해 그의 말이 풀을 뜯기도 좋고 땅이 기름져 농사를 짓기에도 좋은 계곡이었다. 쿠빌라이는 영국 시인 새뮤얼 테일러 콜리지의 말을 빌리면 그곳에 "웅장한 환락궁", 금빛 찬란한 방들과 아름다운 뜰을 갖춰, "사람들이 기쁨과 놀라움으로 바라볼" 여름 궁전을 지으라고 명령했다.[79] 위의 인용문 중 맨 나중 것은 마르코 폴로가 직접 본 것이 아니라 마음속에 그린 것을 책에 적은 내용이었다. 콜리지의 재너두(상도의 다른 이름/역자)에는 신성한 알프 강도 흘렀다. 마르코 폴로의 책에도 상도는 실개천이 구불구불 흐르는 멋진 정원, 풀밭, 분수, 개울이 있고, 그것들 모두 길이 25킬로미터의 벽에 둘러싸여 있었던 것으로 묘사되고 있다.

몽골은 이제 세계 최대의 제국을 경영하는 국가였다. 쿠빌라이는 중국 최초의 비非한족 군주로서 원 왕조의 창건자였다. 훌라구도 인더스 강으로부터 서쪽의 보스포루스 해협까지 뻗어나가 페르시아, 메소포타미아, 아나톨리아를 포괄하는 제국의 일칸llkhan(부왕이라는 뜻)이었다. 칭기즈 칸의 또다른 아들인 차가타이의 자손들도 실크로드 도시들인 부하라, 사마르칸트, 카불 그리고 동쪽의 알타이 산맥까지 포함된 중앙아시아의 핵심 지대를 다스렸다. 이들의 사촌 베르케(칭기즈 칸 장남의 셋째 아들/역자) 또한 몽골인, 튀르크인, 그리고 카스피 해 북쪽의 인도유럽인이 살았던 스텝 지대의 광활한 땅을 보유한 여타 종족들의 연합인 금장 칸국(킵차크 칸국)을 통치했다. 이것을 모두 합치면 중국의 바다들에서 히말라야 산맥, 현대 러시아의 많은 지역과 그 밑의 이란 및 이라크를 지나 유프라테스 강까지, 동쪽에서 서쪽으로 규모가 6,500킬로미터에 달했다. 유럽 국가들이 모조리 실패로 끝난 십자군을 성지에 여섯 차례나 파견하고 자기들끼리 싸우는 동안, 몽골은 시장을 열고, 무역하는 사람과 이동하는 사람을 그들의 전 영토에 받아들였다. 그리고 그 과정에서 세계를 변화시켰다.

몽골은 19세기에 유럽 왕족이 혈연으로 얽혀 있었던 것처럼 정략결혼을 하는 것도 마다하지 않았다. 페르시아와 이라크에 걸쳐 있던 일 칸국의 타타르인 지배자로부터 중국의 원나라 황제, 금장 칸국의 칸, 이집트와 시리아를 지배한 맘루크 왕조의 술탄, 비잔티움 황제, 트레비존드 제국의 여왕, 사보이, 브라운슈바이크, 제노바의 왕실에 이르기까지, 몽골 지배자들도 술탄, 왕, 황제들과 혼인으로 연결되어 있었던 것이다.

유목민이 만들어낸 그 거대 동맹 안에서 살아가는 종족들 또한 동쪽 원 왕조의 중국인으로부터 서쪽 일 칸국의 튀르크인과 페르시아인에 이르기까지 그들의 고향 땅을 부르는 호칭만큼이나 다양했지만, 이제는 그들 사이에 공유하는 부분도 많아졌다. 칭기즈 칸의 법률이 특히 그랬다. 칭기즈 칸이 1206년의 쿠릴타이에서 제정한 법전 야삭Yasaq에 대해서는 지금도 논란이 계속되고 있다.[80] 하지만 성문법이 존재했든 존재하지 않았든, 분명한 것은 13세기부터는 몽골 군주들이 이동하는 사람들이나 도시에 사는 사람들에게 두루 적용될 수 있도록, 일반적으로 인정되는 가치 체계에 따라 피지배민을 통치했다는 사실이다. 몽골이 기조로 삼았던 양심의 자유 덕분에 기독교도, 이슬람교도, 불교도들만 해도 애니미즘 신봉자인 스텝 종족과 똑같은 지위를 누렸다. 목초지를 찾아 해마다 이주한 유목민에게는 이동의 자유가 당연히 필요했고, 우리가 사는 시대에는 난처한 문제인 무역의 자유도 필수 요소였다. 그런데 이제는 그 이동의 자유와 무역의 자유가 제국 전역에서 통용되는 엄청난 변화가 일어난 것이다.

아틸라의 훈족이 국경 시장의 폐쇄에 저항해 로마 제국으로 이동한 사례나, 흉노족이 만리장성 부근에 있던 교역소들을 폐쇄한 중국의 한나라를 응징한 사례에서 알 수 있듯이, 지난날에는 이동하고 무역할 수 있는 권리가 종종 유목민이 그 권리를 수호하기 위해서 행동에 나서는 기폭제 역할을 했다. 하지만 이제는 그 원칙(이동의 자유와 무역의 자유/역자)을 지침으로 삼고 칸들이 가진 주체하지 못할 욕망의 영향도 받아, 몽골은 다른 나라들과의 협력관계를 유지하면서 세계가 보았던 것들 중에서는 가장 완벽에 가깝도록 마찰이 적고 예전이라면 상상도 하지 못했을 양의 교역을 하게 되었다. 몽골에 의한 평화는 교역을 통해 팍스 로마나보다도 더 세계를 촘촘히 연결시켰고, 몽골이 세금 징수원으로 뽑은 원주민을 포함해 많은 사람들을 부자로 만들어주었다.

몽골의 지배가 제공한 안정과 안전 덕분에 바그다드 함락 뒤의 세기는 실크로드의 황금기로 접어들었다. 마르코 폴로가 들려준 신기한 이야기들, 많은 사람들이 긴가민가 의심했던 이탈리아와 동방 간에 이루어진 교역이 50년 뒤에는 예삿일이 되었다. 피렌체의 상인 프란체스코 페골로티는 『제국과 상업 실무Pratica della mercatura』라는 책까지 썼다. 페골로티는 아르메니아보다 더 동쪽으로는 가본 적이 없었다. 아마도 그렇게 먼 곳에는 다다라본 적도 없을 것이다. 하지만 그것도 그가, 흑해에서 중국으로 가는 길을 여행 안내서에 포함시키는 일을 막지 못했다. 그는 "타나(흑해 동쪽에 위치한 아조우)에서 카타이(중국)로 가는 길은 밤이든 낮이든 전적으로 안전하다"고 거침없이 말하고는 이런 단서를 덧붙였다. "그 길을 다녀본 상인들이 말하기로, 만에 하나 상인이……길을 가다가 죽기라도 하면 그의 소유물은 그 길이 속한 나라의 군주가 부수입으로 차지한다……."[81]

아마도 그런 위험은, 부분적으로는 값싼 운송비 덕에 얻어지는 이익으로 상쇄되고도 남았던 듯하다. 페골로티도 이탈리아 상인 한 사람이 2만 5,000플로린 금화 상당의 상품을 가지고 안내인 겸 통역 겸 대리인 1명과 하인 2명의 도움을 받아 중국으로 갔다가 돌아오는 비용을 400플로린 정도로 계산했다. 몽골의 칸들은 국제 물품의 관세를 내리고 지방세를 면제해줌으로써 동서 무역을 더욱 매력적으로 만들어주었다.[82] 흑해를 통과하는 물품 관세도 화물 가격의 3퍼센트 정도로 낮게 유지했다. 반면 이집트를 통과하는 운송량에는 30퍼센트를 징수할 수 있었다. 그 결과 몽골의 보호를 받는 유라시아 교통로들로는 금, 진주, 향료, 진묘한 약제, 악기, 금실 자수가 놓아진 다마스크 천과 다마스쿠스 강鋼 같은 중동산 물품이 쉴 새 없이 지나다니게 되었다. 러시아에서는 은, 호박, 모피, 전사들이, 고려에서는 수달피와 종이가, 유럽에서는 양모, 칼, 유리가, 니샤푸르와 타브리즈 같은 중앙아시아 도시들에서는 직물이 옮겨 다녔고, 중국에서도 다른 많은 제품들 중에서도 특히 비단과 자기 제품들이 끝도 없이 운송되었다. 세계 무역이 그토록 매력적이고 성공적이었던 때는 결코 없었다.

13세기에는 고대 페르시아의 왕도 혹은 로마의 역참제도를 모방해 만든 몽골의 얌Yam이 확대되면서, 소식도 그 어느 때보다 빨리 전파되었다. 몽골은 하천들에 다리를 놓고, 우물을 파며, 도로를 넓히고 유지 보수를 했다. 가장 주목할 만한 것은 수도에서 시작되는 주요 도로에는 40킬로미터 또는 48킬로미터 간격으로, 여행자의 발길이 뜸한 도로에는 아마도 65킬로미터 간격으로 역참을 설치한 점이었다. 몽골의 칸은 역참마다 책임자를 상주시켜 먹을 것을 재배하고 전령이 교대로 탈 마필을 유지하게 했다. 역참은 황폐한 카라반 숙소나 벼룩이 들끓는 몽골의 여관과는 달랐다. 마르코 폴로도 역참을 "황제나 왕 혹은 그 어떤 인간이 그 어느 때고 제공해준 것들 중에서 가장 장대하고 훌륭한 시설임을 보여주는 더할 나위없는 증거물"로 묘사했다.[83] 폴로는 몽골 제국 전역에 대가족(참호站戶)이 관리하는 역참이 1만 개소는 되었으리라 추정하면서, 그것들 "모두에 훌륭한 가구가 비치되어 있었다"—비치된 가구에는 "호화로운 침상에 비단 이부자리"도 포함되었을 것으로 여겨진다—고 했다. 참호는 시설 관리만 한 것이 아니라, 식량을 재배하여 자기들도 먹고 여행객에게 식사로도 제공했다. 그들이 역참들 사이사이에서 황제의 전령과 사신이 탈 수 있도록 건사한 말은 20만 필이나 되었다.

폴로의 묘사에는 필시 과장된 부분도 있을 것이다. 그는 자기 추정치에 영(0) 하나를 더 넣는 버릇이 있었기 때문이다. 그래도 그의 기록에는 역참제도를 만들어 그 제도가 원활하게 돌아가게 하기 위해서 들인 공력과 투여한 재원의 규모, 그리고 몽골의 칸들이 자신들이 지배하는 거대 대륙을 연결시키는 일을 얼마나 중시했는지는 나타나 있다. 그리고 그 제도는 성공을 거두었다. 몽골의 지배하에서는 누구라도 게레게gerege 혹은 패자牌子로 불린 타원형 패(일종의 통행증/역자)만 소지하고 있으면, 지방 관리의 보호와 지원을 받는 것은 물론이고 역참의 편의 시설도 이용하면서 제국 전역을 여행할 수 있었다. 여행객이 내보이는 패의 종류가 금패냐, 은패냐, 나무패냐에 따라 제공되는 서비스의 수준도 달라졌다. 나무패를 가진 사람에게는 음식과 길들지 않은 탈것이 주어졌고, 금패를 가진 사람에게는 진수성찬에 이어 비단 이부자리가 갖춰진 훌륭한 잠자리가 제공되었다. 이 방식에는 비단 이부자리를 넘어서는 중요한 요소가 포함되어 있는데, 그것은 교역이 작동된 방식과 관련이 있다.

1,000년 전에는 중국 상인들이 팍스 로마나의 도움을 받아 지중해 유

역에서 비단과 자기의 판로를 찾았다. 하지만 사람의 이동보다는 물건의 이동이 더 용이했던 탓에 그들의 모습은 보이지 않았다. 유라시아를 몽골이 지배하는 지금은 도로가 건설되고 유지 관리가 이루어지며, 숙박 시설도 갖춰지고, 안전도 보장되며, 낮은 관세 덕에 이윤 폭이 커지면서 유라시아 전역이 유동적인 상태가 되었다. 따라서 이집트와 잉글랜드 북부에서 몽골인을 구경하고, 은세공사로 일하는 것을 즐기는 프랑스인을 카라코룸에서 보며, 능란하게 흥정하는 루카와 시에나 상인들을 타브리즈에서 볼 수 있는 것처럼, 베네치아인이 그들의 경쟁자인 제노바인과 다투는 모습을 베이징(칸발리크)에서 보는 것도 놀라운 일은 아니게 되었다.

그렇다고 교역품과 상인들만 이동했던 것은 아니다. 기독교 사제들도 유라시아 일대로 퍼져나갔으며, 이는 종교 세력 또한 다양한 실크로드를 따라 지나다녔음을 말해준다. 부처의 삶을 기독교식으로 개작한 설화의 주인공들인 전설적인 두 순교자 성 발람과 요사팟이 그 시기에 유명했던 것도 동방의 신앙이 서방으로 이동했음을 보여주는 증거이다. 기술, 문화, 과학, 비단, 관습도 아시아의 대산맥 및 고비 사막과 타클라마칸 사막의 남북을 가로지르며 더 수월하게 퍼져나갔다. 때로는 그 현상이 일견 무해해 보이는 산화코발트 같은 물질의 사용과 같은 뜻밖의 결과를 낳기도 했다.

코발트 광석은 오랫동안 페르시아의 여러 지역에서 채굴되고 있었고, 적어도 10세기 이후에는 페르시아 도공들이 코발트 광석을 가열해 산화코발트로 만들어, 그것을 유리 채색과 도자기의 유하 채색underglaze에 사용했다. 그런데 이 페르시아 도기들이 몽골이 패권을 잡은 뒤로는 중국 시장에서 팔렸고, 건조된 산화코발트 덩어리들도 덩달아 함께 팔렸다. 중국의 도공들은 이 페르시아 블루 혹은 "무함마드 블루Muhammadan blue”(회회청回回靑이라고도 불린다/역자)를 가지고 실험을 시작했다. 동시에 그들은 아름다운 백자 대접에 아라베스크 문양과 “이슬람” 문양을 그려 넣는 실험도 했다. 이렇게 만들어진 중국산 “무함마드” 대접과 병들이 서쪽으로 실려가 페르시아와 이집트의 시장들에서 팔렸다. 그러자 페르시아 도공들도 중국인들이 무슨 일을 했는지를 알아챘고, 중국산 제품이 인기를 끌자 중국산 짝퉁 제품의 짝퉁을 만들어 교역로에서 팔았다. 그런데 이 “중국산 무함마드” 코발트색 도기의 페르시아산 짝퉁 도기가 나중에는 오스만 제국의 튀르크 도공들에게도 영향을 주었다. 그리하여 이즈니크와 여타 지역에서 대접, 항아리, 타일에 중국식 문양을 베껴 그려 넣고, 그 코발트블루 문양에 다시 화려한 오렌지 튤립 문양을 더해 오늘날 튀르크 도기로 인정받게 된 도기를 만들어냈다. 꼬리에 꼬리를 물고 일어난 이 코발트블루의 연쇄 작용은 두 종류의 제품을 더 파생시켰다. 델프트 그릇을 만들어 팔던 네덜란드 도기공들이 17세기에 자신들이 본래 사용하던 주석 유약을 표면에 칠하고, 그 위에 페르시아와 중국 문양을 그려넣은 모방 도기를 지중해 유역에서 판 것이다. 그로부터 1세기 뒤에는 민턴과 스포드 같은 영국의 자기 회사들이 델프트 도기와 중국산 오리지널 도기의 성공에 도전장을 내밀며, 지금도 광범위하게 생산되고 있고 인기도 매우 좋은 윌로 패턴(버드나무 문양) 자기 또는 블루 윌로(푸른 버드나무 문양) 자기를 만들었다.

이렇게 유라시아 일대에서 코발트가 이동한 경로를 추적하는 일은 가능하기도 하고 흥미진진하기도 한 반면, 그 못지않게 광범위하게 이동한 생각, 신앙, 지식을 추적하는 일은 쉽지 않다. 그러나 유라시아 일대의 사람들이 전에는 결코 느껴보지 못한 방식으로 서로 연결됨에 따라, 동과 서 사이를 분주히 오간 것이 비단 “무함마드 블루”뿐만이 아니었던 것은 분명하다. 몽골 지배하에서는 황해와 지중해 사이에 있던 카라반 숙소와 역참들이 사람들의 수다로 왁자지껄했다. 그들은 그런 식으로 자신들이 알았든 몰랐든 대화와 교역을 통해서 생각과 소문, 풍습과 행동의 변혁으로 이어지다가 종국에는 세계를 변화시키고 유럽의 르네상스를 촉진시킬 것의 싹을 틔웠다.

몇몇 변화는 지역적이면서 또 상대적으로 규모도 작았다. 가령 유럽의 지도자들이 십자군 기간에 큰 희망을 걸었던 대칸의 종교도 그랬다. 쿠빌라이는 그의 조상들이 그랬듯이 옛 스텝 지대의 신들을 숭배하며 애니미즘 신봉자로 성장했다. 그러다 집권하기 전이었던 20대 후반에 불교로 개종하라고 권유하는 티베트 성자들에게서 영향을 받았다. 양심의 자유—마음에 드는 종교를 믿고 그렇지 않으면 믿지 말라—가 여전히 몽골 문화의 중심에 있고, 텡그리 신앙, 조로아스터교, 기독교, 이슬람교가 제국 전역에 널리 퍼져 있을 때였다. 그런데도 대칸이 불교를 받아들였다는 것은 의미심장한 일이고, 몽골의 칸들이 나중에 이슬람교로도 개종했다는 사실은 그보다 더 중요하다.

몽골에서 일어난 다른 움직임과 변화들도 관측된다. 실력주의에 대한 몽골인들의 생각, 지도적 인물들이 지도자를 뽑는 몽골식 민주주의, 성문법이든 아니든 간에 집성화된 법에 대해 가지고 있었던 그들의 강한 신념, 대칸의 백성들이 누렸던—적어도 남자아이들이 누린—보편 교육에 대한 이야기를 슬쩍이나마 살펴보고 있노라면 깜짝 놀라게 된다. 중국에서는 이미 수백 년간 사용된 지폐가 페르시아에는 1291년에 처음 도입되었듯이, 큰 종잇장들이 서방에 그때서야 처음으로 전해졌다는 사실에도 경악할 수밖에 없다. 에드워드 3세가 1331년 즉위 후에 처음으로 런던에서 개최한 치프사이드 마상 시합의 개막식 때, 기사 16명이 아마도 마르코 폴로의 묘사에서 영향을 받은 듯한, 타타르인(몽골인)처럼 보이도록 타타르인의 얼굴이 그려진 가면과 의상을 입고 행진을 벌인 것도 놀랍기는 마찬가지이다. 그로부터 17년 뒤에는, 에드워드 3세가 자신이 제정한 가터 훈장의 기사복으로 몽골에서 영감을 받은 금실로 자수를 놓은 의복의 제작을 발주했다. 유럽 여성들도 몽골 귀부인 흉내를 내며, 고대의 사카인과 스키타이인 여성들이 썼던 원뿔형 보크타boghta(일명 복탁 또는 고고姑姑/역자) 모자를 쓰기 시작했다. 몽골의 보크타는 원래 나무틀에 자작나무 껍질을 붙여 곧추세우고 그 위에 펠트를 덮어 만든 높이 60센티미터의 원뿔형 모자였다. 그랬던 것이 제국이 부를 창출하고 몽골의 귀족 가문들이 부유해지자, 보크타를 덮는 재료도 점점 고급스러워져 비단이나 수단繡緞이 펠트를 대체하고 진주와 깃털 장식도 더해졌다. 에넹, 카푸친 그리고 유럽의 귀부인들이 수 세기 동안 착용했던 그 밖의 비실용적인 모자들 모두 그 모자에서 영감을 받은 것이었다.

어찌 보면 그런 변화 중 어느 것도 놀랄 일은 아니었다. 적어도 13세기 초, 어쩌면 그보다 훨씬 이른 시기부터 동방의 생각은 유럽의 상상력을 바꾸고 있었기 때문이다. 프랑스의 역사학자 조르주 뒤비가 지적했듯이, 몽골의 부상으로 유럽은 본의 아니게 "세계는 그들의 조상이 보았을 법한 것보다 무한정으로 더 크고 더 다양하며 덜 순종적이었다. 세계는 하느님의 말씀을 받아들이지 않고, 그것을 들으려고 하지 않으며, 무력으로 쉽게 정복당하지 않을 사람들로 가득했다"는 점을 인정해야만 했다.[84] 이 깨달음은 유럽에 특별히 중요한 세 가지 진전을 가져왔다. 첫째, 유럽의 상상력이 구속에서 해방된 것이고, 이 자유는 샤르트르 대성당과 캔터베리 대성당, 스페인의 부르고스 대성당과 부다페스트의 마차시 성당에 이르기까지 몽골의 침략이 끝났음을 기념하여 발주한 그 시대 유럽 대성당들의 형태와 야망으로 가장 아름답게 표현되었다. 무엇인가 새로운 질서는 그 성당들의 구조, 하늘을 향한 첨탑, 빛으로 가득한 실내, 무역에서 나오는 자금, 그런 건축을 가능하게 해준 아랍 학자들로부터 물려받은 수학으로 나타났다. 깨달음이 가져다준 두 번째 진전은 유럽이 유목민 국가인 몽골의 부상을 받아들인 것이었다. 뒤비도 설명했듯이, "협상하여 천하무적 왕국들의 환심을 사려고 시도하는 편이 한층 유리한데도 그 모든 이교도, 전투의 달인들에 맞서 힘겨운 투쟁을 하겠다고 고집을 부릴 이유는 없다."[85] 하지만 무엇보다 중요했던 것은, 몽골의 힘과 아시아의 많은 지역에 걸쳐진 그들 지배력의 광대함이 유럽인들로 하여금 시야를 넓히도록 자극해 그들이 동쪽의 인도와 서쪽의 대서양 너머를 바라보게 만든 것일지도 몰랐다. 그것이 종국에는 유럽뿐 아니라 세계의 변화로도 이어졌기 때문이다. 바스쿠 다 가마와 크리스토퍼 콜럼버스와 같은 탐험가들의 항해는, 중앙아시아 유목민들에게 화물이 지배당하는 상황에 대한 반응에서 나온 행위였다.

몽골에 의한 평화로 가능해진 그 문화 교류는 유라시아 반대편의 끝 지역도 변화시켰다. 오랫동안 고립된 왕조를 유지했다고 알려진 중국만 해도 이제는 육지에 둘러싸이고 말 위주로 살아가던 스텝 지대 출신 유목민인 칸의 지배를 받으면서 해양 강국으로 떠올랐다. 애초에 쿠빌라이 칸은 마스트가 넷인 정크선들로 새 함대를 만들면서, 그것이 바다를 면한 두 이웃 나라 일본과 고려를 상대로 한 원정에서 큰 힘이 되리라고 생각했다. 하지만 그 계획에 차질이 빚어지자 그는 배들의 용도를 바꿔서 제2차 세계대전 전까지는 세계 최대였을 무적의 선단으로 만들었다.[86] 그 새로운 화물 선단이 얼마나 성공적이었던지, 중국은 동중국해와 홍해 사이의 해상 무역까지 지배했다. 마르코 폴로도 이 변화가 주는 혜택을 놓치지 않았다. 그가 처음에 육로를 통해 중국까지 오는 데에는 4년이나 걸렸다. 하지만 본국으로 돌아갈 때에는 그와 그의 동료 여행자들이 광저우에서 페르시아 해안까지 중국 선박 14척의 보호를 받으며 항해하여 여행 기간을 절반으로 줄였다.

그 새로운 중국 정크선들은 해상 실크로드의 카라반이었다. 각 정크선에는 300명의 승무원이 탑승했고(자신의 눈으로 직접 본 것이라고는 하지만 이 역시 또다른 마르코 폴로식 허풍이었을 것이다) 상인을 태우고 물품을 선적할 선실도 60개나 마련되어 있었다. 이 화물 선단이 창출한 무역의 수익성이 얼마나 좋았는지, 쿠빌라이의 군사 공격에 저항했던 나라들—인도 왕국들, 베트남, 크메르 제국(캄보디아), 타이의 수코타이 왕국과 치앙마이 같은 곳들—마저 그의 해상 네트워크의 일원이 되기 위해서 쿠빌라이의 종주권을 인정할 채비에 나섰다. 몽골은 해상 교통로와 실크로드 사이에서 세계가 보았던 것들 가운데 가장 완벽에 가까운 글로벌 교역망을 촉진시켰고, 이는 동방은 물론 유럽에도 부를 가져다주었다. 상황이 이렇게 되자 다수의 유럽인들은 또다른 현실에 적응해야 했다. 그때까지도 동방은 유럽의 지도에 끔찍한 생명체, 발이 하나뿐인 기형인과 야만인 무리가 사는 곳으로 묘사되었다. 하지만 이제는 동서 무역의 성공으로 막대한 부가 창출되고, 도로, 시장, 안정, 그 밖의 많은 점들이 유럽보다 발전된 지역으로 지도에 그려졌다.

중국의 칸도 매혹적인 광채에 둘러싸이고 금테가 둘러진 환락궁에 산다고 전해졌다. 유럽 군주들은 그저 선망만 할 수 있었을 뿐인 궁이었다. 쿠빌라이의 동시대인들 가운데 한 사람으로 일 칸국의 재상이었던 라시드 알 딘(또는 라시드 웃딘)의 글에는 이런 이야기가 나온다.

어느 날 그[쿠빌라이]가 카라코룸의 토대를 놓으면서, 보고에 들어가 거의 10만 개 가까이 되는 [은] 덩어리를 보고 물었다. "이 모든 비축품으로 우리가 얻을 수 있는 혜택이 무엇이냐? 밤낮으로 지켜야 할 일밖에 더 있느냐. 누구든 원하는 사람은 와서 한 덩어리씩 가져가라고 해라." 이에 지휘고하, 부자와 빈자를 가릴 것 없이 도시의 모든 사람들이 보고로 달려들어 넘치도록 자기 몫을 챙겨갔다.[87]

동화에나 나올 법한 이야기로 들리겠지만, 이 이야기에는 일말의 진실이 담겨 있다. 요컨대 쿠빌라이는 그 시대의 유럽 여행가들이나, 오늘날 자본은 움직여야 된다는 것을 알고, 수익을 내리라는 기대로 벤처 기업에 자금을 지원하는 사람과 다르지 않게 행동한 것이다. 하지만 여기에는 자본금을 거저 대주는 것 이상의 의미가 있었다. 한 학자는 그것을, 은도 다른 사치품과 마찬가지로 "비물질적인 무엇인가를 담는 용기나 매개체일 때 더 나아 보인다. 몽골의 개념으로는 재분배의 순환이 행복을 준 것이다"라고 표현했다. 게다가 재분배는 "사회의 질서를 유지하고 혼란을 잠재울 수 있는 해결의 열쇠"이기도 했다. "중세의 몽골인들이 공동의 행복을 어떻게 정의했는지를 지금 재현하기는 어렵지만, 물품의 순환적 이동이 공동의 행복에서 핵심이라고 믿었던 것은 확실하다."[88] 통상로를 오가는 사람들이 많고 시장이 번성하면서 뚜렷해진 자본 수익률과 함께 행복도 1세기 넘게 지속되었다. 하지만 이븐 할둔은 그 상황이 오래가지 못할 것임을 알고 있었다. 그것은 지속되지 않을 터였다.

쿠빌라이 칸이 죽은 지 40년 뒤에 태어난 이븐 할둔은 알제리 오지의 안전한 곳에서 살며 집필한 글에서 몽골의 부상을 스텝에서 일어난 폭발로 묘사했다. 그것은 그의 시대에 일어난 중요한 이야기들 중 하나였다.

그는 몽골 제국이 어떻게 발전했고, 칭기즈 칸이 죽은 뒤에는 제국이 어떻게 분할되었으며, 그의 아들과 손자들은 어떻게 제국을 확장시켰는지도 알고 있었다. 또한 그는 칭기즈 칸 가문의 방계손들 사이에서 고조되던 긴장에 대해서도 알고 있었으며, 그 이야기를 왕조들의 순환에 대한 자신의 이론을 뒷받침하는 사례로 이용했다.

이븐 할둔은 흥망성쇠의 사이클을 다섯 단계로 구분했다. "첫 단계는 성공의 시기로, 모든 반대 세력을 타도하고 이전 왕조의 왕권을 탈취하는 단계이다." 이것을 달성할 수 있었던 것은 아사비야 덕이었다.

두 번째 단계에서는 지도자가 권력과 왕권을 통합하는데, 그렇게 하는 목적은 "그의 연대의식을 공유하는 사람들의 열망을 약화시키는 데"에 있었다.

세 번째는 지도자가 평화롭고 호화로운 삶에 안주하고, 법률을 공표하며, 건축물을 발주하고, 훌륭한 군대를 보유하며, 백성과 외국 사절들에게 후하게 선심을 쓰는 단계이다.

그다음에는 새로운 지배자가 전임자들의 흉내를 내며 귀족들과 사이좋게 지내고 "전통에서 벗어나는 행위를 곧 자기 권력의 파멸을 뜻하는 것으로 받아들이는" 단계로 접어든다.

마지막 단계는 "지배자가 향락과 여흥에 조상들이 축적한 [재보]를 낭비하여" 몰락하는 단계이다.[89]

이븐 할둔은 한 왕조가 거쳐 가는 이 다섯 단계를 모두 검토한 다음 "최고의 후계자는 신"이라는 결론을 내렸다. 그럴 수도 있겠지만, 칭기즈 칸에게는 자식, 그것도 많은 자식들이 있었다.

칭기즈 칸이 죽고 나서 1세기 동안 중국에서 근동까지의 육지와 바다는 그의 후계자들이 지배했다. 그 과정에서 호화로운 기념물이 세워지고, 번성하는 유라시아의 크고 작은 도시들이 최고의 기술을 가진 장인과 뛰어난 지성인들로 채워짐에 따라 그들이 가지고 있던 본래의 유목민 특성은 희석되었다. 하지만 시기와 의심의 불꽃이 유라시아 지역들을 불태울 때에도 칸들은 여전히 동서 무역이 돌아갈 수 있을 정도로는 제국 전역에 충분한 질서를 유지했다. 그러나 이븐 할둔은 그때도 피할 수 없는 일들은 진행되고 있었다고 설명하면서, 도시들이 타락하고 그들의 아사비야가 약화되면서 1330년대와 1340년대에 금장 칸국이 어떻게 무너졌는지, 페르시아의 일 칸국이 일련의 내전으로 힘이 소진된 끝에 어떻게 와해되었는지, 중앙아시아의 중심에 자리한 칸국(차가타이 칸국/역자)이 매우 다른 두 왕국으로 어떻게 분열되었는지를 개략적으로 설명했다. 바로 얼마 전까지만 해도 세계를 지배하고, 그 세계를 자기들 방식에 적응시켰던 유목민 세계가 직동을 멈추고, 이븐 할둔이 썼듯이 칭기즈 칸 후손들의 지배가 끝난 것이다. 하지만 이 부분에서는 이븐 할둔의 판단이 오판으로 판명날 것이었다. 칭기즈 칸의 자손은 앞으로도 더 등장할 것이기 때문이다. 하지만 그 일이 벌어지기 전에 먼저, 몽골인들에게는 분열보다 더 치명적이고, 유럽인들에게는 몽골인들보다 더 치명적인 무엇인가가 도래했다.

나를 기쁘게 해줄 것은 아무것도 없다

모로코의 위대한 여행가 이븐 바투타가 1330년대에 크림 반도를 찾았을
때만 해도 그곳 카파(현재의 페오도시야/역자) 항구에서는 아직 유목민의
"활기"를 느낄 수 있었다. 남쪽으로는 튀르크인, 북쪽으로는 루스인과
몽골인, 서쪽으로는 기독교도들에게 둘러싸인 카파는 팍스 몽골리아나
가 부, 그리고 전에는 몰랐던 문화적 개방감을 가져다준 곳이었다. 카파
의 부두에 가면 제노바인, 베네치아인, 그리스인, 아르메니아인, 유대인,
그리고 다양한 유형의 몽골인과 튀르크인을 만날 수 있었다. 이븐 바투
타의 전기 작가도 썼듯이, 그곳은 "이슬람 법학자들이 도시의 수도원들
에서 기독교 금욕주의자의 단식 습관을 연구하고, 아르메니아 수도원 교
회에서는 세례대를 이슬람의 기도 벽감으로 인정해주는" 곳이었다.[90]

카파의 중요성은 제노바인과 그들의 경쟁 상대인 베네치아인들이 대
초원 지대의 언저리로 손쉽게 접근할 수 있는 통로라는 점, 그리고 방어
시설을 비교적 잘 갖추고 있고 지중해로부터의 항해 거리가 짧다는 점
에 있었다. 이븐 바투타로 하여금 카파를 세계에서 "가장 유명한" 항구
의 하나로 부를 수 있게 해준 것은 교역이었다. 그는 자신이 그곳에 있을
때 항구에서 본 화물선과 군함의 수를 중국 최대의 항구에서 보았던 것
과 같은 수치인 200척으로 계산했다. 그는 도심에 들어선 멋진 시장들에
대해서도 썼다. 하지만 당시 흑해에서 최대 규모였던 노예 시장에 대해서
는 언급하지 않았다. 카파는 그 북아프리카인이 "그것에 놀라기 전까지
는 한 번도 들어본 적 없는" 교회 종소리를 난생처음 들어본 곳이기도 했
다.[91] 겁에 질린 그는 두려움을 떨쳐내려고 모스크의 미나레트 꼭대기에
서『코란』이 울려 퍼지게 했다. "하지만 우리에게 재앙은 닥치지 않았다."

재앙은 그가 방문하고 12년 뒤에 왔다.

카파의 이중적인 성격은 주화에 완벽하게 표현되었다. 주화의 앞면에는 아랍어로 된 유목민 칸의 글귀가, 뒷면에는 제노바의 성 게오르기우스 은행 인장이 새겨져 있었다. 양측의 경쟁은 1340년대에 금장 칸국의 칸인 자니베크가 흑해의 다른 교역지들에서 유럽인들을 몰아내면서 분쟁으로 비화되었다. 1345년에는 그가 카파에서 유럽인들을 쫓아내기 위해서 기나긴 포위 공격을 시작했다.

당시 공증인으로 활동했던 피아첸차 태생의 가브리엘레 데 무시는 그때의 상황을 이렇게 적었다. "보라, 이교도인 타타르족이 사방에서 한꺼번에 쏟아져 나와 카파 시를 불시에 포위하고는 사면초가가 된 기독교도들을 거의 3년이나 가둬두었도다. 기독교도들은 그 대군에 포위된 채 숨조차 제대로 쉬지 못했다. 그나마 식량이라도 수송될 수 있었던 것이 그들에게 약간의 희망이 되었다."

가을이 되자 예기치 않은 방면에서 도움의 손길이 왔다. 이탈리아인들을 포위 공격하던 병사들이 갑자기 하나둘씩 죽기 시작한 것이다.

무시는 계속해서 이렇게 썼다. "그런데 보라, 한 질병이……타타르족 사이에 급속히 퍼져나가며 날마다 수천 명의 목숨을 앗아갔다. 마치 그것은 하늘에서 화살이 비처럼 쏟아지며 타타르족의 오만을 제압하는 형국이었다."[92]

그 생각, 요컨대 몽골인들이 천벌을 받고 있으며, 그것은 신의 행위라는 생각은 이후에도 몇 년간 되풀이되었다. 하지만 이번에는 그 이유가 달랐다. 몽골인들은 사망자가 늘어나자 그들로서는 실용적이라고 여길 만한 방식으로 대응했다. 그런데 그것이 모두에게 끔찍한 결과를 가져왔다. 전사한 아군의 시체를 모아 투석기에 넣어 성 안으로 날려 보낸 것인데, 의도했든 의도하지 않았든 그것이 생물학전을 유발한 것이었다.

"죽어" 썩어가는 몽골군 시신이 "산더미처럼" 쌓이면서 도시 내의 공기와 물이 오염되었다. 상황이 걷잡을 수 없어지자 살아남은 건강한 유럽인들은 자신들의 배로 도망쳐 카파, 몽골군, 흑사병으로부터 탈출했다. 아니, 그들은 탈출했다고 믿었다.

공교롭게도 배로……탈출한 사람들 중에 그 유해한 질병에 감염된 선원이 몇 명 있었다. 그 배들의 몇 척은 제노바로 향했고, 나머지 배들은 베네치아와 다른 기독교 지역으로 향했다. 배의 선원들이 그곳들에 도착해 현지 사람들과 섞이자, 마치 악령을 데려온 것 같은 일이 벌어졌다.[93]

악령이란 다름 아닌 세상에서 가장 끔찍한 질병, 페스트*Yersinia pestis*였다. 일반적으로는 흑사병으로 더 잘 알려진 그 병균이 최초로 잠복해 있던 곳이 어디였는지는 아직도 논쟁거리로 남아 있고, 심지어 지금까지도 진원지로 나서려는 곳이 없다. 하지만 페스트가 처음 출현한 곳이 1331년 그 병의 창궐로 인구의 90퍼센트가 목숨을 잃은 중국의 북부 지역이었을 가능성은 있다. "전 세계적으로 발생한 흑사병의 온상 중 하나"이자,[94] 그 치명적인 병균이 퍼져나가는 데에 최적의 자연환경을 갖춘 곳으로 묘사된 유라시아 스텝 지대도 페스트가 출현한 곳일 수 있다. 하지만 처음 시작된 곳이 어디든, 그것이 벼룩에 감염된 쥐, 낙타, 인간, 음식, 의복을 통해서 실크로드를 따라 퍼져나갔다는 점은 분명하다. 1335년에는 이븐 바투타가 "신이 창조한 가장 아름다운 인물"이라고 부른 일 칸국의 칸 아부 사이드가 흑사병으로 목숨을 잃음으로써 훌라구의 마지막 후손이 되었다. 흑사병은 현대의 키르기스스탄에 있는 이식쿨 호수 부근에서도 맹위를 떨쳤다. 묘비에 1338년과 1339년 사이에 흑사병으로 죽은 사람들로 언급된 고분 3개가 그곳에서 발견되었다.

흑사병은 1346년 카파에서 발생해 1350년 소멸되기 시작할 때까지 마치 죽음의 천사처럼 전 세계를 휩쓸고 지나가며 7,500만 명의 목숨을 앗아갔다. 유럽에서만 그 병으로 죽은 사람이 인구의 3분의 1인 2,500만 명이었다. 하지만 흑사병을 전파시킨 당사자로 제노바인을 지목한 이탈리아인 평자 가브리엘레 데 무시의 주장은 잘못된 것이었다. 1346년 제노바인들이 카파에서 도망칠 때 그 병을 옮긴 것은 맞지만, 그들이 아니더라도 병균은 어차피 살아남아 교역로를 타고 카라반 밀입국자보다도 쉽게 옮겨 다녔을 것이기 때문이다. 1347년 무렵에는 트레비존드(지금의 튀르키예 도시 트라브존/역자), 콘스탄티노플, 타브리즈, 바그다드와 같은 근동 도시들의 인구가 대량으로 죽었다. 흑사병은 이듬해에도 기세를 올리며 남쪽의 메카, 카이로와 알렉산드리아에서 튀니스에 이르는 북아프리카 일대로 퍼져나갔고, 그다음에는 유럽으로 진입했다. 처음에는 시칠리아, 그다음에는 베네치아, 제노바, 마르세유, 스페인 순으로 퍼져나갔으며, 그다음에는 프랑스를 관통하며 올라갔다. 이듬해 6월에는 흑사병이 —동시대의 한 자료에 따르면 한 가스코뉴인에 의해서— 영국 해협 너머의 잉글랜드에 상륙하여 도싯 주의 웨이 강변(템스 강의 주요 지류/역자)에 있는 멜컴 레지스(현재는 웨이머스에 속해 있다)에 최초로 출현했다.

모든 사람들이 흑사병으로 고통받았다. 아마도 페스트균을 옮기는 벼룩이 말[馬]을 몹시 기피했던 이유로, 일부 유목민만이 고통을 덜 받는 것 같았다. 베네치아에서는 주민의 4분의 3이 흑사병으로 죽었다. 몇몇 이집트 도시들도 주민의 90퍼센트를 흑사병으로 잃었다. 소작농들도 죽었지만, 카스티야 왕, 아라곤 여왕, 비잔티움 왕자, 프랑스와 잉글랜드의 왕녀들 또한 페스트로 목숨을 잃었다. 흑사병 초기에 700만 명이던 잉글랜드의 인구는 50년 뒤에는 200만 명으로 줄었다.

고통을 겪는 일도 보편적이었다. 이탈리아의 작가 조반니 보카치오는 자신의 걸작 『데카메론Decameron』에 그의 나이 서른다섯이었을 때 흑사병이 고향 도시를 덮쳐(그는 살아남았다), 피렌체 당국이 "엄청난 양의 쓰레기와 배설물"을 치우고, 병자의 도시 출입을 금하며, 건강 유지법에 대한 다수의 지침을 내렸음에도 시민들은 죽어갔다고 하면서, "병은 남녀 모두의 사타구니와 겨드랑이에 부종을 일으키면서 시작되고, 일부 종기는 크기가 사과만 하며, 달걀처럼 생긴 종기도 있다. 몇몇 종기는 크기가 작고, 다른 것들은 크다"라고 증세를 설명했다. 감염된 사람의 생존 기간은 보통 사흘이었고, 동물들은 대개 감염되는 즉시 죽었다. 보카치오는 1348년 3월과 7월 사이에 죽은 피렌체인이 적어도 10만 명은 된다고 기록했다. 또한 "남자와 여자 가릴 것 없이 어마어마한 수의 사람들이 적법한 도시, 적법한 집, 친척과 부모, 가재도구를 버리고 시골을 찾아 떠났다. 신의 분노는 운 나쁘게 도시 성벽 안에 있던 사람들에게만 미친 것 같았다……"라고도 적었다.[95]

보카치오와 동시대를 살았던 시인 페트라르카도 그의 나이 마흔네 살에 체류하고 있던 도시 파르마에 전염병이 덮치는 경험을 했다. 그는 그 병에 후원자와 다수의 친구를 잃고 이어서 연인 라우라마저 죽자, "이 세상에 나를 기쁘게 해줄 것은 아무것도 남아 있지 않다"는 것을 알았다.[96] 형제에게도 "들어본 적도, 본 적도 없는 일이 벌어졌어. 가옥들은 텅 비고, 도시들은 버려지며, 농촌은 방치되고, 들판이 비좁을 만큼 사람들이 죽어갔다는 것은 어느 연대기에서도 읽어본 적이 없어……"라며 괴이쩍다는 편지를 보냈다.[97]

오늘날의 우리는 그 끔찍한 질병이 출현한 원인이 무엇이고, 어떻게 전파되었으며, 왜 소멸했는지를 명확히 알고 있다. 팬데믹이라는 것이 얼마나 무서운지도 안다. 하지만 14세기에는 누구도 그런 죽음을 유발한 원인이 무엇인지를 알지 못했고, 따라서 추측만이 난무했다. 보카치오와 페트라르카가 신의 분노로 여긴 "떼죽음"도 다수의 의견이 반영된 것이었다. 세상의 종말이 온 것일까? 만일 그렇다면 기도나 희생을 통해서 종말을 유예하거나 피할 수는 없을까? 지금까지와는 다른 행동이나 옷차림을 해야 할까? 매일 밤 잔치를 열고 놀아야 할까? 성관계를 삼가야 할까, 탐닉해야 할까? 그들은 모든 편법을 시험 대상으로 삼았다. 아비뇽의 교황은 흑사병은 당연히 신이 보낸 것이라고 하면서 참회를 촉구했다. 하지만 몽골의 칸들처럼 그 또한 점성술사의 의견을 구했고, 점성술사는 토성, 목성, 화성이 합을 이룬 행성의 배열을 흑사병의 발생 원인으로 지목했다. 유럽 전역이, 종소리가 흑사병을 물리쳐주리라는 희망으로 교회 종을 울렸다. 기독교도와 무슬림 모두 스스로에게 매질을 하기도 하고 단식도 하면서 육욕을 억제했다. 북아프리카 해안가와 근동 사람들은 알라가 99가지 이름들 중 하나인 알 카림(관대한 분이라는 뜻)에 부응해주기를 기대하며 기도와 단식을 했다. 하지만 알라는 그들의 기대를 저버렸다.

흑사병은 이븐 할둔의 삶과 그가 살았던 세계에도 그림자를 드리우는 것 이상의 영향을 끼쳤다. 어쩌면 그로 하여금 『역사서설』을 쓰도록 영감을 준 것도 흑사병이었을 가능성이 있다. 그는 열일곱 살이던 1348년 흑사병으로 부모와 스승, 그리고 다수의 친구들을 잃었다. 『역사서설』에 그는 이렇게 썼다. "파멸적 역병이 동방과 서방 가릴 것 없이 모든 곳에 닥쳐 나라들을 초토화시키고 인구를 소멸시켰다. 문명의 유익한 점들을 집어 삼키고 파괴했다.……도시와 건축물들이 황폐화되고, 도로와 방향 표지는 흔적도 없이 사라지며, 마을과 저택들이 텅 비고, 왕조와 부족들은 갈수록 무력해졌다. 인간이 거주하는 온 세상이 바뀌었다."[98] 그의 상상력을 사로잡은 것이 바로 이 변화, 세계와 그를 포함한 모든 사람들을 바꾼 변화였다.

이후 30년에 걸쳐 그는 흑사병의 원인과 결과를 고찰했고, 그 고찰에서도 북아프리카에서 법관 생활을 했을 때나, 그의 가족이 운명의 부침을 겪을 때, 파괴된 채 북아프리카 전역에 흩어져 있던 기념물들의 모습을 보았을 때만큼이나 역사를 집필해야 할 동기를 발견했다. 그 이유는—그리고 이것이 중요한데—만물은 돌고 돈다는 순환성의 개념이 우리의 믿음과 달리, 진보에 대한 희망이 아니라 갱신의 희망을 주기 때문이었다. "그것은 마치 천지만물이 변하듯이……마치 새로운 창조가 되풀이해 일어나는 것처럼, 세계가 새로운 존재로 태어나는 것과 같다. 따라서 누군가가 이 시대에 대해서도 체계적으로 설명해줄 필요가 있다."[99]

이븐 할둔이 이븐 살라마 성을 피신처로 삼은 것도 그래서였다. 그에게는 그 환경이 확실히 안성맞춤이었다. 그는 "그 피신처"가 4년 동안이나 그에게 "영감을 주어, 마치 교유기攪乳器 속의 크림처럼 작품이 완성될 때까지 내 머릿속에 단어와 생각들을 쏟아부었다"고 썼다.[100]

인간의 개미집

이븐 할둔은 1378년 말 즈음해서 이븐 살라마 성을 떠날 때, 가차 없는 예언의 실현으로 이어지게 될 일련의 일들을 행동으로 옮겼다. 그로부터 20년 전, 그는 스물여섯 살의 학자로서 모로코 페스의 카라위인 모스크에서 선각자 한 사람을 만났다. 그리고 그에게서 "사막인들, 천막 거주자들이 사는 북서쪽에서 왕국들에 승리를 거두고, 정부들을 전복시키며, 인간 세상의 대부분을 지배하게 될 강력한 인물이 출현할 것"이라는 말을 들었다.[101] 그는 이븐 할둔이 그 인물과 그가 행하는 일의 목격자가 되리라고도 예언했다.

성을 나온 이븐 할둔은 지중해 연안과 튀니스에 있는 그의 옛집으로 돌아와, 하프스 왕조 칼리프와의 불화를 매듭짓고 집필과 가르치는 일을 병행하는 생활로 돌아갔다. 하지만 그의 복귀로 해묵은 경쟁심이 촉발되고, 카이르완 대★모스크의 유력한 이맘을 포함한 조신과 도시의 몇몇 주요 학자들이 자신을 시기하는 것을 보고, 그는 튀니스를 떠나기로 결심했다. 하지만 생각을 행동으로 옮기기는 말처럼 쉽지 않았다. 그는 왕의 신하였고, 따라서 원한다고 거취를 마음대로 정할 처지가 아니었기 때문이다. 결국 그는 메카 순례를 허락해달라고 요청했고, 몇몇 관리들이 그의 동기를 의심했지만 군주의 허가를 받아냈다. 1382년 말에는 그가 알렉산드리아행 배를 탔다. 이집트에 정착하여 그곳으로 가족을 불러들일 계획이었다.

당시 이집트 수도는 인구 50만 명 가운데 20만 명이 흑사병으로 죽었을 만큼 결딴이 난 상태였다. 나중에 이븐 할둔의 제자가 될 알 마크리지에 따르면, "인파에 한번 떠밀리지 않고 즈웨일라 문에서 승리의 문까지

내처 걸어갈 수 있을" 정도로 상황이 나빴다.[102] 혼잡하기로 유명한 카이로의 중심가가 붐비지 않았다는 것은 오늘날과 마찬가지로 당시에도 충격이었다. 하지만 이븐 할둔도 알았듯이 재난은 또한 기회였고, 쇠퇴 뒤에는 르네상스가 오게 마련이어서, 그가 카이로에 도착했을 때에는 재건이 이루어지고 있었다. 거리는 사람들로 북적였고, 도시의 활기, 장려함, 세련됨이 그를 압도했다. 그는 카이로를 "세계의 수도, 세계의 정원, 민족들이 모이는 곳, 인간의 개미집, 이슬람의 현관, 권세의 장소, 궁전과 아케이드들로 장식되고……학식의 달빛과 별빛이 비치는 도시"로 묘사했다.[103] 그곳은 또한 새로운 술탄 사이프 앗딘 바르쿠크가 지배하는 도시이기도 했다. 한 해 전에 권력을 장악한 그는 이제 수도, 나일 강, 그리고 지평선상의 피라미드를 조망할 수 있는 성채 위의 옛 살라흐 앗 딘 궁전을 차지하고 있었다.

바르쿠크는 흑해와 카스피 해 사이에서 태어나—어쩌면 카파였을지도 모를—흑해 유역의 노예 시장들 중 한 곳에서 팔려 이집트로 온 체르케스 사람이었다. 생의 대부분을 군인으로 보내고 이제 50대 중반이 된 그는 술탄의 지위를 지키기 위해서 싸우고 있었다. 이 투쟁에서 그의 가장 잔혹한 면모가 드러났으며, 이븐 할둔이 카이로가 안고 있는 위험성을 언급하며 그 도시의 영광과 함께 폭군의 오류에 빠지는 것이 가장 치명적이라고 쓴 것도 그래서였다. 바르쿠크는 한 부유한 시민의 숨겨놓은 재산을 알아내려고 관절이 탈구되도록 고안된 고문대에 올려놓고 그를 고문했다. 또 한 사람은 낙타의 안장에 못으로 박아놓고 산 채로 죽게 만들기도 했다. 하지만 그는 또한 관대할 수도 있었으며, 특히 유용한 사람에게 그랬다. 그는 이븐 할둔도 자신이 필요로 하는 자질과 경험을 갖추고 있음을 알고, 카이로에 도착한 지 2년도 되지 않은 그를 도시의 주요 법관들 중 한 사람으로 임명했다. 이븐 할둔의 법관 생활은 오래가지 못했다. 하지만 그에 대한 존경은 지속되어, 1401년 그는 술탄의 고문 겸 역사학자로서 다마스쿠스에 도착했다. 선각자의 예언이 맞아떨어진 곳이 바로 이곳이었다.

몽골의 르네상스

흑사병은 실크로드에도 손상을 입혔다. 엄청난 인명 손실이 유럽의 경제와 시장을 쪼그라뜨렸듯이 아시아의 경제와 시장도 위축시켰다. 잉글랜드의 플랜태저넷 왕가와 프랑스의 발루아 왕가가 벌인 백년 전쟁, 다양한 몽골 왕조들이 벌인 그 못지않게 오래 지속된 투쟁으로 야기된 불안정도 실크로드에 손상을 입히기는 마찬가지였다. 서아시아에서는 몽골의 붕괴로 권력 공백이 생겨나 스텝 지대의 튀르크 종족과 여타 유목민 무리가 서쪽으로 이동했다. 중국에서도 1세기 전 쿠빌라이가 세운 몽골 왕조(원나라)가 승려에서 장수로 변신한 중국 동부 지역 출신의 주원장에게 타도되었다. 그에 따라 3,500척 규모의 거대한 중국 화물 선단도 삭구가 떼어진 채 침몰했다. 중국이, 만리장성이 유목민과 다른 야만족의 진입을 막아줄 것이라는 희망을 걸고 또 한번 후퇴를 선택했기 때문이다. 몽골 칸들의 황금기가 퇴색하고 무뎌진 것이다. 영국의 한 중앙아시아 전문가가 말했듯이, "한때 태평양을 지중해와 연결시켜준 길은 조금씩 무너지다가 가라앉아버렸다."[104] 이븐 할둔에게는 이 쇠퇴가 페스에서 들었던 이야기, 즉 유목민 지도자가 스텝에서 나와 추종자들을 그러모으고 정주민 세계를 압도하리라는 예언이 실현된, 피할 수 없는 결과로 보였다.

그 재판관 겸 학자가 새로운 정복자 티무르를 만났을 때, 티무르는 아시아를 손에 넣었고, 무적의 군대를 보유했으며, 끝없는 야망을 지닌 동방의 지배자였다. 몽골군은 다시 한번 옛 페르시아 제국, 델리 술탄국과 인도의 많은 지역, 메소포타미아와 아프가니스탄을 통제했다. 하지만 티무르는 여전히 정착할 준비가 되어 있지 않았다. 그가 귀감으로 삼은 인물은 칭기즈 칸이었고, 그러므로 아직은 근동과 중국을 정복할 필요가 있었다.

그러나 그는 칭기즈 칸이 아니었다. 무엇보다 그는 보잘것없는 집안 출신이었다. 그가 35년간 말을 타고 고난에 찬 원정을 한 뒤, 운 좋은 합의 지도자(천체의 배열이 행운을 나타낼 때 태어났다는 뜻), 세계의 정복자, 정복되지 않은 일곱 나라의 왕, 신의 전사, 지구상의 신의 그림자 같은 호칭을 얻었으면서도 스스로를 사령관을 뜻하는 아미르로 칭했던 것도 그 때문이었다. 그는 결코 칸이나 칼리프가 아니었다.

전해지는 이야기에 따르면 그가 태어나던 날 밤 사마르칸트와 가까운 어딘가의 하늘에 투구가 휘날리고 있었다고 한다. 그것이 땅에 떨어지자 평원과 도시가 투구의 불똥으로 뒤덮였다고도 한다. 갓 태어난 아이가 손을 폈을 때에는 손바닥에 피가 흥건했다. 해몽가는 그것을 그 아이가 앞으로 군인, 도둑, 도살자, 사형 집행인이 되리라는 징조로 풀이했다. 티무르의 전기 작가는 그가 죽은 직후 "그 문제는 사건들이 결정지었다"라고 썼다. 티무르는 싸워서, 모로코의 선각자가 "인간 세상 대부분의 지배자"라고 부른 것이 되고 나서야 위의 모든 칭호에 해당하는 인물이 되었다.

그는 "여기저기" 돌아다니는 부족의 구성원, 일개 유목민으로 평이하기 이를 데 없는 삶으로 생을 시작했다. "말의 요소요소를 꿰뚫고 있어서, 외형만 보고도 한눈에 좋고 나쁜 품종을 가려낼 수 있는 사람들 중한 명"으로 묘사되었던 것을 보면, 말 타기의 명수였던 것도 확실하다.[105] 어느 시점에는 그가 양을 훔쳤는데, 엉덩이에 화살을 맞아 오른쪽 다리를 질질 끌게 된 것도 이때의 일이었다. 그는 한동안은 키가 크고—175센티미터 정도 되었다—어깨도 넓었다. 하지만 다리를 절었다(말을 타고 있을 때에는 드러나지 않았다). 그가 절름발이 티무르를 뜻하는 티무리 랑 Timur-i Lang, 탬벌레인으로 기억되는 것도 그래서이다.

16세기 영국의 극작가 크리스토퍼 말로는 훗날 "신의 징벌이자 분노/이 세상의 유일한 두려움이자 공포"라며 티무르를 나타내는 또다른 호칭을 만들어냈다. 희곡 『탬벌레인 대왕Tamburlaine the Great』에서는 티무르를 스키타이인과 칭기즈 칸의 계승자로 제시하면서, 이런 약속으로 서막을 연다.

우리는 여러분을 웅장한 전투 천막으로 인도할 것이고,
거기서 여러분은 스키타이인 탬벌레인의 소리를 듣게 될 것입니다.
아연실색하게 할 말로 세계를 위협하고
정복의 칼로 왕국들을 징벌하는 소리를.[106]

말로는 동성애자에 무신론자였고, 어쩌면 스파이였을 가능성도 있다. 엘리자베스 시대의 사회적 반항아로, 티무르의 "초월성transgressiveness"과, 심지어 그의 유목성마저 흠모했을 수도 있다.[107] 하지만 그가 묘사한 것들 가운데 끝까지 살아남아 오래도록 우리의 관점에 영향을 준 것은 피에 굶주린 살인자라는, 티무르에게 씌운 이미지였다. 스키타이인에 대한 고래古來의 두려움을 넘어선 오래된 편견 탓에, 다른 곳은 몰라도 최소한 서구에서는 티무르가, 그가 자행한 파괴, 그가 앗아간 목숨, 희생자의 해골로 탑을 쌓고 투석기를 이용해 포위된 도시들의 성벽 너머로 해골을 날려 보내는 등 그의 병사들이 저지른 잔혹한 행위, 피바다, 한때는 위대했던 다수의 도시들을 잿더미로 만든 것으로 기억되고 있다. 티무르는 의심할 여지없이 야만인의 원형으로 여겨졌으며, 부분적으로는 말로로 인해서 그가 행한 몇몇 훌륭한 업적보다는 그의 적수인 오스만 튀르크의 술탄 바예지드 1세를 다룬 방식으로 더 많이 기억되고 있기도 하다. 바예지드는 이전에 몽골에 충성을 보인 아나톨리아 일부 지방에 대한 권리를 주장함으로써 티무르의 불만을 샀다. 그렇게 해서 벌어진 두 유목민 군대의 대결에서 티무르군은 튀르크군을 압도하고 바예지드를 사로잡았다.

티무르에 대한 다른 많은 것들이 그렇듯이 바예지드 생포와 관련된 기록도 대부분 유목민에 대한 오래된 편견으로 점철되어 있다. 확실하다고 알려진 것은 바예지드가 아홉 달 동안 포로로 갇혀 있다가 감옥에서 죽었고, 그의 시신은 부르사로 보내져 그곳에서 황제처럼 호화롭게 묻혔다는 것이 전부이다. 티무르가 바예지드를 우리에 가두었고, 동쪽으로 이동할 때마다 그 우리를 끌고 다녔다는 주장은 신빙성이 떨어진다. 크리스토퍼 말로는 이 이야기를, 바예지드가 가진 야망 때문에 오스만이 치른 대가인 양 도덕적 설화로 제시한다. 또한 그는 티무르의 흉포함은 부각시키고 바예지드에게서는 정신의 고결함을 찾는다. 하지만 이 부분에서는 말로가 당시 잉글랜드와 오스만 제국 간에 수익성 있는 무역이 시작된 것의 영향을 받았을 수 있다. 게다가 에드워드 기번도 『로마 제국 쇠망사*The History of the Decline and Fall of the Roman Empire*』에서 지적했듯이, 유혈에의 욕망을 채우거나 적수를 감금하는 것은 티무르의 주된 목표가 아니었다. "세계를 정복하고 군주제를 수립하는 것"(원문 그대로의 표현)이 티무르의 첫 번째 목표였다.

티무르에게는 "후대인들의 기억에 길이 남아 존경을 받는 것"도 그 못지않게 중요한 야망이었다.[108] 그 야망은 최초의 인도유럽인 지도자가 스텝의 모닥불 주변에 형제들band of brothers을 모아놓고, 생이 아무리 짧아도 용감하게 싸우다 죽으면 모닥불 주변에서 그들의 이름이 대대손손 기억되리라고 약속하며 충성을 맹세하게 한 이후로 줄곧 유목민을 움직이는 동인이 되었다. 트로이 전쟁 기간에 아킬레우스가 전투에 복귀한 것도 영예로운 명성을 얻기 위해서였다. 사후에 사람들 사이에서 회자되는 것은 대의에 목숨을 바치려는 사람이 바랄 수 있는 최소한의 희망이었다. 영웅 숭배가 최고였다. 하지만 티무르가 후대를 기약하는 방식은 다수의 다른 유목민 지도자들과는 달랐다. 그는 해골 탑을 쌓고 도시를 파괴하는 것보다는 좀더 영속적이고, 좀더 확실하며, 좀더 구체적인 것을 이루기 위해서 예술을 장려하는 데에 노력을 기울였다. 기품 있는 학자 겸 유미주의자였던 로버트 바이런도 「티무르 왕조의 르네상스Timurid Renaissance」를 쓸 때, 그 점을 인지하고 있었다.[109] 1930년대에 이슬람 건축의 기원을 찾아 티무르 제국이었던 많은 지역을 여행한 그는, 티무르를 "왕국을 찾아다닌 약탈자"로 묘사했다. 하지만 그는 또한 기억 속에 남고 싶어한 티무르의 욕망이 어떻게 건축으로 표현되었으며, 그 욕망이 어떻게 인본주의 시대의 도래를 알렸는지도 알고 있었다.*

---

* 여기에는, 가령 칭기즈 칸의 법률과 계몽주의 철학자 존 로크의 계몽주의 저술 사이에 "독특한 유사성"이 있다고 본 에드워드 기번의 견해가 반영되어 있다.

티무르도 출발은 소소하여 경관에 흔적을 남기는 데에 그쳤다. 칭기즈 칸의 후손 중 한 사람인 금장 칸국(킵차크 칸국)의 칸과 지금의 카자흐스탄에서 교전을 벌인 그의 초기 원정을 기념하는 비碑를 세운 것이다. 현무암 덩어리로 된 그 기념비에는 위구르어와 아랍어를 섞은 11줄의 글귀가 이렇게 거칠게 새겨졌다.

양의 해, 봄의 중간 달을 맞아 얼굴이 검은 700명의 토크막Toqmaq(크림 타타르족) 나라에서 투란(투르족의 땅이라는 뜻/역자)의 술탄, 티무르 베그는 토크타미시 칸의 피를 찾아 그의 가문의 이름을 걸고 20만 군과 함께 진군했도다. 그는 그곳에 도착하여 기념비를 세웠다. "신께서 정의를 실행해주시길! 바라건대! 우리 민족에게 자비를 베풀어주시길! 우리를 기억하고 우리에게 은총을 내려주시길!"[110]

그 돌 "기념비"에 글귀가 새겨진 것은 1391년이었고 티무르가 그 적을 쳐부수는 데에는 4년이 더 걸렸지만, 그 돌은 아직도 기념비로 서 있다. 티무르의 르네상스 때는 그보다 더 인상적이고, 감동적이며, 영속적인 기념비들이 세워질 터였다.

티무르는 서기관들을 고용하여 그의 치세 중에 일어난 문무文武와 관련된 일들을 기록하게 했다. 그는 자신이 역사를 만들어가리라는 것을 알았고, 역사를 쓰는 것이 자신이거나, 자신을 위해서 역사가 쓰이리라는 이유로 역사가 자신에게 친절하리라는 것도 알았다. 전해지기로 그는 그 목적을 이루기 위해서 "터번을 쓴 사이이드sayyid(예언자 무함마드의 후손), 울라마ulama(이슬람의 학자), 법학자, 그리고 학식과 지혜를 겸비한 사람들을 항상 대동하고 다녔다"고 한다. 하지만 그 서기관들이 "전하의 행동,

말 그리고 왕국과 백성들에게 일어나는 모든 일을 검증하여" 기록했다는 티무르의 한 전기 작가의 주장은 명백히 과장이었다.[111] 그 주장을 한 사람은 1393년의 바그다드 학살 때 티무르의 신종臣從이 되겠다고 하여 살아남은 이후로 줄곧 정복자 곁에 머물면서, 몽골 진영 내에서 나온 최초의 전기이자, 티무르의 바람대로 "세월을 거스르는 기념작"이 된 『자파르 나마Zafarnama』(승자의 책)를 저술한 역사가 니잠 알 딘 샤미였다.[112] 하지만 그 전기는 철저히 무비판적이었다. 티무르 치세의 또다른 목격자 아흐마드 이븐 아랍샤는 샤미와는 매우 다른 관점에서 티무르의 활동을 바라본 전기를 썼다. 티무르와 그의 대군이 1400년 다마스쿠스를 포위 공격하기 시작했을 때, 이븐 아랍샤는 열한 살이었다. 이 공격으로 그의 가족 몇 명이 죽고 이븐 아랍샤도 노예가 되어 동쪽으로 끌려갔다. 그러니 그가 쓴 『티무르 전기Aja'ib al-Maqdur fi Nawa'ib al-Taymur』에 객관성이 결여된 것도 놀라운 일은 아니다. 전기의 주인공을 향한 그의 감정이 어땠는지는 티무르와 관련된 단원의 제목이 폭군, 거짓말쟁이, 악마, 독재자, 독사, 망나니인 것만 보더라도 충분히 가늠이 된다.

이런 저술과 이븐 할둔의 글, 그리고 외국 사절들의 기록으로 알 수 있는 것은 티무르에게는 칭기즈 칸의 덕목이었던 금욕이 결여되었다는 것이다. 물론 티무르도 생의 대부분을 이동하며 살았고, 펠트나 즈크doek를 씌운 천막에서도 기꺼이 잠을 잤다. 하지만 간소하게 살았던 전임자에 비해 그는 사치를 즐겼고, 원정 중이지 않을 때에는 성대하게 잔치를 벌여 진탕 술을 마시고, 그가 가진 다수의 천막, 정자, 궁전들을 정교한 타일로 장식하고 금빛 천, 비단, 담비 가죽으로 내부를 꾸미게 했다. 탁자들도 금과 은으로 만들었다. 로버트 바이런은 티무르와 그의 부인 비비 하눔 그리고 그의 가족이 "내세가 아닌 현세의 즐거움에 관심을 가짐으로써 페르시아 문화의 흐름을 바꿔놓았다"며, 그들은 현세에서 얻는 기쁨에서 특별하고 아름다운 무엇인가를 창조했다고 했다. 그 "무엇인가"는 단순히 페르시아 문화나 건축의 몽골식 모방이 아니었다. 바이런의 적확한 표현에 따르면, 그것은 "고원의 오래된 문명에 중앙아시아의 새로운 정신이 활동을 벌인 것"이었다. 그리고 그 활동에서 "유목민의 에너지와 페르시아 유미주의"의 완벽한 "합일"이 나왔고, 이 옛 페르시아와 유목민 에너지가 일으킨 합일의 소산이 바로 티무르 왕조의 르네상스라는 것이었다.

칭기즈 칸은 자신이 점령한 대도시들을 멀리했다. 하지만 티무르는 좀 더 확고한 입장을 취해, 대규모 건축물들을 세우고 그것들을 꾸미는 일에 전념했다. 그것이 가장 아름답게 구현된 사마르칸트에서, 그는 "우리의 힘을 의심하는 사람에게는 우리의 건축물을 보여주라"고 공언했다. 사마르칸트를 향한 티무르의 감정이 어땠는지는 페르시아의 시인 하피즈가 이런 글을 쓰자 화를 냈다는 일화로도 가늠이 된다.

시라즈의 튀르크 여인이 내 마음을 받아주기만 하면
사마르칸트와 부하라를 내주고라도 그녀의 가장 못생긴 부분을 차지하겠소.

티무르가, 어떻게 감히 하피즈가 그런 하찮은 여인을 위해 티무르의 대도시들을 버릴 수 있다는 것이냐고 묻자, 시인은 이렇게 대답했다. "아아 왕이시여, 보시다시피 이런 낭비로 말미암아 제가 불행해진 것입니다."

전해지기로 티무르는 시인의 이런 재치 있는 답변에 매료되어 흥분을 가라앉혔다고 한다.

이것은 거의 확실히 출처가 의심되는 이야기이지만, 그래도 티무르의 마음이 사마르칸트에 얼마나 가까이 있었는지는 알려준다. 그는 노인이 젊은 첩을 사랑하듯이 그 도시를 애지중지했다고 전해진다.[113] 자라프샨 강기슭의 언덕과 그곳에서 80킬로미터 정도 떨어진 그의 고향 케슈—"즐거운 마음"—사이에 자리한 사마르칸트는 티무르와, 제국 경영만큼이나 티무르의 예술적 상상력에도 뚜렷하게 영향을 미친 그의 아내 비비 하눔이 새로 정복한 영토에서 나오는 풍부한 재원을 궁전, 정원, 모스크, 무덤, 시장을 짓는 데에 아낌없이 쏟아부은 곳이었다. 이븐 아랍샤도 썼듯이, 티무르가 "모든 분야의 숙련된 장인을 사마르칸트로 끌어오면서, 그곳은 뛰어난 솜씨와 경쟁자들을 따돌린 것으로 유명한, 어느 모로 보나 놀라운 기술을 가진 공예가와 예술가들의 집합소가 되었다." 케슈에 있는 티무르의 웅장한 반구형 여름 궁전, 악 사라이Ak Saray(백색 궁전이라는 뜻)를 장식한 것도 호라즘과 페르시아에서 붙잡혀온 장인들이었다. 티무르는 케슈에 낙마 사고로 스무 살에 세상을 떠난, 그가 가장 총애한 장남 제항기르를 위한 특별한 무덤도 짓게 했다. 그는 그 일을 진지하게 수행했다. 그것은 그의 마음이 담긴 일이었다.

티무르는 중앙아시아 도시들이 아름다운 직물, 양탄자, 도자기, 장신구, 금속 세공품들을 만들어낸 것으로도 알 수 있듯이, 유목민들이 언제나 가장 소중하게 여긴, 휴대 가능한 물품을 생산하는 새로운 황금기도 촉진시켰다. 영국의 시인 제임스 엘로이 플레커가 사마르칸트로 가는 **금빛** 길을 언급한 데에는 그럴 만한 이유가 있었던 것이다. 그 절정기가 촉진된 데에는 명나라에서 나오는 물건들의 질과 문양도 얼마간 영향을 미쳤다. 카스티야의 외교관 루이 곤살레스 데 클라비호에 따르면, 사마르칸트에서 중국의 수도까지는 6개월이면 닿을 수 있는 거리였다. 비록 그중 2개월은 목초지를 찾아 가축 떼를 몰고 다니는 유목민이 유일한 거주민인, 클라비호가 사막지대라고 부른 곳을 가로지르는 여정이었지만 말이다. 상인들도 유목민을 따라 그 광대하고 거친 고장을 가로질렀다. 그 스페인 사람이 티무르의 궁정에 도착하기 직전에는 낙타 800마리 규모의 카라반이 힘겨운 여정의 종착지에 도착했다. 그들은 중국산 비단, 사향, 다이아몬드, 루비, 진주, 대황, 러시아산 가죽과 리넨, 인도산 계피, 육두구, 정향, 그리고 여타 많은 향료를 싣고 그곳에 왔다. 티무르는 사마르칸트를 14세기의 주요 교역 중심지들 중 하나로 만들었으며, 클라비호도 사마르칸트에 대한 가장 뛰어난 연대기를 쓴 작가의 한 사람으로 살아남았다.

클라비호가 아시아의 위대한 아미르와 우호관계를 수립할 임무를 띠고 카디스에서 출발한 것은 1403년 5월이었다. 그렇다고 그가 사마르칸트를 찾은 최초의 유럽 사절은 아니었고, 카스티야 최초의 사절도 아니었다. 그전에도 사마르칸트에서 환대를 받고 기독교도 여인 2명을 포함한 다양한 선물을 가지고 돌아온 사절이 있었다(사절 가운데 1명은 나중에 기독교도 여인과 결혼도 했다). 돈 클라비호도 미래에 그처럼 결혼할 수 있으리라는 생각으로 16개월에 걸친 아시아 횡단을 지속할 수 있었던 것은 아닐까? 이듬해 9월 그는 마침내 사마르칸트에 도착했다. 그리고 기쁜 마음의 정원이라는 뜻의 바기 딜쿠샤에서 황제를 처음으로 알현했다.

[티무르는 그 정원 궁전의] 정문이라고 할 만한 곳 아래에 앉아 계셨다. 배경에 나타나는 절묘하게 아름다운 어느 궁전의 입구를 방불케 하는 장소였다. 그는 바닥이기는 해도 도독한 단에 앉아 계셨다. 그 앞에는 뒤쪽의 공중으로 물줄기를 토해내는 분수가 있었다. 분수대에서는 빨간 사과들이 까딱거리며 떠다녔다. 전하는 두껍게 속을 채우고, 수놓은 비단을 씌워 만

든 것으로 보이는 조그만 용좌에 좌정해 계셨다.……자수가 없는 무지 비단 곤룡포를 입고 계셨으며, 머리에는 운두가 높은 흰 모자를 쓰고 계셨다. 모자 위 관에서는 담홍색 첨정석이 돋보였고, 진주와 보석도 똑같이 그 관을 장식하고 있었다.[114]

티무르와 그의 궁정 그리고 자신이 받은 환대에 대한 클라비호의 묘사는 말로가 상상으로 그린 티무르의 이미지와 뚜렷한 대조를 이룬다. 15세기의 그 어떤 만남 못지않게 현란했던 두 사람의 조우는 말과 양을 쇠꼬챙이에 꿰어 굽는 바비큐 파티로 고조되었다. 금제 쟁반들에는 멜론, 복숭아, 포도가 한가득이었다. 연회에는 노래와 오락도 곁들여졌다. 몽골 유목민답게 그들은 술도 많이 마셨다. 마유주는 물론 포도주도 마셨다. 그런데 알고 보니 클라비호는 술꾼이 아니어서, 설탕을 넣어 달게 만든 마유馬乳를 더 좋아했다. 그는 그것을 여름에 마시기 좋은 "제법 훌륭한 음료"라고 생각했다.[115]

클리비호가 책에서 유일하게 그 위대한 군주에게도 많게는 1,500만 명의 목숨을 앗아갔을 수 있는 어두운 면이 있다고 귀띔하게 만든 일은 왕실 결혼식에서 일어났다. 그날 사마르칸트의 모든 상인들—"직물 상인, 장신구 상인, 행상인과 모든 종류의 물건을 파는 사람들—은 도시 밖으로 나와 몽골 기병들 앞에 좌판을 벌이고 있으라는 '권유를 받았다.'" 상인들에게는 가도 좋다고 "전하께서 허락하실 때까지는" 그곳에 머무르라는 지시가 하달되었다.[116] 그 시간은 그들이 원한 것보다 길어질 수도 있었다. 티무르가 좌판들 한복판에 교수대를 설치하라는 지시를 내렸기 때문이다. "축제에 참석한 모든 이들에게 기쁨과 즐길 거리를 제공하는 것뿐 아니라 그의 뜻을 거스르고 악행을 저지른 자들에게 경고를 하고 본때를 보여주려는 것이 그의 의도"였다. 맨 처음에 끌려나와 재판을 받고 교수형에 처해진 사람은 사마르칸트 시장이었다. 목숨만 살려달라고 애원한 다수의 고관들도 이윽고 그의 옆에서 교수형을 당했다. 카스티야인 클라비호가 관찰한 바에 따르면, 간혹 머리가 아래쪽으로 향하도록 발을 매달아 죽이는 경우도 있기는 했지만, 지위가 있는 사람들은 교수형만 받도록 되어 있었다. 일반인들만 참수형에 처했는데, 그것은 "그들이 참수를 두렵고 또 매우 치욕적인 일로 생각했기" 때문이었다.[117]

티무르 통치의 단호함이 가져온 하나의 결과는 아시아의 많은 지역을 가로지르는 여행이 또 한번 안전해졌다는 것이다. 처벌이 얼마나 즉각적이고 극단적으로 이루어졌는지, 클라비호도 "이제는 온 나라가 안전해졌다"고 썼다. 안정은 여느 때와 마찬가지로 교역도 촉진시켰다. 그 자신은 무슬림이었지만 몽골의 기조인 양심의 자유를 계속 지지하고 유목민 출신답게 열린 국경의 중요성도 배워서 알고 있던 아미르의 보호 아래에서는 특히 그랬다. 통상로는 아마도 전례가 없을 정도로 번창했다. 실크로드의 동쪽 끝에서는 명나라가 중국의 창의적인 생산력이 빛을 발한 가장 중요한 시기들 중 하나를 누리고 있었다. 서방에서도 해양 강국인 베네치아와 제노바가 레반트(동부 지중해) 연안과 유럽 사이를 오가는 사람, 생각, 물건, 신앙, 지식, 돈의 이동을 촉진시켰다.

다마스쿠스

이븐 할둔은 다마스쿠스에 가고 싶어하지 않았으나, 상황 때문에 어쩔 수 없이 간 것이었다. 그가 카이로에 온 지 17년이 되었을 때 그를 후원해 주던 술탄 바르쿠크가 사망했다. 본래 맘루크들 중에서 뽑기로 되어 있던 후임 술탄은 바르쿠크의 열 살 난 아들 알 나시르 파라지 이븐 바르쿠크가 차지했다. 많은 사람들이 이 어린 왕의 등극에서 기회를 보았다. 그들 중에는 이븐 할둔의 경쟁자들도 포함되어 있었으며, 이윽고 그들이 이븐 할둔의 지위를 약화시킴에 따라 그는 도시의 법관 자리에서 밀려났다. 티무르도 어린 왕의 등극에서 기회를 보고, 맘루크 왕조가 약화된 그 시점을 북부 시리아로 다시 한번 진군할 호기로 삼았다. 그는 저항하는 알레포를 초토화시키고 학살한 적병들의 해골로 탑을 쌓았다. 얼굴 2만 개가 외부를 응시하게 만들어 몽골의 요구를 거부하는 사람들에게 무시무시한 경고를 보냈다. 1400년에는 티무르가 인간이 지속적으로 거주한 세계 최고最古의 도시인 다마스쿠스로 군대의 방향을 돌렸다.

　그 이슬람 왕조(우마이야 왕조/역자) 최초의 도시는 정치적으로는 더 이상 중요하지 않았지만, 맘루크 왕조가 자리한 이집트로 가는 마지막 전략적 거점 가운데 한 곳으로서의 가치는 있었다. 티무르의 군대는 도시 성벽을 에워싸고 대형 투석기 60기를 배치했다. 티무르는 자신의 군사력을 신뢰하기는 했지만, 그보다 비용도 적게 들고 효과적인 외교—와 알레포에서 일어난 일에 대한 기억—으로 일이 해결되기를 바랐다.

　이븐 할둔도 더 이상 법관은 아니었지만, 바르쿠크 치세 때와 마찬가지로 술탄 파라지의 총애를 얻어 역사학자와 이슬람법 권위자로서의 명성은 계속 누리고 있었다. 그러던 차에 어린 술탄이 몽골군에 맞서기 위해서 다마스쿠스로 맘루크 군대를 진군시킬 준비를 하자, 이븐 할둔도 그와의 동행을 요청했다. 이븐 할둔은 이 여행이 위대한 정복자의 출현을 목격하리라는 예언의 실현으로 이어질 것임을 인식한 것이 분명하다.

맘루크군이 다마스쿠스 사람들, 알레포, 안테프(지금의 가지안테프/역자), 그리고 티무르에게 점령된 다른 도시들을 빠져나온 다수의 피난민들을 기쁘게 하면서 다마스쿠스에 도착한 것은 1400년 12월이었다. 이븐 아랍샤도 그 이집트인이 이끄는 군대가 어떻게 "평원을 가득 메우며 대지를 반짝반짝 빛나게 했는지"를 기록했다.[118] 하지만 그 반짝거림은 오래가지 않았다. 1401년 초 이집트에서 술탄을 타도하려는 음모가 꾸며지고 있다는 소식이 들리자, 파라지가 다마스쿠스는 운명에 맡겨둔 채 카이로로 돌아갔기 때문이다. 보통 때라면 티무르를 위한 최고의 문구를 아껴두던 이븐 아랍샤는 맘루크 술탄이 서둘러 전장을 떠난 행위에 대해서는 "이로써 그들[맘루크]이 나라를 지배하고 통치하는 법을 안다는 사실을 부인했던 티무르의 말은 사실로 입증되었다"고 썼다.[119]

그러나 이븐 할둔은 카이로로 돌아가지 않았다. 돌아가기는커녕 다마스쿠스 대사원(우마이야 모스크) 근처의 요새 건물로, 12세기의 코란 학교였던 마드라사 알 아딜리야에 자리를 잡았다. 그가 있는 곳의 바깥 사정은 고무적이지 않았다. 로마인들에 의해서 세워진 다마스쿠스 성벽은 이후 여러 차례 복구되었고, 보다 최근에는 살라흐 앗딘이 십자군에 저항하기 위해 복구해놓은 상태였다. 튼튼한 성문들에는 빗장이 채워져 있었고, 식량도 상당량 비축되어 있었으며, 수원지에 물도 그득했고, 성채도 안전했다. 그러나 이븐 할둔은 성벽 밖에 포진한 몽골군 병력이 100만 명 정도는 되리라고 예상했다. 그래도 다마스쿠스인들이 가졌을지도 모를, 그 대군에 맞설 수 있는 실낱같은 기회는 도시의 군사령관들과 민간인 지도자들 간의 불화가 불거짐으로써 훼손되었다. 군부는 싸우기를 원했고, 도시 원로들은 협상을 원했다. 이븐 할둔도 후자의 편에 섰다. 도시의 법관들과 명사들은 대사원에서 회의를 열고 위대한 정복자에게 대표단을 파견하기로 뜻을 모았다.

티무르 역시 그들을 따뜻이 맞이하고 그들의 안전을 보장해주겠다는 약속도 하면서, 성문을 열고 그의 아미르들 중 한 사람에게 도시의 통치를 맡기라고 되풀이해서 요구했다. 또한 그는 이븐 할둔이라는 위대한 학자가 카이로에서 왔다는 말을 들었다면서 그와 만나게 해달라고도 요청했다.

성벽 내에서는 긴장이 고조되었다. 어떤 행보를 취할지를 두고 열띤 논쟁이 벌어졌다. 몽골의 승리를 필연적으로 보고 항복을 지지했다고 알려진 이븐 할둔은 목숨을 잃을까 봐 두려웠다. 싸우기를 원한 다마스쿠스인들이 몽골인들보다 먼저 그에게 접근할 수도 있다는 걱정이 들었던 것이다. 그는 도시를 떠나 티무르를 찾아 나서기로 결정했다. 1월 10일의 쌀쌀한 아침, 그는 일부 법관들의 도움을 받아 성벽을 넘었다. 바깥에서는 티무르의 대리인들이 아미르의 접견 천막으로 그를 데려가려고 기다리고 있었다. 마치 크리스토퍼 말로의 희곡 서막에 나오는 "……웅장한 전투 천막/거기서 여러분은 스카타이인 탬벌레인의 소리를 듣게 될 것입니다./아연실색하게 할 말로 세계를 위협하(는)……소리를"이라는 구절을 예견이라도 한 듯했다.

이븐 할둔은 카이로에서 면직되어 공식적으로는 카디(법관)가 아니었는데도 "이름이 불릴 때 거기에는 '마그레브[북아프리카]의 말리키파 카디 Maghreb Malikite Cadi'라는 호칭이 덧붙여져 있었다"고 썼다. 예언이 실현되어 위대한 정복자가, 그들이 이룩한 업적의 의미를 전후 맥락에 넣고 종합적으로 판단해 그들과 우리에게 설명해줄 누군가를 처음으로 대면하는 진귀한 만남들 중의 하나는 그렇게 시작되었다. 그것은 역사학자 로버트 어윈이 말했듯이, 나폴레옹이 괴테를 만난 순간이나 알렉산드로스 대왕이 아리스토텔레스와 마주한 순간과도 유사했다.[120] 하지만 그것은 또한 이븐 할둔의 주변인들 다수가 그랬듯이 그의 목이 날아갈 수도 있었을 순간이었다.

이븐 할둔이 티무르를 처음 접견하는 자리에서는 위협적인 일이 전혀 없었다. 마침 식사 시간이어서, 아미르는 "비스듬히 기대어 앉은 채 그의 앞으로 옮겨지고 있던 음식 쟁반들을, 천막 앞쪽에 둥그렇게 앉아 있는 일군의 몽골인들에게 차례차례 돌리고 있었기" 때문이다.[121] 그 학자는 과장되게 인사하고 몸을 구부려 티무르가 내뻗은 손에 입을 맞추었다. 티무르는 이븐 할둔에게 그곳에 있던 음식 대신에 우유와 마카로니로 조리된 리슈타 요리를 가져오게 하여 대접했다. 이븐 할둔도 그 음식을 즐겼던 것으로 보이며, 그가 맛있게 먹는 모습은 그 음식에 왕왕 거부감을 나타낸 비몽골인들이 많았던 탓에 아미르에게도 좋은 인상을 주었다. 하지만 이븐 할둔이 음식을 흡입하듯이 먹었던 것은 맛보다는 공포감에서였을 가능성이 있다. 얼마 전 또다른 카디가 억류되어 몸값을 요구받은 일 때문에 "두려움에 휩싸여" 있었다고 그 스스로 말했기 때문이다. 그는, "내가 속으로 할 말을 지어내, 티무르와 그의 정부를 극구 찬양하며 아첨을 했던 것도 그런 두려움 때문이었다"고 썼다.[122] 하지만 그가 처음에 티무르를 만나기 위해서 30년 혹은 40년을 기다렸다고 한 것은 사실이었다.

"전하는 우주의 술탄, 세계의 지배자이십니다. 저는 아담으로부터 시작해 이 시대에 이르기까지 전하 같은 지배자는 인간들 사이에서 나온 적이 없다고 믿습니다." 이 말을 한 다음 그는 계속해서 유목민의 에너지와 아사비야가 무엇인지, 그리고 티무르가 그를 앞서간 그 누구보다도 얼마나 아사비야를 잘 구사했는지를 설명했다. 순환하는 역사에 대한 그의 이론과, 티무르 왕조를 비롯해 모든 왕조는 필연적으로 몰락하게 되어 있다는 말은 하지 않았다.

아첨이 통했는지, 티무르는 이븐 할둔과의 만남을 확실히 즐기는 듯했다. 하지만 티무르가 그 학자를 만나고 싶어한 데에는 또다른 이유가 있었다. 그는 이븐 할둔에게 북아프리카, 특히 이집트에서 튀니스와 페스로 가는 길, 지형, 항구 등등에 대해서도 물어보았다. 이븐 할둔도 침략군의 기본 지침이 될 만한 정보를 제공하는 일이 자신에게 구원이 될 것임을 알았다.

이븐 할둔의 티무르 접견은, 성문들 중 하나가 열렸고 카디와 도시의 원로들이 티무르가 안전을 보장해주겠다고 약속한 것에 대한 대가로 항복할 준비를 하고 문밖에 서 있다는 소식으로 중단되었다. 티무르는 "무릎에 문제가 있어" 혼자 힘으로는 일어서지 못했다. 그래서 들어 올려져 "말에 태워지자, 그는 고삐를 단단히 쥐고 연주 소리에 대기가 흔들릴 정도로 군악대가 그의 주위에서 취주를 할 동안 안장에 똑바로 앉아 있다가" 다마스쿠스로 말을 몰아갔다.[123]

홀로 도시로 돌아온 이븐 할둔은 마드라사에 있는 그의 방에서 티무르에게 줄 마그레브 보고서를 사흘에 걸쳐 작성했다. 그 일이 가져올 결과에 양심의 가책을 느꼈던 듯 서쪽의 술탄에게도 몽골 정복자를 경계하라는 편지를 보냈다. 그리고 나서 사흘 뒤, 그는 티무르의 야영지로 다시 돌아왔다.

이븐 할둔은 한 달 넘게 티무르의 오른편에 앉아 그와 함께 지내며 관대한 행동과 잔인한 행동을 두루 목격했다. 토론에도 참여했으며, 칼리프라고 주장하는 사람이 티무르의 지지를 받기 위해 왔을 때에는 그에 대한 판단을 요청받기도 했다. 그는 포위 공격, 투석기, 대규모 군대의 상황과 혹한의 겨울도 티무르가 안전을 보장해주겠다고 약속한 데에 영향을 미쳤음을 알고 있었다. 또한 다마스쿠스인들이 그들의 부—"금고 전체"—를 내주는 대가로 티무르가 베푼 사면을 받아들였음에도 안전을 보장해주겠다는 티무르의 약속은 일부 도시민들에게만 돌아가리라는 것을 알 만큼은 사태도 충분히 파악하고 있었다. 그도 카디 및 다른 학자들의 목숨을 살려달라고 간청했다. 하지만 다수의 다른 사람들은 그처럼 운이 좋지 못해, 정복자는 그와 협상하려고 온 도시의 한 대표가 구역질 나게 아첨을 하자 중간에 말을 끊고 이렇게 호통을 쳤다. "거짓말하지 마라. 내가 신의 징벌로 지명된 것은 너의 사악함을 손볼 사람이 나밖에 없기 때문이니라. 사악한 놈, 하지만 나는 너보다도 더 사악하니라. 그러니 잠자코 있거라."[124]

협상을 지지한 카디들과 싸움을 원했던 군사령관들 사이에서 팽팽해지던 긴장은 일단 속전贖錢이 지불되자 폭발했다. 몽골군 병사들이 전투가 빠르게 종결되었다고 여기며 즐기는 사이, 도시 내에 있던 일부 다마스쿠스 병사들은 그들을 손쉬운 표적으로 보고 공격했다. 한 보고서에 따르면 이때 명백히 알레포에서 벌어진 일에 대한 앙갚음으로 이들이 살해하고 목을 자른 몽골 병사는 1,000명에 달했다고 한다. 그에 대한 티무르의 대응도 즉각적이고 규모도 엄청났다.

이븐 아랍샤는 그 타타르인의 대응을 "게걸들린 늑대들이 양 떼들을 사납게 덮치는 행위"로 묘사했다. 유목인의 삶을 빗댄 표현이었다. 그러나 티무르의 천막 위에서 펄럭이는 깃발이 온화함을 나타내는 흰색에서 분노와 피를 상징하는 붉은색과 파괴를 뜻하는 검은색으로 변했다고 전해지는 것으로 볼 때, 그것은 다마스쿠스인들에게 덮친 비극을 포괄하는 묘사가 되기에는 부족하다. 크리스토퍼 말로의 표현을 빌리면, 그것은 "그의 창, 그의 방패, 그의 말[馬], 그의 갑옷, 관모/그리고 칠흑색의 깃털 장식도 죽음과 지옥을 가져다주겠다고 을러댄다"였다.

몽골군 병사들은 사흘 밤낮 동안 다마스쿠스인들에게 고문, 강간, 학살을 자행했다. 건축물들도 값나가는 것은 모조리 뜯어내고 불태웠다. 휘몰아치는 바람에 불길이 너울거리다 급기야 도시의 고동치는 심장, 8세기의 우마이야 모스크까지 가 닿았다. 성당과 이전 시대의 신전들 위에 지어진 우마이야 이슬람 제국 최초의 위대한 기념물, 사람들이 그곳에 있던 동안에는 숭배의 장소였던 곳에 불이 붙은 것이다. 이븐 할둔은 "불길이 모스크의 지붕으로 번져" 그 열기에 지붕에 덧씌워진 납이 녹고, 천장과 벽체가 내려앉으며, 황금 모자이크가 산산조각 나고, 흰 대리석이 쪼개졌다고 썼다.

티무르는 다마스쿠스를 점령하자마자 그곳을 떠났다. 어쩌면 성벽의 보강이 진행 중이던 카이로로 진군할 예정이었을지도 모르고, 아니면 북쪽으로 다시 향하려고 했는지도 모른다. 이븐 할둔은 이 티무르의 행동을 이집트로 돌아가게 해달라고 요청할 기회로 보았다.

이어진 접견에서 티무르는 이븐 할둔에게 뜻밖의 질문을 던졌다. 그의 삶에 대해서 물어본 것이다. 그는 그 학자가 노새를 키우는지, 키운다면 실한 놈인지를 물었다.

이븐 할둔이 실한 놈이라고 답하자, 정복자는 그에게 팔 의향이 있는지를 물었다.

그는 "신이 전하를 돕기를"이라고 말한 뒤 공포와 아이러니를 섞어 "신과 같은 사람이 전하 같은 분께 물건을 팔다니요"라고 답했다. 티무르도 "선물"을 받은 대가로 이븐 할둔의 이집트 귀국을 허가해주었다. 이븐 아랍샤와 다수의 다마스쿠스 지식인, 장인 그리고 상류인사들도 이때 함께 사마르칸트로 가는 동쪽으로의 머나먼 여로에 올랐던 것으로 보인다. 티무르는 심지어 그 학자를 "봄철 방목지로 동물들을 데리고 갈 예정이었던" 그의 아들에게 소개해주기까지 했다.[125] 이븐 할둔은 해안가로 바로 가는 편을 택하겠다며 양해를 구했으나, 이내 그 결정을 후회했다. 팔레스타인의 제파트에서 습격을 받아 가진 것을 몽땅 강탈당했기 때문이다. 그에게 남은 것은 생각과 기억뿐이었다.

티무르도 이븐 할둔을 따라 카이로에 가지 않았고, 이븐 할둔의 통찰력을 이용해 북부 아프리카로 진군하지도 않았다. 대신 몽골군은 바그다드로 향했으며, 그에 따른 당연한 수순으로 1401년 한여름 바그다드에서 포위 공격을 시작했고, 그 뒤에는 당연히 숨 막히는 더위 속에서 학살을 자행했다. 이븐 아랍샤는 살육의 세세한 내용과, 몽골군이 그 평화의 도시를 "항복의 장소"로 바꿔놓을 동안 그 운 좋은 합의 지도자가 어떻게 병사들에게 각각 바그다드인의 머리 2개씩을 가져오라고 명령했는지 기록했다. 화를 면한 것은 모스크, 병원, 대학들뿐이었다. 마지막으로 티무르는, 병사들이 자기들이 자른 머리 9만 개를 그러모으고, 그것들로 120개의 탑을 쌓으며, 여름의 찌는 듯한 열기 속에 연기가 피어오르는 도시 위를 독수리들이 선회할 동안 알라에게 기도하기 위해서 8세기의 수니파 법학자인 아부 하니파의 성소로 갔다.

이듬해에 티무르는 오스만 술탄의 바예지드군을 격파하고, 십자군과 오스만에 저항했던 도시 스미르나를 약탈했다. 그 시점에서 그는 서쪽의 유럽으로 밀고 올라갈 수도 있었다. 그를 막을 수 있는 것은 아무것도 없었다. 유럽 국가들의 연합 십자군은 근래에 오스만이 격파해주었고, 그 오스만을 지금은 몽골군이 궤멸시켰으니 말이다. 몽골군과 몽골의 동맹군을 멈출 수 있는 것은 없었다.

그러나 어쩌면 행성의 배열에 좌우되었거나, 또는 유럽에 관해서는 싸울 만한 가치(최소한 중국만큼은 시끄럽게 그를 부르는 소리가 들리지 않았거나)를 느끼지 못했거나, 또는 유럽과의 수지맞는 교역을 망치고 싶지 않았기 때문인지 티무르는 유럽으로 가는 대신 본국으로 돌아가는 편을 택했다.

사마르칸트로 돌아온 티무르는 그의 고향 도시 외곽의 초원에서 두 달에 걸쳐 쿠릴타이를 개최했다. 카스티야의 사절 루이 곤살레스 데 클라비호가 도시의 일부 원로들이 처형된 것을 포함해 그토록 생생하게 묘사한 것이 이 모임이었다. 이듬해인 1405년 초에는 예순여덟 살의 티무르가 동쪽에서 자신의 운명도 충족시키고 중국도 차지할 목적으로 출정했다. 하지만 몇 주일간의 행군 뒤 몽골군은 기후에 발목을 잡혔다. 칭기즈 칸의 사절과 상인들이 살해되었던 국경 도시 오트라르에 당도했을 때였다. 누구라도 기억할 한만 혹독한 겨울이 몽골 군대를 꼼짝도 하지 못하게 만들었다. 바람은 윙윙거리고, 싸라기눈과 발이 푹푹 빠지는 큰 눈이 내리는 데다가 날씨마저 추워지자 일부 병사들은 유목민의 죽음 치고는 특이하게도 말 위에서 얼어 죽기까지 했다. 이븐 아랍샤도 "그 거만한 폭군은 어떻게 망가졌는가"라는 제목의 단원에서, 자신과 자신의 가족 그리고 그 밖의 수많은 사람들을 집에서 끌어내 노예로 만든 인물에 대해서 마지막 발언을 하며 소소한 만족감을 누렸다. 그 다마스쿠스인의 설명에 따르면, 기온이 급강하하자 티무르는 모피로 몸을 감쌌지만 그래도 추위는 가시지 않았다고 한다. 아라크arak를 가져오게 해서 마셨지만, 술조차 나이 든 정복자의 몸을 녹여주지는 못했다. 혹한이 계속되자 티무르의 몸에서는 기운이 빠져 나갔고, 그러다가 "마치 목 졸린 낙타처럼 기침을 하던" 끝에 죽었다고 이븐 아랍샤는 기록했다.[126]

바퀴는 돌아가고

티무르의 거대 제국은 교역 도시들, 특히 실크로드의 허브였던 히바, 부하라, 발흐(아프가니스탄 북부에 자리한 마을/역자), 델리와 물탄(파키스탄 펀자브 주의 도시/역자) 같은 남아시아의 요지들, 그리고 근동의 도시들인 바스라, 바그다드, 알레포를 중심으로 돌아갔다. 하지만 중심축은 마샤드, 헤라트, 그리고 티무르가 시간, 관심, 돈을 특히 아낌없이 투자한 사마르칸트였다. 그러나 이 도시들이 가진 명백한 중요성과 장려함에도 불구하고 티무르 제국은 그가 살아 있을 때에도, 사후에도 계속 유목민의 특성을 띠었다. 제국의 유목성은 부족 중심의 구조와 전통, 정례적으로 개최된 쿠릴타이와 이주, 천막과 말 위의 삶을 선호했던 티무르의 생활 방식, 군대의 편성과 구조, 그가 총애한 아내 비비 하눔과 다른 여인들이 의사결정과 부족 문제를 논하는 과정에서 힘을 계속 보유했던 점, 자유 무역을 중시한 점, 티무르의 총독들이 이동의 자유와 양심의 자유를 촉진하여 불교, 기독교, 이슬람교, 그리고 여타 종교들이 확산될 수 있게 한 점 등에서 찾아볼 수 있다.

유라시아의 시장들을 통해서 막대한 부가 유통되고, 중국에서부터 북유럽에 이르기까지 많은 사람들이 부유해진 것도 티무르 제국의 개방성이 가져온 결과였다. 그런 부의 가장 명백한 징표들은 현존하는 아름다운 기념물들에도 남아 있다. 몽골의 아미르들은 과학에도 투자했고, 따라서 오늘날 서구는 몽골 과학자들에게 주의를 거의 기울이고 있지 않지만, 그들도 우리가 인정하는 과학자들과 어깨를 나란히 할 자격이 있다. 위대한 천문학자였던 티무르의 손자 울루그 베그만 해도 예외적 인물들 중의 한 사람이자, 달 분화구 하나가 그의 이름을 본따 지어짐으로써 갈릴레이 같은 사람들과도 비교되는 영예를 누리고 있다. 아시아의 티무르 제국 경영자들은 시인, 예술가, 아름다운 것을 창안한 사람들도 후원했다. 그들 모두 중요한 문화 융성의 일부였다.

그러나 티무르의 죽음은 널리 애도되지 않았다. 그의 사망 소식이 이집트에 전해졌을 때, 맘루크 아미르들은 또다른 권력 투쟁에 몰두하여 힘의 균형이 이쪽, 저쪽으로 기우는 통에 타 지역에서 일어난 일에 신경 쓸 겨를이 없었다. 이제 고작 열아홉 살이던 현직 술탄(파라지)도 이 혼란 속에 권력의 암투를 피해 술탄 자리에서 물러났다가 복귀하여, 경솔하게 그의 몰락을 기뻐했던 사람들을 위험에 노출시켰다. 이븐 할둔은 이집트가 이렇게 정변으로 몸살을 앓을 때 법관이 되어 법원으로 돌아왔지만, 다시 금세 해임되었다. 티무르가 사망했을 무렵에는 문화의 성쇠盛衰와, 강력하고 새로운 움직임을 만들어낼 수 있었던 유목민이 일단 정착을 하자, 그것을 유지하지 못하게 된 이유를 고찰하면서 원고를 집필하는 본업으로 돌아왔다.

나중에 한 시인이 썼듯이, 티무르나 그런 부류의 인간들이 모종의 해결책이었다는 점은 이븐 할둔도 알고 있었다. 하지만 그는 또한 바퀴가 돈다는 것도 알고 있었다. 따라서 비록 천국이 몽골인들에게 미소를 지었고 그 또한 그들의 "신앙과 제국이 빛을 발하는 것"을 보았지만,[127] 티무르가 죽은 뒤에도 바퀴는 계속 돌아가리라는 것과, 그의 위대한 제국도 일부 사람들에게는 소멸되는 꿈, 다수의 다른 사람들에게는 사라져가는 악몽이 될 것이라는 점도 알고 있었다.

　　그가 몰랐던 것은 바퀴가 돌기를 완전히 멈추고, 세계가 아사비야를 넘어서는 무엇인가에 의해서 만들어지며, 유목민도 힘을 잃어 더는 두려움과 증오의 대상이 되지 못하고, 매혹과 심지어 감탄의 대상이 되는 때가 오리라는 것이었다.

제3부

회복하기

더 크고 더 완벽한 그림에서는 "유목민" 대 "정착민",

부족민 대 국민과 같은 극명한 차이가 결코 드러나지 않는다.

여태껏 그랬던 적은 없다. 하지만 역사의 중심에는 이분법이 있는 듯 하다.

— 팀 매킨토시-스미스의『아랍인*Arabs*』중에서

과거는 예측불허이다

만일 당신이 휴대전화나 컴퓨터를 사용한다면, 인터넷에서 무엇인가를 검색하거나 소셜미디어를 샅샅이 훑어본다면, 청바지나 양복을 입는다면, 돌리 파튼이나 비틀스, 에미넴이나 아델의 노래를 듣는다면, 당신은 알게 모르게 미국과 영국의 생각이나 발명품을 이용하고, 그들의 노래를 부르거나 그들의 드레스 코드를 받아들이는 세계 대다수 사람들의 일부가 되는 것이다. 14세기 유럽인들도 그와 유사한 방식으로 기술을 받아들이거나 세계에서 가장 강력했던 사람들, 즉 유목민의 생각으로부터 영향을 받았다. 그런데 그들에게는 무슨 일이 있었을까?

몽골의 칸들은 유라시아 일대에 제국을 건설하고, 중국과 인도를 지중해와 연결하는 길을 내고 통제하면서 엄청난 힘을 발휘했다. 하지만 그런 힘보다 도달 범위가 넓고 중요성도 더 오래 부각되었던 것은 그들의 소프트 파워였다. 그들은 시장 개방과 국제 무역을 촉진함으로써 그 일을 달성했고, 그것은 이동과 이주라는 유목민의 생활 방식을 고수한 데에 따른 당연한 결과였다. 그들은 자본을 재분배하여 벤처 사업을 일으키고, 기존 사업이 번창하도록 돕기도 했다. 양심의 자유와, 비록 제한적이었지만 특정한 종류의 민주주의도 촉진했다. 그럼에도……17세기에 이르자 구체적으로는 몽골인, 일반적으로는 유목민이 유럽인의 시야에서 사라졌다. 18세기가 되면 유럽인들이 유목민을 뜻하는 단어 nomad조차 거의 사용하지 않게 되어, 이 단어는 영국 최초의 영어사전에 등재할 가치가 없다고까지 여겨졌다. 몽골의 부상과 이성의 시대 사이에 무슨 일이 벌어졌던 것일까? 유목민은 어디로 사라졌을까? 무엇이 유목민과 유목주의를 무관하게 만들었을까?

지금까지 우리는 세계에서 가장 위대한 몇몇 제국들이 이룩한 업적과 문화적 융성을 살펴보았다. 따라서 이제는 천막과 가축 떼, 성벽을 때려 부수고 해골로 탑을 쌓는 것이 유목민 제국의 전부가 아님을 알고 있다. 고대 스카타이로부터 흉노를 거쳐 몽골의 부상에 이르기까지 2,000년에 걸쳐 그들이 군사적으로 우위를 점해가는 과정도 살펴보았고, 그들이 까닭 없이 정복하지는 않았다는 점, 요컨대 그들은 신성한 비전을 수행하고 있었다는 것도 알고 있다. 또한 우리는 유목민이 군사적 역량 이상으로, 그들이 키우는 동물들을 먹여야 할 필요성 때문에도 자연계에서 행하는 그들의 역할을 매우 중시했다는 것도 알고 있다. 그들이 자연력이 세계를 형성했다고 믿고, 그것에 경외심을 나타낸 것도 아마 그래서였을 것이다. 그들은 자연력에 기도하고 희생물을 바치며, 그것을 자신들의 행복의 중심으로 삼았다.

우리는 **우리** 각자의 역사관이 우리가 거둔 업적과 우리가 실현시킨 비전 쪽으로 기운다는 것을 알고 있다. 중국이든 미국이든 영국이든 유럽연합이든 세계의 다른 지역이든 우리가 학교에서 배우는 역사에는 인류 역사의 많은 부분이 누락되어 있다. 하지만 알다시피 우리는 지금 말의 가축화와, 수레 및 전차의 개발로부터 아시아를 관통하는 역참과 통상로의 건설, 유목적 사회 구조의 발전, 개인의 자유를 지지하는 것에 이르기까지, 편집되었던 생각들의 일부가 복원되는 시대에 살고 있다. 유목민과 가볍게 살아가는 그 밖의 모든 사람들이 없는 세상을 상상해보라. 그들 없이는 인간다움과 자연계에서의 우리의 위치를 파악하기까지 거쳐야 할 길이 한층 더 험난해질 것이다.

하지만 그것이 뭐가 그리 중요하겠는가? 유목민은 이제 수명이 다했고, 해결책도 동이 나지 않았던가?

이븐 할둔은 국가와 제국들의 흥망이라야 기껏 천상에서 벌어지는 해와 달, 행성의 순환, 싹이 나고 잎이 돋아나며 꽃이 피고 지는 지상의 계절 주기, 여성의 월경 주기, 동물계의 이주 주기, 그리고 그것에 상응하는 인간의 생애 주기가 반영된 것일 따름이며, 그러므로 그것을 나타내는 상징으로 어울리는 말도 사다리가 아닌 운명의 바퀴라고 생각했다. 이븐 할둔의 바퀴에서 제국은 아사비야가 카리스마 있는 지도자에게 유목민의 힘을 보내주었기 때문에 흥기했다. 이븐 할둔의 바퀴에서는 제국들이 도시에서의 정주 생활로 인해서 제국 창건자들 후예의 정신이 느슨해짐에 따라 그들을 묶어주던 아사비야의 힘이 고갈되어 바퀴가 아래쪽으로 돌기 시작하면서 몰락했다. 그 위대한 학자는 2,000년의 세월을 되돌아보며, 흐트러지지 않고, 자유롭게 생각하며, 자유롭게 옮겨 다닌 최초의 국가, 자연의 순환에 맞춰 사는 국가에 가까운 상태였을 때에 유목민은 이례적인 업적을 성취했다는 것도 알아냈다. 유목민으로 하여금 정착민들을 격퇴할 수 있게 해준 것도 그런 요소들이었다. 그가 생각하지 못했던 한 가지는, 그 주기에도 끝이 있다는 것, 순환적 시간도 멈춘다는 사실이었다.

한때는 시간이 지난다고 해서 세상이 더 나아지지는 않는다고 본 이븐 할둔의 견해가 통설로 받아들여졌다. 그 견해가 모든 것은 **돌고 돈다**는 것, 흥기는 몰락으로 이어진다는 것, 진보 뒤에는 퇴보가 온다는 믿음에 꼭 들어맞았기 때문이다. 그 가설은 이븐 할둔이 죽은 이후 몇 세기 동안 도전을 받았다. 하지만 우리는 유목민의 부상이 종말을 고한 것과 과학 혁명의 시대를 살펴보기 전에 먼저 티무르 제국의 잔해를 뚫고 일어나 현대까지 살아남은 세 유목민 세력의 흥기를 검토해볼 필요가 있다.

위대한 튀르크인

이븐 할둔은 한 왕조가 몰락하는 데에는 한 세대 이상이 걸린다고 추정했다. 하지만 다른 많은 점들이 그렇듯이 티무르 왕조는 이 가설에도 들어맞지 않았다. 티무르가 죽은 지 3년 후—이븐 할둔이 카이로 승리의 문 밖으로 옮겨져 북쪽의 묘지에 묻힌 지 얼마 지나지 않았을 때—티무르의 후계자인 피르 이븐 무함마드 자항기르가 그의 재상에게 살해되고 모든 제국들 가운데 가장 위대했던 제국의 하나가 와해되기 시작했다. 우리의 세계가 형성되도록 도와준 것이 그 티무르 제국의 파편을 뚫고 등장한 새로운 왕국들이었으며, 그들 모두 유목민에 뿌리를 두고 있었다.

　오토만 튀르크인들(이 장에서는 외래어 표기법에는 맞지 않지만 혼동을 줄이기 위해서, 오스만osman은 인명, 오토만ottoman은 국명[초기의 부족 국가였을 때와 제국으로 성장했을 때 모두]으로 잠시 구별했다/역자)은 티무르가 살아 있을 때부터 이미 가축 떼와 야망을 충족시키기 위한 공간을 만들어가고 있었다. 그들 최대의 적이었던 몽골인들처럼 그들도 이따금씩 찾아드는 파괴적인 겨울이나 다른 이주성 종족들에 밀려 서쪽으로 이동한 유라시아 유목민이었다. 9세기에는 그들이 목초지와 새로운 시장으로의 접근로를 찾아, 튀르크인의 기마술과 궁술의 수요가 많았던 메소포타미아 평원으로 이동했다. 그리고 오래지 않아 그 튀르크인 기마병들은 스키타이인 궁수들이 고대 아테네의 특징이 되었듯이, 아바스 왕조의 수도 바그다드에서 흔한 광경이 되었다. 그들이 아랍인들에 의해서 이슬람교에 입문한 것도 이 복무가 가져온 한 가지 결과였다. 그 튀르크인들은 아바스 왕조 궁정의 페르시아인으로부터 제국을 경영하는 법도 배웠다. 14세기 초에는 오스만이라는 이름의 튀르크인 베이(지방 장관)가 아나톨리아의 도시 부르사 부근에서 왕조를 수립했다. 혼란스러운 정세 속에 기치를 들어 올려 향후 600년 동안 근동의 많은 지역, 동유럽, 북아프리카를 지배하게 될 왕조였다.

오토만 제국을 연구하는 역사가들이 기록한 오스만의 출신 성분은 모호하기만 하다. 한 역사가는 오스만을 "그가 보유한 땅에 대한 그의 권리는 전설에 싸여 있고", "그는 (신하였는데도/역자) 명목상 몽골의 종주권 아래에 있던 아나톨리아의 튀르크계 국가에도 보고하지 않았다"고 말한다.[1] 오스만은 유목민 출신이었고, 리더십에 대한 요구 때문에 이동의 자유를 누리지는 못했지만, 그의 선조들처럼 궁전에서 지내기보다는 고지 목초지의 가축들에 둘러싸여 천막에서 여름을 나기를 더 좋아했다. 독립적인 성향, 자유분방함, 동급자들 중의 일인자라는 의식으로 다양한 추종자들도 많이 끌어당겼다. 그의 아사비야로 결속된 사람들 중에는 목축을 하는 튀르크계 유목민, 몽골과 아바스 왕조 영토에서 도망친 난민, 도박꾼, 전사, 무슬림 신비주의자, 비잔티움에 불만을 가진 사람들, 콘스탄티노플에서 동쪽으로 320여 킬로미터 떨어진 흑해 부근의 작은 고장 태수였던 쾨세 미할(수염 없는 미하일이라는 뜻)이라는 이름의 그리스인도 포함되어 있었다.[2] 미할은 아나톨리아의 많은 관리들이 그렇듯이 비잔티움 군주들에게 오랫동안 홀대를 받았다. 그러던 차에 오스만이 등장하여 그의 기치 아래 사람들을 규합하기 시작하자, 그도 오스만 군대에 합류하고, 이슬람으로 개종하며, 다른 기독교도 태수들을 설득해 오스만 쪽으로 넘어오게 하는 등, 오스만의 가장 중요한 조력자들 가운데 한 사람이 되었다. 그는 비정규 기병대인 아킨지Akinji도 창설했다. 오토만 본래의 아사비야로 결집되어 있던 여타 구성원들과 마찬가지로 미할도 오스만의 역동성, 포용성, 모든 책의 사람들People of the Book(이슬람교에서 성서를 가진 종교의 신도들을 지칭하는 말/역자)을 관대하게 대하는 이슬람의 사고방식에 고무되었다.

오스만은 오토만 군대가 도시로는 처음으로 부르사를 점령한 해인 1326년에 사망해 그곳에 묻혔다. 그로부터 60년도 지나기 전, 그의 계승자들은 아나톨리아의 서쪽 절반과 유럽 쪽 비잔티움의 많은 부분을 지배했다. 그들의 가장 큰 업적은 새로운 로마로 건설된 신성한 도시 콘스탄티노플을 함락시킨 1453년 5월 29일에 찾아왔다. 공방전은 오래 이어졌다. 하지만 그 도시가 한 제국의 수도가 되어 동쪽의 전통적 목초지대와 서쪽의 유목지대인 발칸 산맥 너머로까지 뻗어나간 그들의 야망을 잇는 다리가 되었으니 기다릴 가치는 충분했다. 콘스탄티노플은 이스탄불로 개명된 뒤로는 단순히 다리에만 머물지 않았다. 이븐 할둔이 도시들이 흔히 유목민에게 하는 일이라고 경고했던 일을 그 도시도 했고, 그것이 유목민의 활력을 앗아가 그들을 묶어주던 아사비야의 유대가 끊긴 탓이었다. 제국은 정신과 실제 양면으로 유목민 국가로 남아 있었지만, 황실은 예니체리(오토만 제국의 최정예 상비 군단/역자), 하렘, 시종들과 함께 호화로운 톱카피 궁전의 성벽 너머에 정착했다. 설상가상으로 그들이 맡고 있던 각각의 역할 때문에 황실 사람들이 밖에서 일어난 일을 기억하기는 더 힘들어졌다.

늘 그렇듯이 제국의 유목주의를 좌우한 것은 지형이었다. 유럽에 속한 제국의 지방들은 대부분 방목하기에 좋은 산지, 튀르크어로 "나무가 많은 산맥"을 뜻하는 발칸 반도에 있었다. 카르파티아 산맥과 핀두스 산맥, 그리고 여타 동유럽 산맥들은 유목 생활을 하기에는 최적의 장소였고, 아시아에 속한 아나톨리아 역시 농경지가 있었다고는 해도 그 지역의 대부분을 차지한 것은 토로스 산맥과 폰투스 산맥이었다. 상황이 이렇다보니 제국의 지도층과 행정부는 정착해 살고, 백성들의 대다수는 여름철에는 고지대의 방목지, 겨울철에는 평원을 오가며 살 수밖에 없었다. 제국의 통제하에 놓인 다수의 섬들도 여름에는 기꺼이 갈 만한 곳이었지만 겨울에는 폭풍과 강풍에 고립되었다. 역사가 제이슨 굿윈은 그런 상황을 "10월과 4월 사이에는 산맥과 바다가 밤의 시장들처럼 철시撤市를 하고, 제국도 겨울잠을 자는 동물처럼 절반은 동면을 했다"고 설명했다.[3]

제국에 사는 유목민 부족의 종류도 지형만큼이나 다양했다. 유럽에 속한 제국의 서쪽은 동방 정교회 기독교도 지역이었다. 이곳에서는 검은 피부의 블라크인과 절름발이 블라크인, 가축 떼를 몰고 발칸 지역으로 이동한 그 밖의 종족들이 염소털 천막에서 자고 라틴어와 고대 그리스어가 가미된 언어를 사용하며 살았다. 이들이 바로 "발칸의 실질적 정수"를 만들었는데, 그 지역을 잘 알았던 영국의 작가 패트릭 리 퍼머는 발칸의 그 정수를 "땀, 먼지, 불에 그슬린 뿔, 피, 물 담배nargileh, 연기, 거름, 슬리보비츠(자두 브랜디/역자), 포도주, 구운 양고기, 향신료, 커피를 섞은 것에 장미유 한 방울과 향기 한 줌을 더한" 것으로 묘사했다.[4]

제국의 극동 지역은 아나톨리아의 쿠르드족과 "걷다"라고 번역되는 이름의 요뤼크족Yörüks 지대였다. 그 종족 및 그들 틈에서 살았던 다수의 유목민들 모두 계절성 이주를 하고, 술탄의 백성이라는 공통의 정체성을 지니고 있었다. 하지만 제국 신민의 지위에는 대가가 따랐다. 유목민은 두당頭當으로 가축세를 부담해 술탄의 보고를 가득 채워주었고, 가정마다 아들 둘을 술탄의 군대에 의무적으로 보내서 제국군의 규모도 늘려주었다. 아들들은 꼴을 베거나 이주의 인솔자로 유목민 가정에서도 필요한 존재들이었는데도 말이다. 게다가 그들은 현역으로 복무하지 않을 때에는 제국의 핵심지와 유럽 및 아시아 지역 사이에서 움직이는 방패 노릇을 하며 술탄에 대한 봉사를 이어갔다. 유목민이 행한 이 일들 모두 알려진 사실이었다. 하지만 오토만 유목민은 인지하지도 못한 채 중요한 일 하나를 더 수행하고 있었다.

오토만 정체성의 기반이 되는 유목민의 아사비야는 이스탄불, 에디르네, 부르사에서는 찾아볼 수 없었다. 모스크, 궁전, 바자bazaar로 아름답게 꾸며진 그 밖의 장려한 도시들에도 그것은 없었다. 유목민의 아사비야는, 무슬림 공동체인 움마를 지배할 권리를 가지는―1517년 이집트와 헤자즈의 성지들을 정복하고, 아바스 왕조의 마지막 칼리프에게서 예언자 무함마드의 칼과 망토를 직접 건네받은 뒤로는 냉혈한 셀림 1세가 그 권리를 주장한―칼리프제의 중요성에도 존재하지 않았다. 제국 정체성의 기반은 천막과 말 그리고 그 왕조를 창시한 오스만의 유목민 뿌리에 있었다. 오토만 술탄들이 수 세기 동안 양립 불가능한 욕구들을 어색하게 조화시키는 방식으로라도 유목민에 뿌리를 둔 자신들의 과거를 드러낸 것도 그래서였고, 그 유목적 과거와의 거리를 더욱 멀어지게 만든 실내 생활을 할 때에도 그 점에는 변함이 없었다. 술레이만 대제만 해도, 오토만의 힘과 광휘가 절정에 달했던 16세기였는데도, 자신에게 경의를 표하러 온 헝가리 국왕 존 지기스문트를 톱카피 궁전이나 다른 화려한 궁전이 아닌 장려한 천막 앞에서 맞았다. 그 순간을 기록한 화가는, 위에는 황금빛 반구형 수단 덮개가 드리워져 있고 발치에는 가장자리가 꽃무늬로 장식된 양탄자가 깔린 천막 앞 옥좌에 앉아 있는 모습으로 술탄을 묘사했다. 궁전—도드라진 천막—거주자를 위한 천막이었지만, 그래도 천막은 천막이었다.

오토만 술탄은 몇 세기 시간을 앞당기고, 사막 깊숙한 곳에서 낙타들을 키우며 유목 생활을 하는 아랍인들을 찾아 칼리프의 학자들이 남쪽의 바스라와 사막 깊숙한 곳으로 길을 떠났던 아바스 왕조의 착수의 시대를 모방하여, 일군의 역사가와 화가들을 밖으로 보내 그들(술탄)이 지닌 유목적 뿌리의 증거물을 찾아오게 했다. 이동하는 삶을 살지는 않았지만 그들이 가진 정체성에는 여전히 유목주의라는 생각이 매우 중요했던 것이다.

세계의 절반

페르시아의 수피(이슬람 신비주의자) 셰이크 사피 앗 딘도 오토만 왕조의 창시자인 오스만만큼이나 출신이 모호했다. 두 사람 모두 스텝 지대의 초원에서 길을 잃은 것이다. 하지만 그의 종족도 튀르크인과 마찬가지로 대부분이 근래에 아나톨리아에서 이주해온 유목민이었다는 점은 확실하다. 14세기 초, 셰이크는 오스만이 오토만의 기치 아래에 추종자들을 결집시키는 사이, 자신만의 아사비야를 만들어가고 있었다. 경건함뿐 아니라 정치적 기민함과 상거래 솜씨도 지녔다고 알려진 그는 기적을 행하는 사람으로서 심신 양면으로 놀라운 업적을 이루었다는 명성에 힘입어 오래지 않아 수피 종단의 창시자가 되었다. 사피 앗 딘의 추종자 무리를 일컫는 말이었던 그 사파비야Safaviyya(사피파)는 그가 태어난 이란 북서쪽 카스피 해 연안의 도시 아르다빌에 기반을 두고 있었다. 이들은 초기에는 시아파의 열두 이맘을 상징하는 검은색 술 12개가 달린 빨간 모자를 착용한 것으로 가장 유명했지만, 1500년대 초에는 교단의 규모와 그들이 행사한 영향력 면으로도 유명했다. 티무르 왕조가 몰락했을 때에는 셰이크의 후예인 이스마일 1세가 서부 이란, 티그리스 강과 유프라테스 강 유역, 아제르바이잔을 아우르는 사파비 왕조를 수립했다. 그다음 세대는 더욱 번창하여, 샤 이스마일의 사파비 왕조 후손들은 유목민 연맹—아프샤르족, 샤믈루족, 루믈루족, 테킬리족, 줄카다르족, 카자르족, 그리고 다수의 다른 종족들—의 지원을 받아, 유목민이 주도하는 새로운 황금기가 페르시아에 도래할 것임을 알렸다.

사파비 왕조의 초기 지배자들은 왕조가 지닌 유목민 전통과 고대 페르시아 지배자들의 선례를 좇아 수도를 하나만 둔다는 생각에 거부감을 가졌다. 그들은 한곳에서만 지내는 대신 넓은 국토를 돌아다니며 다수의 궁전과 벽으로 둘러싸인 정원들에서 휴식을 취했다. 하지만 오토만 술탄들의 경우와 마찬가지로 17세기 초가 되자 상황이 바뀌었고, 그 일은 이스파한을 수도로 택한 샤 아바스(아바스 1세)의 재위 기간에 일어났다. 그 새로운 샤는 맹렬한 에너지와 열정으로 정원 도시를 건설하여, 그 새로운 수도가 "세계의 절반"이라는 별칭을 얻게 했다. 그는 또한 극동과 유럽에서 무역 협정을 체결했으며, 외교관, 상인, 보석 세공인, 장인들을 기꺼이 받아들였고, 경제적 부흥도 일구었다. 이스파한 방문자들에 따르면, 모스크 162곳, 마드라사 48곳, 카라반 숙소 182곳이 도시의 38킬로미터 경계 내에 있었다고 한다. 런던의 대다수 사람들이 봄에 한 차례만 목욕을 하던 그때 이스파한에는 공중 목욕탕도 약 173곳 있었다. 샤 아바스는 중국인 도공 300명도 도시에 유치했으며, 이는 결과적으로 현명한 조치였던 것으로 드러났다. 1659년 중국이 외국인들에게 시장 문을 닫아걸자 페르시아 블루로 중국식 문양을 그려넣은 이스파한의 도기가 서방에서 중국 자기의 인기 있는 대체물이 되었기 때문이다. 샤 아바스는 도시의 직조 역량을 키워 직물과 양탄자 생산량도 증대시켰다. 페르시아의 비단 무역도 새로운 수도를 중심으로 이루어졌다. 그 무역을 담당한 사람들은 대부분 자얀데 강 건너편의 신 줄파New Julfa 교외로 이주한 아르메니아인들이었다.

샤 아바스 도시의 핵심은 광장maidan, 즉 이맘 광장Naqsh-e-Jahan(글자 그대로의 뜻은 "세계의 광장")이었다. 그 거대한 광장은 샤 아바스의 궁전들과 모스크들의 정면이 군데군데 드러나 있고, 바자, 카라반의 숙소, 작업장들로 내부가 채워진 2층 구조의 아케이드로 둘러싸여 있었다. 퍼레이드와 공적 모임, 연례 낙타 희생제, 유목민 사이에서 성행했던 폴로 경기를 위해서 지어진 것이었는데, 폴로 경기는 골대 역할을 했던 한 쌍의 반구형 대리석 기둥 사이에서 각 팀이 각축전을 벌이는 방식으로 진행되었다. 대리석 기둥은 지금도 그 자리에 남아 있다(지금은 광장에서 마차는 탈수 있지만 폴로 경기는 허용되지 않는다).

이스파한의 사파비 왕조 건축물들의 불가사의함은 얼마간 샤 아바스의 동시대 인물이었던 술레이만 대제가 지은 이스탄불의 아름다운 건축물들이 그렇듯이 스텝 지대의 원초적 힘에 현지의 감수성을 입혔다는데에 있었다. 전에도—자주 그리고 여러 다른 방식으로—일어난 일이듯, 최상의 결과는 유목민과 정착민이 균형 잡힌 통합을 이룰 때에 얻어졌던 것이다.

이스파한은 자그로스 산맥의 험악한 자줏빛 봉우리들과 카비르 사막의 광대한 황야 사이에 끼어 있는 오아시스이다. 나머지 지역은 유목을 하기에 더할 나위 없이 좋은 산지, 평원, 길쭉한 해안지대이다. 그러니 샤 아바스와 그의 사파비 왕조 후손들이 자신들의 야망이 잘 드러나게 하려고 이스파한을 재건할 때에 무엇을 창조하려고 했든, 18세기까지 존속한 그들의 새로운 페르시아 제국이 늘 그리고 대개는 유목민 연합이었다는사실을 피할 길은 없었다.

새로운 몽골인

"이슬람력 899년 9월(1494년 6월)에 나는 페르가나 지방의 왕이 되었다."[5] 바부르가 어린 왕자일 때 쓴 글인데, 티무르의 증손자들 중 한 명인 그가 모계 쪽으로 칭기즈 칸의 후손임도 주장했던 것으로 보아 자신의 유목민 혈통을 자랑스럽게 여겼음을 알 수 있다.

대大페르가나 계곡은 톈산 산맥과 파미르 고원 사이에 위치해 있으면서 시르다리야 강이 관류하는 곳으로, 현재는 우즈베키스탄과 타지키스탄 그리고 키르기스스탄에 영토가 분리되어 있다. 또 지금과 마찬가지로 당시에도 그곳은 중앙아시아의 가장 비옥한 지역들 가운데 하나였고, 정주민과 유목민 모두를 먹여 살렸다. 그곳은 "천마天馬" 종을 비롯해 아시아의 최고 명마 몇 종이 사육된 지역이기도 했다. 고대 중국인들이 신성한 한혈마汗血馬라 믿고 최고의 전투마가 되리라고 여겨 서쪽으로 여행을 한 것도 그 말들 때문이었다. 페르가나 말은 바부르에게도 중요했다. 살면서 페르시아의 영향을 받아 음주와 아편 흡연을 즐긴 것만큼이나 정원을 조성하는 일도 즐긴 그는 티무르 가문의 한 왕자였고, 이는 그가 말을 타고 전투하며 평생을 보낼 운명이라는 뜻이었다.

바부르는 생애 대부분의 기간에 꾸준히 일기도 썼다. 그 일기에서 그는 이렇게 썼다. "나는 정확히 일어난 일만을 기록했다.……매사에 사실만 쓰고 모든 일의 실상만 적었다.……내가 아버지와 형제에게서 보았던 부도덕함과 미덕도 사실대로 썼으며, 친척과 남의 결점 및 장점도 있는 그대로 적었다."[6] 이 글에는 과거로부터 현재에 전해진 그 어느 회고록 못지않게 이 회고록 또한 진술하고 명시적이리라는 점이 명확히 드러나 있다. 요컨대 그는 옛 인도유럽인의 유목민 전통이 면면히 살아 있음을 빠르게 드러낸 것이다. 그 전통이란 이것이었다.

나는 왕권을 지키고 나의 지위를 인정받을 필요가 있다.

나는 공적이 기억되기를 바란다.

나는 양심의 자유를 믿는다.

바부르는 삶과 권력 다툼에서 여성도 남성과 대등한 역할을 할 수 있다고도 확신했다. (어릴 때 쓴 일기에서도) 그는 여성의 역할을 이렇게 인정했다. "전술과 전략의 면에서, 할머니 아이산 다울랏 베굼과 같은 여성을 거의 본 적이 없다. 그녀는 머리 좋은 뛰어난 기획자였다. 국사의 대부분은 그분의 조언으로 결정되었다."[7]

이후 20년에 걸쳐 바부르는 친척의 훼방으로 일련의 왕국들을 얻었다가 빼앗기는 일을 겪었다. 그러는 사이 이웃 나라 우즈베크는 더욱 강대해졌다. 그는 처음에는 페르가나 만의 지배자였다. 그 상태로 사마르칸트로 진군했다가 본거지(페르가나)도 잃고, 그다음에는 잠시 점령했던 사마르칸트마저 상실했다. 1503년에는 스무 살의 나이로 카불의 지배자를 자처했으며, 그곳을 거점 삼아 20대 후반에는 사마르칸트를 포함해 옛 티무르 왕조가 보유했던 중앙아시아의 핵심지대를 장악했다. 그러고 나서 술레이만 대제가 헝가리를 물리치고 부다페스트로 오토만 군대를 진군시킨 해인 1526년, 이제 40대 초반인 바부르는 자신에게 주어진 운명을 완수하기 위해 남쪽의 인도로 군대의 방향을 돌렸다. 그때 그는 산스크리트 문학의 『베다』를 모방하여 "내게 명성을 달라, 죽어야 한다면 기꺼이 죽겠다"고 썼다.[8] 그리고 그 말처럼 그의 2만 군대가 파니파트에서 델리 술탄국의 황제 이브라힘 로디의 10만 군대를 제압함으로써 명성을 얻었다. 이 파니파트 전투의 승리로 델리와 아그라 그리고 인도의 힌두스탄을 지배하고자 했던 바부르의 야망이 충족될 수 있는 길이 열렸다.

바부르는 델리의 성채와 몇몇 무덤 그리고 정원을 방문하는 것으로 그의 승리를 자축했다. "시찰을 마친 뒤 나는 야영지로 돌아와 배를 타고 독주를 마셨다."[9] 하지만 바부르가 자기 안의 유목민 기질 때문에 쉴 새 없이 움직였던 것과 달리, 그가 세운 무굴 왕조―몽골Mongol에 어원을 둔 명칭―사람들은 정착을 하고, 라호르, 파테푸르 시크리, 가장 유명한 아그라, 그리고 최종적으로 델리에서, 제국의 마지막 황제가 영국에 의해서 버마로 유배되었던 1858년까지 인도를 지배했다. 그 모든 곳들에서 그들은 물을 흘려보내 서늘한 구역을 조성하고, 자연계를 빼닮은 정원을 만들며, 돌 천막과 닮은 그들의 대표적 건축물 파빌리온을 짓는 등 온갖 사치스러운 건축 사업을 벌였다.

건축물들에 나타나는 물, 즐거움, 자연계의 그 주제는 한 남자가 강과 그 너머의 언덕을 배경으로 주홍색 쿠션에 몸을 기댄 채 바닥보다 높은 금빛 옥좌에 책상다리를 하고 앉은 모습으로 무굴 제국의 위대한 아름다움이 표현된 세밀화에도 충만하게 나타나 있다.[10] 그림에서 옥좌는 꽃무늬가 있는 갈색과 청색의 양탄자―또 하나의 정원 문양―위에 놓여 있고, 양탄자 위에는 네 남자가 앉아 있다. 네 사람 모두 터번을 쓰고 있으며, 그중 세 사람은 단검을 드러내놓았고, 나머지 한 사람은 장신구로 멋을 냈다. 옥좌에 앉은 사람은 티무르, 양탄자에 앉은 네 사람은 바부르와 그를 계승하여 황제가 된 그의 아들 후마윤, 손자 악바르, 그리고 증손자 자항기르이다. 이 그림의 제작을 의뢰한 사람은 자항기르의 아들이자 그의 후계자인 샤 자한이었다. 타지마할과 같은 절묘한 기념물들에 너무도 감동적으로 표현된, 무굴 제국의 광휘가 절정에 달했던 것이 그의 재위 때였다. 그림에는 황제들이 몽골의 야만인 티무르의 자손이면서 또 그의 출신지인 유목민 지대의 소박한 위엄도 함께 물려받았음이 암시되어 있다. 또한 그림에는 티무르의 시대 이후 많은 것이 변했다는 사실도 나타나 있다. 그로 하여금 제국을 건설할 수 있게 해준 몽골인의 자질만으로는 이제 그의 자손들이나 다른 지역의 유목민들이 세계에 그들의 족적을 남기기에 부족하다는 점이 암시되어 있는 것이다.

지배력

오스만 제국, 사파비 제국, 무굴 제국은 다른 제국들—가령 나이지리아의 카넴-보르누 제국, 중앙아시아의 중가르 유목 제국, 심지어 북아메리카의 원주민인 라코타족에 이르기까지—은 하지 못한 방식으로 서구에서 반향을 일으킨다. 아마도 그곳들이 지닌 전략적 위치와 그 뒤의 식민지 역사 때문일 것이다. 현재는 그 세 제국이 튀르키예, 이란, 인도로 발전해, 벵골 만에서 오스트리아 국경까지, 그리고 근동에서 서쪽의 북아프리카 일대까지 뻗어나가 있다. 그 제국들은 실크로드의 핵심 구간에 걸터앉아 유럽을 극동에서 분리시키고, 동서 무역으로 부도 거두어 1700년 무렵에는 세계 무역의 4분의 1을 무굴 제국이 장악했다. 그 각각의 제국들은 유목민의 중요한 핵심 가치도 보유하고 있었으며, 또 모두 무엇보다 그 무슬림 제국 지배자들의 생애와 성일聖日이 태음력으로 규정되었던 탓에 계절 주기와도 지속적으로 관련을 맺고 있었다.

일부 유럽인들도 그 제국들의 힘에 자극받아 다른 무역로들의 성공 가능성을 타진하고, 식민지 야망을 충족하기 위해서 타 지역으로 시선을 돌렸다. 유럽이 서쪽으로 시선을 돌린 데에는, 특히 지워지지 않는 끔찍한 흑사병의 기억, 유럽 르네상스를 일어나게 한 탐구적 모험 정신, 상업적 절박함, 선박 설계 및 항해술에 일어난 발전을 비롯해서 여러 가지 이유가 있었다. 15세기에 크리스토퍼 콜럼버스가 대서양을 횡단하고 바스코 다 가마가 희망봉을 돈 것도 유럽의 탐험가, 상인, 군인, 선교사들을 고무해 새로운 시장 및 인도와 중국의 옛 시장들로 이어지는 새로운 길을 찾게 하고, 대서양을 횡단하여 서쪽과 남쪽의 아메리카 대륙 그리고 아프리카로 진출하게 만들었다. 그러나 어디를 가든 그들에게는 유목민의 힘과 마주쳐야 한다는 오래된 두려움이 따라붙었다. 그 두려움을 줄여준 것이 유럽의 해상권 장악이었다. 그러고 나자 탐험에 의한 상업적 가능성이 두려움보다 더 중요해졌다. 그다음에는 유럽 전역으로 퍼져나간 새롭게 보고 사고하는 방식이 두려움을 압도했다. 그때까지 남아 있던 유목민의 힘을 완전한 암흑 속으로 밀어넣은 것이 그 새로운 방식, 그것의 고취로 탄생한 것들이었다.

17세기 사람들이 말하고 기록한 것들의 일부는 지금은 친숙해 보이지만, 당대에는 혁명적이었다. 영국인 프랜시스 베이컨도 그런 지적 혁명을 선도한 사람들 가운데 한 명이었다. 베이컨은 어려서부터 재능을 보여 10대가 되기도 전에 케임브리지 대학교의 트리니티 칼리지 입학을 허가받고, 스무 살 생일을 맞기도 전에 하원의원에 선출되었다. 그는 정치인, 검찰 총장, 잉글랜드 대법관, 엘리자베스 1세 여왕의 법률 고문—여왕의 칙선 변호사—이 되었으며, 덕분에 세인트 올번스 자작 베룰럼 경에도 서임되었다. 하지만 다른 혁신가들과 달리 베이컨은 나이가 들어갈수록 더욱 급진적이 되어, 그의 나이 예순이던 1620년이 되어서야 비로소 그의 위대한 철학 저서의 제1권인『노붐 오르가눔 또는 자연의 해석에 대한 진정한 제언Novum Organum or True Suggestions for the Interpretation of Nature』(이하『노붐 오르가눔』)을 세상에 내놓았다.

이듬해인 1621년, 그는 적과의 (재판에서) 패해 어쩔 수 없이 고위직에 있는 상태로 23건의 부패 혐의를 인정해야 했다. 그 무렵 베이컨은 스스로를 "부러진 갈대"로 묘사했지만, 설령 그것이 사실이라고 해도 그 갈대는 이미 혁명의 곡을 연주한 뒤였다.『노붐 오르가눔』에서 그는 "과학과 예술, 그리고 모든 인간의 지식을 올바른 토대 위에 세워놓고 철저하게 개조할 것"을 촉구했다. 베이컨은 그것이 필요하고, 유럽의 지적 진보가 제자리에 머물러 있다는 이유에서 심지어 긴요하다고까지 생각했다. 하지만 그 개조는 유럽에는 필요한 발전이었을지 몰라도 유목민 세계에는 극단적 결과를 가져오게 될 것이었다.

베이컨은 그 새로운 지식과 깨달음에 대한 영감을 찾을 수 있는 곳이 어디인지를 독자들에게 보여주기 위해서『노붐 오르가눔』의 표지를 두 척의 배가 고전주의풍의 두 기둥 사이를 지나가는 모습으로 꾸몄다. 그 것은 은유인 동시에, 육지에 기반을 둔 유목민의 중요성을 무색하게 할 새로운 해양 시대의 표현이기도 했다. 옛 지중해 세계는 물리적으로뿐만 아니라 지적으로도 한계에 다다랐다는 것이 베이컨의 주장의 핵심이었다. 그는 아리스토텔레스와 그리스 철학자들을 뒤로하고, 이제는 새롭게 사고하는 방법, 사실상 **우리** 세계와 다를 바 없는, 태동 중인 새로운 세계에 적합한 사고의 방법을 찾아야 한다고 주장했다. 그가 그 새로운 사고를 촉진하는 자극제가 될 수 있다고 언급한 것들 중에는 동방의 유목민 제국들에서 유럽으로 온 "발명품들의 힘, 효과, 결과"도 포함되어 있었다. 『노붐 오르가눔』의 서문에서 그는 "고대인들에게는 알려지지 않았던 세 가지 발명품인 인쇄술, 화약, 나침반에 주목해야 한다"고 말했다. 그 세 가지 모두 중국에서 발명된 것을 이후 아랍인, 몽골인, 여타 유목민이 차용했고, 그것을 다시 유럽인들이―대개는 규모를 늘려―차용함으로써 결과적으로 세계를 변화시켰다는 것이다. 그는 "그 세 가지로 전 세계의 외양과 형세가 변했다. 처음에는 문학, 그다음에는 전쟁, 마지막으로 항해가 변했다. 그리고 거기에서 수많은 변화가 파생되었다"고 썼다. 하지만 그 변화들은 몇 가지 점에서 그리고 일부 사람들에게는 유용할 수 있었지만 다수의 다른 사람들에게는 해로울 수 있는 양날의 검이었다.

새로운 시대의 전환점에 살고 있다고 느낀 사람이 베이컨만은 아니었다. 때는 갈릴레이 갈릴레오도 행성들의 움직임을 연구하면서, 지구가 우주의 중심에 있고 그 주위를 모든 천체가 돈다는, 교회가 공인한 지구 중심설에 도전하던 시기였다.

그 직후에는 프랑스의 철학자 블레즈 파스칼이 "움직이는 것이 우리의 본성이다. 죽을 때만 완전히 멈춘다"고 썼다.[11] 파스칼의 이 짤막한 두 문장이야말로 유목민의 방랑하는 삶을 옹호하는 것처럼 보이고, 유목민이 그의 생시에 그랬듯이 우리 시대에도―계속 움직이든 죽든 간에―거의 만투라에 가까운 대접을 받았던 것*도 그래서일 것이다.

움직임에 대한 이 요구는 칭기즈 칸, 티무르, 쿠빌라이 제국들에 그랬듯이 산업화 이전의 새로운 자본주의 시대에도 어울렸다. 베이컨, 파스

---

* 브루스 채트윈과 여타 사람들에 의해서.

칼, 갈릴레오 그리고 다수의 다른 사람들이 지식의 경계를 확장해야 할 필요성을 인식하고 선입견이라는 현황과 싸우는 사이, 동인도회사의 부유한 런던 지주들은 인도 시장에서 더 많은 몫을 차지하기 위해 용병을 고용해서 네덜란드 및 프랑스 회사들과 싸우고 있었다. 유럽의 다른 모험가들도, 그들의 다수가 오늘날의 벤처 투자자라고 할 만한 사람들로부터 자금을 조달받아, 도달할 수 있는 모든 곳들, 조만간 식민지가 될 곳들에 교역소나 제조 공장을 건립했다. 하지만 그 식민지들 중 어느 것도 베이컨의 책이 발간되기 1년 전, 비국교도(분리주의자)였던 102명의 필그림 파더스Pilgrim Fathers가 메이플라워라는 배를 타고 대서양을 횡단하여 세운 것보다 중요하지는 않았다. 그들이 새 정착지를 세우려는 희망을 품고 향했던 곳은 매사추세츠 주의 플리머스였다. 하지만 그곳은 지난 1,200년 동안 "새벽 사람"을 뜻하는 왐파노아그족이 소유해온 땅이었다.

베이컨은 그 새로운 모험이 매우 상이한 세 종류의 야망으로 추동되었다는, 17세기뿐 아니라 이 시대에도 적용될 수 있는 인식을 가지고 있었다. 일부 사람들은 자신들의 힘을 증대시킬 야망으로 움직였으며, 베이컨은 그들을 "천박하고 타락한" 인간들이라고 간주했다. 자기들 나라 혹은 제국의 경계를 넓히거나 영향력 확대를 꾀한 사람들도 있었다. 베이컨은 그런 사람들을 개인적인 야망으로 추동된 사람들보다 "품위는 더 있을지 몰라도 욕심은 덜하지 않은" 사람들로 묘사했다. 그다음에는 "인간 지성의 총합"을 늘리고 싶어하는 자신과 같은 사람들이 있다고 하면서, "그런 야망"은 예술과 과학에만 의존하기 때문에 "다른 두 야망보다 건전하고 고상하다"고 믿었다.[12]

만일 당신이 베이컨과 같은 능력과 야망을 가지고 17세기 초의 세상을 바라본다면, 만일 당신이 탐험과 그것을 가능하게 한 기술에 대해 베이컨만큼 알고 있다면, 만일 당신이 새로운 시장이 돌아가는 방식과 그것을 가능하게 한 자본의 흐름을 이해한다면, 만일 당신이 지식의 경계를 넓히려는 "건전하고 고상한 야망"을 지니고 있다면, 20세기의 많은 사람들처럼 당신도, 인간이 못 할 것은 없고, 우리가 알 수 없는 것도 없으며, 알지 말아야 할 것 또한 없다고 믿을 것이다. 이 현기증 나도록 많은 가능성 속에서 베이컨이 중요하고 또 절박하다고 본 선결 과제는 자연계의 작동 방식을 밝히는 것이었다.[13]

베이컨은 인간이 에덴동산에서 쫓겨났을 때 자연계에 대한 통제력을 상실했다고 믿었다. "그 타락에 의해서 인간은 무죄 상태와 창조물에 대한 지배력을 동시에 잃었다"는 것이다. 이 인용문 가운데 세 단어, **"창조물에 대한 지배력"**은 다시 한번 곱씹어볼 가치가 있다.[14] 자연에 대한 지배력으로.

역사를 통틀어 거의 모든 사람들이 그랬듯이, 베이컨의 동시대인들도 대부분 스스로를 중요하다고 여기면서도 자신들은 자연계의 동등한 일부이고, 그러므로 동식물, 그리고 태양 아래의 다른 모든 것들이 받는 것과 동일한 법칙 및 힘의 지배를 받는다는 사실을 받아들였다. 자연계의 법칙은 그들의 이해 범위를 넘어서는 것이고, 자연계를 움직이는 힘 또한 그들의 통제권 밖에 있음을 알았기 때문이다. 태양이 빛나고, 비와 눈이 내리며, 때로는 우박이 쏟아지고, 무지개가 뜰 때도 있으며, 혜성이 나타나기도 했다. 새조차 가 닿지 못하는 하늘 높은 곳에서 기이한 현상이 나타날 때도 있었다. 인간들이 풍요와 결핍, 가뭄과 기근의 시기를 묵묵히 받아들인 것도 그런 현상과 다른 자연 현상들 때문이었다. 인간들은 괴베클리 테페가 세워지기 오래 전부터 자연이 가진 지배력이 위로받기를 바라며 하늘에 제물을 바쳤다. 텡그리와 다른 스텝 지대의 신들, 세상에 존재하는 다수 정령신앙의 신들, 반은 인간이고 반은 염소인 목양 신 판Pan, 가축 떼와 자연적 충동, 탐무즈와 시페 토텍(아스텍 신화에 나오는 신/역자)으로부터 로마의 신 사투르누스와 케레스에 이르기까지 추수와 풍작을 관장한 고대의 신들, 자연계의 불가사의와 관련된 다른 신들 모두, 천재天災가 있을 때에는 보호를 구하고 풍요의 시기에는 감사함을 표하는 데에 중점을 두고 경청하기 위해서 인간들이 만든 신들이었다. 이 오래된 관계에 새로운 차원을 부여한 것이『구약 성서』의 신이었다. 인간과 자연계 사이에 새로운 역동성이 끼어든 것이다. 베이컨이『노붐 오르가눔』을 발표하기 한 세기 전에 영어 번역본이 최초로 출간된『성서』에는 아담과 이브가 낙원에서 추방되고, 이후 아벨에게는 상이 주어지고 카인에게는 벌이 내려졌던 것처럼, 인간이 벌이나 보상을 받는 것이 하느님의 뜻이라고 나와 있다. 그것을 출발점으로 삼으면, 수확에 실패하고 도시들이 침수된 것도, 사람들이 행한 일이나 행하지 않은 어떤 일에 대해 신이 징벌을 내린 것으로 간단히 이해할 수 있다. 일이 잘 풀리는 때에는 신 또는 신들이 우리에게 미소를 지어 보이는 것이었다. 속담에도 있듯, 인간은 계획하고 신은 웃는다는 것이었다.

베이컨과 그의 몇몇 혁신적인 친구들은 인간이 번창하거나 죽기도 하는 것은 인간보다 거대한 어떤 것 때문이라는 생각을 받아들이지 않았다. 오히려 그 문제에 전념할 때마다 세상에 작용하는 힘들에 대해서 알게 되었다는 믿음이 생겼다. 항해 중인 배가 난파하거나 항구에 안전하게 들어오는 것, 물과 햇빛이 적절해서 풍작을 이루는 것, 바람이 심하게 부는 것, 비는 적게 내리면서 폭염만 기승을 부리는 탓에 농작물이 시드는 것 모두 그런 힘이 작용한 결과라는 것이었다. 그들은 그런 일들이 깨달음으로 통제될 수 있다는 것도 알았다. 혹은 상황을 뒤집으면 자연계에 대한 지배력을 얻을 수 있음을 알았다. 하지만 깨달음을 얻기 위해서는 실험이 필수였다. 땅을 파고, 금속을 녹이고, 식물을 분석하며, 하늘을 들여다보고, 눈을 찡그려 현미경 속을 관찰해야 했다. 베이컨은 그가 심문inquisition이라고 부르는 과정을 통하면 인간은 "신의 유산으로 자연의 것이 된 권리를 되찾게" 되리라고 했다.[15]

베이컨과 갈릴레오가 독자들에게 촉구한 것은 고래의 인식을 자연계의 관찰에 의거한 논점으로 바꾸라는 것이었다. 그들은 면밀히 살피고, 충분히 오랫동안 관찰하면 우리의 힘이 미치지 못할 곳은 없다고 주장했다. 두 사람은 인식하지 못했을 수 있지만, 영원히 성스러운 것 또한 없을 터였다.

그 새로운 기법과 접근법이 창출한 지식은 아인슈타인의 상대성 이론, 입자 가속기와 합성 바이러스가 우리의 생각을 의심하게 만든 것처럼 가톨릭교회와 사회 모두가 정설로 받아들이고 있던 생각과 믿음도 의심하게 만들었다. 베이컨과 그의 동시대인들은 그 의심을 자연에 대한 통제력을 되찾기 위해서 반드시 거쳐야 할 불가피한 일로 보았다. 하지만 당시에는 알려지지 않았거나 이야기되지 않았지만, 거기에는 치러야 할 대가가 있었다.

게으름 예찬, 1753년

세계 인구 약 7억 5,000만 명
유목민 인구 알 수 없음

자연계에 대한 지배력의 향배를 알기 위해서는 시간을 한 세기 이상 앞당
겨 대서양을 넘어 신세계로, 뉴잉글랜드로, 빠르게 성장 중인 도시 필라
델피아로, 마켓 가에 있는 벤저민 프랭클린의 집으로 가볼 필요가 있다.
양초와 비누 제조업자의 아들로 태어나 인쇄공과 출판인으로 일을 시작
한 그는 소위 아메리칸 드림을 성취한 인물이었다. 프랭클린은 수완, 행
운, 그리고 각고의 노력 끝에 시간을 어떻게 쓸지를 스스로 택할 수 있을
만큼 출판업으로 충분한 돈을 벌었다. 따라서 돈벌이에 다시 나서지 않
아도 될 만큼 부유해졌으니, 그로서는 좋아하는 수영을 하거나 신세계
에 새로 도입된 골프를 치는 데에 더 많은 시간을 할애할 수도 있었다. 아
니면 소일 삼아 집필을 하며 베란다의 흔들의자에 앉아 휴식, 독서, 사색
하는 생활에 안주할 수도 있었다. 하지만 "근면"은 그가 인생의 지침으로
삼은 13가지 중의 하나였고, 따라서 그는 결코 나태하지 않았다. 프랭클
린은 사업을 하는 것 외에 공립 도서관을 건립하고, 필라델피아 소방회
사를 창설하며, 아메리카 식민지 최초의 빈자들을 위한 병원(펜실베이니
아 병원/역자)을 설립하고, 아메리카 철학협회를 결성하며, 나중에 그 유
명한 펜실베이니아 대학교가 될 대학을 설립했다. 몇 년 동안 전기 실험
에도 몰두해 피뢰침 및 전기를 축적할 수 있는 배터리도 발명했다. 그랬
던 그가 마흔일곱 살 무렵, 인간의 방랑이라는 문제를 생각하게 되면서
모종의 난국에 봉착했다.

그해 1753년 봄, 프랭클린은 아메리카 식민지에 의류와 기타 상품을 파는 런던의 상인으로서 그에게 전기 실험에 필요한 장비를 대주던 친구 피터 콜린슨에게 편지를 썼다. 정착 사회의 특징, 노동이 주는 혜택과 방랑하는 삶이 가진 매력에 대한 자신의 생각을 피력한 편지였다. 이 과정을 통해서 그는 많은 정착민들이 유목민들에게 가졌고, 또 가지고 있던 불만의 핵심을 파악했다.

프랭클린의 생각을 지배했던 것은 한 "트란실바니아 타타르인"과 근래에 나눈 대화였다. 흑해 서쪽에 살던 그 방문객은 아메리카가 현재 어떤 모습이며, 앞으로는 어떻게 될지를 살펴보기 위해서 그곳에 온 수천 명의 튀르크계 유목민들 가운데 한 사람이었을 것이다. 그런데 어느 날 그 타타르인이 프랭클린에게 전 세계의 그 많은 사람들이 "도시에 살기를 거부하고, 그들(유목민)이 보기에는 인류의 문명화된 지역의 관행처럼 보이는 예술의 계발도 거부한 채 속 편하게 방랑을 계속하는" 이유가 무엇일 것 같으냐고 물어보았다.

그 타타르인은 프랭클린이 미처 대답을 하기도 전에 자기 나름의 해석을 내놓았다. 그가 엉터리 영어로 한 말은 이랬다. "신은 낙원에서 살도록 사람을 빚으셨다. 게으르게 살도록 빚으신 것이다. 그런데 사람이 신을 화나게 했다. 신은 그를 낙원에서 내쫓고, 일을 하게 만들었다. 그는 일하고 싶지 않다. 낙원으로 다시 돌아가고 싶다. 게으르게 살고 싶다. 그래서 모든 인간은 게으름을 좋아한다." 이 말에는 프랜시스 베이컨도 동의했을 법하다. 대서양 너머에서 연구에 전념하고 있던 스웨덴의 식물학자 칼 폴 린네도 인간의 불행은 식량도 풍부했고 방랑하는 수렵채집인들도 번성할 수 있었던 인간의 본향, 즉 열대 지역을 떠나면서부터 시작되었다고 주장했으니 그 말에는 동의했을 것이다.[16] 그러나 프랭클린에게는 그 점이 당혹스러웠다.

그와 함께 딜레마도 생겨났다. 프랭클린은 한편으로 인간, 특히 정착민은 자연에 대한 지배력을 되찾기 위해서 노력해야 한다고 한 베이컨의 주장을 확고하게 신봉했다. 인간의 타락으로 상실했던 모든 것을 되찾고자 하는 야망이 그 안에 내포되어 있었기 때문이다. 하지만 그는 나태함도 용납하지 않았으니, 인간은 게으르게 살도록 태어났다는 생각에도 분명 이의를 제기했을 것이다. 그는 자신만의 직업윤리로 미국 건국의 아버지와 「독립선언서」의 서명인까지 된 인물이었다. 프랭클린은 우리가 바쁘게 살도록 태어났고, 자신이 그랬듯이 재정적 안정―그가 "걱정과 노동"이라고 말한 것의 필요로부터의 자유―을 얻기 위해, 아니 우리는 가난을 두려워하기 때문에 매일 아침 일터로 가야 한다고 믿었다.

그러나 편지를 써나갈수록 그의 마음속에는 정착 생활의 기쁨과 그 이점에 대한 회의감이 점점 더 생겨나는 듯했다. 편지의 끝부분에 가서는 그가 어쩌면, 정말로 어쩌면 타타르인의 말이 옳을지도 모른다는 생각까지 하고 있었다. 만일 **우리가** 천성적으로 게으르다면? 그렇다면 다수의 아메리카 원주민들이 여전히 선호하듯 황야에서 이동하며 느긋하게 사는 편이 더 낫지 않을까?

프랭클린은 아메리카 원주민의 자식들을 자기 친자식처럼 키운 필라델피아와 다른 지역의 정착민들을 알고 있었고, 그래서 콜린슨에게 "우리 아메리카 인디언들을 교화하려고" 노력한 자신들의 경험담도 들려주었다. 여기서 교화란 그가 야생으로 거칠게 방랑하는 삶을 산다고 여긴 사람들을 개심시키는 것을 의미했다. 동물의 가죽 대신 천을 가공해서 지은 옷을 입히고, 읽고 쓰는 법과 정착 생활에 유용한 산수 능력과 다른 기술을 가르치는 것이었다.

프랭클린은 야생에서는 그런 기술이 쓸모없다는 사실이 그 목적을 달성하는 데에 주요 걸림돌이라는 것도 깨달았다. "그들이 원하는 것은 거의 전부가 야생의 자연물로 조달되었고, 만일 수렵과 낚시도 노동이라고 부를 수 있다면, 사냥감이 많을 때 약간의 노동을 보태면" 그만이었기 때문이다. 이는 다른 지역의 유목민 및 수렵채집인과 마찬가지로 아메리카 원주민들도 정착민들보다 힘을 훨씬 적게 들이고도 그들 자신과 가족을 부양할 수 있다는 의미였다. 그리고 그것은 그 방랑자들이 왜 "수시로 우리를 찾아와, 예술, 과학, 그리고 밀집된 사회가 가진 이점이 무엇인지를 살피면서도," 정착 사회의 삶은 받아들이려고 하지 않았는지에 대한 설명이 된다.

프랭클린은 콜린슨에게 그들은 "타고난 이해력 면에서는 부족함이 없어"—멍청하지 않다는 말—"그런데도 삶의 방식을 우리처럼 바꾸거나 우리의 예술을 익히려는 태도를 전혀 보이지 않는다네"라고 썼다. 왜 그렇게 되었을까? 프랭클린이 생각해낼 수 있었던 그에 대한 유일한 설명은, 아메리카 원주민들이 태어나면서부터 "걱정이나 노동 없는 느긋한 삶"을 좋아했기 때문이라는 것이었다. 그렇다면 이야기는 더 모호해진다.

방랑하며 사는 야성적인 "인디언들"만이 천성이 나태하다고 판명된 것은 아니었다. 프랭클린이 알기로, 아메리카 원주민들에게 사로잡혀 그들과 함께 살았던 다수의 정착민들도 집으로 돌아가기를 꺼려했다. 몸값을 주고 풀려난 사람들도 이내 정착지를 빠져나와 방랑자들을 다시 찾아 나섰다. 이런 특이한 사람도 있었다. "포로 상태"에서 풀려나 집으로 온 그는 가족의 환영을 받고, 자리를 잡는 데에 필요한 큼지막한 땅도 받았다. 그런데 그는 자신의 노력이 헛되지 않을 정도로만 땅을 경작하고, 그 땅과 자신이 가진 모든 것을 동생에게 법적으로 양도하고는 총과 겉옷만 챙겨 야생으로 돌아갔다. 프랭클린은 여자들은 더더욱 방랑하는 삶으로 돌아가려고 할 수 있다는 것도 알았다. 원주민들에게는 남편과 이혼할 자유를 포함해 정착지에는 없는 자유가 있음을 알아냈을 것이기 때문이라는 말이었다.

프랭클린이 그다음에 친구에게 해준 이야기는 정착 식민지들과 이로쿼이 연맹(6부족 : 모호크족, 오네이다족, 오논다가족, 카유가족, 세네카족, 투스카로라족으로 구성된, 이로쿼이어를 사용하는 원주민 부족/역자) 사이에 진행된 회의의 내용이었다. 영국인 대표들은 그 자리에서 자신들의 식민지에는 젊은이들을 교육시키는 학교가 있다고 하면서, 그 학교를 "젊은이들이 다양한 언어, 예술, 과학을 배울 수 있는 곳"으로 설명했다. 그러고는 "만일 아메리칸 인디언들이 제의를 받아들이면 가장 영리한 아이 5-6명을 데리고 가서 최고의 방식으로 교육받게 해주겠다"고 제안했다. 그 제안에 대해서 원주민들이 논의를 하는데, 장로들 중 한 사람이 원주민의 몇몇 젊은이들도 그런 종류의 교육을 이미 향유한 적이 있다고 하면서, 그들이 "사슴을 확실히 죽이는 법이나 비버를 포획하는 법 또는 적을 기습하는 법도 모르는, 아무짝에도 쓸모없는" 사람이 되어 돌아왔더라는 점을 그들에게 상기시켰다.[17] 결국 원주민들은 영국인의 제안을 정중하게 사절했다. 그러고는 자신들도 영국인들에게 제안을 했다. 이로쿼이족 장로들이 답변서에 쓴 내용은 "영국 신사분들께서 열댓 명 혹은 그 이상의 아이들을 오논다가족에게 보내시면 부족 회의에서 그들의 교육을 맡아 정말이지 최고의 방법으로 교육시켜 그 아이들을 부족의 일원으로 만들어주겠다"는 것이었다. 물론 식민지인들도 원주민들의 제의를 거절했다.

그러나 정착민 아이들이 자연을 방랑하는 법을 배우는 것이 그렇게 나쁜 일이었을까? 그 해답은 정착민들이 "문명"의 구성 요소를 이해한 방식에서 찾아볼 수 있다. 찰스 다윈의 진화론이 나오기 한 세기 전인 그때 북아메리카 정착민들은 스스로를 이븐 할둔이 말하는 존재의 순환의 일부가 아닌, 상승 행진 중인 문명의 일부라고 확신했다. 그들은 자신들의 정착 생활이 아메리카 원주민들의 "속 편하게 방랑하는 삶"보다 더 문명화된 생활 방식이라고 믿었다. 이는 그들이 원주민보다 더 나은 인간이고 그들보다 더 풍족한 삶을 살고 있다고 믿는다는 말이었다. 그런 그들이 왜 자기 자식들을 동물들의 뒤를 쫓고, 이런저런 식물, 잎사귀, 열매들의 특성을 알아내는 법을 배우게 하고 싶었겠는가?

프랭클린이 보인 반응은 정착민이 유목민에게 가지고 있었던 편견, 즉 로마 시민이 성벽 없이 사는 사람들에 대해서 품었던 고래의 편견과도 관련이 있었다. 프랭클린과 그의 동료 정착민들은 "그들 나라에는 밭을 가는 사람이 없다"면서, 동방 출신 사람들에 대해 대경실색했던 로마의 역사가 암미아누스 마르켈리누스와 맥을 같이하는 사람들일 수도 있었던 것이다.

그러나 프랭클린은 바보가 아니었고, 따라서 자연을 방랑하는 사람들에게는 "자연적 욕구만 있고, 그것은 쉽게 조달된다"는 사실을 알고 있던 것처럼, 정착민들이 충족되지 않을 "한량없는 인공적 욕구"를 부여잡는 일에 얼마나 많은 시간을 소비했는지도 알고 있었다.

그것은 이븐 할둔이 알아냈던 문제, 즉 정착하거나 이동하는 삶, 농사를 짓거나 수렵과 목축을 하는 삶은 너무도 다르고 그렇기 때문에 갖가지 난관이 생겨난다는 것, 그리고 마을이나 도시에 정착해서 살면 이동하며 자연 속에서 살 때는 일어나지 않을 인간 정신의 타락이 일어날 수 있다는 점을 효과적으로 요약한 말이었다.

영국 친구에게 보낼 편지를 끝맺기 전, 프랭클린은 생각을 다른 쪽으로도 흘려보내 애당초 사람들은 왜 정착 생활을 하려고 했을까에 대해 생각해보았다. 사람들은 어째서 그가 하고 있는 것처럼 그가 "밀집된 사회"라고 부른 곳에서 살게 되었을까? 프랭클린이 궁금증에 대해 찾아낸 해답은 그와 그들은 "좋아서"가 아니라 "필요에 의해서" 그런 삶을 살았다는 것이었다.

마치 결국에는 우리 모두가 도시에 살게 되는 것처럼.

마치 유목민과 "속 편하게 방랑하며" 살아가는 다른 사람들도 종국에는 성벽 안에 정착하게 되었던 것처럼 말이다.

훌륭하신 박사님

벤저민 프랭클린이 콜린슨에게 편지를 쓰고 2년이 지난 1755년, 런던에서는 『영어사전A Dictionary of the English Language』이 출간되었다. 이 사전은 등재된 단어의 범위와, "영어의 역사를 첫머리에 싣고, 최고의 작가들이 쓰는 관용어를 예로 들어 상이한 말뜻의" 어원을 설명하는 부분이 포함되었다는 점에서 특별했다.[18] 이 사전은 18세기 중반에 영국의 창이 되기도 했으며, 이 창을 통해서 우리는 당대인들이 유목민을 어떻게 생각했는지를 살필 수 있다.

사전의 저자인 새뮤얼 존슨 박사는 켈트어/앵글로색슨어로 "회색 숲 곁의 공유 목초지"를 뜻하는 미들랜드의 마을 리치필드에서 태어났다. 18세기에도 목축민들은 여전히 리치필드 주변의 고지대 목초지와 저지대 목초지 사이를 오가며 방목을 하고 있었고, 그러니 존슨 박사도 유목민에 대해서는 어느 정도 알았을 것이라고 추정할 수 있다. 비록 그는 자신의 위대한 학문적 저술에 그 단어를 등재시키지 않는 쪽을 택했지만 말이다.

존슨 박사에 대해서는 두 가지 견해가 존재한다. 하나는 그가 가난한 문인들이 살았던 그러브 가의 삼류 글쟁이였다가 "영어의 문제점을 바로잡아" 사전을 편찬해달라는 런던 서적상들의 제의를 받아들였다는 것이다. 그가 그 사전을 완성하는 데에는 9년이 걸렸고, 그때쯤에는 "내가 기쁘게 해주고 싶어했던 사람들 대부분이 죽었으며", 그중에는 그의 사랑하는 아내 테티(엘리자베스 "테티" 포터)도 포함되어 있었다. 다른 견해는, 에든버러 출신인 그의 전기 작가 제임스 보즈웰에 따르면, 그는 술꾼이었고, 그 못지않게 왕성한 성욕과 "거대한 원형경기장인 콜로세움을 방불케 하는" 지적 욕구도 지니고 있었다는 것이다.[19] 하지만 두 견해 중 어느 것도 그가 왜 "nomad"를 사전에 등재할 가치가 없다고 여겼는지를 설명해주지는 못한다. 그는 사하라를 본 적이 없고, 엠티쿼터(루발할리)나 고비 사막을 걸어본 적도 없었다. 그런데도 그가 사막desart(desert)을, "황무지, 황야, 황폐한 고장, 사람이 살지 않는 곳"으로 사전에 실었다는 사실을 우리는 알고 있다.

그가 야만인barbarian을 무지몽매하고, 미개하며, 무자비한, 그리고 셰익스피어를 인용해서 "이방인"의 뜻으로 설명했다는 것도 우리는 알고 있다.

방랑자wanderer는 "방랑을 직업으로 하는 상인과 같은 사람이면서, 그와 동시에 토지나 일터로는 쓸모없는 모든 곳에 존재하는 사람"으로 사전에 등재되어 있다.[20]

그러나 nomad와 nomadic은 nolition("의지 없음")과 nomancy(이름 점, 즉 "이름자로 사람의 운명을 점치는 기술") 사이에 기재되어 있지 않다. 존슨 박사는 이동 방목을 뜻하는 transhumance도 그의 고향 마을에서 행해진 일이었는데도 사전에 포함시키기에는 부적절하다고 생각했다. 그는 심지어 migration도 싣지 않았다.*

보즈웰은 사전에 실을 단어를 무작위로 선택한 듯한 존슨의 방식을, 그런 결락의 수수께끼를 푸는 실마리로 제공한다. 그는 civilise만 해도 첫 3판이 나올 때까지 사전에서 누락되어 있었음을 지적하며 이렇게 이야기한다. "내가 아버지 쪽이거나 어머니 쪽, 즉 친족관계를 뜻하는 단어 'side(계系)'가 누락된 것을 일깨워주자 그는 그 단어를 집어넣었다. 'humiliating'이 좋은 말이냐고 물었을 때에도 그는 자주 사용되는 것을 보기는 했지만 정통 영어인지는 모르겠다고 말했다. 'civilization'은 등재하지 않으면서 'civility'만 싣기도 했다."[21]

마침내 "civilise"를 사전에 실을 때에도 존슨은 그 뜻을 "미개함과 무자비함에서 탈피하게 하는 것, 정상적인 삶의 기술을 가르치는 것"으로 정의했다.[22] 미개함과 무자비함에서 탈피시켜야 할 대상이 누구인지는 말하지 않았지만, 거기에 유목민, 이주자, 방랑자가 포함되었다고 보아도

---

* 여왕의 목사인 H. J. 토드의 주선으로 존슨의 걸작 1827년도 판에 nomad가 마침내 등재되었을 때 "주거가 일정하지 않고, 목축의 편의를 위해 옮겨 다니며 사는 거칠고 미개한 사람"이라는 부정적 의미가 곁들여졌다.

틀리지는 않을 것이다. 그것까지는 모르겠지만, 존슨 박사의 『영어사전』이 출간된 지 2년 후 세계의 다른 쪽, 즉 중국의 건륭제가 인근의 유목민 국가에 전쟁을 선포하면서 그 단어를 사용했을 때에는 명백히 그런 뜻으로 해석되었다. 동쪽의 몽골 부족 연합체였던 중가르는 1,400년 전의 흉노 제국과 마찬가지로 영토가 만리장성의 서북쪽으로 4,020킬로미터나 뻗어나가는 제국이 되었다. 건륭제는 그 나라로 원정을 떠나는 장수들에게 이런 명령을 내려 보냈다. "그 반역자들에게는 절대 자비를 베풀지 마라. 노약자들만 살려주어라. 이전의 원정 때에는 우리가 지나치게 관대했다."[23] 그 시대 최악의 집단 학살, 많게는 60만 명이 죽고 칸국뿐 아니라 문화 전체가 말살되는 결과가 초래될 그 명령을 정당화하기 위해서 중국이 내세운 구실 역시 우리 귀에 익숙한 것이었다. 그 전쟁은 황제가 인가한 것이 아니라, 문명에 등을 돌린 야만인들에 맞서 싸우도록 신이 정한 운명이었다는 것. 그리하여 청나라는 중가르에 결정적인 승리를 거두었다. 노스조지아 대학교의 티머시 메이 교수는 그에 대해 이렇게 썼다. "1757년이 되고 [그가 중가르 제노사이드라고 부른 것]이 벌어진 뒤에야 정주민 권력자들은 비로소 유목민에 대한 마음속 두려움을 완전히 잠재울 수 있었다."[24]

자연 저 너머에 있는 것

존슨 박사가 말한 "정상적인 삶"은 몇 세기 전에는 상상할 수조차 없었다. 그 시대에 정상적인 삶을 얻기 위해서는 유럽의 기독교도 왕들이 유목민 칸들에게 맘루크와 다른 무슬림 세력과 싸워달라고 호소할 필요가 있었다. 유럽의 오랜 적도 쳐부수고 그 야만인들이 그 일에 정신이 팔려 유럽 공격에는 신경을 쓰지 못하리라는 일거양득의 효과를 기대하면서 말이다. 하지만 18세기가 되자 유목민의 이상과 더불어 아벨에 대한 생각은 배척을 받은 반면, 정상적인 삶은 유럽의 우월감과 지중해를 세계의 중심으로 보는 부활한 환상 덕분에 다시 한번 힘을 얻었다. 신세계의 발견과 그곳에서 유럽으로 흘러들어오는 부가 그런 득의양양한 의식의 조장을 도왔다. 하지만 유럽이 그런 환상을 가지는 데에는 고대 세계의 재발견도 중요한 역할을 했다. 그 일이 벌어진 것은 많은 부분 유물 발굴자와 학자들이 행한 일 때문이었으며, 그중에서도 가장 큰 영향을 미친 인물이 요한 요아힘 빙켈만이라는 특이한 독일인이었다.

빙켈만이 바티칸에서 조각을 연구하고, 이탈리아 반도를 두루 돌아다니며 궁전들의 수장품과 폼페이의 발굴 현장을 조사하기 위해서 로마로 향한 것은 존슨 박사의 『영어사전』이 출간된 해인 1755년이었다. 그리하여 로마에 도착하고 9년 후에 그가 새롭게 발견한 것들이 일으킨 흥분을 고대 이집트, 에트루리아, 그리스, 로마의 예술 전통을 정리하는 일에 쏟아부어 발간한 것이 그의 저서 중 가장 영향력이 큰 『고대 예술사*Geschichte der Kunst des Alterthums*』였다. 이 작품이 획기적이었던 것은, 예술사라면 모름지기 원시적이고 야만적인 깊숙한 고대 작품에서 시작하여 고대 이집트를 거쳐 고전 그리스에서 정점을 찍는 일련의 순화와 개량의 과정, 즉 단계적 발전을 거치는 연구여야 한다는 것을 사실상 처음으로 제시한 저작이었기 때문이다. 또한 이 책은 그리스 예술품이라고 해서 모두 동일한 기준으로 제작되지는 않았다는 점, 다시 말해서 양식화된 키클라데스 시대의 조각상으로부터 극치에 달한 고전 시대 후기의 조각상에 이르기까지 그리스 예술품의 양상이 서로 다르다는 점을 최초로 인지한 작품이기도 했다.

빙켈만은 그리스 예술의 극치, 그러므로 모든 예술의 극치이기도 한 것의 표본으로 특별히 한 조각상을 골랐다. 바로 아폴로 신상神像이었다. 벨베데레의 아폴로로 알려진 이 조각상은 15세기에 로마에서 남쪽으로 몇 킬로미터 떨어진 곳에서 발굴되어 종국에는 바티칸에 설치되었고, 그때 이후로 지금까지 줄곧 그곳에 남아 있다. 신을 인간의 형상보다 큰 2.25미터 높이로 제시한 조각가가 누구인지는 알려져 있지 않다. 흰 대리석을 깎아 완벽하도록 매끄럽게 다듬어 완성시킨 신의 강건한 신체는 샌들과 어깨와 팔에 걸친 가운을 제외하면 완전한 나신으로 서 있다. 손은 활로 추정되는 것을 잡고 있으며, 머리는 마치 방금 쏜 화살이 날아간 방향을 바라보는 듯 왼쪽을 향해 있다. 르네상스 학자들은 이 조각상에서 자연계의 모든 조화로운 아름다움을 보았다. 하지만 이전 세기에 일어난 지적 혁명 이후에 글을 쓰고 있던 빙켈만은 그 조각상을 다르게 보았다. 그도 그 조각상에서 가장 아름다운 부분을 자연적 형태라고 보았다. 하지만 그는 "또한 (그 조각상에서) 자연 저 너머에 있는 것, 다시 말해서 오직 마음으로만 창조할 수 있는 이미지에서 나오는⋯⋯특정한 이상적 형태들"도 보았다고 했다.[25] 자연 저 너머⋯⋯. 지난 한 세기 반 동안 인간은 그토록 멀리에까지 지배력을 수립한 것이다! 그 힘과 아름다움으로! 베이컨도 비록 "우리가 위대해지거나, 만일 가능하다면, 그것을 흉내 낼 수 있는 있는 유일한 방법은 고대인들을 모방하는 것뿐"이라고 결론 내린 빙켈만의 견해에는 실망했을 수 있지만, 최소한 그 점에는 동의를 했을 것이다.[26] 베이컨이 생각의 신세계가 발견되기를 갈망했다면, 빙켈만은 유럽이 과거를 모방함으로써 위대함을 재발견하고 거인들의 어깨 위에 올라서 더 넓은 세상을 바라보기를 원했다.

두 사람의 의견이 일치했을 법한 것도 한 가지 있었으니, 바로 진보에 대한 의식이었다. 빙켈만과 그의 동료들은 예술의 역사를 물질문화 속에서 골라낸 길로 제시했다. 그들은 18세기 말의 시점에서 뒤를 돌아보며, 유럽에서 독립적으로 등장한 매혹적인 운동, 즉 유럽 르네상스에 대한 개념을 회고적으로 만들어냈다. 그리고 그 과정에서 유목민도 포함된 유럽 동쪽 지역에 사는 사람들이 끼친 영향과 자극은 교묘히 가려버렸다. 예술사와 지성사에 대한 이런 선별적 견해는 고속도로 역사와 마찬가지로, 기념물 짓기를 원하지 않은 사람, 혹은 아예 짓지 않기로 한 사람, 아니면—고도로 정교하고 아름다운 스키타이인들의 장신구처럼—유물이 아직 발견되지 않았거나 가치를 인정받지 못한 사람들의 권리를 빼앗아버렸다.

빙켈만은 자신의 판단에 확신을 가지고, 예술사의 궤적을 순환적 개념이 아닌 선형적 개념으로 이해했다. 예술사도 선형적 시간처럼 선형적으로 발전한다고 보고, 거기에 진보를 장착시켜 뒤로는 창조, 앞으로는 지구 최후의 날로 뻗어나간 선線, 우리 모두가 미개인이었고 우리 모두가 문명인이 될 때로 뻗어나간 선을 누비고 지나가게 만든 것이다. 그리고 지금으로서는 일부 사람들이 다른 사람들보다 더 개화되었고, 그 개화된 사람들의 대부분은 유럽인이라는 것이 빙켈만의 생각이었다.

빙켈만이 그의 이론을 정리하고 있던 때와 같은 시기, 런던에서는 세계 최초의 국립 박물관인 영국 박물관이 관리인들에 의해서 설계되고 있었다. "학구적이고 지식욕이 왕성한 모든 사람들에게" 무료로 개방될 예정이었던(하지만 물론 정말로 모든 사람들에게는 아니었다) 그 박물관의 핵심이 된 전시물은 위대한 식물학자 겸 수집가였던 한스 슬론 경의 "자연적, 그리고 인공적 희귀품들"이었다. 슬론은 베이컨과 마찬가지로 조사만 철저히 이루어지면 세계를 이해할 수 있다고 믿었다. 하지만 그렇다고 그가 언제나 일을 제대로 처리했던 것은 아니다. 슬론이 수집한 물건 8만 점, 서적과 원고 4만 권, 주화와 메달 3만2,000점, 그리고 250권의 식물 표본집 중에는 뾰족하게 생긴 작은 돌조각들이 있었다. 그런데 부싯돌이었을 것이 확실한 그 돌들을 그는 "엘프의 화살"이라고 명명했다. 기원전 4000년에서 기원전 500년 사이의 것들로 연대 추정이 이루어진 그 돌들은 유목하는 사람들의 물건일 가능성이 있었다. 요정이 그런 것을 썼을 리는 만무했다. 머지않아 보이지 않는 선들이 이윽고 그 부싯돌들과 다른 모든 것들을 누비며 지나갈 것이었기 때문이다. 유목민도 배제되고 요정도 배제될 그 선은 마치 신의 계획에 의한 것이기라도 한 듯이, 고대 이집트에서 그리스와 로마, 거기서 다시 르네상스 유럽을 거쳐 마침내는 가장 완벽하게, 영국 제국을 통과해간 매우 독특한 형태의 문화적 발전을 조장하게 될 것이었다.

진보의 비용

진보에 들어간 비용은 얼마였으며 어떻게 산정될까? 조형적 비용도 거기에 포함될까? 그럼 인간이 부담한 비용은? 지구가 부담한 비용은? 많은 경우 그리고 많은 점에서, 18세기의 전반적인 진보에 들어간 비용을 수량화하는 일은 여전히 불가능하다. 하지만 가령 빙켈만의 위대한 저작이 발간되고 나서 4년 후에 추진된 제임스 쿡 선장의 첫 번째 항해에 들어간 비용처럼, 사회 진보를 위해서 수행된 특정 사업의 비용은 알 수 있다. 영국 제국이 팽창하고 유목민의 영향력이 쇠퇴하는 데에 제임스 쿡 선장의 항해가 중요한 역할을 했음을 우리가 알 수 있는 것처럼 말이다.

"오후 2시 선원 94명을 태우고 출범하여 바다로 나갔다." 마흔 살의 그 해군 장교가 1768년 8월 배를 몰고 잉글랜드를 떠날 때 항해 일지에 적은 문장이다. 그는 태평양까지 항해하여 그전 해에 최초로 발견된 타히티 섬을 찾으라는 명령을 받았다. 그렇게 대담한 탐험을 계획했던 이유는 개기 일식 동안 금성의 움직임을 관측하기 위해서였다. 금성이 태양 앞을 지나는 순간을 관찰하면 지구에서 금성까지의 거리를 계산할 수 있고, 그것을 토대로 역사상 처음으로 태양계의 크기를 계산하여 자연계를 이해하는 또다른 발걸음을 내디딜 수 있음을 영국 천문학자들이 깨달은 것이었다. 그러나 금성의 태양 통과가 제기한 가장 큰 난제는 관측이나 계산의 어려움이 아니었다. 문제는 그 현상이 105년에 한 번씩 일어난다는 사실이었고, 해군 본부를 탐험에 참여시킨 것도 이 때문이었다.

적합한 선박을 찾아서 의장을 갖추라는 명령은 템스 강 기슭의 뎁트퍼드에 있던 왕립 조선소 소장에게 떨어졌다. 그는 잉글랜드의 동해안에서 석탄 운반선으로 쓰기 위해서 건조한 견고하고 바닥이 평평한 세 돛대 화물선을 탐험 선박으로 택해 지금의 가치로 50만 파운드에 상응하는 2,840 파운드를 주고 구입, 인데버Endeavor라는 새로운 명칭을 붙였다. 그런 다음 구입 가격의 2배나 되는 돈을 들여 불필요한 장비를 제거하고, 틈새를 막아 물이 새는 것을 막고 외장을 하며, 세 번째 갑판을 추가하고 배의 의장을 갖추었다. 이것이야말로 수량화가 가능한 진정한 재정적 지출이었다.

그다음에는 대포 10문과 갖가지 첨단 무기를 배에 장착하고, 장기간의 대양 항해에 반드시 필요한 돼지, 닭, 젖 염소, 그리고 기타 양식을 실었다. 이 배를 제임스 쿡이 지휘하게 된 것이었다. 하지만 과학과 관련된 문제는 선객들 가운데 가장 유명한 영국의 박식가이자 식물학자인 조지프 뱅크스의 의견을 따를 예정이었다.

그로부터 4년 전 뱅크스는 유산을 상속받아 영국 최고 부자들 중 한 사람이 되었다. 그와 같은 입장이었던 젊은이들 중에는 계절별 혹은 몇 해 동안 지중해 일대를 돌아보고 허울뿐인 교양, 이야기보따리, 저택을 꾸밀 미술품과 골동품, 그리고 어쩌면 약간의 매독까지 얻어 가지고 돌아오는 일에 돈을 씀으로써, 새로 얻은 독립과 행운을 기념하는 사람들이 많았다. 뱅크스는 왜 그런 일에 빠져들지 않았느냐는 질문에 이렇게 답했다. "그건 멍청이들이나 하는 짓이에요. 나의 그랜드 투어는 세계 일주가 될 겁니다."[27] 그는 그 일을 실현하기 위해서 "아마도 하늘만이 알 것이고, 어쩌면 영원히 계속될 수도 있다는 이유에서" 쿡과 함께 항해할 그 자신과 그의 조수 7명의 비용을 자신이 직접 부담했다.[28] 식물학에 대한 그의 열정이 대단했던 만큼 그들의 탐험은 세계를 일주하며 식물과 여타 이국적 자연지를 찾는 항해도 될 것이었기 때문이다. 영국으로 돌아올 때에는 그들이 그랜드 투어 역사상 가장 많은 양의 화물, 즉 하늘, 바다, 육지에서 채취한 1,000종의 생물과 함께 3만 종 이상의 식물을 싣고 돌아오게 될 터였다. 그들이 가져온 것들 가운데 1,400여 종은 서구에 알려지지 않은 것들이었다.

그들이 8개월의 항해 끝에 섬 주민들의 황영을 받으며 타히티에 도착한 것은 1769년 4월이었다. 탐험대는 그곳에 관측소를 세우고 금성의 태양 표면 통과를 관찰하여 기록한 다음 남태평양에 있는 무엇인가를 발견하기 위해 섬을 떠났다. 그리고 다음 해인 1770년 4월 지금의 오스트레일리아 시드니에 있는, 쿡이 나중에 보터니 만으로 부르게 될 곳에 도착했다.

탐험대는 쾌청한 하늘에 남풍이 부는 어느 가을의 일요일에 육지에 도착했다. 인데버 호는 일렁이는 물결에 살며시 닻을 내렸다. 만의 북쪽과 남쪽 지점 모두에 오두막들이 세워져 있었고, 그 오두막들 앞에는 그곳들에서 올라오는 불과 함께 아녀자들이 있는 것을 쿡이 알아볼 수 있을 만큼 가시성이 좋았다. 쿡과 뱅크스가 보트들을 아래로 내려주자 선원들이 해안을 향해 노를 저어갔다.

그곳에는 그들을 겨냥하는 대포도 없었고, 그들의 도착을 막는 도시 성벽이나 성문도 없었다. 영국인들이 그 해안에서도 당연히 환영을 받을 것으로 여겼던 것도 그런 이유, 그리고 타히티에서 환대를 받았다는 사실 때문이었을 것이다. "하지만 그 점에서 우리는 착각을 했다"고 뱅크스는 일지에 적었다.[29] 상륙정을 지켜보고 있던 원주민들에게서는 불쾌한 기색이 역력했고, "우리가 가까이 다가갔을 때, 배의 상륙을 저지할 결의에 찬 듯한 남자 2명을 제외하고는 모두가 달아났다"고 쿡은 기록했다. 탐험에 동행한 화가가 나중에 그린 그림에는 그 원주민들이 근육질에 대부분 알몸이고 입, 귀, 코에 마개 모양의 장식을 했으며, 칼, 창, 방패로 무장한 모습으로 묘사되고 있다. 그들은 오스트레일리아 원주민인 다라왈족이었고, 그들의 일부는 유목민이었으며, 그곳은 언제나 그들의 땅이었다.

"나는 그들과 이야기를 나눠보려고 선원들에게 보트의 노를 늦혀놓으라고 지시했다"고 쿡은 그때를 기억했다. "하지만 우리도, 투파이아도 그들의 말을 알아듣지 못했다." 투파이아는 항해 안내인 겸 통역자로 인데버 호에 동승해 있었지만 동서 길이로 6,400킬로미터나 떨어져 있는 태평양의 조그만 섬 출신이었고, 그러니 다라왈어를 알 턱이 없었다. 뱅크스도 "그들이" 어떻게 "거친 목소리의 언어로 우리에게 크게 소리를 질렀는지" 일지에 적어놓았다.

그들이 해안으로 접근했을 때에는 사제이기도 했던 투파이아가 다라왈 지역의 종교적 특성을 이해했을 것이다. 쿡 선장이 부하들에게 못과 구슬이 든 자루를 황금빛 모래사장에 던지라고 지시했다. 일이 잘 풀리게 하려고 호의의 뜻으로 그런 것이었는데, 다라왈족은 말로는 이유를 설명하지 못했지만, 신성한 그 땅에 외래인의 상륙은 결코 허용하지 않겠다는 단호한 의지로 창을 휘둘렀다. 쿡도 "두 [남자] 사이로 머스킷 총을 발사했다. 하지만 그것은 기껏 그들이 화살 꾸러미들을 놓은 곳으로 돌아가 그중 한 명이 돌을 집어 우리에게 던지는 효과만을 냈을 뿐이다."[30]

쿡의 두 번째 총탄은 두 남자 가운데 나이 많은 사람을 맞힌 듯했으나 상처를 입히지는 못한 모양이었다. 그 남자는 방패를 가지러 갔고, 다라왈족은 유럽인들이 상륙하자 창을 던졌다. 그들이 던진 창도 목표물을 빗나갔다. 하지만 그것에 약이 오른 영국인들이 더 총질을 하자, 원주민들도 결국 후퇴했다. 침입자들이 해변을 걸어 올라가 오두막들에 가보니 방패 뒤에 아이 4-5명이 숨어 있었다. 그곳에는 카누도 몇 척 있었다. 쿡은 그것들에 대해 "내가 여태껏 보았던 것들 중에서 가장 형편없어 보였다"고 기록했다. 그들은 창들을 눈에 띄는 대로 모두 수거한 다음 구슬과 천을 선물로 남겨두고 보트로 돌아왔다. 뱅크스가 보기에 그 창들은 방어가 아니라 고기잡이용인 것 같았다.

만일 다라왈족 남자들이 글을 쓸 줄 알았다면, 상륙에 대해서 전혀 다른 기록을 남겼을 것이다. 모계 쪽으로 다라왈족 조상을 둔 셰인 T. 윌리엄스 박사는 그 싸움에 대해 이렇게 적었다.

> 그와 똑같은 만남을 우리의 관점에서 바라보면, 그 두 그웨갈족Gweagal(원문 그대로의 표현)은 그곳에 있어서는 안 될 사람들로부터 나라를 수호함으로써 나라에 대한 영적 의무를 수행하고 있었던 것임을 알게 될 것이다. 우리 문화에서는 정식 동의를 받지 않고는 문화가 다른 나라에 들어가는 것이 허용되지 않는다. 동의는 언제나 교섭으로 결정된다. 교섭이라고 해서 반드시 직접 대화를 해야 하는 것도 아니다. 교섭에는 종종 의식을 통한 영적 소통도 포함된다.[31]

이 글에서 중요한 것이 마지막 문장이다. 항해와 진보의 비용에 대한 또다른 측면을 생각하게 만들기 때문이다.

쿡은 영국의 해군 장교였다. 뱅크스는 전 세계의 많은 사람들, 특히 자국민을 향상시키기 위해서 지식의 범위를 세계적 규모로 넓히는 일에 자신의 재산을 쏟아부은 유복한 과학자였다. 두 사람 모두 식자였으며, 문화적 세련미와 식견도 갖추고 있었다. 그런데도 그들은 자신들이 총을 쏜 사람들이 자신들의 상륙을 **허용하지 않을 수도** 있다는 점을 의심하지 않았다. 그 만남의 영적 측면을 이해하지 못한 그들의 무지는, 자연에 대한 지배력을 되찾기 위해서 노력한 베이컨의 욕망과 직접적인 상관관계를 가지고 있었다. 유럽의 대다수 사람들이 장소와 물건에도 혼이 깃들어 있다고 믿었던 수 세기 전이었다면 그들도 모든 지역의 땅이 그렇듯 그 땅에도 그곳만의 혼이 서려 있음을 이해했을 것이다. 이방인이 그곳에 상륙하려면 조상신의 노여움을 달래줄 필요가 있음을 알았을 것이다. 하지만 그들은 그렇게 행동하는 대신 베이컨이 주목했던 세 가지 발명품, 즉 그들의 길잡이가 되어준 나침반, 그들에게 지식을 준 책, 그리고 총과 화약으로 의기양양해져, 총을 쏘며 해안으로 난입했다. 그것이 다라왈족의 마음과 정신에 일으켰을 혼란을 상상해보라.

그들은 이튿날에도 해안으로 돌아와 신성한 공간을 더럽혔다. 이번에는 사람들이 사라지고 없었다. "선물"도 던져놓은 곳에 그대로 있었다.

뱅크스는 자연계를 이해하는 일에만 몰두해 있었고, 그러므로 보터니만의 원주민과 마주쳤을 때 그와 그의 동료들이 한 행동이 무례했다거나 상처를 준 행위일 수 있음을 전혀 알지 못했다. 그 짧은 방문을 기록한 글에서도 그는 그 일은 언급하지 않고 광대하고 텅 빈 땅만을 이야기했다. 가볍게 걷고 이동하며 사는 능력, 그리고 책이 아니라 꿈을 통해 전해진 조상들의 이야기에서 폭넓은 지식을 얻는 것에 성공의 가능성이 놓여 있던 사람들, 그 사람들이 지키는 기라성 같은 작은 불들로 반짝이는 해안선을 보고도 텅 빈 땅만을 언급했다. 뱅크스에게 오스트레일리아는 어쩌면 문명화된 인간이 존재하지 않는 곳이었을지 모른다.

묘하게도 그 짧은 만남에 보다 섬세하고 사려 깊게 반응한 사람은 해군에서 잔뼈가 굵은 쿡이었다. 오래지 않아 뱅크스는 그 땅을 식민지, 카인의 후손들에게 또다른 승리가 될 정착지로 만들자고 영국 정부에 건의했다. 쿡이 그 만남에 대해 보인 반응은 산호해를 항해하면서 쓴 일지에 나타나 있다. 그는 다라왈 수렵채집인들에 관해서 "실제로는 그들이 우리 유럽인보다 훨씬 행복하게 산다. 그들은 넘치게 가질 줄을 모를뿐더러, 유럽에서 인기 절정인 편리한(원문에는 convenience가 아닌 convienecies

로 표기되어 있다) 이기利器에 대해서도 알지 못하기 때문에 그것들의 용도를 몰라도 희희낙락이다. 그들은 조건의 불평등에 구애됨 없이 평온하게 산다"며, 아메리카 원주민들에 대한 벤저민 프랭클린의 견해와 맥을 같이하는 글을 썼다.[32] 그것이야말로 자연과 조화를 이루며 가볍게 이동하는 삶을 살 것을 촉구하는 또다른 요청, 유목민에게 본능적으로 머리를 끄덕이는 행위였다.

쿡은 다라왈 부족민들에 대해 "저택과 가정용품 등에 대한 선망이 없다"고도 썼는데, 뜻밖에도 이는 영국의 역사학자 펠리페 페르난데스-아르메스토가 역사를 유적 속에서 골라낸 길로 제시할 때 알아챈 무엇인가를 상기시키는 말이었다. 페르난데스-아르메스토는 문명의 생존을 확보하는 것이 주목적이라면 "문명화에 착수하지 않는 것이 최선"이라고 하면서, 그런 관점에서 보면 뱅크스가 식민지를 세우도록 권유한 것도 영국에는 최선의 이익이 아니었을 수도 있다는 뜻을 넌지시 내비쳤다. 그것이 사실이라면, 가장 성공한 사회—살아남았으므로—는 오스트레일리아 원주민과 같은 유목성의 수렵채집인 사회라는 말이 된다. 그들의 성공에는 비결이 없다. 그들은 "자연과 더불어 자연 속에 살면서, 그것을 바꾸려 하지 않고, 짓밟으려 하지 않으며, 개조하려 들지도 않았기" 때문에 살아남은 것이다.[33]

진정한 농업혁명,
혹은 우리는 왜 유목민에게 향수를 느낄까

프랜시스 베이컨의 『노붐 오르가눔』이 출간되고 나서 50년 후인 1671년, 아일랜드 태생의 잉글랜드 철학자 겸 화학자인 로버트 보일이 이런 말을 남겼다. "풍차를 이용해 목재를 톱질하고 하찮은 도구로 서류철을 절단하며, 심지어 비단 양말조차 기계가 짜는 것을 볼 때면……우리는 기계장치의 발달로 사람들이 기관의 성능을 따라잡을 수 없게 된 지금 수공이란 무엇인지 묻고 싶어질지도 모른다."[34] 베이컨도 과학기술이 인간에게 자연에 대한 지배력을 줄 것이라고 믿었고, 역사도 그가 옳았음을 입증해주고 있었다.

보일이 그 글을 쓸 때만 해도 방적은 여전히 가내 수공업이었다. 즉 집이든 천막이든 가정에서 양털 다듬는 일과 실 잣는 일을 함께한 사람들에 의해서 방적이 이루어졌다는 뜻이다. 그들은 아마 채소를 재배하고, 몇 종의 다른 동물들과 함께 닭을 칠 정도의 작은 농지를 보유한 사람들이었을 것이다. 아니면 자그로스 산맥의 바흐티야리 부족처럼 가축들과 함께 방랑하며, 이동하는 중에 실을 잣고, 천을 짜고, 융단을 만드는 일을 병행한 사람들이었을 수도 있다. 바꿔 말하면 그들은 진정한 농업혁명이 일어날 때까지는 카인과 아벨의 후계자들이 수천 년간 해온 대로 살았을 것이라는 의미이다.

스위스 태생의 철학자 겸 산책자인 장-자크 루소는 인간이 (하느님의 은총을 잃는) 기나긴 타락 끝에 농업의 문제에 빠져든 상황을 "한 사람이 두 사람 먹을 양을 가지는 것이 유리하다는 사실이 명료해지는 순간 평등은 사라지고, 소유가 도입되며, 노동이 불가피해지고, 광대한 숲은 인간의 땀으로 열매가 맺어지는 들판으로 변했다"라는 한 문장으로 수렴해서 설명했다. 그는 인간이 농업에 의존하면서 엄청난 대가를 치렀고, 앞으로도 계속 치르게 되리라는 점도 의심하지 않았다. "수확과 더불어 예속과 고통이……싹트고 자라났다." 돈이 유럽 세계를 지배했으며, 근면함이 종국에는 산업화를 낳았듯이, 새로운 자본주의도 많은 사람들이 수작업으로 했던 일을 더 빠르게 해내는 새로운 기계의 발명으로 이어졌다.

옥스퍼드 대학교까지 가놓고도 파이프 오르간을 마스터하겠다고 학교를 중퇴하고, 그다음에는 또 마음을 바꿔 법학을 공부한 어느 영국인도 그런 기계들 중 하나를 발명했다. 제스로 툴은 변호사 자격을 취득하자마자 신부를 데리고 유럽 그랜드 투어에 나섰다. 잉글랜드에 돌아와서는 변호사로 일하는 대신 시류를 좇아 가족 농장에 정착, 농업 관행을 개선하는 일에 정진했다. 농업의 효율화를 기한다는 것은 일의 속도를 높이면서 힘은 적게 들이는 것을 의미했다. 툴이 개발한 많은 장치들 중 말이 끄는 파종기가 대박을 터뜨렸다. 1만1,000년도 더 전에 재배종이 된 이래 밀은 언제나 되는 대로 뿌리거나 개별 구멍에 손으로 파종을 했다. 그런데 툴의 기계식 파종기는 이 모든 일을 필요 없게 만들었고, 이는 노동력을 적게 들이고 파종 속도는 높일 수 있음을 의미했다.

파종기의 정교함과 효율성은 또다른 기계들의 등장을 불러오기에 충분했으며, 그중에서도 가장 변혁적이었던 것이 잉글랜드 북서부에서 직조공으로 일한 제임스 하그리브스가 발명한 기계였다. 하그리브스의 사업은 안정적으로 면사를 공급하는 데에 달려 있었는데, 방적은 또다른 노동 집약적 가내 수공업이었다. 그래서 그 공정의 속도를 높여 면사를 고정적으로 공급하기 위해 하그리브스가 1765년에 고안한 것이 한번에 여러 개의 방추(실 감는 막대)를 돌릴 수 있는 "제니 방적기"였다. 제니 방적기는 제스로 툴의 기계식 파종기와 여타 노동 집약적 공정을 기계화시킨 다양한 발명품들과 더불어 영국의 제조 공장들이 유럽의 경쟁사들보다 저비용으로 더 많은 직물을 생산할 수 있게 해주었다. 성공이 성공을 낳았고, 이런 창조의 과정은 일련의 기계화, 그리고 우리 시대에 와서는 가상 오피스와 가상 회의, 클라우드 저장 공간, 그리고 손에 든 얇은 화면을 통해서 지구 반대편의 사람들과 얼굴을 보며 대화를 나눌 수 있는 역량으로 절정에 달한 디지털화를 창출했다. 하지만 이 기나긴 발달의 선線에는 방직보다 더 큰 문제를 초래한 가닥들이 있었다.

로버트 보일이 언급한 "기계적 장치"는 단순히 생산성과 생산력 변화를 가져오는 데에서 그치지 않았다. 제니 방적기만 하더라도 이전에 실 잣는 일을 해왔던 농가에 설치하기에는 덩치가 너무 크다 보니 투자자들은 전용 "제니 건물"을 세우고 방적공을 고용하는 방적 업체의 주주가 되고 싶어했다. 신축 건물이 들어선 곳들도 대부분 전통적으로 실 잣는 일을 해온 시골이 아니라 노동자를 구하기 쉽고 운송 수단들과도 가까운 크고 작은 도시들이었다. 그리하여 대개는 시골집에서 일을 해온 사람들이 이제는 처음에는 제조 공장manufactory으로 불리다 나중에는 공장factory으로 줄여 부르게 된 방적실로 통근을 해야 하는 처지가 되었다. 종국에는 이들도 도시로 이주하거나 다른 일을 찾아야 할 터였다. 이 근로 방식이 시골과 모든 이들의 전망을 바꿔놓았다.

그 변화는 지구인들의 수가 급증하는 결과도 낳았다. 세계 인구는 1750년에 7억5,000만 명이던 것이 1850년에는 10억2,000만 명이 되어 1세기 사이에 대략 60퍼센트가 늘어났다.[35] 사회혁명이 처음 시작된 잉글랜드와 웨일스에서는 같은 기간에 인구가 3배 가까이 늘어 1,800만 명이 되었다.[36] 이 인구 증가가 가져온 한 가지 결과는 적어도 잉글랜드에서는 대다수 사람들의 토지 접근이 어려워졌다는 것이다. 그것은 어느 정도 사람이 더 많아졌기 때문이기도 하지만, 토지 인클로저enclosure 때문이기도 했다. 잉글랜드에서는 최소한 흑사병 시대부터 공유지에 울타리를 치는 지주들의 인클로저가 시작되었다. 이의를 제기할 사람들이 없는 기회를 이용할 수 있었던 것이다. 영국 정부도 18세기가 되자 제스로 툴의 파종기와 최근에 발명된 여타 기계들에 넓은 땅이 더 적합하다는 이유, 그리고 토지 인클로저로 뒷받침해주면 생산량이 증대되리라는 믿음으로 토지 인클로저를 지지했다. 그때는 아직 생물 다양성이 필요하다는 점을 이해하는 사람이 없었기 때문에, 인클로저 반대자들—그런 사람들이 많았다—은 식량 생산이 증가하면 물가가 하락할 것이라는 논리에 맞설 수가 없었다.

그러나 소비자들의 생활비는 줄지 않았다. 줄기는커녕 늘어난 농업 생산량 덕분에 일부 사람들이 극도로 부유해질 동안 다수의 농장과 농가의 노동자들은 생계를 빼앗겨 일자리를 찾아 크고 작은 도시들로 향할 수밖에 없었다. 그 현상은 지금까지도 계속되어 바흐티야리 부족민의 많은 아이들도 그 과정의 일부가 될 처지에 몰렸다. 새뮤얼 존슨의 식사 친구였던 작가 올리버 골드스미스는 1770년에 이런 비가를 썼다.

잉글랜드의 불행이 시작되기 전,
모든 땅에 임자가 있던 때가 있었지.
남자는 가벼운 노동만으로 여자에게 몸에 좋은 양식을 내놓고,

---

* 지난 100년 동안 세계 인구는 4배가 불어났다.

생활에 필요한 양만 주고, 그 이상은 주지 않았지.[37]

기계들이 정교함을 더해가고, 엘리트의 수중에 쌓이는 부가 갈수록 늘어나며, 노동자의 정치적 힘이 그 어느 때보다 제약을 받던 때가……있었다. 과학과 산업이 세계와 인간이란 무엇인지에 대한 우리의 이해를 재편해가고 있던 시대에 어울렸을 법한 풍조이다. 때는 영국 정부가 원주민들을 불행에 빠뜨리면서 오스트레일리아에 최초의 유럽인 정착지를 세운 시기, "아시아 애호가" 윌리엄 존스가 산스크리트어, 그리스어, 라틴어, 켈트어, 페르시아어 모두 "어떤 공통의 어원에서 발생했다"는 언어 이론, 본래는 유목민 언어였으나 나중에 인도유럽어로 불리게 된 언어 이론을 구축한 시기였다. 그때는 또한 앨비언 제분소의 시대이기도 했다.

1786년의 많은 런던 시민들에게 앨비언 제분소는 20세기 중엽의 엠파이어스테이트 빌딩, 오늘날의 자율주행식 전기차, 바이오 연료 비행기, 3D 프린터와 같은 방식으로 현대성을 상징하는 건물이었다. 제분소의 개업식 때에는 런던의 블랙프라이어스 브리지 옆 템스 강변에 세워진 7층 높이의 이 제분소가 세계에서 가장 세련된 산업 빌딩이었다. 런던 인구는 한 세대가 지나는 동안 기존 인구보다 30퍼센트가 늘어 100만 명을 훌쩍 넘어섰고, 그중의 많은 사람들이 새로운 시장과 공장에서 일자리를 얻을 수 있으리라는 전망에 혹해 농지를 버리고 도시로 온 사람들이었다. 앨비언 제분소는 단순히 산업 노동자들을 위한 또 하나의 기회가 아니었다. 그것은 미래에 대한 약속의 실현이었다. 그때까지는 런던의 옥수수와 밀이 풍차와 수차로 제분되었다. 하지만 템스 강 위로 우뚝 솟은 격조 높은 신고전주의풍 외관 뒤에는 육중한 새 증기기관의 동력으로 돌아가는 제분소가 있었다. 앨비언의 분쇄기는 일주일 내내 밤낮없이 시간당 250킬로그램 이상의 옥수수와 밀을 제분할 수 있었다. 바지선으로는 만조일 때만 공장의 지하로 접근할 수 있었지만, 카트로는 짐을 싣고 내리는 것이 언제든 가능했다. 인간에 대한 기계의 승리를 상징하는 공장답게, 심지어 곡물을 옮기고 밀가루를 선적하는 데에도 기계가 도입되었다. 제분소 기술자들 중 한 사람이 했던 말을 빌리면 제분소는 "국보"였으며,[38] 규모, 효율성, 경이로움의 면에서 산업화된 세계에서는 제분소에 견줄 만한 것이 없었다.

앨비언 제분소는 그것이 지닌 모든 상징성 때문에, 그 시대에 일어난 모든 혁신이 그렇듯, 이윤을 추구하는 자본에 끌려 다녔다. 사람들은 너나없이 빵을 주로 먹었으므로 제분소가 낼 수 있는 수익도 엄청났고, 따라서 이는 제분소의 동업자 중 한 사람이 그곳을 찾은 귀족들이 아무리 매력적이더라도 건물 구경을 시켜주지 말라는 말을 들은 것에 대한 설명이 될 수 있다. 그 귀족들은 단골이 될 가망이 없기 때문이었다. 모든 것은 가루를 내고, 채로 치고, 자루에 담아 옮기는 앨비언 직공들이 하는 작업이, 수차와 풍차로 제분하는 경쟁자들보다 빠르고 저렴하여 수익률이 극대화될 때 끝이 났다. 제분소를 짓고 설비를 갖추는 데에는 오늘날의 가치로 따지면 300만 파운드 정도인 2만 파운드가 들었다. 그런데 공장의 일부만 가동하고도 앨비언의 첫해 매출은 10만 파운드(지금의 가치로는 1,500만 파운드)에 달했다. 물론 그것은 투기성 사업이었기 때문에 언제든 도산할 가능성도 있었다. 그것이 개업식이 있고 나서 5년 후에 벌어진 일이었다. 어느 저녁 제분소의 창문 틈으로 깜빡이는 주황색 불빛이 보였다. 불꽃이 튄 것이었다. 제분소에 불이 난 것이다.

화재는 극적이고 파괴적이어서, 며칠 뒤 마침내 전소되었을 때에는 공장의 지붕이 폭삭 내려앉고 최첨단 기계들도 소실되었다. 앨비언에 대해서는 한 번도 들어본 적 없는 몇 안 되는 런던 시민들 중 한 사람이었을 노령의 서간문 작가 호러스 월폴도 화재 현장에서 몇 킬로미터 떨어진 그의 정원에 반쯤 불에 탄 곡식의 낟알들이 흩뿌려져 있는 것을 보았다고 기록했다. 소식, 연기, 재가 도시 전역으로 퍼져나가자 사람들이 불을 구경하러 왔다. 공포에 휩싸인 사람들도 일부 있었지만, 대다수 사람들은 기뻐하는 기색이 역력했으며, 블랙프라이어스 브리지에서는 사람들이 노래를 부르고 춤도 추었다. 발라드 시인들도 밤새 밖을 쏘다니며 그 순간의 분위기를 글로 묘사하려고 애썼으며 이튿날 아침에는 여전히 화재가 계속되는 와중에 그들의 시 팸플릿들이 식자와 인쇄 작업을 거쳐 거리에서 판매되었다.

> 그건 그렇고 사람들의 이야기가 시작되었다네
> 제분소 주인들, 그들이 어떻게 이 일 저 일을 했는지
> 그런데도 슬픔을 드러낸 사람은 거의 없고
> 앨비언 제분소의 불길은 그렇게 사그라들었다네.[39]

파리의 바스티유 감옥이 불에 탄 것이 고작 2년 전이어서, 유럽 전역에는 혁명의 불길이 퍼져나가고 있었다. 그러니 그 모든 환호에 앨비언 화재가 실화失火가 아니라는 소문이 포함되었던 것도 놀랄 일은 아니었다. 일부에서는 어쩌면 경쟁관계에 있던 방앗간, 무정부주의자, 그것도 아니면 단지 더 저렴한 밀가루를 바란 사람들이 불을 질렀을지도 모른다고 말했다. 그것을 묘사한 또다른 발라드도 있다.

> 빵 값이 너무 비싸

가격이 많이 내리면 좋으련만,

모든 이들이 배부르게 먹을 수 있다면

제분소를 위해 더 많은 일을 할 수 있을 텐데 말이야.[40]

그러나 무성한 소문에도 불구하고 화재는 기름칠이 되지 않은 가동부에서 불꽃이 튀어 발생한 것으로, 평범했다.

그 시대의 경이가 파괴된 데에 대해서는 제각기 다른 우려가 드러나 있다. 그중 가장 뚜렷한 것은 산업혁명의 속도와 규모에 대한 우려였다. 하지만 또다른 사람들은 산업화가 사람들의 삶, 행복감, 인간 됨의 의미에 제기하는 위협을 우려했다. 그 우려를 가장 잘 표현해준 사람이 바로 앨비언 제분소에서 불과 몇 걸음 떨어진 곳에 살고 있던 시인 윌리엄 블레이크였다.

화재 당시 블레이크는 30대 초반이었고, 일주일에 몇 차례 램버스에 있는 자신의 집에서 템스 강을 가로질러 앨비언을 지나쳐 걷고는 했다. 그는 그 제분소를 진보에 어울리는 기념물로 보기보다는 산업화가 야기하는 많은 문제들이 응집된 곳이라고 생각했다. 사회를 재편하고 있던 새로운 힘과 기계에 함유된 비인간성을 웅변적으로 표현한 시에서는 "산 사람과 죽은 사람이 앨비언의 아들들에게 줄 빵을 위해 우리의 허물어지는 맷돌에 갈려 가루가 될 것이다"라고 썼다.[41]

앨비언의 노동자들은 세계를 둘러싸는 제국, 결코 해가 지지 않을 제국을 창조하는 과정에 있었다. 나침반, 인쇄술, 화약으로 가능해지고, 블레이크가 "이 어두운 사탄의 방앗간들"이라고 부른 것과 산업혁명의 다른 발명품들이 가져다준 힘으로 영국 제국을 비롯한 유럽의 경쟁국들은 오래된 유목민 제국과 그 제국 이후의 제국들을 괴멸시켰다. 제국의 역사가들도, 말의 가축화와 마차의 발명으로부터 고결함, 용맹, 그리고 형제들로 맺어진 유대에 이르기까지 유목민들은 유사 이전부터 세계를 만들어가는 일에서 중요한 일익을 담당했는데도, 인류의 역사를 쓸 때 유목민을 완전히 도외시하거나, 아니면 로마 역사가들이 한 것처럼 그들을 야만인으로 묘사했다. 그 결과 영국의 역사가 겸 정치인이었던 토머스 배빙턴 매콜리가 블레이크의 그 시가 지어지고 나서 30년 후 하원에서 영국과 영국의 식민지를 "야만적 침입자들의 공격"으로부터 보호하는 것이 영국의 제국적 사명의 일부라는 점을 상기시켰을 때에도 누구 하나 이의를 제기하는 의원이 없었다.

매콜리도 티무르, 아틸라 그리고 여타 유목민 지도자들을 언급한 장황한 연설에서 "우리에게서 통치권이 사라지고……뜻하지 않은 사고로 우리의 가장 심오한 계획이 교란당할 수 있다"고 하면서, 영국의 패권이 영원히 지속되지 않을 수도 있다는 점을 인정했다. 하지만 그는 "패배가 뒤따르지 않는 승리(와)……모든 자연적 쇠퇴 요인이 면제된 제국도 있다"는 것, "그 승리는 이성이 야만에 거둔 평화로운 승리라는 것, 그리고 그 제국은 예술, 도덕, 문학, 법률을 가진 불멸의 제국"이라는 것도 알고 있었다.[42]

매콜리의 연설은 19세기 유럽인들이 정주민과 이동성 종족 간의 차이를 설명할 때에 가장 일반적으로 썼던 방법을 더할 나위 없이 잘 표현해 준 말이었다. 그는 그들의 관습이나 생활 수준을 비교하지도 않았고, 메소포타미아인이나 로마인들과 달리 유목민이 날고기를 먹고, 목욕도 하지 않으며, 노숙을 하고, 무덤에 묻히지도 않았다는 점에 주목하지도 않았다. 자연계에는 어떤 생활 방식이 덜 해로운지, 우리 모두가 의존하고 있는 지구의 미래에는 어떤 생활 방식이 더 나을지에 대한 고려, 즉 훨씬 나중에 판단하게 될 이 문제에 대한 고려도 하지 않았다. 대신 그는 그 유목민 야만인들을 예술, 도덕, 문학, 법률 혹은 이성이 없는 종족으로 제시했다. 영국 의회의 의원들 중에도 그 말에 이의를 제기한 사람은 없었던 듯하다.

명백한 운명, 1850년

세계 인구 12억 명
도시 인구 7,500만 명
유목민 인구 알 수 없음

19세기에 페르시아 사람들은 대부분 목축과 무역을 하며 이동하는 삶을 살았다. 오스만 술탄들이 오래 전에 말안장을 장의자와 맞바꾸고, 다수의 궁전과 정자가 있는 성벽 너머에서 나라를 통치한 튀르키예에서도 술탄의 다양한 백성들은 상당수가 유목민으로 남아 있었다. 유목민들은 위대한 카넴−보르누 제국이 붕괴되었는데도 아프리카의 많은 지역을 가로질러 다녔듯이 무굴 제국의 인도도 누비고 다녔다. 아라비아에서는 무함마드 이븐 사우드라는 유목민 부족장이 자신의 아사비야를 확장하여,

개혁적인 종교학자인 무함마드 이븐 아브드 알와하브의 지도 아래 새로운 아랍국(사우디아라비아)을 건설했다. 조지프 뱅크스가 제안한 정착지를 세우기 위한 첫 번째 선단이 도착하고 나서 10년도 되지 않아 원주민 75만 명 가운데 90퍼센트가 목숨을 잃은 오스트레일리아에서는 살아남은 사람들이 오늘날까지 그래오고 있듯이 계속해서 숲을 방랑하며 자신들의 나라를 상상으로 지어냈다. 수천만 명의 유목민이 영국 제국에 둘러싸인 세계 속에서 방랑하며 수렵채집 생활을 했다. 그런데도 매콜리의 확신은 진실로 판명될 것이었고, 유럽의 예술, 도덕, 문학, 법률은 "유목민 무리"를 이길 터였다. 그 현상이 그 어느 곳보다 선명하게 드러난 곳이 바로 매콜리의 의회 연설이 있고 나서 10여 년 후에 이전의 영국 식민지에서 한 시민이, 지금도 계속 울려 퍼지는 두 단어의 신조어, "명백한 운명Manifest Destiny"이라는 단어를 지어낸 북아메리카였다.

신이 재가한 사명이라는 개념은 칭기즈 칸이 자신의 권리라고 주장하고 그의 유목민 추종자들도 그렇게 알고 있던 생각이었다. 1839년 어떠한 과장도 없이 "거친 서부wild west"로 불리게 된 곳을 넘어 태평양까지 "위대한 자유의 실험"을 밀어붙이는 것이 미국인의 운명이라고 쓴 미국의 저널리스트 존 오설리번도 그런 주장을 폈다. 오설리번은 몽골의 칸들이 주장했던 것처럼 "그것이 우리의 고귀한 운명이고, 그러므로 인과因果라는, 영원하고 피할 길 없는 자연의 법칙에 따라 우리는 그 일을 수행해야 한다"고 설명했다.[43]

1776년에 벤저민 프랭클린이 서명한 미국의 「독립선언서」에도 모든 인간은 평등하게 창조되었고, 생명, 자유, 행복을 추구할 동등한 권리를 가진다는 "자명한 진실"이 기록되었다. 프랭클린은 "노예제 및 강제 노동은……미국 또는 미국 관할권에 속한 어느 곳에도 존재할 수 없다"고 명시된 미국 헌법에도 서명했다.[44] 이제는 우리도 알게 되었다시피 프랭클린은 펜실베이니아의 자신의 집에 남자 노예 2명을 두고 있다가 나중에 해방시켰으며, 그런 다음 1790년 사망할 때까지 모든 노예들에게 자유와 교육을 부여하기 위해서, 그리고 정착민, 개척자, 아메리카 원주민들에게 두루 적용되는 하나의 법을 만들기 위해서 사람들을 각성시키는 일에 많은 시간과 힘을 쏟았다. 하지만 그가 문안 작성을 도운 「독립선언서」와 헌법은 합중국 내에만 적용되었다. 따라서 합중국 시민이 국경을 넘어 서부로 가면 본국의 법규를 준수하지 않아도 되어, 결과적으로 본국의 가치를 기꺼이 망각하는 일도 곧잘 벌어지는 듯했다.

그러나 이 서부 개척자들에게는, 필그림 파더스가 힘겹게 걸어 해안에 상륙했을 때 그 신세계는 새롭지 않았고, 그 땅도 처녀지가 아니었다는 불편한 진실이 있었다. 오스트레일리아가 영국의 식민지 개척자들이 도착하기 전에 원주민들의 땅이었듯이, 남아메리카의 많은 지역이 방랑하는 그곳 사람들의 땅이었듯이, 중앙아시아가 몽골인, 튀르크인, 그리고 다른 유목민 종족들의 땅이었듯이 북아메리카도 오랫동안 유목 부족과 정주 부족 모두의 본거지였다. 그곳에 도착한 유럽인들도 개척자가 아니었다. 매콜리의 문구를 재활용하면, 그들은 야만적인 침입자들이었다.

저널리스트 오설리번은 "우리는 진보의 나라, 개인의 자유와 보편적 선거권을 가진 나라이다"라고도 썼다. 그 문장에 그는 무기의 나라라는 말을 덧붙일 수도 있었을 것이다. 유럽 정착민들은 진보의 기치 아래 여느 때 같았으면 건드리지 않았을, 아메리카 원주민 지역으로 깊숙이 밀고 들어갔다. 그것을 가능하게 해준 것은 월등한 무기였다. 1700년대 중엽에는 유효 사거리가 길어지고 명중률도 높아진, 총신이 긴 켄터키 라이플(일명 롱 라이플)이 개발되어 뉴욕 주 북부 지역에서는 한 저격병이 상대

방에게 자신의 존재를 들키지 않고 단발로 영국군 장교를 죽이기까지 했다. 칼이나 활로 무장한 사람을 마주쳤을 때에 예상되는 상황이 장거리 사격으로 사뭇 달라졌으며, 영국 발명가들이 농업을 기계화했듯이, 다음 세기에는 미국 발명가들이 살인을 순차적으로 기계화하게 될 과정의 첫 단계가 그것이었다. 맨 먼저 등장한 것은 분당 200발을 쏠 수 있었던 수동식 개틀링 기관총이었다. 곧이어 개틀링 기관총보다 발사 속도가 3배나 빠른 무기라는 점에서 명칭도 적절했던 맥심 기관총이 개발되었다. 켄터키 라이플을 대체한 연발총, 윈체스터 라이플도 나왔다. 구식인 총구 장전 권총에 속도와 명중률을 높여 개량한 회전식 연발 권총(리볼버)도 새뮤얼 콜트에 의해서 발명되었다. 미국에서 만들어지는 무기는 점점 더 치명적이 되어갔다.

아메리카 원주민 부족들은 흔히 단일한 동일 집단으로 간주되지만, 그들이 뭉치는 것은 정착민의 침입에 맞설 때뿐이었고, 그럴 때조차 그들 사이에는 분열이 일어났다. 유럽인들이 출현하기 전에는 정착 부족들과 유목 부족들이 싸울 때처럼 문화적 차이 때문에, 혹은 사냥터 소유권— 가령 수족은 자신들의 버펄로 사냥터에서 크로족을 쫓아냈다—을 두고 정기적으로 싸움을 벌였다. 수족, 다코타족, 코만치족 그리고 다른 유목 부족들의 힘은 이동하는 능력, 말을 타고 있을 때나 즉석에서 판단을 내리는 습관, 그리고 지형에 대한 지식을 능란하게 응용할 줄 알았던 능력에서 비롯되었다. 그런데 합중국 무기들이 "진보하면서" 세계의 다른 지역 유목민들과 마찬가지로 이 부족들도 처참하도록 불리한 처지에 몰린 것이었다.

운명에 대한 미국식 감각을 충족시키기 위해서 지불한 대가에 아메리카 원주민들만 불만을 가졌던 것은 아니다. 헨리 데이비드 소로도 그런 사람들 중 한 명이었다. 소로는 매사추세츠의 보스턴과 가까운 콩코드의 숲에서 2년 2개월 동안 지낸 일로 가장 잘 알려진 인물이다. 그는 고작 20대에 월든 호숫가에 소박한 통나무집을 짓고 "내가 손으로 노동한 것만으로 생계를 꾸려가기로" 작정했다. 얼마나 많은 동포 정착민들이 부를 좇아 잘못된 길로 빠져들었는지를 보여주기 위한 실험의 일환으로, 오두막집을 짓고 자신의 노동만으로 생계를 꾸려가기로 작정한 것이었다. 그는 통나무 오두막 실험에 대해서 쓴 『월든Walden』도 "농장, 집, 외양간, 소, 농기구를 물려받은 불행한" 사람들을 공격하며 시작한다. 그런 다음에는 루소도 모방하고 아메리카 원주민들에게서도 영감을 받아 "차라리 그들은 광활한 목초지에서 태어나 늑대의 젖을 먹고 자랐다면 더 나았을" 것이라고 제언한다.

계속해서 그는 이렇게 말한다. "사람들은 비교적 자유로운 이 나라에서도 무지와 오해 때문에 허울뿐인 근심과 쓸모없이 거친 노동에 몰두하느라 인생의 고상한 열매를 따보지도 못한다."[45]

그에 앞서 파스칼과 루소가 그랬듯이 소로도 실내에서 보내는 시간을 죽음의 한 형태로 보았다. "세상일에서 완전히 벗어나 적어도 하루 4시간—대개는 그보다 더 많은 시간을 숲으로 산으로 들로 한가롭게 거닐지 않으면 나는 건강과 정신을 보전하지 못한다." 적어도 그는 삶의 방식을 스스로 택할 수 있는 특혜를 누릴 정도의 행운을 가졌다는 점은 인정한 것이고, 공장의 직공, 상인, 그리고 원할 때 산책의 자유를 누리지 못하는 다른 이웃들이 "오래 전에 자살하지 않은 것은 칭찬을 받을 만하다"고도 생각했다. 하지만 중요한 것은 그가 자신과 동시대인들은 "숲, 초원, 그리고 곡식이 자라는 밤에" 더 많은 시간을 쓸 필요가 있다고 확신했다는 점이다. 그는 그러지 않으면 자연계나 또는 그가 "이 거대하고 야만적인, 배회하는 우리의 어머니"라고 부른 것과의 접촉이 끊기리라고 경고했다.[46] 여기에서 눈에 띄는 것은 **야만**이라는 단어이다.

소로의 월든 실험에 비판적인 사람들도 있었다. 그들은 그가 보스턴과 가까운 곳에 있었으며, 자급자족을 했다는 것도 그의 어머니가 짬짬이 들러 음식과 세탁을 거들어준 반쪽짜리였다고 지적했다. 하지만 그 비판의 어느 것도 소로가 행한 실험의 중요성이나 소박하게 살자고 한 그의 요구의 절박성을 훼손하지는 못한다. 그는 자신의 시간을 들여 야생에 있는 것을 채취하면서 자신이 먹을 것의 일부를 스스로 재배해본 결과, 생계를 꾸려가는 데에는 일주일에 하루만 일해도 충분하다고 생각했다. 그 계산이 맞는다면, 그는 수렵채집인들보다도 시간을 더 능률적으로 썼다는 말이 된다. 설령 그가 주장한 것보다 2배의 시간을 썼다고 해도 그는 일주일에 닷새는 드넓은 하늘 아래 멀리 산책을 가서 주변 세상을 관찰할 수 있었을 것이다.

소로를 토착 유목민과 그들이 살아가는 방식의 이상적 옹호자로 만들어준 것은, "문명화된 삶"의 요소를 이루는 것들에 대한 불신, 자연에 대한 사랑, 움직여야 될 필요성, 그리고 물건의 실질적 비용에 대한 인식—멸종 저항Extinction Rebellion(기후 대책을 요구하는 세계적 환경 단체로, 영국에서 시작되었다/역자) 같은 단체들이 우리 시대에도 계산이 필요하다고 촉구하는 것처럼—이었던 같다. 하지만 그런 그 역시 아메리카 원주민들이 곤경에 처했을 때에는 자가당착적인 반응을 보였다. 월든 호수에서 실험을 하기 전 그는 이렇게 썼다.

새벽과도 같이 창백한 낯빛으로 백인이, 긁어모아진 불과도 같은 침체된 지성을 가지고, 자신이 아는 것에 대해서는 잘 알고, 추측이 아닌 계산을 하며……오래 지탱될 집, 골조 집을 짓는 백인이 온다. 그는 인디언들의 모카신과 바구니를 사고, 그다음에는 사냥터를 사며, 그러다 종국에는 자신이 묻힌 곳마저 잊고는 자기 유골을 파낸다. 그리고 지금 여기에는 어쩌면 화살이나 비버일지도 모를 인디언 추장의 표시, 그리고 사냥터를 양도한다는 내용의 몇몇 치명적인 말들이 포함된, 오래되어 해진 마을의 기록, 비바람에 변색된 기록이 있다.[47]

이 글에서는 소로도 일이 그렇게 될 줄을 알고 있었던 탓에, 비애와 실용주의가 함께 느껴진다. 『인디언 비망록Indian Notebooks』에서 그는 정착민과 원주민 사이의 갈등을, 그것의 필연적인 결과와 더불어 카인과 아벨 간의 오래된 대결의 또다른 형태로 제시한다. "'위대한 정신'이 백인에게는 쟁기를 주고 인디언에게는 활과 화살을 주어 그들을 세계로 내보냈고, 이로써 서로 다른 경로를 통해서 나름의 방식으로 생계를 꾸려가도록 했다."[48] 하지만 그 백인이 가져온 것은 쟁기뿐만이 아니었다. 그는 운명에 대한 감각, 갈수록 치명적으로 변한 무기, 그리고 운명을 완수하기 위해서는 못할 것이 없다는 결의도 함께 가지고 왔다.

백인이 도착하기 전에 북아메리카에서 살고 있던 1,000만 명의 토착민 모두가 유목민이었던 것은 아니다. 북서부 고원지대의 플랫헤드족과 네즈퍼스족, 그레이트베이슨 지역의 쇼쇼니족과 파이우트족, 남서부 지역의 나바호족과 메스칼레로족, 그레이트플레인스 지역의 코만치족, 샤이엔족, 위치토족, 북동부 지역의 체로키족, 쇼니족, 모히칸족, 남동부 지역의 치커소족, 알라바마족, 그리고 그 외의 많은 부족들이 수 세기를 지나는 동안 일련의 협상과 압박의 과정을 거쳐, 정주 부족과 유목 부족으로 나뉘어 북아메리카를 양분하고 있었다. 세계의 다른 지역들에서도 그랬듯이 누가 어디에서 살지를 정하는 문제에서 중요한 역할을 한 것은 지리였다.

미국 서쪽의 거대한 산줄기와 남동부의 습지 사이에서 지배적 특징을 이루었던 곳은 그레이트플레인스이다. 유라시아의 대초원과 닮은 이 광활한 녹색 바다는 캐나다의 북극권 가까운 곳에서부터 아래쪽의 멕시코만과 북회귀선 쪽으로, 그리고 서쪽의 오대호에서 로키 산맥까지 수천 킬로미터나 뻗어 있었다. 적어도 아메리카 원주민들에게 이 대평원에서의 중요한 현실은 수많은 들소가 서식한다는 점에 있었다. 뿔이 짧고 털북숭이인 그 초식 동물은 목초지를 찾아, 그리고 극한의 더위와 극한의 추위를 피해 매년 수백 킬로미터를 떠돌아다녔다. 인간들도 그들이 가는 곳마다 걸어서 좇으며 고기와 가죽을 얻기 위해 사냥을 했다. 원주민들이 이 동물들, 그리고 모두의 삶이 걸린 생태계와 상호 작용을 할 때에는 섬세한 균형이 유지되었다. 그런데 16세기에 유럽인들이 아메리카 대륙에 도착하면서 이 균형이 바뀌었다.

스페인 정복자들이 멕시코를 정복하기 위해서 대서양 너머로 말을 실어 보낼 때, 1만 년 전 사냥으로 멸종되기 전 북아메리카를 누비고 다닌 동물들에게 그것은 행복한 귀향이었다. 그 스페인 말들 중 일부가 탈출해 자연에서 번식되었다는 점에서는 성공적 귀향이기도 했다. 번식으로 수효가 불어나자 말들은 이윽고 들소들과 목초지를 두고 경쟁을 벌였다. 하지만 들소들에게는 더 극적인 결과가 기다리고 있었다. 수천 년 전 인도유럽인들이 유라시아 대초원에서 그랬듯이, 아메리카 원주민들도 말 타는 법을 터득해 말을 탈 수 있게 되자 그레이트플레인스에서도 대규모 유목이 가능해졌다. 말과 활을 소지한 원주민들은 몽골인들이 그랬듯이 치명적인 존재가 되어 한동안 대평원을 지배했다. 그런데 정착민이 온 것이다.

유럽인들이 출현하기 전에는 대평원의 들소 수가 5,000만 마리 정도 되었다.[49] 그 2배였을 가능성도 있다. 19세기 초 토머스 제퍼슨 대통령이 미시시피 강에서 태평양 연안까지의 영토를 조사하라며 탐험대를 보냈을 때, 그 탐험대를 이끈 메리웨더 루이스와 윌리엄 클라크도 "움직이는 다수"의 짐승들이 "평원을 어둑하게 만들었다"고 기록했다. 대다수 아메리카 원주민 이야기의 주요 특징을 이루는 것도 대평원과 들소였고, 의식에서도 그 육중한 짐승은 신성한 동물로 간주되었다. 사냥을 당하고 고기를 먹히는 처지였지만 존중을 받았으며, 죽은 동물의 혼이 진정되고 현존하는 균형도 유지될 것이라는 기대와 믿음으로 사람들이 불러주는 노래로 그 혼령도 위로받았다. 그런데 개척자와 정착민들이 17세기와 18세기에 로기 산맥과 북서부 지역에서 비버 가죽과 다른 동물의 모피에 그 랬던 것처럼 버펄로 가죽에 대한 수요도 폭발적으로 늘리며 이 균형을 흔들어놓았다. "움직이는 다수"가 멸종 위기에 처한 것이었다.

운명에 그냥 맡겨두었더라면, 어쩌면 그런 일은 벌어지지 않았을지도 모른다. 하지만 개척자들은 쟁기, 무기 그리고 돈을 가지고 도착하여 상황을 자신들에게 더욱 유리하게 만들었다. 프랑스 정부에 단돈 1,500만 달러를 주고 "북아메리카"의 그들 "영토"를 사들인 토머스 제퍼슨 대통령도 그중의 한 사람이었다. 1803년에 루이지애나를 매입함으로써 미국은 지구상에서 가장 비옥한 땅의 일부인 미시시피 강 유역을 차지하게 되었다. 하지만 그 거래에는 문제가 있었다. 그 땅은 프랑스의 소유가 아니었기 때문이다. 그 땅은 여전히 원주민 부족들의 터전이었고, 그 부족들에는 아메리카 대륙에서 가장 강력한 부족들 중 하나였던 라코타 수족도 포함되어 있었다.

루이지애나를 매입하고 30년 후에 미국의 제7대 대통령 앤드루 잭슨이 인디언 이주법Indian Removal Act에 서명했다. 그에 따라 정부와 정착민들은, 그 땅은 이제 루이지애나 매입 조건에 따라 미국 "소유"가 되었음을 근거로, 원주민들을 그들의 조상 땅에서 제거할 권리를 가지게 되었다. 그 땅을 잃는 데에 대한 대가로 원주민들이 받은 것은 미국 정부가 "체계가 잡히지 않은" 서부로 분류해놓은 곳이었다. 원주민들의 대다수는 이 조치에 반대했다. 그들 중의 일부는 심지어 그 사건을 미국 대법원까지 끌고 가 법률에 입각한 변론을 펴기도 했다. 대법원도 원주민 부족들은 주권 국가이고, 그러므로 미국 법률의 적용을 받지 않기 때문에 잭슨 대통령의 법은 적용할 수 없다고 판시했다. 대통령도 법원의 판결을 따를 의무가 있다는 점을 인정했다. 하지만 그러면서도 판결은 집행하지 않겠다는 뜻을 분명히 했다. 다수의 다른 사람들도 대통령의 본을 따랐다. 그 결과 자주권이나 정당한 법적 권리의 어느 것도 원주민들이 부추김을 받고, 감언이설에 속으며, 괴롭힘을 당하다가 결국에는 그들의 삶이나 생계를 전적으로 무시당한 채 조상 땅에서 쫓겨나 더 먼 서쪽으로 이주당하는 것을 막지 못했다. 일례로 1839년에는 수만 명의 체로키족이 미시시피 서쪽 지역으로 이주를 강요당해 한겨울에 4,000명이 목숨을 잃었고, 이 길은 지금 "눈물의 길Trail of Tears"로 불린다.[50] 리틀 빅혼과 운디드니에서도 많은 피와 눈물이 뒤따랐으며, 미국 군대가 중요한 인디언 부족을 "평정하고", 대개의 경우 당연한 권리로써뿐 아니라 미국 법률에 의해서도 원주민 소유인 땅에서 그들을 "제거하기" 위해서 벌인 소규모 접전, 전투, 전쟁도 1,600건에 달했다.[51]

유목 부족과 정주 부족을 막론하고 원주민들이 당한 손실은 실로 어마어마해서 그 투쟁의 결과도 불을 보듯 뻔했다. 오죽했으면 그로부터 오래지 않아 한 미국 작가는 "문명의 축복이 도입된 결과로" 아메리카 대륙의 "원주민 인구는 이미 거의 없어지다시피 했다"는 글을 쓸 수 있었다.[52]

자연의 어두운 면

소로는 체로키족이 눈물의 길을 걷고 나서 6년 뒤에 월든 호숫가에 오두막을 지었다. 같은 해인 1845년까지는, 정착민들이 도시를 세우고, 대서양 연안과 미주리 강 사이에 수천 킬로미터 길이의 철도를 부설하며, 농업을 위해서 막대한 산림을 개벌함으로써 아메리카 대륙의 절반이 넘는 땅에 "연방(합중국)"을 수립했다. 플로리다도 연방의 27번째 주가 되었으며, 같은 해 공화국으로 독립했던 텍사스도 오래지 않아 연방 가입 법안이 의회를 통과함으로써 연방에 합병되었다. 북서부의 오리건은 영국이 점유하고 있었고, 서부의 나머지 지역에서는 멕시코가 권리를 주장했다. 하지만 그해는 제임스 K. 포크 미국 대통령이 공격적으로 영토 확장을 요구하고, 저널리스트 존 오설리번이 잡지 「유나이티드 스테이츠 매거진 앤드 데모크라틱 리뷰*United States Magazine and Democratic Review*」에 "매년 증가하는 수백만 인구의 자유로운 발전을 위해 신의 섭리가 할당해준 대륙으로 퍼져나가는 것이 우리의 명백한 운명"이라는 기사를 쓰는 것으로 끝이 났다.

명백한 운명과 폭증하는 인구를 만족시킬 땅과 자원에 대한 갈망은 정착민들을 더 먼 서쪽으로 끌어당겼다. 소로가 숲속에 오두막을 지은 해에 뉴욕의 한 기업인은 태평양 연안까지 뻗어나갈 철도 건설에 연방 기금을 사용할 것을 요청하는 결의안을 미국 상원에 제출했다. 이 구상에 심각한 반론이 제기되어 입법에는 시간이 걸렸지만, 소로가 죽은 해인 1862년에는 태평양 철도법이 의회를 통과했다. 그러나 철도를 서쪽으로 깔아서 수개월이 걸리는 동해안에서부터 서해안까지의 4,800킬로미터 여정을 일주일 내로 줄여 서부를 개척해야 한다는 불가피성은 10년 전부터 이미 제기되고 있었다. 단순히 효율성 때문만은 아니었다. 그것은 자연계와 황야에 대한 산업화된 힘의 지배, 정주 유목민 종족들에 대한 활동적인 정착민 국민의 지배와도 관련되어 있었고, 그것의 전조 겸 상징으로서의 역할을 한 것이 철도였다.

소로는 『인디언 비망록』에서 "사실, 백인의 역사는 발전의 역사, 인디언의 역사는 정체가 고착화된 습관의 역사이다"라고 썼다.[53] 이븐 할둔도 그보다 더 낫게는 표현하지 못했을 말이었다.

소로에게는 원주민 문화가 정체로 보였을 수 있다. 하지만 그는 대다수의 미국 사람들과 달리 "그들이 어떤 사람들이었는지"를 밝혀내는 일에 여전히 매료되어 있었다.[54] 그가 이미 출판된 서적 및 팸플릿들에서 인용한 글들과 함께 구비口碑, 이야기, 노래, 그 자신의 생각들로 가득 채워 만든 그 11권짜리 비망록은 아메리카 원주민에 대한 19세기 지식의 보고였다. 집필 의도가 무엇이었든—"인디언 책"을 연구한 것이 모든 지식을 긁어모아 후손에게 전해주기 위해서였을까, 아니면 단순한 호기심 때문이었을까?—그의 비망록은 "인디언"이 세상을 바라보는 방식이 매우 다르다는 점을 보여주었다. 소로는 이렇게 썼다. 아메리카 원주민은 "여름이 아닌 겨울을 삶의 척도로 삼는다. 해[年]도 태양이 아닌 달[月]의 일정 수로 계산한다. 달의 척도로 삼는 것도 낮이 아닌 밤이다. 그는 자연에서 어두운 면을 포착했다." 소로가 자신도 몰랐던 탓에 언급하지 않았던 것은, 한때는 전 인류가 해가 아닌 달을 삶의 척도로 삼았다는 점이다. 우리 모두는 어두운 면의 자식들인 것이다.

　그러나 원주민들에게 깊이 매료되기는 했어도, 소로는 그들의 삶의 방식이 종국에는 사라지리라 생각했고, 전 세계의 다른 많은 사람들과 마찬가지로 자신이 충분히 경험해보지 못한 것의 임박한 상실에 향수를 느꼈다. "진보하고자" 하는 "백인들"의 욕구가 그들로 하여금 결국에는 아메리카 대륙을 석권하게 해줄 것이었기 때문이다. 하지만 진보가 서쪽으로 옮겨가리라는 생각에 열광하는 내용을 담은 글 「산책」에서는, 원주민 이야기를 생략하기는 했지만, 서부는 여전히 황량하고, 여전히 "쟁취할" 필요가 있는 곳이며, 원주민 부족들의 힘도 여전히 대수롭다고 서술했다. 그들 너머에 있는 산들도 어느 유럽 철학자의 말을 빌려 "유럽인 기억 속의 밤이 아닌 세계와 인간의 아침"이라고 적었다.[55] "그 세계의 아침 속에 살고 있던" 수렵인과 유목민들은 소로도 본능적으로 알아챘고, 이븐 할둔도 알았듯이, 인간의 초기 상태대로 살고 있었다. 농사를 짓는 정착민들은 그보다 향상된 두 번째 상태에 속한 사람들이었다. 소로는 자신의 비망록에서 "수렵인 인종"이라는 단어를 사용해(이븐 할둔을 인용한 것일지도 모른다) 그들은 "농경인 인종의 침략에 결코 저항할 수 없다"고 적었다.[56] 지배는 기술에 의해서 추동될 것이라고 예견한 프랜시스 베이컨의 생각을 이행이라도 하듯이, 그 농경인 인종이 삽과 보습 외에 총포도 가지고 있었기 때문에 특히 그랬다.

우리에게는 첨단기술이 진보의 기준이듯, 소로에게는 철도가 진보의 기준이었다. 컴퓨터와 전화가—배터리 용량이 충분한 한—음식 준비와 집 난방에서부터 우리가 아플 때 아픈 정도를 평가해주고 길을 잃었을 때 길 안내를 해주는 것에 이르기까지 삶의 모든 양상을 바꿔놓았듯이, 철도도 19세기 중엽에 미국인들의 일상을 바꿔놓았다. 미국의 철도는 소로가 10대였을 때 최초로 깔렸고, 20대 후반 그가 오두막 생활을 할 때에는 흔해졌다. 그 결과 월든 호수 변을 지나는 100로드(500미터 가량) 길이의 노선이 아일랜드 노동자 1,000여 명이 투입된 철도선에 포함되었고, 그에 따라 상인, 은행원, 연인들을 시내로 데려올 것임을 경고하면서 철마가 숲과 들판을 휩쓸고 지나가며 울리는 높고 날카로운 기적 소리로 그의 시대는 중단되었다. 하지만 소로는 동요하지 않았다.

그의 시큰둥함은 얼마간 철도가 불리한 수단이라는 믿음에서 기인했다. 그는 길을 따라 48킬로미터만 걸어가면 하루가 끝나기 전 그 노선의 역이 있는 피치버그까지 갈 수 있다고 계산했다. 물론 기차를 타고 올 친구는 그보다 일찍 도착할 것이었다. 하지만 소로가 거기까지 가는 데에는 걷는 데 필요한 구두만 사면 되지만, 그 친구는 90센트 혹은 하루의 노동 가치에 해당하는 돈을 내고 기차표를 사야 했다. 친구의 근무 시간과 기차 여행에 들어가는 시간도 소로가 걷는 시간보다 길었다. 소로는 친구에게 세계 일주도 그런 식으로 할 수 있고, 걷는 사람이 늘 앞서갈 것이라고도 장담했다. 그는 친구에게 이렇게 훈계했다. "우리가 기차를 타는 게 아니야. 기차가 우리를 타는 거지."

그의 셈법을 보고 당신은 어쩌면 소로가 요점을 놓치고 있다고 생각할 수도 있을 것이다. 하지만 그것은 단순히 시간과 돈에만 관련된 문제가 아니었다. 소로가 우려했던 것은 철도의 영향이었다. 철도가 상징하는 산업과 그것이 가져올 불안한 세상이 철도를 이용하는 사람들과, 소로처럼 철도가 지나가는 곳에 사는 사람의 삶을 개조하고 있었다. 그 점에서 그는 다른 많은 점들에서 그랬듯이 그의 시대를 앞서간 사람이었다. 그의 우려도 결과적으로 옳은 것으로 판명되었다.

미국 제국

명백한 운명을 완수하려고 분투한 미국인들을 위해서—자연계, 그것에 의존해 사는 유목민, 우리, 그리고 미래의 다른 사람들—이 지불한 비용을 누가 평가할 수 있을까? 그 일을 하겠다고 나서는 사람이 있기나 할까? 이 논쟁은 오늘날까지도 계속되고 있으며, 지난 150년 동안 북아메리카에서 일어난 일에만 한정된 것도 아니다. 지금은 그 명백한 운명의 완수로 이룩할 수 있었던 위업을, 자연계 및 토착민들이 부담했던 비용과 비교, 평가하는 작업이 진행되고 있다. 계산은 쉽지 않고 여러 가지 점에서 불가능하지만, 그래도 얼마간 수량화가 가능한 비용은 있다. 미국이 근래에 574개 원주민 부족을 공인한 것이 좋은 예이다. 이들의 공인에는 수용까지는 아니더라도 원주민이 토지나 배상금을 청구할 권리를 인정하겠다는 뜻이 내포되어 있다. 2019년 6월 개빈 뉴섬 캘리포니아 주지사가, 그의 주에서 원주민들이 당한 처우에 대해서 공식적으로 사과한 것도 그런 맥락에서였다. 그는 "인디언 인종이 멸종할 때까지 두 인종 사이에 전멸의 전쟁은 계속될 것이다"라고 한 1850년 당시 캘리포니아 초대 주지사의 언행을 언급하면서 "이런 것을 대량 학살이라고 부른다"고 말했다.[57] 하지만 인디언 인종은 많이 줄어들기는 했을망정 그 시기를 견뎌냈으며, 그리하여 지금 새크라멘토 강 옆의 오래된 참나무 아래에서는 21세기의 한 주지사가 원주민 지도자들에 둘러싸여 "그것은 대량 학살이었다. 다른 말로는 표현할 길이 없다. 역사책에도 그렇게 서술될 필요가 있다"고 말하고 있었다.

그러나 실제로 다시 쓰인 역사책들에는 대량 학살의 요인이 되었을 법한 일이 다양하게 제시되어 있다. 1830년에 제정된 인디언 이주법을 문제의 시작으로 보는 역사책들도 있고, 1803년의 루이지애나 매입을 문제의 발단으로 지적하는 책들도 있다. 나라면 최소한 벤저민 프랭클린과 그의 친구들이 "속 편하게 방랑하는 삶"의 매력을 이해하지 못했고, 그러므로 그것의 가치도 알지 못했던 1750년대나 프랜시스 베이컨이 자연에 대한 지배력을 촉구한 1600년대로 되돌아가 문제의 해답을 찾았을 것이다.

스위스 철학자 장–자크 루소가 즐겨 말한 이야기들 중에는 영국 이주민들이 원주민의 땅을 침범해 그들의 삶에 지장을 주고 있다고 항의하려고 런던에 온 원주민 추장에 관한 것도 있다. 루소가 날짜를 일일이 기록하지는 않았지만, 파우와우powwow(원주민의 부족 회의/역자)에서 원주민들은 오랫동안 그래왔듯이 자신들이 원하는 대로 살면서 방랑할 권리를 지켜낼 수 있으리라는 기대를 나타냈던 것으로 보아, 당시 인디언 추장들은 잉글랜드를 여러 차례 방문했을 것으로 생각된다. 그러니 1730년 한 여름에 체로키족 추장 7명이 잉글랜드를 방문한 일도 충분히 있을 법한 일이었다. 체로키족은 완전한 유목 부족은 아니었지만, 평원의 인디언들처럼 여름과 겨울 근거지 사이를 오가며 사는 사람들이 많았다.

체로키족 추장들은 런던에서 며칠을 보낸 뒤 윈저 성에서 국왕을 알현해달라는 초대를 받았다. 런던 언론에 따르면 이때 그들은 최고의 예복을 입고 그곳에 도착했다고 한다. 그들 중 연장자는 주홍색 겉옷을 입었고, 다른 추장들은 뒤에 말 꼬리가 달린 로인클로스(허리에 두르는 옷) 차림이었다. 그들의 얼굴과 어깨에는 적색, 청색, 녹색의 물감이 칠해져 있었으며 머리에는 채색 깃털이 꽂혀 있었다. 그들은 활과 화살도 휴대하고 있었다. 독일 태생의 조지 2세 국왕과 조신들도 가발, 담비 가죽으로 만든 겉옷, 장신구 차림으로 그들을 맞았으니 복장의 충돌에 어느 쪽이 더 놀랐을지는 가늠하기 어렵다. 조지 2세는 회의 끝에 산이 서 있고, 강이 흐르며, 태양이 떠오르는 한 두 민족의 우정은 영원히 계속될 것이라고 다짐했다. 그다음에는 체로키족이 본국에서 엄선해온 선물을 국왕에게 증정했다. 용맹함을 나타내는 적의 머리 가죽, 명예를 상징하는 독수리의 꼬리 깃털, 주머니쥐 가죽으로 만든 모자였다. 루소가 말하는 대로 국왕은 선물에 어떻게 답례를 해야 할지 애를 먹었다. 감격한 티를 내는 데에도 어려움을 겪었을 것이다. 1,000기니를 선물로 주고 싶었겠지만 그것만으로는 부족했다. 선물로 골라둔 붉은 천 뭉치도 마찬가지였다. "마음에 드는 것을 찾을 수 있도록 그(추장)의 눈앞에 수천 가지 물건을 가져다놓았다. 칼은 무거워 보였고, 신발은 꽉 끼었으며, 옷은 우스꽝스러웠다. 그때 그가 양모 담요를 발견했다……." 추장은 담요로 어깨를 감싸보더니 그것이 "동물 가죽과 거의 다르지 않다"는 것을 알았다. 루소는 "비가 올 때 그 두 가지를 다 걸쳐보기만 했더라도 추장은 그런 말

을 하지 않았을 것"이라고 생각하며,[58] 영국 왕이 더 나은 거래를 했다고
믿었다. 주머니쥐 가죽 모자가 조지 국왕을 체로키족 추장으로 인정해준
것이었으니, 그 점에서는 루소의 생각이 옳았다. 국왕 전하의 백성들에게
강들이 말라붙고 해 뜨는 것이 멈출 때까지 오랫동안 활용할 수 있는 지
위와 권리를 부여해준 것이 바로 주머니쥐 가죽 모자였다. 그리하여 그
들은 원주민의 유목권을 침해하는 기나긴 장정을 이어갔고, 그 결과로
발생한 것이 자신들의 이동성 삶을 자연계의 균형에 의존해 사는 사람들
과, 과학과 종교가 자신들에게 모두를 지배할 수 있는 힘을 주었다고 믿
은 사람들 간의 획기적인 전투였다.

1876년 6월, 원주민들에게는 기름진 풀밭으로 알려졌던 몬태나 주의
한 강가에서 라코타족, 수족, 평원 인디언의 연합과 미 제7기병대 간의
전투가 벌어졌다. 인디언들이 그 여름날 미군과 싸워야 했던 이유는 많
았다. 무엇보다 그들은 사우스다코타의 블랙힐스를 개척 정착민들에게
서 지켜내겠다는 의지가 강했다. 그곳은 오래 전부터 대★수족 보호구
역의 일부로 인정받고 있었고, 부족들에게는 신성한 땅이었다. 하지만
1874년 블랙힐스에서 금광이 발견되자 미국 정부는 원주민들을 몰아내
기 위해서 군대를 파견했다. 2년 뒤에는 대결이 펼쳐졌다.

수족은 계절, 각 식물의 속성, 그리고 모든 동물의 습성에 정통한 구역
에서 방랑하고 방목하며 사냥할 권리를 지켜온 최후의 위대한 원주민 부
족들 중 하나였다. 그런데 정착민들이 그 땅에 소와 작물을 기르고 금을
채굴하겠다고 나선 것이었다. 하지만 다가올 전투는, 물론 풀밭과 광활
한 땅, 혹은 법적 소유권에 관한 문제도 중요했지만, 이것들에만 얽혀 있
지 않았다.

정착민들은 그곳이 명백한 운명과, 거기서 멀리 떨어진 백인의 의회에

서 최근에 통과된 법률에 의해서 자신들의 땅이 되었다고 믿었다. 라코타족의 추장 시팅 불(타탕카 이요다케)은 그곳이 자신과 자신의 부족 땅이고, 자신들은 그곳을 신성하게 여기고 있기 때문에 보터니 만에서 쿡 선장과 조지프 뱅크스에게 삶을 침해당한 원주민들처럼 그곳을 지킬 의무가 있다고 믿었다. 시팅 불은 전투가 벌어지기 전에, 기도하고, 노래 부르고, 연기를 피웠다. 그다음에는 그 땅의 신들을 기리기 위해서 담배와 버드나무 껍질을 채운 사슴 가죽 주머니를 땅에 묻었다. 라코타족의 가장 유명한 전사들 중 한 명인 크레이지 호스(타슈카 위트코)도 리틀 빅혼 계곡의 마른 흙을 한 웅큼 집어 자기 몸에 뿌리고, 그곳의 풀로 머리를 엮으며, (인디언이 가지고 다니는) 주술 가방medicine bag에서 꺼낸 몇 가지 물건을 들소 똥으로 피운 불에 태웠다. 신들에게 연기가 닿아 그의 기도가 들리고 그 땅의 신성함이 보존될 수 있도록 하기 위해서였다. 그들 쪽으로 말을 몰고 오는 기병대와 마찬가지로, 그 인디언 전사들에게도 그 전투는 소유의 문제였다.

　미국 정부의 명령에 따라 보호구역으로 가려고 하지 않는 아메리카 원주민들을 응징하기 위해 리틀 빅혼 계곡으로 제7기병대를 이끌고 간 인물은 조지 암스트롱 커스터 중령이었다. 커스터는 자신이 수적으로 열세임을 알면서도 적군의 규모—막판에는 그의 부하 197명이 전사 2,000명을 상대했다—를 과소평가했다. 마찬가지로 그는 인디언 전사들의 역량과 각오, 그리고 무엇보다 많은 전사들이 보호구역으로 숨어드느니 차라리 싸우다 죽는 편이 낫다고 믿을 만큼 필사적으로 전투에 임하고 있다는 사실도 평가절하했을 것이다. 커스터는 인디언들의 무기고도 과소평가했을 가능성이 있다. 그는 개틀링 기관총을 가져오자는 건의를 무시했고, 심지어 기병들에게 칼도 휴대하지 말라고 지시하여 기병대로 하여

금 표준 규격의 군용 단발 콜트 권총으로 인디언 연합을 공격하게 만들었다. 그들이 상대한 인디언 전사들 중에도 인디언의 전통 무기인 토마호크(전쟁용 손도끼)와 활과 화살로 무장하고, 많게는 1만 발의 화살을 쏜 사람들이 있기는 했다. 하지만 부족들 중 일부는 신기술을 받아들여 연발총인 윈체스터 라이플로 무장하고 있었다.

커스터는 리틀 빅혼 강을 건너가 인디언 마을을 공격하겠다는 계획을 세웠다. 하지만 이내 집중포화를 맞아 가까운 언덕 꼭대기로 퇴각할 수밖에 없었다. 그와 그의 기병대 그리고 그들을 구조하러 온 다수의 기병들이 살해된 곳이 그 장소였다. 리틀 빅혼 전투의 패배는 한 세기 동안의 전투 역사상 미국 군대가 당한 최악의 패배였으며, 워싱턴 DC에 그 소식이 닿은 것도 미국 독립 100주년 기념일 전날인 1876년 7월 3일이었으니, 그 일이 벌어진 타이밍도 그보다 더 극적일 수는 없었다.

대중은 격앙된 반응을 보였고—원주민은 흉포하다는 믿음을 그 학살이 확인해주었다—군대의 반응은 단호했다. 많은 인디언들이 보복으로 죽었다. 살아남은 사람들도 보호구역으로 강제 이주 당했으며, 그것이 그들의 비극을 가중시켰다. 개척자와 정착민들이 진보의 축복과 함께, 원주민들에게는 자연 방어력이 없는 홍역, 수두, 그리고 다른 질병들을 가져온 탓이었다. "인디언 인종이 멸종할 때까지 전멸의 전쟁"은 계속될 것이라던 캘리포니아 주지사의 말은 과장이 아니었다. 19세기 초에 20만 명이던 캘리포니아의 아메리카 원주민 수는 19세기 말에는 1만5,000명밖에 되지 않았다.

유목민 부족과 비유목민 부족을 망라해 명백한 운명의 완수로 희생된 것이 아메리카 원주민뿐만은 아니었다. 그들이 잘 알고 보호해준 세계, 그들이 숭배한 동물들과 신들도 모조리 사라졌다. 그중에서도 가장 극적으로 사라진 것이 미국 대평원을 누비고 다닌 막대한 들소 무리였다. 유럽인들이 도착하기 전 미국의 들소 수는 최소 5,000만 마리였고, 어쩌면 그 2배였을 가능성도 있다는 점을 기억해보라. 그랬던 것이 리틀 빅혼 전투가 벌어지고 10년 후인 1886년에는 들소가 거의 멸종되다시피 하여, 스미스소니언 박물관의 박제사 윌리엄 호너데이는 가능할 때 충분한 수의 종을 찾겠다며 서부로 갔다. 그가 철로를 따라 걸으며 수개월 동안의 수색 끝에 찾아낸 들소는 고작 20마리였다. 그 이듬해 미국 자연사 박물관의 설립자들 중 한 사람인 박물학자 대니얼 지로 엘리엇이 박물관에 소장할 들소 수색에 나서기로 했을 때에는 상황이 더 나빴다. 그는 3개월을 돌아다녔지만 들소를 구경도 하지 못한 채 뉴욕으로 돌아왔다. 들소와 그것에 의존해서 살았던 다수의 유목 부족 모두가 멸종 위기에 처해 있었다.

시간을 몇 년 앞당겨 T. T. 카르마 초펠이라는 인물이 찾았던 유타 주의 그린 리버에 드넓게 펼쳐진 지역으로 돌아가보자. 초펠은 티베트 망명 정부 의회의 일원이었지만, 또한 광활한 유라시아 고지의 삶과 유목민의 삶도 잘 아는 사람이었다. 그랬던 만큼 그로서는 강 건너와, 붉은 바위와 붉은 사막으로 이루어진 광대한 경관—농업에 대한 가망은 없어도 목축은 가능한—을 바라보며 "유목민은 어디 있나요?"라고 물어보는 일이 당연했을 것이다.

동전의 양면

유목민 칸들이 유라시아의 교역과 교역로를 지배하고, 쿠빌라이 칸이 수도는 끊임없이 이동해야 한다며 나라의 재물을 사람들에게 나눠주라고 제국의 재무 관리에게 지시한 시대 이후로 많은 것이 변했다. 19세기가 되면서 크고 작은 도시들에서 정주가 가속화되기 시작했다. 그 새로운 시대에는 아메리카 원주민 제국과 연합들을 멸망시킨 행위, 러시아 남부 국경과 중국의 만리장성 서쪽, 그리고 유럽 열강이 식민지를 확대하고 있던 아프리카에서 유목민을 정복한 행위가 진보로 간주되었다. 유목민은 일정한 거처가 없는 방랑자, 떠돌이, 수렵인, 채취인, 고귀한 야만인이었고……그들 모두 살날이 얼마 남지 않은 사람들이었다. 이는 모두 유목민들이 살아남았거나 자연계를 존중했는지의 여부가 아닌, 그들이 지닌 금전적 부와 물리적 힘으로 문화와 문명의 가치를 매긴 데에서 나온 견해였다. 문명과 문화는 친구, 가족, 부족의 모임 때 함께 나눌 이야기나 기억을 후대에 남겨서가 아니라, 웅대한 기념물을 증거로 남겼기 때문에 소중했다.

다윈도 『인간의 유래와 성 선택The Descent of Man and Selection in Relation to Sex』에서 "세기로 측정될 정도의 아주 먼 시기가 아닌 미래에 문명화된 인간 종은 전 세계에서 야만인 인종을 멸종시키고 그들을 거의 확실히 대체하게 될 것이다"라고 썼다. 물론 다윈도 멸종을 눈감아주지는 않았을 것이다. 하지만 스스로를 문명화된, 그리고 문명화하는 인종에 속한다고 확신했던 사람이 다윈 혼자만은 아니었고, 마찬가지로 다윈과 그와 동류의 사람들이 이길 것이라고 본 그의 예견을 믿은 사람이 다윈 혼자만이었던 것도 아니었다.

1864년 런던의 한 인류학회 회원이 「인종의 멸종」이라는 제목의 논문에서 이런 글을 썼다.

지난 수백 년 동안 하와이인은 85퍼센트가 줄었다. 태즈메이니아 원주민들도 완전히는 아니지만 거의 멸종하다시피 했다. 마오리족도 14년마다 25퍼센트꼴로 사망하고 있으며, 오스트레일리아에서는 부족 전체가 아메리카에서처럼 백인의 공격에 자취를 감추었다.[59]

학회의 또다른 회원은 아프리카 흑인들도 "약자는 강자들의 먹이가 될 것이기" 때문에 전멸하리라고 내다보았다.[60]

찰스 다윈도 그의 동료 겸 경쟁자였던 진화론자 앨프리드 러셀 월리스의 『인류의 기원The Origin of Human Races』을 읽으면서 특별히 눈에 띄는 문구 하나에 밑줄을 쳤다. 인간 사회가 진보하기 위해서는 희생의 한 형태인 약육강식이 필요하고, 그것에 의해서 인간 종족은 강해지고 개량된다고 주장한 문구였다. 그로부터 30년 뒤에는 영국 총리 솔즈베리 경이 "지구상의 나라들은 산 나라와 죽은 나라로 대충 나눌 수 있다"며 그 개념에 공감하는 연설을 했다.[61] 유목민도 죽은 나라 중 하나였다.

유목민 정복은 자연에 대한 지배와 맞물려 진행되었다. 20세기 초에는 400년 전 프랜시스 베이컨이 자신의 계획을 구상하면서 의도했던 대로 세계를 바꿔놓을 일련의 과학적 발견으로 그 결과가 피할 수 없는 일이 되었다. 세계를 바꿔놓을 과학적 발견 중에서 특히 중요했던 것이 화석연료를 태워 동력을 얻는 연소기관이었다. 1920년대에는 수천 년 동안 인간의 가장 효율적 수송 수단이었던 말이 경주마 혹은 레저용 탈것으로나 이용되었다. 최소한 도시에서는 말보다 자동차가 더 선호되었다. 이동성 세계와 자연계에 대한 정복이 필연적이게 된 것 못지않게 진보의 행진도 이제는 멈출 수 없는 것이 되었다.

자연과 도시

절정기의 고대 로마에는 100만 명 정도의 사람들이 살았다. 유라시아 스텝 회랑지대의 경계에 위치했던 중국 제국(당나라)의 수도 장안에도 8세기에는 그 정도의 인구가 살았다. 그로부터 100년 뒤 아바스 왕조의 바그다드 인구는 그보다 수십만 명이 많았으며, 13세기에는 항저우가 당대 세계 최대의 도시였다. 하지만 그것은 수천 년의 기간 동안 어느 한 도시가 제 기능을 다하며 지속적으로 성장할 때에 가질 수 있었던 인구의 최대치였고, 19세기가 되어서야 한 도시의 인구가 200만 명을 넘어섰다. 그 도시는 소로가 월든 호숫가에 통나무집을 지었던 1845년을 전후하여 인구 200만 명을 넘어선 런던이었다. 이후 30년에 걸쳐 그 대도시에는 225만 명의 사람들이 더 옮겨와 1900년에는 650만 사람들이 사는 터전이 되었다. 2020년 런던의 인구는 930만 명이었다.

돈과 권력의 유혹, 산업계의 요구, 그리고 일자리를 얻을 수 있으리라는 기대와 더 나은 삶을 살 수 있으리라는 기회를 찾아 땅을 버리고 도시로 이끌려온 수백만 사람들의 희망이 도시의 급격한 발전을 부추겼다. 산업혁명에서 차지한 위상 덕분에 런던에서 처음 일어났던 일은 이윽고 세계의 다른 지역들에서도 되풀이되었다. 제1차 세계대전이 시작되었을 때는 시카고, 도쿄, 베를린, 파리의 인구가 모두 200만 명을 넘어섰고, 뉴욕은 600만 명을 돌파해 머지않아 세계 최대의 도시가 되었다. 지방 도시 수천 곳에서도 도시들에서 벌어진 일이 똑같이 일어났다. 그 결과 영국에서는 19세기 초만 해도 사람들 대부분이 농업에 종사했으나, 1870년대에는 그들의 절반 이상이 더 나은 삶을 찾아 도시 중심지들로 옮겨왔다. 기회와 함께 예상치 못한 일도 벌어졌다. 예상치 못한 일이라고 한 것은 산업화된 세계였던 만큼 모든 면에 기술이 제공되는 것은 당연한 일이었기 때문이다. 도시로 이동하여 자연계와의 연계가 끊기는 사람이 많아질수록 마치 그곳은 그들이 태어난 장소이고, 그들을 완전한 인간으로 만들어주는, 그들이 속한 장소이기도 하다는 듯 야생에 대해서 꿈꾸는 사람도 많아진 것이다.

현대의 시인, 작가, 수필가들도 아르카디아와 그곳에서 살 수 있었던 느긋한 목가적 삶을 동경한 고대 아테네와 로마 작가들처럼 외딴 지역들에 대해서 즐거이 상상의 나래를 폈다. 영국의 낭만주의 시인 윌리엄 워즈워스도 "자연을 당신의 스승으로 삼으라"고 촉구했고, 많은 사람들이 자연의 가르침을 받았다. 20세기 프랑스의 작곡가 올리비에 메시앙은, 왜 고전음악의 전형적인 박자에 기초한 음악을 만들지 않고 그가 "자연의 울림"이라고 부른 것, 즉 그가 자연의 움직임에서 발견한 패턴을 기반으로 음악을 만드는지 설명해달라는 요청을 받고는, "나는 도시에 살면서 새소리를 한 번도 들어보지 못한 사람들에게 새소리를 들려주는" 것이라고 대답했다.[62]

이 모든 것들에는 도시의 삶에는 무엇인가를 놓쳤거나 어딘가 부족하다는 찜찜한 의식이 내포되어 있다. 그 문제는 최초의 도시들에 의해서도 충분히 드러난 바 있다. 도시의 경계를 성벽으로 정했기 때문이다. 다른 곳은 몰라도 위대한 왕 길가메시가 그의 고향을 찾은 사람에게 "우루크의 성벽을 올라가보아라. 성벽을 이리저리 걸어보거라! 벽의 토대를 조사해보고, 벽돌을 살펴보거라! 가마에서 구운 벽돌이 아니더냐? 일곱 현인이 토대를 놓지 않았더냐?"라고 말한 우루크의 경우에는 확실히 그랬다. 성벽과 성벽 안에 있는 것들은 장엄했다. 호메로스가 이야기한 백문百門의 테베, 그리스인들이 불태우기 전에는 높은 성문을 가지고 있었던 트로이, 히브리인들이 나팔을 불기 전(그리하여 성벽이 무너지기 전)의 예리코, 그리고 그때를 전후한 다른 많은 도시들 역시 마찬가지였다. 하지만 때와 장소를 불문하고 성문과 성벽들이 수행한 역할은 언제나 동일했다. 사람들을 그 안에, 그 한 장소에서, 똑같은 행동을 하게끔 묶어놓은 것이다. 그렇게 함으로써 그것들은 또한 사람들을 외부의 모든 것으로부터 분리시키기도 했다. 당연하게도 유목민은, 그들의 움직임이 메시앙이 언급한 "자연의 울림"의 또다른 형태였으니, 자연계를 자유롭게 활보한, 성벽 밖에 속한 사람들이었다. 도시들은 인구가 증가하고, 풍토나 지도에 그려진 도시 경계선들에 기대어, 성벽의 범위를 넘어 성장했을 때조차 마치 성벽 내에 여전히 갇혀 있기라도 한 것처럼 성벽 안과 성벽 너머에 있는 모든 것을 갈라놓으며 제 역할을 계속해나갔다. 중부 유럽의 작가 요제프 로트가 너무도 절묘하게 묘사한 어떤 부분도 바로 그것이었다.

로트는 1920년대에 바이마르 공화국 시절의 베를린에서 가장 성공한 언론인이었다. 제1차 세계대전에서 패한 결과로 독일은 가혹한 조건을 부과받았지만, 그럼에도 수도 베를린은 이후 25년 동안 인구가 50퍼센트 늘어 로트가 글을 쓰던 무렵에는 400만 명이 살아가는 터전이었다. 로트도 일간지 「베를리너 뵈르젠-쿠리어*Berliner Börsen-Courier*」에 자연을 찾아 도시를 돌아다녔지만 그가 본 것은 "본래 말은 수레 없이 등장했다는 사실도 모른 채, 마차에 매여 고개를 죽이고 사료 망태 속을 들여다보는 말"뿐이었던 날에 대해 썼다.[63]

로트는 카페와 상점, 손발톱 다듬는 줄을 파는 상이군인, 공을 쫓아 달려가는 개에 대해서 서술한 다음, "자연을 볼 수 있다고 들었던 도시 변두리에서" 자연 속을 산책하는 여인을 보고 화가 났다고도 썼다. 그녀가 바라보는 것은 자연이 아니라 "그림책에 나오는 자연 같은 것"이었기 때문이다.

로트는 무슨 일이 벌어졌는지를 명확히 인지하고 있었다.

자연은……자연 자체를 위해서는 더 이상 존재하지 않는다. 하나의 역할을 충족하기 위해서만 존재한다. 자연은 우리에게 여름에는 들놀이하며 낮잠을 즐길 수 있는 숲, 배를 탈 수 있는 호수, 햇볕을 쬘 수 있는 풀밭, 도보 여행을 할 수 있는 산, 유람 여행과 당일치기 여행을 할 수 있는 장소로서의 명승지를 제공한다.

우리도 알다시피, 자연의 일은 단순히 우리를 즐겁게 하는 것이 아니다. 우리는 자연을 오락에 한정함으로써 자연계도 의존하고 우리도 의존하는 필수적인 균형을 깨뜨리는 과정에 참여해왔다. 생물권의 토대를 해쳐온 것이다. 로트가 독일 신문에 열변을 토하고 나서 몇 년 후에 미국인 참전 군인 두 사람과 지극히 영국적인 작가 한 사람이 페르시아로 향한 이유도, 자연 파괴에 대한 우려와 그보다 더 오래 전에 더 느리게 살았던 삶의 방식에 대한 향수로 얼마간 설명이 가능할 것이다.

우리의 과거에 얽힌 비밀

어니스트 B. 쇼어드색과 메리언 C. 쿠퍼가 새로운 방향으로 나아갈 때라고 느낀 것은 두 사람이 유럽에서 「뉴욕 타임스The New York Times」를 위한 임무를 수행하고 있을 때였다. 두 사람 모두 20대였고, 비록 쿠퍼는 제1차 세계대전 당시 소비에트 러시아에서 전쟁 포로가 되기는 했지만, 둘은 다치지 않은 채 전쟁에서 온전히 벗어났다. 전쟁이 끝난 뒤에는 두 사람이 전후의 낙관주의에 휩쓸려 쿠퍼-쇼어드색 프로덕션을 설립하고, 그들이 "자연극" 영화라고 부른 것들을 제작하겠다고 선언했다. 회사의 모토는 "원거리, 곤란함, 위험을 유지할 것"으로 정했으며, 그것이 그들이 의도한 영화의 모습이었다.[64]

10년 뒤에는 두 친구가 역사상 가장 성공한 영화들 가운데 한 편인 「킹콩King Kong」을 만든 사람들로 유명해졌다. 하지만 그들의 첫 영화는 이주하는 유목민 이야기를 다룬 작품이었다. 애칭이 "작다리"였던 아이오와 출신의 키 큰 남자 쇼어드색은 "우리는 그것이 쿠르디스탄에 관한 영화가 될 것으로 생각했다"라고 회상했다. 그들은 1만 달러의 자금을 유치하고 필름 1만 피트도 획득했다. 또다른 참전 군인으로 지난 몇 년간 러시아와 중국에서 미국 정부를 위한 스파이 활동을 하다가 모스크바의 저 악명 높은 루비양카 감옥에서 10개월을 보내기도 한 마거리트 해리슨(나중에 언론인으로 변신했다)도 그들 팀에 합류했다. 쇼어드색은 해리슨이 그들의 여행에 동행하는 것이 탐탁지 않았다. 나중에는 그녀를 "멋지고 씩씩하며 모험심 많은 여성"으로 묘사했지만, 당시에는 그저 "그녀가 속한 여성 동호회에서 강연할 때 숙녀 청중들의 흥분을 돋우기 위해" 자료를 수집할 목적으로만 같이 가는 것이고, 따라서 "그런 유의 영화에는 맞지 않는다"고 생각했다.[65] 그가 몰랐던 것은 그녀가 자금의 절반을 조달했으며, 그 돈이 없었다면 영화 제작은 불가능했으리라는 점이었다. 세 사람은 함께 이스탄불로 향했다.

그 무성영화의 첫 타이틀 카드(무성영화에서 장면을 설명해주는 정보 전달 자막/역자)는 그 작품이 프랜시스 베이컨도 매료되었을 법한 영화가 될 것임을 예고했다. "현인들은 우리에게 우리의 조상, 그 옛날의 아리아인이 어떻게 아시아의 외진 곳에서 발흥해 언제나 태양의 경로를 따라 움직이며 지구를 정복하기 시작했는지를 말해주었다." 그다음에는 미국 관객들로 하여금 그들의 명백한 운명을 떠올리게 하는 해설 장면이 이어졌다. "우리도 그 위대한 이주의 일부이다. 우리는 여전히 서쪽을 향해 가는 여행자이다."

그렇다면 그들은 왜 동쪽으로 향했을까? 왜 이스탄불을 떠나 아나톨리아, 시리아, 이라크를 관통하는 여행을 했을까? 인터타이틀(타이틀 카드와 같은 말/역자)은, 그들이 동쪽에서 "우리 자신의 과거에 얽힌 비밀"을 밝혀내고 "오래 전에 잊힌 사람들—그 인종의 발상지에서 여태까지 살고 있는 우리 형제들”을 찾을 수 있으리라는 기대를 하고 있었다고 설명했다.

그들이 만들고자 계획했던 것은 쿠르드족 목동들의 이주에 관한 영화였다. 하지만 “몇 달간 여정을 이어가면서……우리는 수 세기를 거슬러 올라가는 역사의 페이지를 계속 넘겼다.”[66] 그들이 “우리는 첫 장章에 도달했다. 근원에 도착한 것이다”라고 말한 것은 페르시아에 왔을 때였다. 그들이 근원으로 알고 있던 것은 “천막과 부족과 가축 무리를 보존하고” 여전히 “고대의 삶, 3,000년 전의 삶”을 살아가는 바흐티야리 유목민이었다.[67]

바흐티야리 부족민의 이주는 영화를 만드는 사람들에게는 하나의 꿈이었다. 남녀노소 5만 명이 메소포타미아 평원 언저리의 겨울 방목지와 자그로스 산맥 고지의 여름 방목지 사이에 놓인 240킬로미터의 험한 지형으로 50만 마리의 동물들을 몰아갈 채비를 하고 있었다. 원하는 사람들이 많기는 했지만, 그들 대부분은 원해서 가는 것이 아니었다. 가야 했기 때문에 가는 것이었다. 부족민들이 여전히 평원에 있을 동안 인터타이틀은 “푸른 것이 없으니 가축들은 죽을 것이고, 그다음에는 아녀자, 그다음에는 남자들이 죽을 것이다”라는 설명을 내보냈다. 유목민들이 그 혹독한 지형, 그들이 걸어 건너야 했던 강물의 속도, 산의 높이와 산의 상부 경사면에 쌓인 눈에 맞섬에 따라, 그 고래의 드라마에는 놀랄 만한 영상과 수위가 최고조에 달한 위험한 장면이 포함되었다.

방목지를 찾는 그 서사적 여정은 실망스럽지 않았다. 하이더 칸이라는 이름의 얼굴도 잘생기고 카리스마 있는 부족 지도자의 인도를 받는 바흐티야리 부족민들은 거칠고, 끈질기고, 결연한 것이 어느 모로 보나 첫 장의 사람들처럼 보였다. 여자들은 젖먹이들을 휴대용 침대에 묶어 업고 걸었으며, 노인들은 말이나 노새를 타고 갔다. 에덴동산에서 흘러나온다고 전해지는 카룬 강이 이제는 맹렬한 급류를 이루고 있었다. 하지만 다리가 놓여 있지 않은 탓에, 바흐티야리 부족민들은 급조한 뗏목이나 염소 가죽을 부풀려 만든 부주浮舟를 타고 강을 건너야 했다. 그들은 동물들은 자체적인 생존본능으로 강을 건널 수 있으리라 기대하면서 빠르게 흐르는 강물 속으로 그것들을 밀어넣었다. 익사한 동물들도 있었지만 대부분은 무사히 강을 건넜다.

유목민 무리가 마침내 4,000미터 높이의 황산黃山, 즉 자르드쿠 산에 도달했다. 그들은 거기서 산의 고개까지 "610미터의 빙설 구간을 똑바로" 올라가야 했다. 그 너머에 "약속의 땅—'젖과 꿀'이 흐르는 땅—, 목초지"가 있었다. 그 고지대에서는 벌써 눈이 녹아, 내가 본 것처럼 계곡이 꽃으로 덮여 있었다. 이제 곧 여름이 올 것이고, 그러면 삶도 조금 수월해질 것이었다.

48일 동안의 "바흐티야리 길Bakhtiari Road" 여정을 끝낸 미국인들을 바흐티야리 부족민 지도자인 모르테자 쿨리 칸이 맞아주었다. 그는 이스파한 도로에서 약간 떨어진 곳에 포플러 그늘이 져 있는 커다란 시골 저택, 샬람자르 궁에서 그들을 맞았다. 칸도 이주에는 베테랑이었지만, 페르시아 총리를 몇 년 지내고 난 뒤로는 산, 부족, 가축 무리와는 이제 연을 끊은 상태였다. 며칠 뒤인 1924년 6월 말에는 쿠퍼, 쇼어드색, 해리슨이 테헤란에 있었다. 그곳에서 그들은 하이더 칸 및 아미르 장으로 불린 바흐티야리족 왕자와 함께 테헤란 주재 미국 영사 로버트 임브리 소령을 찾아갔다. 그리고 영사 앞에서 두 유목민은 그 미국인들이 이주를 하고 자르드쿠 산을 넘은 최초의 외국인이었음을 확인하는 문서에 서명했다. 그것이 영화의 결말이었다.

「초원Grass」은 이듬해인 1925년 1월 뉴욕의 탐험가 클럽에서 개봉되었다. 두 달 뒤에는 이국적 자연을 다룬 그 영화의 주제와, 최근에 알래스카의 이누이트족을 다룬 영화*가 큰 성공을 거둔 것에 고무된 파라마운트 픽처스가 「초원」의 배급권을 취득, 영화관들에서 개봉했다.

유목민이 미국 관객들의 상상력을 사로잡은 것은 일견 이상해 보일지도 모른다. 하지만 때는 10년간의 벼락 경기로 미국의 부가 곱절로 늘어나 나라가 한창 들썩이던 1920년대였다. 「초원」은 신흥 부유층이 미국인들의 삶의 특징을 바꿔놓고 있을 때 개봉되었다. 미국인들은 1900년 무렵에 이미 10명 중 4명이 도시 중심지, 특히 소비중심주의가 만연한 대도시들에서 살았다. 그때는 또한 자동차의 황금기가 시작된 때이기도 했다. 뉴욕에서 그 영화가 개봉되기 3년 전에는 뉴욕 소방서에서 말이 끄는 소방차가 퇴출되었다. 하지만 기계가 말을 대체하는 속도가 더뎠던 광대한 시골에서는 사람들이 벌써 무형의 비용을 저울질하기 시작했다. 바흐티야리 유목민과 그들이 산 위에서 자연력과 싸우는 이야기가 미국인들에게 위안이 되었던 것은 사회, 경제, 기술상에 일어난 그런 극적 변화 때문이었다. 영국의 가장 재능 있는 작가들 중 한 사람도 이듬해에 바흐티야리 부족민의 삶에서 위안을 받게 될 터였다.

---

* 「북극의 나누크Nanook of the North」.

지리적 낭만주의

뉴욕에서 「초원」이 처음 상영된 이듬해, 페르시아의 샤가 6마리 말이 끄는 유리 마차를 타고 테헤란 도심을 지나갔다. 그는 이란의 새로운 왕이었고, 진주가 달려 있어서 묵직한 망토와 주먹만 한 대형 분홍빛 다이아몬드, 다랴 에 뉘르Darya-e Nur(빛의 바다라는 뜻)가 한복판에 박힌 새로운 왕관을 쓰고 대관식에 가는 길이었다. 테헤란 거리들은 구경꾼들로 북적거렸다. 상점과 주택의 평평한 지붕들에는 150년간 나라를 통치한 카자르 왕조를 무너뜨리고 집권한 인물을 축하하는 카펫이 아래로 늘어뜨려져 있었다. 대관식에서 팔라비 왕조의 초대 샤로 등극한 사람은 레자 샤였다.

대관식에 초대받은 귀빈 중에는 영국 외교관 해럴드 니컬슨과 그의 부인인 작가 비타(빅토리아) 색빌-웨스트도 있었다. 그녀는 방문차 테헤란에 와 있었다. 색빌-웨스트가 "야성적이고 다채로운 사람들"로 묘사한 무리도 대관식에 참석했다. "그들은 방패를 걸머메고, 무기를 찔러넣은 채 사나운 조랑말을 타고, 자신들에게 쏠린 사람들의 이목도 본체만체 테헤란의 랄레자르 거리를 고고하고 느긋하게 내려갔다." 이들은 바흐티야리 칸들이었다. 그녀는 자신이 집필한 두 여행기 중의 첫 권에서 이렇게 계속 썼다. "부족들과 카펫들로 테헤란은 조악한 사이비 유럽풍 외관을 잃고, 마침내 마르코 폴로의 문장에 보다 가까워졌다."[68]

샤가 권력을 탈취한 그 여름에 색빌-웨스트와 그녀의 남편 그리고 몇몇 친구들은 자그로스 산맥으로 여행을 떠났다. 그들은 하인 3명과 경호원 3명, (처녀 순교자인) 성 바르바라 조각상과 함께, 그리고 작가 자신이 "지리적 낭만주의"라고 부른 것을 충족시킬 계획으로 자동차에 탔다.[69]

고지대 방목지에서는 눈이 사라졌고, 바흐티야리 부족민들은 이동 중이었다.

색빌−웨스트도 그들과 함께 이주하고 싶었다. 하지만 산은 험준하고 많은 노력을 요했으며, 경사면도 그녀의 상상보다 아찔했고, 밤은 차갑고 불편했다. 이윽고 물집이 생기고 타박상을 입자 그녀는 결국 노새를 탔다. 도시를 벗어난 지 며칠 후 니컬슨이 산이 싫다고 고백하자, 그녀는 거기에 천막이 싫다는 말을 덧붙였다. 그들이 가축 떼를 이동시키고 있던 일부 유목민을 만난 것이 그때였다.

그녀는 이렇게 썼다. "유럽 출신인 우리가 보기에 페르시아 양치기가 염소들을 부르는 모습에는 시적인 무엇인가가 담겨 있다. 하지만 양치기는 수많은 동물들을 한데 불러 모으는 성가신 일상의 일 말고는 아무것도 보지 못한다."[70] 그녀는 어느 한 장소에서 낭만적으로 보이는 일도 또다른 장소 혹은 시간에는 냉혹한 현실일 뿐이라는 의미로 그것을 이해했다.

그것들[양과 염소들] 수천 마리가 바위 틈에 끼어 서로 부딪치고 껑충거리고 밀어제치며 앞으로 나아간다. 몇 놈은 심하게 절룩거리기도 하지만, 그게 무슨 대수일까? 그것은 낭만이 아닌 현실이고, 절룩거리든 절룩거리지 않든 그것들은 앞으로 나아가야만 한다. 햇빛이 너무 뜨거워지기 전에 가야 할 길이 320킬로미터인데, 빈약한 목초지는 벌써 시들어간다. 그래서 양치기들도 막대기를 가지고 그것들을 따라간다. 그들이 "오Oh"라고 말한다. 그 단순한 영어 "오"가 페르시아의 언덕에서는 기묘하게 위화감 있게 들린다……오. 그러자 우리가 탄 노새들 주위로 동물 등들의 바다가 물결친다. 코를 찌르는 양털 냄새가 우리에게로 올라온다. 푸른 리넨 외투와 키가 큰 검정 모자를 쓴 사내들이 막대기로 털북숭이 등들을 때리며 뒤따라

간다. 오. 태양은 높고 뜨겁다. 계곡 아래의 비취색 강물이 햇빛에 반짝거린다. 저 멀리에는 눈 덮인 산이 마치 등뼈처럼 뻗어나가 있다. 늙은 여인 하나가 절뚝거리는 새끼 당나귀를 어깨에 걸쳐 메고 걸어 지나간다.……아이 하나도 어린 양들과 새끼 염소들을 때리며 지나간다. 어린아이가 어린 것들의 인솔 책임을 맡고 있다. 오. 그러고 나서 쏟아져 나오는 양과 염소, 살아 움직이는 뭉우리돌들. 얼마나 많은 돌이 길에 깔려 있던지! 우리의 진행은 얼마나 더디던지! 자, 갑시다, 가요. 오.[71]

그러나 그녀가 이주의 어려움이나 그곳의 아름다움보다 더 깊은 인상을 받았던 것은 축소된 삶을 사는 그들의 단순함이었다. 그들은 자동차나 수레 없이—깎아지른 경사면에서 그것들이 무슨 소용이 있겠는가?—목초지를 찾아야 될 필요와 웅대한 경관의 크나큰 시련이 주는 요구에 따랐다. 지금도 그렇듯이 그들 모두 동틀 무렵에 일어나 해질녘까지 일했다. 그들 모두 맑은 물이 흐르는 샘이 어디 있는지를 알았고, 그들이 가진 얼마 되지 않는 물건들을 운반하기 위해서 짐 나르는 동물에 그것들을 어떻게 실어야 할지도 알았다. 각각의 동물을 구분할 줄 알았으며, 다음번에는 어떤 동물이 식용으로 도살될지, 불을 밝히는 일과日課, 천막을 세우면 그다음에는 잠을 자는 것이라는 점도 알았다.

그녀는 그와 같은 유목민 삶의 축소된 단순함에서 거부할 수 없는 어떤 매력을 느꼈다. 특히 그녀의 지리적 낭만주의를 충족시켜준 것이, 사람들은 천막을 세우고, 성 바르바라 조각상을 슬리핑백 곁에 꺼내놓고, 불을 밝히고, 고기를 굽고, 남자들이 담배를 피우는 해질녘이었다. 계곡에서는 물이 콸콸 흐르고, 하늘에는 별이 빛나며, 산의 등뼈 위로는 달이 떠오르고, 진력을 다한 뒤 하루가 저무는 그 평화로운 순간, 거기에는 낭만과 아름다움이 있었다. 그것은 그녀와 같이 우아하고 재능 있고 혜택받은 여성도 산에서 지낸다는 것이 어떤 것일지를 마음속에 그려볼 만큼 철저하게 관조적인 순간이었다. 그것은 하루 혹은 이틀 밤을 지내기 위해 멈추는 것과는 달랐다. 그런 것이라면 그녀도 이미 해본 적이 있었다. 그녀가 궁금했던 것은 몇 년간 그곳에 머무르며 살아보면 어떨까 하는 것이었다. 그녀는 그 시간을 30년으로 이야기했다. 그 정도면 각 식물이 씨앗에서 꽃이 필 때까지의 주기, 길의 만곡, 산의 바위, 1년에 두 차례 목초지를 찾아 오르락내리락하며 지나가는 부족민 하나하나를 알기에 충분하다고 보았다. 그 정도의 시간이면 문명화된 삶의 사슬, "움직임, 소식消息, 감정, 다툼, 불신"에서 해방되어 자신의 본질을 마주하기에 충분하리라 생각했다.[72] 그리고 나서는?

여행자들은 바흐티야리 길을 따라가는 여정을 계속한 다음 테헤란으로 돌아왔다. 니컬슨과 다른 일행은 자신들의 본업에 복귀했지만, 색빌-웨스트는 예상치 못한 방식으로 그 경험에 감명을 받았다. "우리는 거리상으로만 멀리 간 것이 아니었다. 시간적으로도 멀리 거슬러 올라갔다. 우리는 사실상 고대로 돌아간 것이었다……"는 것이 그녀의 고백이었다.

18세기와 19세기 여행자들도 아바스 왕조 시대의 아랍 학자들이 기록했던 것이나, 고대 로마와 그리스 작가들이 아르카디아와 다른 지역들에 대해 기록했던 것과 유사한 감정을 글로 표현했다. 나 역시 그와 비슷한 어떤 것을 글로 나타냈다. 그녀는 계속해서 "우리는 과거가 어땠는지, 그리고 세계가 아직 비어 있을 때는 어땠는지를 배웠다. 시간은 멈췄는데, 가치 기준은 변했다"고 썼다.[73] 이 점에서 그녀에게 일어난 감응은 「초원」 제작자들의 그것과 흡사했다. 그녀와 제작자들 모두 유목민을 "고대의 삶"을 사는 "잊힌 사람들"로 본 것이었다.

나를 「초원」과 색빌-웨스트의 글과 분리시킨 세기에는 유목민을 설명하는 방법 면으로도 다수의 근본적인 변화가 일어났다. 하지만 그중에서 가장 중요한 것은 아마 우리 정착민이 유목민을 바라볼 때 주시하는 방향일 것이다. 색빌-웨스트는 유목민을 깊숙한 과거로 안내해주는 길잡이로 보았다. 뒤를 돌아본 것이었다. 우리도 뒤를 돌아본다. 하지만 우리는 미래도 내다보아야 한다.

사물의 균형

현재

세계 인구 78억 명

도시 인구 56억 명

유목민 인구 4,000만 명[74]

이주의 끝에 있던 바흐티야리 부족민들을 처음으로 본 지 거의 3년이 다 되어가던 날, 나는 이란에서 또다른 봄을 맞았다. 춘분이 지나고, 그와 더불어 이란의 설날 축제인 노루즈가 시작된 날이었다. 13세기 페르시아의 시인 사디는 그 축제의 날에 부쳐 "깨어나라, 노루즈의 아침 바람이 정원에 흠뻑 꽃을 뿌리고 있다"고 썼는데, 사실이 그랬다. 싱싱한 플라타너스들은 테헤란 도심 거리들에 캐노피를 만들어주고, 공원에서는 꽃봉오리들이 고개를 숙이며, 벚나무, 사과나무, 아몬드 나무들은 꽃을 피웠다. 하지만 그 화창한 날에도 도시의 지붕선 위로 보이는 산꼭대기는 여전히 눈으로 덮여 있었다. 자그로스 산맥에는 봄이 늦게 왔으며, 지난번 방문 때에 내가 붓꽃과 난쟁이 튤립의 꽃밭에서 잠을 청했던 쿠랑 계곡의 바닥도 여전히 몇 미터 높이의 눈에 묻혀 있었다. 정착민 사회였다면 심각한 결과를 초래했을 만한 일이었다. 하지만 유목민들에게는 그것이 곤란하기는 할망정 산으로의 이주가 재앙으로 이어질 만큼 늦어지는 것을 뜻하지는 않았다.

부족민들의 출발이 계획보다 늦어지자, 나도 처음에 신청했던 경로를 바꿀 필요가 있었다. 나는 외국인 방문객의 감시 업무를 맡고 있는 이란의 주무 부처가 경로 변경에 이의를 제기할 것이라고 생각했다. 바흐티야리 부족민의 겨울 방목지가 이라크와의 국경 가까운 곳, 참나무들이 산재한 산기슭의 메소포타미아 관목지에 있었기 때문이다. 그런데 허가가 나왔다.

유목민의 일부가 초겨울에 자그로스 산맥 경사면의 최하부에 심어놓은 밀을 추수하기에는 시기가 아직 일렀다. 그곳에는 도토리도 많았다. 그것을 보니 바흐티야리족의 시 "도토리의 노래"가 생각났다.

내 참나무에 열매가 열리고, 암염소가 새끼를 낳게 해주소서!
도토리 가루와 버터밀크가 함께 생기면,
신께 감사하다는 말씀을 드리리.
잘 익은 도토리, 오 도토리여! 가루로 빻은 마른 도토리,

그것을 가지고 있지 않거나 먹지 않는 집에 재앙이 닥치길![75]

이 노래는 밀이 아직 작물화되기 전, 우리 모두가 이동하는 삶을 살고, 유럽, 아시아, 북아메리카의 온대 지역 사람들이 도토리를 주우며, 물에 담갔다가 가루로 빻는 법을 터득하기 오래 전부터 불렀던 수천 년에 걸친 역사가 있다.

이 지역은 정착민의 요구와 유목민의 요구를 모두 충족시키면서, 지연된 이주로 억눌려 있던 유목민의 에너지로 진동하는 곳이었다. 하지만 지금은 출발이 임박해, 바흐티야리 부족민들은 밖으로 나가 산으로 가는 여정에 필요한 물건들을 모으고 있었다. 남자들은 밀가루 포대를 짊어지고, 한 사람은 도끼를, 또다른 사람은 밧줄 타래를 챙겼다. 바흐티야리 부족이 입는 복장의 일부인, 새로 산 검은 펠트 모자와 장식 못이 박힌 폭넓은 혁대로 몸치장을 하는 또다른 사람들도 있었다. 심지어 한 사람은 말을 타고 나타났다. 다른 많은 점들에서 그렇듯이 파리둔은 그 점에서도 이례적이었다.

파리둔은 키가 작고 땅딸막한 체격에 짧은 회색 수염과 설득력 있는 눈빛을 가진 중년의 사내였다. 그가 몇몇 다른 사람들에게 그날 저녁 모두가 참석하게 될 결혼식에 대해 말하다가, 내가 지나가는 것을 보더니 어디서 왔느냐며 "결혼식에 참석할거냐"고 물었다.

물론 참석할 것이었다. 하지만……"나는 그 행복한 커플을 보지도 못했어요."

"그건 문제될 것 없어요." 그가 말했다. 그러고는 그곳에서는 환대가 의무가 아닌 기쁨이라고 설명해주었다. "당신이 참석해주는 것만으로도 그들에게는 영광이에요."

페르시아어에는 영어권에서 "솔직히to be honest" 혹은 "내 말은I mean"만큼이나 이란인들이 대화를 나눌 때 자주 사용하는 ghorboonet beram이라는 표현이 있다. "고맙다thank you"보다는 강한 표현으로, 사실상 "당신을 위해 제 자신을 희생하겠다"는 뜻으로 번역된다. 이 표현이 일상 대화 곳곳에 스며 있다는 사실은 이란인의 성격에 대해서 많은 것을 설명해준다. 그런데 파리둔은 그 말을 한 다음, 자기희생보다 더 강한 표현을 썼다. 자기 눈에 내 발을 집어넣어도 된다고 말한 것이다.

알고 보니 그것은 나의 결혼식 참석이 신랑, 신부에게 얼마나 큰 의미일지와, 또한 결혼식이 끝난 뒤 파리둔의 집에서 내가 얼마나 환대받게 될지를 강조한 표현이었다. 그는 그 말을 한 다음에야 나에게 바흐티야리족 고장에 왜 왔는지를 물었다.

내가 유목민에 대한 글을 쓰고 있다고 하자 그는 유목민을 찾아다닐 때마다 내가 가장 자주 듣는 질문을 했다. 영국에는 유목민이 없어요?

그다음에는 그가 어떤 유목민에 대한 글을 쓰느냐고 물었고, 나는 종종 그러듯이 모든 유목민에게 적용되는 글을 쓴다고 말했다.

물론 그것은 사실이 아니었다. 하지만 내가 흉노족과 몽골족, 라코타족과 오스트레일리아 원주민 애보리지니에 대해서 쓴 글들 중에는, 투아레그족과 이누이트족, 베자족과 베두인족, 브라질의 과라니족과 여타 유목민들에도 대체로 들어맞는 내용이 많다. 그 내용들은 또한 우리 시대의 일부 디지털 유목민, 여행자, 방랑자, 떠돌이, 홈리스와 이주민들에게도 들어맞는다. 물론 그것은 바흐티야리 부족민들에게도 꼭 들어맞는다. 먼 옛날부터 내려온 다른 많은 유목민들처럼 그들도 자신들의 이동 방식을 다른 정착민들의 요구와 조화시키고, 자연계 안에서 자연과 더불어 살아가면서 도시들과 관계를 맺는 법 또한 터득해야 했기 때문이다.

파리둔이 3년 전에 만난 바흐티야리인들을 찾는다는 내 말을 듣더니 주머니를 뒤지고 자동차의 유량계를 살펴보고는 그 자리에서 즉시 차를 타고 언덕으로 가보자고 했다.

"찾을 수 있을까요?" 내가 물었다.

그는 그럴 가능성은 없지만, 이주를 준비 중인 바흐티야리인들은 찾을 수 있을 것이라고 답했다. "나 역시 바흐티야리 사람이고 산으로 돌아가고 싶은 생각도 간절해요. 자, 어서 갑시다. 최소한 우리 일족은 만날 수 있을 겁니다."

"결혼식은 어떻게 하고요?" 내가 일깨우자 그가 어깨를 으쓱했다.

"그 사람들 결혼식이라면, 많이 가보았어요."

처음 만난 순간부터 파리둔은 내가 몇 년간 조사를 하며 보았거나 생각했거나 읽었던 많은 것들을 떠올리게 했다. 그중에서도 가장 중요했던 것이 "아는 것은 느끼는 것의 절반만큼도 중요하지 않다"는 미국의 생물학자 레이철 카슨의 말을 환기시켜준 것이었다.[76] 내게는 그것이 자연이 과학에 지배되기를 바란 프랜시스 베이컨의 희망을 저지하려는 생각처럼 보였다. 그것은 파리둔에게도 맞는 생각이었던 것이, 이동할 때와 마찬가지로 그는 자연계에서도 경이로움과 즐거움을 찾아냈기 때문이다. 산을 향해 떠난다는 생각만으로도 그는 흥분으로 몸을 씰룩거렸다.

그는 이제 하늘을, 태양을 보았다. 내가 이 책의 일부를 집필하고 있던 프랑스의 마을에서는 15분마다 교회 종이 울린다. 주중에는 우리 모두가 시간의 흐름을 알아차렸는지를 확인하기 위해 첫 번째 종이 울리고, 2분 혹은 3분 뒤에 또 한번 울린다. 우리의 삶은 기계의 통제를 받아왔다. 파리둔은 사람들이 시계 없이, 여전히 다른 방식, 즉 달과 계절, 태양, 바람, 길고 짧은 날들의 주기, 젊음과 나이로 삶을 측정하는 곳 출신이다.

좁은 도로는 계곡의 윤곽들 주변을 돌며 갈색, 녹색, 금색이 어우러진 위쪽의 단층들 사이를 지나 산속으로 빠져들었다. 올라가면서 아래를 내려다보니 방금 낫질을 해놓은 밀, 페르시아 참나무들이 점점이 박힌 벌판, 최고의 용사들이 묻힌 무덤임을 나타내는 실물 크기의 사자상 bardsheer이 죽 늘어선 묘지가 보였다. 사자들의 옆구리에는 천국에 들어갈 때 싸워야 할 경우에 대비해 새겨넣은 칼도 있었다.

계곡에는 양들이 있었지만 위로 올라가니 눈부신 벌판 가장자리에서 염소들이 풀을 뜯고 있었다. 이곳에도 봄은 늦게 왔지만, 봄이 왔다는 징후는 어디에나 있었고, 그 징후는 특히 동물들 사이에서 뚜렷했다. 털북숭이 암컷 동물들은 우리에게서 보호하기 위해 새끼들을 바위로 밀어붙이고, 갓 태어난 당나귀는 참나무 밑에서 풀을 뜯었다. 더 높은 곳에서는 말의 무리가 앞길을 막으며 우리를 멈춰 세웠으며, 댐들은 우리를 내려다보고 있었고, 몇 시간 전에 태어나 제대로 서지도 못하는 망아지 두 마리는 비틀거리며 포장도로를 걷고 있었다. 나중에 마을로 보일 만한 곳에 오니, 슈퍼마켓이 있었다.

유목민은 언제나 교역할 장소, 거래할 다양한 사람들, 그리고 교역 장소에 다다를 수 있는 자유로운 이동이 필요했다. 마찬가지로 방목지를 찾아다닐 자유도 늘 필요했다. 위대한 유목민 제국들이 자유로운 이동, 자유로운 교역, 그리고 때로는 양심의 자유라는 원칙을 중심으로 세워졌던 것도 그 때문이었다. 유목민과 정착민들 간에 벌어진 전투도 시장에의 접근성이나 방랑할 수 있는 권리를 둘러싸고 벌어진 경우가 많았다. 이곳 슈퍼마켓은 자루에 든 밀 종자, 향료, 말린 도토리, 여타 수확물들부터 거칠게 주조된 염소 목에 다는 방울, 손으로 꼰 밧줄 다발, 비싸지만 꼭 필요한 병에 든 사프란, 여과되지 않은 꿀, 장난감 권총과 아이들 인형, 어른 용품인 탄약통에 이르기까지 바흐티야리 부족민에게 필요할 수 있는 물건들로 가득했다. 슈퍼마켓의 운영자는 신고 있는 바다색의 요란한 신발과 대조되게 태도는 진지한 40대의 바흐티야리족 여인이었다. 그녀가 머리에 쓴 검은 스카프는 유리 다이아몬드 7개가 박힌 커다란 은제 걸쇠로 단단히 조여져 있었다. 산에서 폭풍이 불어닥치면서 바람이 거세지고 먼지 구름이 일고 있었기 때문에 그 걸쇠는 이제 당장 필요해질 터였다. 나는 그녀에게서 꿀 한 병을 샀고, 파리둔은 마치 성탄절 날의 어린아이처럼 들떠 그녀에게 캔버스 천 자루를 열어보라고 하더니 그 안에서 도토리 가루 반죽을 찾아냈다. "오늘 저녁에는 도토리 빵을 먹으려고요." 그가 말했다. "슈퍼마켓" 여주인은 우리가 주는 돈을 받고는 무표정하게 우리가 가는 모습만 바라보았다.

　우리는 수많은 바흐티야리 부족민들이 수백 년을 거쳐오면서 동물들과 자신들이 목숨을 잃었던, 에덴동산에서 흘러나오는 강, 즉 거대한 카룬 강 쪽으로 차를 몰았다. 지난날에는 그 강을 건너는 일이 이주 과정의 큰 어려움이었고, 영화 「초원」에서도 그것은 압권을 이룬 장면의 하나였다. 하지만 지금은 다리가 놓여 있어 우리는 빠르게 강을 건넜다. 가는 길에 파리둔은 유목민과 자신에 대한 이야기를 해주었다. 그는 이주 가정에서 태어났고, 어린 시절도 동물들을 매일 목초지로 데려가고, 봄가을에는 계절별 목초지를 찾아 가축들을 데리고 산을 오르내리면서 부단하게 이동하는 생활을 하며 보냈다. 이주는 그의 삶이었고, 1년이라는 시간과 사람들을 이끌어간 것도 이주였다. "이 중요한 공동의 노력에서 우리 부족을 한데로 모아준 것이 이주였죠." 하지만 그도 이제는 결혼을 하고 자식들도 학교에서 교육받기를 원했다. 따라서 국경 도시들 중 하나로 이사해 채소를 재배하고, 과일과 그늘진 곳을 얻을 수 있는 과수원을 조성하며, 흙을 쪼며 먹이를 찾는 거위와 닭들을 키우고, 승마하는 바흐티야리인들이 세상에서 중요한 의미를 가졌던 시대를 떠올리게 하는 말을 기를 수도 있는, 그리고 만약을 대비해⋯⋯토지도 구입했다.

"그 옛 시절이⋯⋯그리운가요?" 내가 물었다.

"많이Ziadeh⋯⋯!" 이것은 단순한 말 이상이었다. 그는 복받치는 감정에 한동안 말을 잇지 못했다.

"이주는 나의 삶, 내가 자라온 방식이었어요⋯⋯그 평화가 그립습니다. 이주하는 사람들은 평온하게 살아요. 도시 사람들은 기계, 자동차, 타인들로부터 도망쳐 고요를 찾아가는 것에 대해 이야기하지요. 하지만 산의 정적은 고요하지 않습니다. 맹금류의 새된 소리, 초원과 바위 주변에서 횡횡 바람 부는 소리, 평원과 바다로 급하게 흘러내려가는 물소리로 가득하기 때문이죠. 물론 여행은 힘이 들고, 겨울도 때로는 지내기 괴롭습니다. 하지만 내 어릴 때에는, 해가 지면 무슨 일이 있어도 모두가 한자리에 모여 좋은 것과 나쁜 것을 함께 나누고 옛 노래를 불렀어요. 내가 가장 좋아했던 게 그것, 함께 모이는 거였어요. 우리는 언제나 노래를 불렀습니다. 걸을 때 부르는 노래, 동물들을 이끌어갈 때 부르는 또다른 노래 등등을. 도시 생활은 그것과 달라요. 도시 사람들도 다르고요⋯⋯."

그때 내가 끼어들며, 바흐티야리 여인네들이 카펫 짜는 비법을 노래로 전수하는 것, 딸들에게 카펫 문양을 노래로 불러주는 것이 사실이냐고 물었다.

그가 "그래요. 우리에게는 카펫을 짤 때 부르는 노래도 있죠⋯⋯"라고 말했다. 그러고는 자기 이야기를 계속했다. "그때는 우리 모두 9시에 잠자리에 들어 동틀녘인 아침 5시에 일어났어요. 우리에게는 그런 일과가 좋았고 모두가 함께하기에도 아주 적합했죠. 이동할 때에는 산을 느꼈어요. 산과 연결되어 있다는 느낌을 받았죠. 우리는 산에 속해 있었습니다. 산의 특성, 분위기, 소리를 알았어요. 산은 우리의 신과 같았습니다······ 지금은," 그러더니 그는 자신이 하고 싶은 말에 필요한 단어를 고르느라 잠시 머뭇거렸다. "지금은 우리가 무슬림이 되어야 해요. 때로는 그것이 힘이 듭니다. 내 친구들 중에는 진짜 무슬림이 아니라는 이유로 처형당한 사람도 있어요. 하지만 뭐 세상사가 그런 거죠. 우리 바흐티야리 사람들은 무함마드도 믿지 않고, 이맘도 믿지 않아요. 우리는 시아파가 아닙니다."

그 생각이 하늘 위 구름처럼 우리 둘 사이에 무겁게 내려앉았다. 하지만 무거웠던 분위기는 몇 분 후에 그가 방금 지나친 작은 마을들 중의 하나에 정부가 모스크 건립을 지시했다는 이야기를 하면서 누그러졌다. 모스크가 완공되자 정부는 이맘도 한 명 임명했다. 이맘은 새벽마다, 그리고 매일 두 차례 더 신자들을 소리쳐 불렀으나 그의 기도식에 동참하는 신자는 없었다. 그러던 어느 날 밧줄로 묶어놓은 암소 한 마리가 탈출해 모스크 쪽으로 길을 걸어갔다. 이맘은 기도하는 장소에 암소가 들어온 것을 보고 휘휘 쫓아낸 다음, 바흐티야리 사람들을 야단쳤다. "암소 단속 좀 잘하세요. 그게 모스크에 들어왔단 말이요." 이에 마을 주민 한 사람이 말했다. "그나마 들어간 게 어딥니까. 인간이었다면 그곳에 가지도 않았을 텐데요!" 파리둔은 그 말을 하며 배꼽을 잡고 웃었다.

"하지만 우리는 선하게 사는 것을 믿듯 신도 믿습니다." 이 말을 한 다음 그는 자라투스트라의 만투라인, 좋은 생각Humata, 좋은 말Hukhta, 좋은 행동Hvarshta을 되풀이 암송했다.

그러더니 내게 "내 이름이 『샤나메Shahnameh』에서 따온 것이라는 거 알아요?"라고 불쑥 묻는 것이었다.

『샤나메』……페르시아와 조로아스터교의 역사를 담은 피르다우시의 위대한 시가 그것이 기록되었던 1,000년 전처럼 아직까지도 이들에게는 새롭고 유의미했다. 5만 개의 대구對句로 작성된 이 시는 신화에서부터 영웅들의 행적 그리고 역사적 사실을 아우르며 시대의 여명에서 출발해 아랍 정복으로 끝난다. 왕들의 책, 즉『샤나메』는 아랍인과 튀르크인 그리고 이슬람교에 압도당했던 페르시아권의 문화를 보존하려는 일종의 시도였다. 유목민과 조로아스터교의 나라인 페르시아의 언어, 문화, 역사를 보존하기 위한 기록 행위였던 것이다.『샤나메』에서 파리둔은 외세로부터 페르시아를 해방시킨 영웅적 왕, 강력하고 정의로운 통치자의 원형으로 나온다. 안면이 마치 행성처럼 밝게 빛나, 보는 사람마다 사랑에 빠질 정도로 빼어나게 아름다운 비극의 왕자 시야바슈도 있다. 또다른 위대한 영웅들—그러나 이들 중 누구도 루스탐보다 위대하거나 영웅적이지는 않다—도, 때로 피르다우시의 걸작 전체를 암송하며 죽은 이를 애도하기도 하는 바흐티야리 사람들의 상상 속에서 그렇듯이『샤나메』의 서사적 대구 속에서 춤을 춘다. 그 서사시의 일부를 지금 파리둔이 암송한 것이고, 그것을 듣고 있자니 150년 전 똑같은 산에서 유목민과 마주친 적이 있는 위대한 언어학자 겸 고고학자인 오스틴 레이어드가 생각났다.

연민도 모르고 극히 사소한 도발에도 인간의 목숨을 걸 준비가 된 사람들이……셰피아 칸이 족장 옆에 앉아『샤나메』에 나오는 이야기를 높은 목소리로 일종의 영창을 하는 소리는 바짝 귀 기울여 듣는다.……그리스인들의 야영지에서 호메로스의 이야기들이 읊어지거나 노래로 부를 때도 이런 효과를 냈으리.[77]

시대를 넘어 사람들을 매혹시키는 이야기를 쓴 헤로도토스도 모든 삶을 통틀어 최고의 삶은, 인류의 모든 관습 가운데 최고의 관습에 따라서 사는 사람들일 것이라고 생각했다. 하지만 그는 "각 민족은 다른 민족들의 관습을 꼼꼼히 검토해본 뒤에 자기 나라의 관습을 택할 것이 확실하므로"[78] (따라서 자신들의 관습이 최고라고 생각할 것이므로/역자) 그렇게 되기는 어려우리라는 점도 알았다. 하지만 작가 브루스 채트윈도 말했듯이, 헤로도토스의 시대에 확실했던 것도 우리 시대에는 더 이상 확실하지 않다.

　채트윈이 20대였을 때 그를 알았던 사람들은 모두 그의 잘생긴 외모, 타고난 매력 그리고 재치를 이야기했다. 사립학교 출신인 데다가 외향적이기도 했던 그는 20대 중반에 소더비 경매회사의 인기 있는 전문가가 되었고, 총명하고 유복한 미국인 아내를 두었으며, 다방면으로 집안 좋은 친구들을 두고 있었다. 그랬던 그가 수단으로 낙타 여행을 떠났다. 어떤 면에서 그는 결코 원대 복귀를 하지 않았다.

　채트윈은 나머지 24년의 생애 대부분을 이야기들을 지어내면서 보냈다. 그의 첫 출간작인 『파타고니아In Patagonia』를 여는 이야기도 할머니의 골동품 상자 속에 들어 있던 털북숭이 매머드의 가죽 조각에 대한 기억을 떠올려 쓴 것이었으며, "파타고니아에 감"이라고 알리는 짤막한 전보 한 장을 보내서 「선데이 타임스Sunday Times」를 그만두었다고 한 것도 그가 꾸며낸 또다른 이야기였다(실제로는 편지를 보내서 사정을 설명했다/역자). 심지어 그는 자신을 결국 요절하게 만든 질병에 대한 이야기까지 지어냈다. 후천성면역결핍증AIDS으로 죽어가면서도 중국을 여행할 때 박쥐에 물려 희귀 질환에 걸렸다고 주장한 것이다. 채트윈이 유목민에 매료되었던 것도 어쩌면 이야기 때문이었을 수 있다.

채트윈이 여행하면서 글을 썼던 1970년대와 1980년대만 해도 전 세계에는 수천만 명의 유목민이 돌아다니고 있었다. 그보다 더 상세하게 말하기는 불가능하다. 피그미족, 산족, 하자족과 같은 아프리카의 수렵채집인, 아메리카 대륙의 아체족, 이누이트족과 과라니족, 아시아의 안다만족, 알타이족, 바텍족, 오스트레일리아 원주민이 그들이다. 베자족, 보론족, 베르베르족, 풀라니족, 마사이족, 누에르족, 렌딜레족, 삼부루족, 투아레그족과 다수의 다른 부족을 포함한 아프리카의 목축민과 바흐티야리족, 베두인족, 쿠치족, 카슈카이족, 몽골족, 라바리족과 같은 아시아의 목축민도 있다. 채트윈은 그들 가운데 몇몇 부족을 직접 경험을 통해 알았고 책에도 그들을 포함시켰는데, 그중에서 가장 주목할 만한 것은 그의 마지막 책들 중 하나인 『송라인』에 기록해놓은 꿈꾸는 오스트레일리아 원주민에 대한 내용이다. 하지만 가장 포괄적인 작품은, 그의 최초 집필작이지만 아마도 출간되는 일은 결코 없을, 원고 분량 268쪽의 『대안으로서의 유목민The Nomadic Alternative』이었다.

『대안으로서의 유목민』은 채트윈의 모든 작품에서 메아리치고 있다. 하지만 그것이 가장 선명하게 메아리치는 곳은, 우리는 움직이려고 태어났다, 우리는 움직여야 한다, 그렇지 않으면 죽는다를 되풀이하는 『송라인』이다. 채트윈은 책에서 그 이야기를 하면서 영국의 정신분석학자 존 볼비가 런던의 타비스톡 클리닉에서 행한 모자간의 애착 연구를 예로 들었다. 볼비와 그의 동료들은 우리가 미리 정해진 욕구를 가지고 태어난다는 결론을 내렸다. 또한 우리는 음식 섭취와 보호가 필요할 때 다른 인간들, 특히 어머니의 주의를 끌도록 설계된 듯한 메커니즘으로 웃고 우는 능력을 가지고 태어난다고도 했다. 그 밖에도 볼비는 배가 고프지 않을 때에 아기를 들어올리기만 해도, 특히 걸어 다니며 흔들어주기만 해도 울음을 그친다는 중요한 사실을 밝혀냈다. 그는 아기를 어를 때에 아기를 똑바로 안고 좌우로 7–8센티미터 흔들어주는 것이 이상적이라는 점도 알아냈다. 흔드는 속도도 자세 못지않게 중요했다. 분당 흔들림이 30번일 때에는 전혀 효과를 내지 못하고, 50번일 때에는 대부분의 아기들이 잠잠해지며, "분당 60번 혹은 그 이상이면 모든 아기들이 울음을 그치고, 거의 언제나 잠잠한 상태를 유지한다"는 것이었다.[79] 1분간의 심박수도 짜증을 낼 때에는 200회까지 올라갔지만, 유아차에 태우면 60회 정도로 떨어졌다.

볼비의 연구는 아기들이 울음을 그치는 이유가 흔들리는 움직임을 자기들이 걷고 있는 것으로 이해하고, 걷는 행위도 자기들 스스로를 움직이는 무리의 일부, 그러므로 모든 것이 안전하다는 뜻으로 받아들이기 때문임을 입증했다. 채트윈은 이것을 인류가 이주하는 종임을 나타내는 증거로 보았다. "아기는 매일매일 걸어도 지칠 줄을 모른다. 그리고 아프리카 사바나에서 아기가 본능적으로 걷게 해달라고 보채는 때는, 십중팔구 엄마가 이 야영지 저 야영지로 먹을 것을 찾아다니고, 물웅덩이에 가고, 이웃에 마실을 다니며 걸어 다닐 때였을 것이다."[80] 하지만 여기에는 무엇인가 근본적으로 다른 요소가 있다.

유전학, 심리학, 그리고 여러 다른 학문들은 최근의 연구에서 많은 사람들이 이미 직감으로 알고 있는 것, 즉 인류는 "집단 두뇌collective brain"라고 불리는 것을 만들어냈음을 밝혀냈다.[81] 이 공동의 보고寶庫는 우리가 수천 년 동안 공유해온 성과, 발전, 발견, 경험들로 채워져 있고, 우리가 세월이 경과하는 동안 집단으로 이주했음을 말해주면서, 또한 우리들 사이에 엄청난 다양성, 차이가 있다는 점도 입증한다. 예나 지금이나 인류 발전의 핵심을 이룬 것이 바로—사고, 생각, 의도, 피부색, 유전자의 어느 것이 되었든—그런 다양성이었다. "집단 두뇌"는, 우리가 가장 성공적이고 진보적이었을 때는, 다양한 집단이 함께 모여 그들의 지식, 역사, 보는 방식을 합체시켰을 때였음을 보여주기도 한다. 인류 최고의 것들은 협력, 시장과 국경의 개방, 자유로운 이동, 생각과 양심의 자유를 통해서 얻어졌다. 그리고 유목민은 그런 요소들로 가는 최상의 통로이자 그것들의 최고 축적자들 가운데 하나였다. 물론 그런 섞임에는 많은 문제들이 있었고, 토지 소유, 수자원, 이동의 자유 그리고 여타 많은 것들을 둘러싼 위기의 순간도 있었다. 하지만 "더 크고 더 완벽한 그림에서는 '유목민 대 정착민', 부족 대 국민과 같은 극명한 차이가 결코 드러나지 않는다. 여태껏 그랬던 적은 없다."[82] 인류의 가장 크고 가장 완벽한 그림은 유목민—이란인들이 부르는 말로는 이동하는 정주민the moving settled—과 정착민, 즉 정주 이주민the settled movers이 함께 있는 그림이다. 이제 우리도 알게 되었다시피, 유적 속에서 골라낸 길을 가는 도중에 발견되는 것이 역사의 일부일 뿐이라면, 인간 역사의 또다른 일부는 언제나 경로에서 멀리 떨어진 곳, 자연계에 종횡으로 놓여 있는 오솔길들에 있다. 이 두 가닥이 하나로 엮였을 때에만 우리 역사의 완벽한 그림을 볼 수 있다. 다양성과 상호 작용의 이점이 드러나는 것도 이 지점이다.

　인간 역사의 대부분을 지나오면서 우리 인간은 모두 이동하며 살았다. 우리 세계, 우리 문화, 우리가 문명이라고 부르는 것을 유목민이 만들었다고 말하는 이유도 여기에 있다. 우리의 행동은 자궁에서 나오는 첫 여행으로부터 무덤 속으로 들어가는 마지막 여행까지 모두 여행과 연계되어 있으며, 진화가 우리에게 **의도한** 것도 여행이었다. 옛날 옛적에는 우리 모두 이동에 열중했으며, 지금도 우리 중의 일부는 그런 식으로 태어난다. 프랑스 시인 아르튀르 랭보가 "내 머릿속을 가득 채운 마법을 흐트

러뜨리기 위해 나는 여행을 해야 했다"고 쓴 것도 심미적 겉꾸림을 한 것이 아니라,[83] 파리, 친구들, 시 그리고 그가 중시했던 다른 모든 것들을 버려야만 충족이 되는 현실적 욕구를 표현한 것이었다. 그 욕구로 인해서 그는 결국 에티오피아 내륙에서 무역상이 된 뒤 다리를 절단하고 목숨을 잃었지만 말이다.

우리 가운데 많은 사람들, 아마도 우리 대부분은 그보다는 고통이 덜하게 변했을 것이다. 우리의 유전자 구성도 일부는 여전히 유목성 삶에 치중하는 형태로 남아 있지만, 다른 인자들은 전적으로 정주성 삶을 중시하는 형태를 띠고 있다. 우리 각자는 이 양극단, 이동과 정지 사이를 오락가락하고 있으며, 부득불 한쪽 또는 다른 쪽으로 쏠리게 되어 있다. 아이젠버그 교수가 케냐의 유목민 아리알족을 대상으로 한 연구, 그리고 미국 아이들이 교실 생활을 힘들어한다는 것이 암시하는 듯한 것도 바로 그 점이다. 한때는 우리 모두가 가지고 있었을 수 있고—많게는 10억 명의 3분의 1이 여전히 가지고 있을지도 모를—유목민 유전자가 환기시켜 주는 것은 비사祕史들이 상기시키듯이, 우리 문 밖의 유목민 "야만인들"도 우리 중 하나이고, 모종의 해결책이 될 수 있다는 점이다. 아니, 완전한 해결책까지 아니더라도 최소한 해결책의 일부, 즉 카인과 아벨, 옳고 그름, 좋고 나쁨으로 분리되는 이분법 대신 생각과 행동의 다양성을 포용할 때 우리가 가장 성공적이었음을 일깨워주는 정도의 기여는 할 수 있을 것이다.

자그로스 산맥의 고지에서 파리둔과 함께 내가 정확히 무엇을 기대하고 있었는지를 되살리기는 쉽지 않다. 나는 바흐티야리 부족민을 만나러 그곳에 갔고, 그들의 이주 시기에 맞춰 도착해, 전에 만났던 유목민을 만나 그들에게 일어난 일을 알 수 있기를 바랐다. 또한 나는 도시의 소음과 번잡함에서 벗어나고 싶은 욕구를 충족시키고, 시간과 공간, 소유물, 집과 이주를 다르게 보는 방법을 스스로에게 일깨우고 싶기도 했다. 나의 삶에도 가볍게 이동하며 살던 때, 브루스 채트윈이 『송라인』에 묘사한 아프리카의 순회 판매원처럼 내가 가진 모든 것이 보관함의 상자들 속에 들어 있던 때가 있었다. 하지만 나는 현재 런던에 물건들로 가득 찬 집을 가지고 있으며, 집이 주는 안락함, 안전감에도 불구하고 또한 그것은 나를 천막, 동물, 광대한 경관들 사이, 공활한 하늘 아래로 돌아가고 싶게 만들기도 했다. 그리하여 지금 여기에서 나는 폭풍이 지나간 자그로스 산맥으로 차를 몰아 두 손안의 기억 속으로 자기 이야기를 쏟아내는 파리둔과 함께 산속 더 높은 곳으로 올라가고 있는 것이다.

우리는 짐을 꾸리고 떠날 준비를 하는, 가축 떼와 천막으로 이루어진 소규모 야영지들을 지나쳤다. 그런데 도로의 끝에는 나를 놀라게 하는 것이 있었다. 가파른 비탈의 상부면 산 정상 아래에 수백 미터가량 되는 바위 능선이 있었는데, 가까이 다가가보니 바위 턱에 테라스 하우스들이 줄지어 세워져 있었던 것이다.

집이라고? 유목민이 집을 소유하고도 유목 생활을 할 수 있을까?

그들은 이동하는 정주민이었고, 그러니 물론 할 수 있었다.

파리둔도 늘어서 있는 집들을 따라 모습을 드러낸 10여 명의 사람들과 지붕 위에 있는 사람들을 알고 있었다. 그들은 그의 먼 친척이었고, 그 외의 사람들은 포괄적인 가족의 일원이었다. 파리둔이 모녀지간인 두 여자에게 내가 누구이고 왜 그곳에 왔는지를 설명해주었다. 유쾌한 순간이었다. 그네들이 지금 남자들은 대부분 가축 떼와 함께 경사면 아래에 있고 여자들은 아이들을 돌보며 이주 준비를 하고 있다고 말해주었다. 여자들은 겉보기에는 멈춰 서서 수다를 떨고 있는 것 같았지만, 아기에게 젖을 먹이고, 염소 가죽 용기에 든 우유를 휘저어 응유curd와 치즈를 만들며 쉴 새 없이 일을 하고 있었다. 그들 중 한 사람은 수천 년 전의 사람들이 사용했던 것과 똑같은 나무 물렛가락을 이용해 털실을 뽑아내고 있었다. 그 털실은 이제 곧 카펫이나 천막으로 짜여질 것이었다.

과연 그들은 유목민이었다. 하지만 모든 유목민이 그렇듯이 그들도 실용주의자였다. 그들은 그 고도에서는 날씨가 너무 혹독하기 때문에, 눈이 너무 많이 쌓여 염소 털 천막 아래에서는 살아남을 수 없기 때문에, 그리고 그럴 수 있기 때문에 집에서 겨울을 났다. 하지만 나를 따뜻이 맞아준 그 집은 보면 볼수록 더 천막처럼 보였다. 단단한 석회암 산허리를 안으로 깎아 만든 지붕을 참나무 가지 격자가 지탱하고, 바위들이 육중한 대들보를 떠받치고 있었다. 집 안도 화로와, 기둥 곁 가스버너 위의 냄비에서 나오는 연기로 온통 검었다. 몇 안 되는 기타 소지품들은 자루나 함석 상자들에 들어 있었으며, 침구는 해질녘에 카펫을 둘둘 말아 한쪽에 치워놓을 때까지 개켜 쌓아둔 채였다. 이 모든 것이 천막에 있을 때와 똑같았다.

정주 생활용품으로 쳐줄 수 있는 물건이라고는 목재 수납장이 유일했다. 하지만 그것도 그 장소에 어울리지는 않아 보였다. 수납장의 맨 위 칸에는 서류와, 즉석사진 촬영 부스에서 찍은 가족사진이 대부분인 사진들이 쌓여 있었다. 맨 아래 칸에는 자루와 천 등속의 잡동사니들이 들어 있으며, 가운데 칸은 텔레비전이 다 차지하고 있었다. 그런데 그들은 산 위에서 무엇을 볼 수 있을까? 나이 든 여성에게 물어보았더니 그녀가 큰 소리로 웃으며—아랫입술에서 턱까지 선 하나가 문신으로 새겨져 있었다—손가락을 흔들어 보였다. 신호가 잡혀도 너무 약해서 별로 보지 못한다는 뜻이었다. 나는 질문을 하나 더 했다. "당신들은 언제 산으로 올라가나요?" "때가 되면." 그렇게 말하며 그녀는 구름이 다가오고 있는 경사면을 쳐다보았다. 날씨가 진정되면. 지난 수천 년 동안의 유목 생활이 그러했듯이, 21세기의 유목 생활도 여전히 날씨에 속박되어 있었다.

파리둔은 돌아오는 길에는 거의 말이 없었다. 그래서 나도 마음 편히 생각하고, 살피고, 가령 산기슭에는 울타리가 없고, 지대가 높은 곳에는 철책이나 물리적 경계가 없다는 것에도 주목했다. 계단식 밭은 있었지만 담은 없었다. 경계가 존재한다면 그것은 공동체의 정신 속에 있었다. 그런데도 역사의 많은 부분은 성벽과 국경의 이야기였다.

우리가 카룬 강을 다시 건너 마을로 접근하자 물리적 경계들, 즉 울타리, 담, 방책, 광고판, 가로등과 포장도로, 작은 공원과 어린이 놀이터들이 다시 나타나기 시작했다.

파리둔의 집에서는 그의 아내가 채소 요리를 준비하고 도토리 반죽으로 큼지막한 원판 모양의 눅눅한 납작 빵을 만들었다. 이 납작 빵으로 우리는 음식을 떠먹었다. 그다음에는 파리둔이 집에서 만든 적포도주인 메이Mey(페르시아 포도주)를 한 병 내왔다. 마셔보니 오랜만에 마시는 술이어서 그런지 예상외로 맛이 좋았다. 그 메이가 우리 생각의 경계를 흐릿하게 해주고, 말투를 부드럽게 만들어주며, 서서히 꺼져가는 불빛을 바라보는 우리 눈을 편하게 해주었다. 불이 꺼지자 세상도 닫혔다.

우리는 산을 잃고 도시의 경계 내로, 행정구역의 입구에 경찰이 설치해 놓은 노상의 방책 안으로 후퇴했다. 그곳에 있는 것이라고는 이제 파리둔의 진흙 벽돌 속 세계뿐이었다.

"그래, 어떤 책을 쓴다고요?" 그가 술을 더 따르면서 물었다. 나는 그가 예의상 묻는다고 생각하고 대답하지 않고 있다가 계속 고집을 부리는 바람에 내가 아는 역사의 상당 부분은 인류의 절반만 이야기했고 그 절반은 바로 정착민의 이야기라며, 내가 역사에 대해서 느끼는 점을 말해주었다. "유목민은 이야기에서 누락되었다는 거지요." 하지만 카인과 아벨의 시대 이후, 괴베클리 테페 사람들 이후, 수렵채집인들이 동물을 가축화하고 곡물을 작물화하는 법을 터득한 이후, 인간들이 유목과 사육 사이에서 양자택일을 해야 했던 때 이후, 이야기에는 늘 정착민과 유목민이라는 양면성이 존재했다. 나는 파리둔에게, 내가 발견한 것, 즉 고대 페르시아인들은 어떻게 이집트인들과 같은 방식으로는 정착하지 않았는지, 고대 이집트는 어떻게 그곳을 침입한 양치기 왕들에게서 배운 것을 통해서 변했는지, 위대한 유목민 왕국들—스키타이와 흉노—은 어떻게 로마인과 중국인들을 분리하고 연결시켰는지를 설명해주었다. 아사비야와 유목민에 기원을 둔 아랍 제국, 몽골인의 부상, 그리고 그들이 유럽에 제공해준 것들이 르네상스의 원동력이 되었다는 이야기도 해주었다. 나는 프랜시스 베이컨과 그의 동료들이 어떻게 자연계를 지배하려고 했는지, 그리고 그때부터 이 시대, 미국 제국의 시대까지 정착민들이 어떻게 도시들을 확장하고, 시골을 기계화하고 수익성 좋은 농업 지역으로 탈바꿈시키며 그들의 사업을 지속했는지를 말해주었다. "하지만 당신과 내가 알다시피 인류의 역사는 정착민과 유목민 모두의 역사입니다. 정착민과 유목민은 각각 상대방에 견주어 스스로를 정의해왔어요. 그런데 유목민은 보통 기록을 하지 않았고, 이란은 그 어느 곳보다 그 점이 두드러졌기 때문에," 이 부분에서는 그도 고개를 끄덕여 보였다. "역사의 그늘진 면에 빛이 들게 하고, 유목민이 우리에게 준 것이 무엇인지를 제시하며, 그들이 어떻게 우리를 만들었는지를 책에서 밝히려고 한 것입니다."

"유목민에게서는 무엇이 나왔나요?" 파리둔이 물었다.

나는 시간도 늦었고 긴 하루를 보내기도 하여 유목민 유전자에 대해서는 언급을 피하고, 다양한 견해의 중요성도 말하지 않았다. 다만 괴베클리 테페에 세워진 기념비적인 건조물, 말을 길들이고, 말에 씌우는 굴레와 전차를 발명한 곳도 스텝 지대라는 것, 합성궁의 치명적인 완벽성, 몽골에 의한 평화로 누린 호황기에 대해서는 이야기해주었다. 우리가 어떻게 이집트, 그리스, 로마로 이어지는 제국의 발전 과정을 보편적으로 보는 유럽 중심적 관점에 도전해, 페르시아, 흉노, 한漢에서 몽골, 무굴, 사파비 그리고 오스만 제국으로 이어지는 대안적 발전 과정을 수립할 수 있었는지도 설명해주었다. 시인 셸리의 시에 나오는 구절 "나의 업적을 보라, 강자들이여, 그리고 절망하라!"를 인용하며, 내가 어떻게 유목민은 우리에게 기념물보다 더 중요한 무엇인가를 제공했다고 생각하는지, 자연계에서의 우리 위치를 이해하기 위해서는 "업적" 그 너머의 것을 보아야 한다며 유목민이 어떻게 우리를 자극했는지에 대해서도 말해주었다. 그다음에는 시에 대한 이란인들의 지극한 사랑을 알았기 때문에 그리스의 시인 콘스탄틴 카바피에 대해서도 말해주었다.

"100년 전 이집트에 한 시인이 살았어요……." 내 이야기는 그렇게 시작되었다.

카바피는 생의 대부분을 도시에서 보냈기 때문에, 자그로스 산맥 밑에서 언급하기에 가장 적절한 인물은 아니다. 그러나 그는 성벽 내의 삶이 위험하다는 것을 알았고, 마찬가지로 "자네들은 똑같은 거리들을 걸을 것이고……자네들은 언제나 이 도시에 있게 될 것"이라는 점도 알았다.[84] 카바피가 찰스 조지 고든 장군이 하르툼에서 반란군에게 살해된 데에 대해 영국군이 보복을 준비하는 광경을 본 것도 알렉산드리아에서였다. 1898년 9월 카바피가 알렉산드리아의 해안지구에서 한 블록 떨어진 그의 작업실에 앉아 있는 동안, 베자 유목민은 하르툼 외곽의 나일 강변에서 허레이쇼 허버트 키치너 장군이 지휘하는 영국-이집트 연합군과 싸우고 있었다. 그 전투는 유목민과 정착민 간에 벌어진 여느 전투와 마찬가지로 지극히 불공평했다. 키치너가 사막을 가로질러 대포와 신형 맥심 기관총을 기차로 들여오는, 커스터 중령은 하지 않았던 일을 했기 때문이다. 그는 그 새로운 무기들로 베자족을 대량 살상했다. 유목민 전사 1만 2,000명이 죽고, 또다른 1만3,000명이 부상을 입은 이 전투에서 영국-이집트군 병력이 입은 피해는 사망자 50명이 전부였다.

그 학살이 일어나고 두 달 뒤, 카바피는 하르툼에서 북쪽으로 1,600킬로미터 떨어진 곳에서 야만인의 출현을 기다리고 기다리며 점점 애를 태우는 어느 고대 도시 사람들을 상상하고 있었다. 황제는 도시의 관문 옆 옥좌에 앉아 있다. 머리에 왕관을 쓴 그의 주변에는 자줏빛 토가와 장신구를 착용한 관리들이 있다. 긴장은 고조된다. 야만인은 올 것인가? 그들이 오면 무슨 일이 벌어질까?

밤이 되었는데도 야만인은 오지 않았어.
게다가 지금 막 국경에서 온 사람들은
야만인은 이제 없다고 말하네.

야만인 없이 우리는 이제 어떻게 되는 걸까?
그자들이야말로 일종의 해결책이었는데 말이야.[85]

이것이 바로 그 고요한 밤, 적포도주의 취기로 몽롱해진 정신으로 내가 파리둔에게 설명해주려고 한 것이다. 나는 우리가 가진 경험과 기대의 차이를 넘어, 내가 유목민 이야기들로 만들어낸 연결 고리, 유목민의 사례가 우리 정착민들에게 어떤 해결책을 제공하거나, 아니면 적어도 최선의 방법이 될 만한 실마리는 줄 수 있으리라고 생각했다.

파리둔은 한동안 말이 없었다. 포도주를 홀짝이고, 도토리빵 조각을 씹고, 머리를 뒤로 쓸어 넘길 뿐이었다. 자신의 주거지 주변과, 그곳 쉼터에 있는 말, 과실나무들, 채소밭, 진흙집들을 둘러보기도 했다.

그러더니 말했다. "나는 결코 정착하고 싶지 않았어요. 하지만 우리 모두는 어려운 결정을 내려야 하고, 나는 내 자식들이 교육을 받아 현대 세계의 일원이 될 수 있기를 바랐습니다. 유목 생활이야 매일 그립죠. 하지만 나는 지금 여기, 우리 종족이 태어난 곳인 산 밑의 이 집에 있어요. 어쩌면 나이가 들어서인지는 모르겠지만, 내 생각은 이렇습니다. 가능한 최선의 세계는 우리 모두가 유목민이고 우리 모두가 정착민인 세계, 우리 모두가 이동할 수 있고, 우리 모두가 한동안은 집에서 지낼 수 있는 세계일 수도 있다는 거죠." 그것이 바로 파리둔이, 그나 그의 자식들은 성취할 수 있다고 여긴 것이었고, 어쩌면 산의 목초지와 도시의 성벽 사이에 위치한 그곳에서는 그것이 모종의 해결책이 될 수 있을 것도 같았다.

헤로도토스라면 파리둔의 해법을 지지했을지도 모른다. 고대 그리스인들이야말로 "인류의 모든 관습 중에서……선택한 최고의 관습"에 기반을 둔 세계를 상상하고 있었으니 말이다. 파리둔의 해법은 다양한 생각―유목민의 생각―의 또다른 종류였다. 나는 그것이 마음에 들었다.

이제 날은 어두워졌다. 하늘에는 별들의 그물이 드넓게 펼쳐져 있고 지평선에는 초승달이 걸려 있을지도 몰랐다. 하지만 우리 가까운 곳에 매달린 전구의 불빛이, 내 곁의 남자, 우리 사이의 탁자, 우리 마음속 생각, 음식, 포도주, 우리가 나누는 생각, 우리 발아래에 깔린 카펫으로 세계를 한정시켜놓은 탓에 정말 그랬을지는 확신할 수 없다.

카펫에는 정원이 상징적으로 묘사되어 있었다. 정원의 가장자리와 가운데 화단은 파리둔의 사촌 중 한 사람이 생각해낸 낙원의 이미지로, 가족이 기르는 동물들의 털을 남편이 깎아주자 그녀가 실을 뽑아 짠 것이었다. 몇 제곱미터에 불과한 그 카펫이 물리적, 정신적, 영적인 세계, 마법의 세계를 담고 있었다. 나도 런던의 집에 이 부족 혹은 전 세계의 다른 많은 부족들 중의 한 부족 출신 여자들, 유목민 여자들이 짠 이와 유사한—수많은 사람들이 보유한—카펫을 가지고 있다.

시간이 흘렀다. 우리는 이동과 정지, 유목민과 정착민, 그리고 모든 자질을 통틀어 가장 유목민적이라고 할, 다양하고 상이한 방식으로 사고하는 능력에 대한 이야기를 나누며 밤을 보냈다. 하지만 거기에 내가 고수할 수 있는 것은 없었고, 아침과 빛의 출현보다 오래 살아남을 것도 없었다. "아마도 그건 당연한 거겠지요. 생각과 견해는 양과 염소들처럼 모이기도 하고 흩어지기도 하며 이리저리 언제까지고 방랑을 하는 거겠죠." 파리둔이 내 말을 듣고 웃었다. 그렇게 나는 정주 유목민kuch neshin의 이야기를 들으며 정원이 묘사된 카펫의 한복판, 바흐티아리 부족민의 산밑, 늦은 밤의 평화 속에 머물러 있었다. 나는 그 순간이 지나고 나중에서야 비로소 영원한 무엇, 완벽한 무엇인가를 조금이나마 엿보았음을 깨달았다.

감사의 말

나를 존 헤이게이트 상의 수상자로 선정해준 작가재단과 작가협회에 깊이 감사드린다. 덕분에 유목민과 함께하는 내 여행의 비용 일부가 충당되었다. 나는 존 헤이게이트를 에벌린 워의 부인과 눈이 맞아 달아난 사람으로만 알고 있었는데, 알고 보니 그는 작가이기도 하고 저널리스트이기도 하고 관대한 후원자이기도 했다.

나는 대체적으로는 유목민에 관해, 특히 이 책에 관련하여 실로 많은 대화를 나눴고, 도움도 많이 받았다. 친구, 동료, 다른 작가들, 책을 쓰지는 않지만 읽기는 하는 사람들, 또한 책을 쓰지도 않고, 읽지도 않는 사람들의 제안과 의견을 너무 많이 받아서, 모두 여기에 포함시키려면 별도의 책이 필요할 정도이다. 여러분 모두에게 깊이 감사드린다. 그래도 특히 감사드리고 싶은 분들을 순서 없이 나열하면 다음과 같다. 이 생각이 싹 트도록 씨앗을 뿌려준 고故 길런 에이킨, 채트윈의 자료가 보존될 수 있게 도와준 서배스천 셰익스피어, 콜린 더브런, 퀜딜린 라이크, 피터 라이던, 리처드 새틴, 존 쿡, 니컬러스 크레인, 로즈 베링, 바너비 로저슨, 옥토버 갤러리의 칠리 호즈, 토비 그린, 미미와 톰 시벤스 부부, 수년 전 이란에서 그 생각을 경청해준 윌리엄 데일림플, 런던 도서관에서 장시간 격려

427

를 아끼지 않았던 자일스 밀턴, 시간을 내어 나에게 자신의 유전자 연구를 설명해준 워싱턴 대학교의 인류학과 교수 댄 T. A. 아이젠버그, 자일스 포덴, 노스조지아 대학교에서 중앙 유라시아사를 가르치는 티머시 메이 교수, 존 헤밍 박사. 나에게는 두 번째 집이나 마찬가지였던 런던 도서관 직원들, 옥스퍼드 대학교의 보들리 도서관 직원들, 영국 도서관 직원들도 모두 한결같이 우호적이고 유익했다. 크리스 나이트와 유니버시티 칼리지 런던의 급진적 인류학회는 이 작품에 직접적인 정보를 제공해주지는 않았지만, 런던에서 이 학회가 개최한 주간 오픈 세미나들은 나의 마음을 어김없이 사로잡았으며 영감도 지속적으로 제공해주었고, 또한 우리는 언제나 기존의 역사서술에 이의를 제기해야 한다는 점을 환기시켜주었다.

괴베클리 테페에서 발굴 작업을 한 고故 클라우스 슈미트 박사도 내가 이 책을 쓰고 있던 초기 단계에서 몇몇 중요한 생각의 방향을 잡아주었다. 우리 두 사람을 연결해준 캐시 지안그란데와 글로벌 헤리티지 재단에 감사드린다. 여행 잡지 「콘데 나스트 트래블러Condé Nast Traveller」에 근무할 당시 나에게 유목민을 찾아 나서도록 여행을 보내준 멋진 두 편집인, 사라 스팽키와 멀린다 스티븐스, 「파이낸셜 타임스Financial Times」의 여행 편집인 톰 로빈스, 로지 블라우, 그리고 서맨사 와인버그와 「이코노미스트 The Economist」가 발행하는 디지털 매거진 「1843」의 팀원들께도 감사드린다. 재러드 카이트와 스텝 트래블, 알칸스 투어와 이스턴 튀르키예 투어의 사바하틴 알칸은 나의 여행 일부를 준비하는 데 도움을 주었다.

다양한 진행 단계에서 작품을 읽고 세심하게 의견을 제시해준 로버트 어윈, 뤼시앵 드 아자이, 롤런드 필립스, 그리고 완성된 원고를 철저히 검토해 여전히 의심이 가는 부분을 다수 찾아준 제리 브로턴 교수께도 심심한 사의를 표한다. 본문에서 중요한 대목을 읽고 논평해준 서배스천 새틴과 가엘 카뮈에게도 많은 신세를 졌다. 나머지 실수와 오판에 대한 책임은 전적으로 나에게 있다.

나는 지금껏 대부분의 책들을 친구들의 후의 덕에 집을 떠나 집필했다. 이 책도 내가 브리지드 키넌과 앨런 와딤스의 객으로 신석기 시대의 길에서 약간 벗어난, 프랑스 라작 고원의 석회암 절벽 밑에 있는 그들의 아름다운 집에서 다섯 번째로 쓴 작품이다. 20여 년 전에는 소설가 이언 매큐언이 그 지역에서 검은 개 몇 마리를 발견했다지만, 내가 그곳에서 발견한 것은 고요와 영감뿐이었다. 겨울 안개 자욱한 테베레 강 계곡 위에서 책의 교정을 볼 때 줄리아와 휴고 히스 부부의 움브리아풍 집에서 지낼 수 있었던 것도 내게는 그 못지않은 행운이었다.

로저스, 콜리지 앤드 화이트 문학 에이전시의 피터 슈트라우스도 내게 지지와 격려를 해주고 영감을 불어넣어주었다. 무엇보다 그는 이해심이 많은, 모든 작가가 찾아내고 싶어하는 대리인이다. 존 머리 프레스의 모든 팀원들, 특히 제작의 여러 단계에서 나와 원고의 길잡이가 되어준 조용하고 집중력 강한 캐럴라인 웨스트모어와 책 표지를 아름답게 디자인해준 세라 매러피니, 꼼꼼하게 원고를 정리해준 마틴 브라이언트, 제작을 담당한 다이애나 탈리아나나, 홍보를 맡아준 유능한 로지 게일러에게도 무한한 감사를 보낸다. 특히 철석같은 믿음을 가지고 책을 받아들여준 닉 데이비스, 집필을 시작하기 전 내 말을 경청해주고 저작을 하는 몇 년의 기간을 잘 참아주며, 그다음에는 나를 무시했다가 혹평도 했다가 격려도 해가면서 내가 원했던 책, 지금 여러분 손에 있는 작품으로 만들어준 조 지그몬드에게 깊이 감사드린다. 그는 유능한 편집인이며, 가장 야심 찬 프로젝트 중 하나인 이 책으로 그의 도움을 받을 수 있었던 일이 내게는 행운이었다.

　나의 두 아들 조니와 펠릭스도 유목민들의 삶, 그들의 마음속, 때로는 그들의 고향을 방랑하며 유목민들과 함께 살았다. 바라건대 아이들이 그들의 지지와 참을성을 내가 얼마나 고마워하는지를 알아주었으면 하는 마음이다. 그리고 책이 만들어지는 과정에서 매 단계, 매 문장마다 나와 토론을 하고, 문장을 매끄럽게 다듬어주며, 부연해주고, 원고를 손질해주며, 옥신각신 다투며 격려해주고, 아름다운 이미지를 만들어내 책을 꾸며준 나의 짝 실비가 있다. 감사와 사랑을 담아 이 책을 당신께 바친다.

저작권자에 대한 감사의 말

저자와 발행인들로는 다음 분들께 감사드린다. 데이비드 앳킨슨과 스티브 리우드의 *Street Literature of the Long Nineteenth Century*의 문장을 인용할 수 있게 허락해준 케임브리지 스칼러스 출판사, 헤로도토스의 『역사』(2013년 펭귄 출판사 판) 인용을 허락해준 톰 홀랜드, *Bulletin of the School of Oriental and African Studies*에 실린 D. L. R. 로리머의 "The Popular Verse of the Bakhtiāri of S. W. Persia"의 인용을 승인해준 런던 대학 본부 도서관, 이고르 드 라케빌츠의 *The Secret History of the Mongols: A Monogolian Epic Chronicle of the Thirteenth Century*의 인용을 허가해준 오스트레일리아 국립대학교, 우아리 투아티의 *Islam and Travels in the MIddle Ages*의 인용을 허가해준 시카고 대학교 출판부, 셰인 T. 윌리엄스 박사의 "An Indigenous Australian Perspective on Cook's Arrival"의 인용을 허락해준 영국 도서관. "Waiting for the Barbarians"은 C. P. 카바피의 *Collected Poems*에 실린 것을 발췌했다(Copyright © The Estate of C. P. Cavafy. Estate c/o Rogers, Coleridge & White Ltd, 20 Powis Mews, London w11 1JN, 허가를 받아 복제했다). *Quotations from Baghdad: The*

삽화 참조 목록

23쪽 염소의 양식화된 이미지. 아프샤르족의 혼례용 직물에 나타난 문양으로, 이란 남부에서 만들어졌다.

25쪽 금제 숫양 머리와 뿔의 양식화된 이미지. 기원전 2170년경-1900년 사이에 만들어진 것으로, 이란의 테페 히사르에서 발굴되었다.

32쪽 19세기에 이란 서부의 루르인이 짠 양탄자에 나타난 생명나무 문양.

42쪽 조각 기둥에 새겨진 여우 혹은 개의 형상. 기원전 9500년경의 것으로, 튀르키예의 괴베클리 테페에서 발굴되었다.

47쪽 오스트레일리아 노던 준주의 아넘랜드에 있는 마운트 보라데일의 고대 오스트레일리아 원주민 동굴 벽화에 그려진 형상.

51쪽 도파민 분비를 제어하는 유전자, DRD4-7R의 구조.

58쪽 최초의 작물화된 밀로 알려진 외알 밀. 튀르키예의 괴베클리 테페 부근에서 발견되었다.

61쪽 2016년 차탈회위크 유적에서 발굴된 8,000년 된 여성의 소상.

65쪽 여신 인안나를 나타내는 주요 양상들 가운데 하나였던 별. 인안나는 하늘과 연결되어 있었고 나중에는 금성과도 연결되었다.

72쪽 황소 뿔이 달린 엔키두의 모습.

77쪽 어핑턴의 백마. 영국 옥스퍼드셔 언덕 들판에 그려진 110미터 길이의 선사시대 말 형상.

82쪽 마이코프 쿠르간에서 발견된 금제金製 수소상.

88쪽 합성궁.

92쪽 이집트 신 세트. 땅돼지를 기초로 했을 수도 있는 신화적 동물로 표현되어 있다.

삽화 참조 목록

주

이란, 자그로스 산맥에서

1. Deleuze, p. 73.
2. *The Marriage of Martu*, https://etcsl.orinst.ox.ac.uk/section/tr171.htm

제1부 균형 잡기

1. www.census.gov/data/tables/time-series/demo international-programs/historical-est-worldpop.html
2. King James Bible, 2:9.
3. *Daily Mail*, 5 March 2009, https://www.dailymail.co.uk/sciencetech/article-1157784/Do-mysterious-stones-mark-site-Garden-Eden.html
4. Fernández-Armesto, p. 547.
5. Langland, p. 3.
6. Tolkien, p. 35.
7. Northwestern University, https://northwestern.edu/newscenter/stories/2008/06/ariaaltribe.html
8. National Institute of Mental Health, https://www.nimh.nih.gov/health/statistics/attention-deficit-hyperactivity-disorder-adhd.shtml
9. Quoted in *Daily Telegraph*, 10, June 2008, https://www.telegraph.co.uk/news/science/science-news/3344025/ADHD-may-be-beneficial-for-some-jobs.html
10. 1999년 BBC 「뉴스나이트Newsnight」에서 진행자 제러미 팩스맨에게 한 말. https://www.youtube.com/watch?time_continue=220&v=FiK7s_otGsg&feature=emb_logo
11. *The Travels of Ibn Battuta, AD 1325-1354*, vol. I, ed. H. A. R. Gibb (Routeledge, 2017), p. 145.
12. Herodotus, 3.38.
13. 옥스퍼드 애슈몰린 박물관에 소장된 점토판에 새겨져 있는 글이다.
14. George, A. R., p. 49.

15. Ibid., p. 3.
16. Ibid., p. 2.
17. Ibid., p. 5.
18. Ibid., p. 8.
19. Ibid., p. 14.
20. Ibid., p. 16.
21. Chekhov, vol. VII, p. 165.
22. *Guardian*, 5 January 2017.
23. George, C. H., p. 133.
24. *Quarterly Review*, No. 19, p. 255.
25. *Rig Veda*, Book 6, Hymn 27.
26. Calasso, *Ardor*.
27. *Outlook India*, 4 June 2018.
28. *Henry V*, Act 4, Scene 3.
29. Lucian, vol. 3, p. 56.
30. https://www.sciencemag.org/news/2020/07/invasion-ancient-egypt-may-have-actually-been-immigrant-uprising
31. Quoted in Van Seters, p. 172.
32. Homer, *Iliad*, Book IX, 178-9.
33. Lucian, vol. 2, p. 91.
34. Rawlinson, p. 1.
35. Herodotus, p. 3.
36. Redfield, p. 111.
37. Herodotus, p. 357.
38. Ibid., p. 568.
39. Ibid.
40. Kent, p. 144.
41. Diodorus, ch. 70-1.
42. Lloyd Llewellyn-Jones, *In our Time*, BBC Radio 4, 7 June 2018.
43. Chatwin, *Songlines*, p. 185.
44. Herodotus, p. 67.
45. Quoted in *History Today*, 22 May 1972.
46. Herodotus, 4.75.
47. Donald Trump on Twitter, 19 June 2018.
48. Plato, 4.704d.
49. Ibid., 4.705a.
50. Herodotus, 1.73.
51. Ibid., 4.5.

52. Ibid., 1.205.

53. Ibid.

54. Ibid., 1.212.

55. Ibid., 1.214.

56. Ibid., 4.46.

57. Ibid., 4.126.

58. Ibid., 4.127.

59. Ibid.

60. Watson, p. 60.

61. Herodotus, 4.23.

62. Hil, p. 27.

63. Ssu-ma Ch'ien, e, p. 129.

64. Watson, p. 60.

65. Ssu-ma Ch'ien, I, p. xii.

66. Ibid., e, p. 155.

67. https://depts.washington.edu/silkroad/exhibit/xiongnu/essay.html

68. Khazanov and Wink, p. 237.

69. *Han Shu* 94A:4b, quoted in Twitchett and Loewe, p. 387.

70. Ibid., 5a, quoted in ibid.

71. Watson, vol. 2, p. 168.

72. Ibid., p. 183.

73. Ibid.

74. Frankopan, p. xvi.

75. Pliny, *Natural History*, quoted in Whitfield, *Life*, p. 21.

76. Florus, quoted in Yule, p. xlii.

77. Blockley, p. 249.

78. Ibid.

79. Raven, p. 89.

80. https://depts.washington.edu/silkroad/texts/sogdlet.html

81. Lactantius, p. 48.

82. Gibbon, ch. 26, p. 5.

83. Ammianus, Book 31, p. 578.

84. Bury, Priscus, fr.8 https://faculty.georgetown.edu/jod/texts/priscus.html

85. Blockley, p. 261.

86. Ibid., p. 275.

87. Ibid., p. 281.

88. Ibid.

89. Ibid., p. 285.

90. Ibid., p. 289.

91. Herodotus, p. 659.

92. Sidonius Apollinaris, quoted in Brown, p. 129.

제2부 제국 세우기

1. Mackintosh-Smith, *Arabs*, p. 25.

2. Toynbee in Ibn Khaldun, *An Arab Philosophy of History*, p. 14.

3. Quoted in Irwin, *Ibn Khaldun*, p. 41.

4. Ibid., p. 12.

5. Ibn Khaldun, *Muqaddimah*, vol. 1, pp. 357-8, quoted in Irwin, *Ibn Khaldun*, p. 16.

6. Ibn Khaldun, *Muqaddimah*, p. 92.

7. *Muqaddimah*, 1967, vol. 1, p. 252.

8. Al-Ahnaf, quoted in Mackintosh-Smith, *Arabs*, p. 77.

9. Ibn Khaldun, 1992, p. 94.

10. Quoted in Fromherz, p. 114.

11. Wehr, p. 615.

12. Thesiger, *Arabian Sands*, p. 94.

13. Ed West, *Spectator* Coffee House blog, 3 August 2015, https://www.spectator.co.uk/article/the-islamic-historian-who-can-explain-why-some-states-fail-and-others-succeed

14. Ibn Khandun, *Muqaddimah*, p. 107.

15. Ibid., p. 108.

16. '*marab'in wi fyad tar'a biha l-xur*', a fragment of an oral poem from south jordan, in Holes, p. 183.

17. Al-Tabari, vol. II, pp. 295-6.

18. Cited in Frankopan, p. 74.

19. Brown p. 189에 나오는 내용.

20. Quran, Sura 96 (The Clot), 1. 5.

21. https://www.islamreligion.com/articles/401/viewall/letter-of-prophet-to-emperor-of-byzantium/

22. Ibn Khaldun, 1992, p. 444.

23. Mackintosh-Smith, *Arabs*, p. 186.

24. Hourani, p. 102.

25. Al-Tabari, vol. 12, p. 64.

26. Ibid., pp. 94-5.

27. Ibid., p. 107.

28. A's-Suyuti, p. 265.

29. Quoted in Cunliffe, p. 365.

30. Al-Muqaddasi, p. 60.

31. Quoted in Mazrozzi, *Baghdad*, p. 43.

32. 이 수치는 Modelski에서 나온 것이다.

33. Quoted in Mackintosh-Smith, *Arabs*, p. 271.

34. Ibn Khaldun, *Muqaddimah*, vol. 2, p. 67.

35. Ibid., p. 68.

36. Quoted in Baerlain, p. 105.

37. Ibn Khaldun, *Muqaddimah*, vol. 1, p. 344.

38. Ibid., p. 345.

39. Ibid.

40. Snir, p. 61.

41. Quoted in Touati, p. 53.

42. 'Hellas: Chorus', Percy Bysshe Shelley.

43. Herodotus, 4.127.

44. Ibn Khaldun, *Muqaddimah*, vol. 1. p. 314.

45. Rachewiltz, *Secret History*, p. 128.

46. Ibid., p. 18.

47. Ibid., p. 125.

48. Gibbon, ch. 64, p. 1.

49. Raverty, vol. 2, p. 966.

50. Rachewiltz, *Secret History*, p. 171.

51. Ibid., p. 172.

52. Buniyatov, p. 110.

53. https://silkroadresearch.blog/uzbekistan/samarkind/

54. Quoted in Spuler, pp. 29-30.

55. Rachewiltz, *Secret History*, p. 189.

56. Quoted in Buell, p. 241.

57. 2019년 6월 20일 존 헤밍 박사와 나눈 대화.

58. Quoted in Frankopan, p. vii.

59. Quoted in Grunebaum, p. 61.

60. Quoted in Rachewiltz, *Papal Envoys*, p. 39.

61. Quoted in McLynn, p. 323.

62. Quoted in Marshall, p. 125.

63. Mitchell, p. 54.

64. Rachewiltz, *Papal Envoys*, p. 213.

65. rubruck, p. 3.

66. Rachewiltz, *Papal Envoys*, p. 129.

67. Favereau, p. 54.

68. Lane, p. 172.

69. Juvaini, p. 107.
70. Quoted in Katouzian, p. 104.
71. Rashid al-Din quoted in Marozzi, *Baghdad*, p. 135.
72. Quoted in Marozzi, *Baghdad*, p. 138.
73. Rashid al-Din, pp. 238-9.
74. Le Strange, pp. 297-8.
75. Rashid al-Din, quoted in Marozzi, *Baghdad*, p. 136.
76. Quoted in Frankopan, p. 168.
77. Snir, p. 155.
78. Quoted by Frankopan, *Evening Standard*, 27 September 2019.
79. 이것과 다른 내용, Dalrymple, p. 298.
80. Morgan을 참조하라.
81. Quoted in Rosenwein, p. 401.
82. Weatherford, 'Silk Route', p. 34.
83. Polo, p. 153.
84. Quoted in Lopez, p. 249.
85. Ibid.
86. Weatherford, 'Silk Route', p. 36.
87. Rashid al-Din, p. 338.
88. Favereau, p. 57.
89. Ibn Khaldun, *Muqaddimah*, vol. 1, pp. 353-5.
90. Mackintosh-Smith, *Travels with a Tangerine*, p. 321.
91. Ibn Battutah, p. 120.
92. Quoted in Horrox, pp. 16-18.
93. Ibid.
94. Frankopan, p. 187.
95. Boccaccio, p. 1.
96. Watkins, p. 199.
97. Deaux, pp. 92-4.
98. Ibn Khaldun, *Muqaddimah*, vol. 1, p. 64.
99. Ibid., vol. 1, p. 65.
100. Ibid., vol. 1, p. liii.
101. Fischel, *Ibn Khaldun and Tamerlane*, p. 35.
102. Quoted in Abu-Lughod, p. 37.
103. Ibn Khaldun, *Le Voyage*, pp. 148-9.
104. Thubron, p. 280.
105. Ibn Arabshah, p. 3.
106. Marlowe, *Tamberlaine* prologue.

107. 2021년 6월 제리 브로턴과 나눈 대화.

108. Gibbon, ch. 65, p. 1.

109. Byron, p. 106.

110. Roxburgh, p. 413.

111. Ibid., p. 196.

112. Ibid., p. 194.

113. Harold Lamb's phrase in his *Tamerlane*, p. 169.

114. Clavijo, p. 220. 115. Ibid., p. 220.

115. Ibid., p. 225.

116. Ibid., p. 249.

117. Ibid., p. 251.

118. Ibn Arabshah, p. 136.

119. Ibid., p. 141.

120. Irwin, *Ibn Khaldun*, p. 97.

121. Fischel, *Ibn Khaldun and Tamerlane*, p. 31.

122. Ibid., p. 35.

123. Ibid., p. 38.

124. Irwin, *Ibn Khaldun*, p. 100; Fischel, 'A New Latin Source', p. 227.

125. Ballan, 'The Scholar and the Sultan', 참조하라.

126. Ibn Arabshah, p. 232.

127. 'Hellas: Chorus', Percy Bysshe Shelley.

제3부 회복하기

1. Goodwin, p. 8.

2. In Öztuncay, p. 86.

3. Ibid., p. 92.

4. Leigh Fermor, p. 33.

5. Babur, p. 35.

6. Ibid., p. 10.

7. Iibd., p. 59.

8. Erskine, vol. 2, p. 468.

9. Babur, p. 327.

10. *Timur surrounded by His Mughal Heirs*: British Library, Johnson 64, 38.

11. Pascal, p. 126.

12. Ibid., Bacon, Novum, p. cxxix.

13. Merchant, 'The Violence of Impediments'.

14. Quoted in Merchant, 'Environmentalism', p. 3.

15. Ibid.

16. From Alain Hervé's *Le Palmier*.

17. 프랭클린이 콜린슨에게 보낸 1753년 5월 9일 자 편지의 인용문은 모두, https://founders.archives. gov/documents/Franklin/01-04-02-0173에서 나왔다.

18. Johnson, *Dictionary*, 1st edition (1755), title page.

19. Bowwell, vol. 2, p. 86.

20. Johnson, *Dcitionary*, II.

21. Boswell, vol. 2, p. 132.

22. Johnson, *Dictionary*, I.

23. Perdue, p. 283.

24. Timothy May, 'Nomadic Warfare', in *The Encyclopedia of War* (Wiley Online Library, 13 November 2011), doi.org/10.1002/9781444338232.wbeow453.

25. Winckelmann, *Reflection*, p. 7.

26. Ibid., p. 5.

27. Musgrave, p. 42.

28. *Endeavour* Journal of Sir Joseph Banks, 10 September 1768.

29. https://sl.nsw.gov.au/joseph-banks-endeavour-journal

30. https://www.captaincooksociety.com/home/detail/28-april-1770

31. Dr Shayne T. Williams, https://www.bl.uk/the-voyages-of-captain-james-cook/ articles/an-indigenous-australian-perspective-on-cooks-arrival

32. http://southseas.nla.gov.au/journals/cook_remarks/092.html

33. 2018년 2월 26일, BBC 라디오4의 다큐멘터리 「문명 : 회의론자의 안내서Civilisation: A Sceptic's Guide」에 대해 한 말.

34. Boyle, vol. II, Essay IV, p. 20.

35. worldometers.info에 나온 통계이다.

36. Anderson, p. 21.

37. Goldsmith, 'The Deserted Village', https://www.poetryfoundation.org/poems/44292/ the-deserted-village

38. Marsden and Smith, p. 59.

39. https://songsfromtheageofsteam.uk/factories-mines/102-other-industry/97-baroo4

40. Atkinson and roud, p. 299.

41. Blake, p. 673.

42. Hansard, HC Deb, 10 July 1833, vol. 19, cc479-550.

43. O'Sullivan, pp. 426-30.

44. https://constitutionus.com/#a1s8c3, Article XIII, Amendment 13.

45. Thoreau, *Walden*, pp. 8-9.

46. Thoreau, *Walking*, p. 21.47. Quoted in schneider, pp. 108-9.

47. Quoted in Schneider, pp. 108-9.

48. Thoreau, *Indian Notebooks*, p. 46.

49. US Fish and Wildlife Service.

50. Library of Congress, https://guides.loc.gov/indian-removal-act

51. Hämäläinen, p. 372.

52. Quoted in Lindqvist, p. 122.

53. Thoreau, *Indian Notebooks*, p. 7.

54. Ibid., p. 8.

55. Gros, p. 100.

56. Quoted in Novak, p. 44.

57. *San Francisco Chronicle*, 18 June 2019.

58. Rousseau, *A Discourse on Inequality*, p. 169.

59. Lee, pp. xcv-xcix.

60. Quoted in Olusoga, p. 398.

61. Quoted in Lindqvist, p. 140.

62. https://www.qso.com.au/news/blog/five-pieces-of-music-inspired-by-the-great-outdoors

63. Roth, pp. 23-7.

64. https://www.britannica.com/biography/Ernest-B-Schoedsack

65. Schoedsack's 'tape letter', 1960s or 1970s, https://www.youtube.com/watch?v=jMLln8UTQ-E

66. Ibid.

67. 1922에 만들어진 영화「초원」의 해설 내용.

68. Sackville-West, Passenger, ch. 8.

69. Sackville-West, *Twelve Days*, p. 27.

70. Ibid., p. 66.

71. Ibid., pp. 67-8.

72. Ibid., p. 80.

73. Ibid., p. 90.

74. https://newint.org/features/1995/04/05/facts/

75. Lorimer, 1955, p. 110.

76. Carson, p. 77.

77. Layard, vol. 1, pp. 487-9.

78. Herodotus, 3.38.

79. Bowlby, p. 293.

80. Chatwin, *Songlines*, p. 227.

81. Matthew Syed의 *Rebel Ideas*에 나오는 용어이다.

82. Mackintosh-Smith, *Arabs*, p. 518.

83. Rimbaud, *Une Saison en Enfer*, p. 145.

84. Cavafy, 'The City', in *Collected Poems*, p. 22.

85. Cavafy, 'Waiting for the Barbarians', in ibid., p. 15.

참고 문헌

Abu-Lughod, Janet, *Cairo: 1001 Years of the City Victorious* (Princeton University Press, 1971)

Abulafia, David, *The Great Sea* (Penguin, 2014)

Allsen, Thomas T., *Commodity and Exchange in the Mongol Empire* (Cambridge University Press, 1997)

Ammianus Marcellinus, *Roman History*, trans. C. D. Yonge (Bohn, 1862)

Anderson, Michael, *Population Change in North-Western Europe, 1750–1850* (Palgrave, London, 1988)

Atkinson, David and Steve Roud, *Street Literature of the Long Nineteenth Century* (Cambridge Scholars, 2017)

Axworthy, Michael, *Empire of the Mind: A History of Iran* (Hurst Books, 2007)

Babur, Zahiru'd-din Mihammad, *The Babur-nama in English*, trans. Annette Susannah Beveridge (Luzac, 1921)

Bacon, Francis, *The Works of Francis Bacon* (Parry & MacMillan, 1854)

——, *Novum Organum or True Suggestions for the Interpretation of Nature* (P. F. Collier, 1902)

Baerlain, Henry, *The Singing Caravan* (John Murray, 1910)

Bakhtiari, Ali Morteza Samsam, *The Last of the Khans* (iUniverse, 2006)

Baldwin, James, 'The White Man's Guilt', *Ebony,* August 1965

Ballan, Mohamad, 'The Scholar and the Sultan: A Translation of the Historic Encounter between Ibn Khaldun and Timur', ballandalus.wordpress.com, 30 August 2014

Banks, Sir Joseph, *The Endeavour Journal*, 1768–71, http://gutenberg.net.au/ebooks05/0501141h.html

Barry, David, *Incredible Journeys* (Hodder & Stoughton, 2019)

Basilevsky, Alexander, *Early Ukraine: A Military and Social History to the Mid-19th Century* (McFarland, 2016)

Batty, Roger, *Rome and the Nomads* (Oxford University Press, 2007)

Beckwith, Christopher, *Empires of the Silk Road* (Princeton University Press, 2009)

Blake, William, *Complete Writings* (Oxford University Press, 1972)

Blockley, R. C., *The Fragmentary Classicising Historians of the Late Roman Empire*, vol. 2 (Francis Cairns, 1983)

Boccaccio, *The Decameron*, trans. Richard Hooker, sourcebooks.fordham.edu/source/deca meronintro.asp

Borges, Jorge Luis, *Collected Fictions* (Allen Lane, 1998)

Boswell, James, *The Life of Samuel Johnson, LL.D.*, 4 vols (Oxford University Press, 1826)

Bowlby, John, *Attachment and Loss*, vol. 1 (Pimlico, 1997)

Boyle, Robert, *Some Considerations Touching the Usefulness of Experimental Natural Philosophy* (Oxford, 1663)

Braudel, Fernand, *The Mediterranean in the Ancient World* (Allen Lane, 2001)

Bregman, Rutger, *Humankind* (Bloomsbury, 2020)

Bronowski, Jacob, *William Blake and the Age of Revolution* (Faber, 1972)

Brotton, Jerry, *The Renaissance Bazaar* (Oxford University Press, 2002)

——, *This Orient Isle* (Allen Lane, 2016)

Brown, Peter, *The World of Late Antiquity* (Thames & Hudson, 1971)

Bruder, Jessica, *Nomadland* (W. W. Norton, 2017)

Buell, Paul, *Historical Dictionary of the Mongol World Empire* (Scarecrow Press, 2003)

Buniyatov, Z. M., *A History of the Khorezmian State Under the Anushteginids* (International Institute for Central Asian Studies, Samarkand, 2015)

Burckhardt, John Lewis, *Notes on the Bedouins and Wahabys* (Henry Colbourn, 1830)

Burdett, Richard, et al., *Cities: People, Society, Architecture* (Rizzoli, 2006)

Bury, J. B., 'Justa Grata Honoria', *Journal of Roman Studies*, Vol. 9, 1919, pp. 1–13

—— (trans.), Priscus, fr. 8 in *Fragmenta Historicorum Graecorum* (Ambrosio Firmin Didot, 1841–72)

Byron, Robert, *The Road to Oxiana* (Picador, 1994)

Calasso, Roberto, *The Celestial Hunter* (Allen Lane, 2020)

——, *Ardor* (Penguin, 2015)

Cannadine, David, *The Undivided Past* (Allen Lane, 2013)

Carson, Rachel, *The Sense of Wonder* (Harper & Row, 1965)

Cavafy, Constantine, *Collected Poems*, trans. Edmund Keeley and Philip Sherrard (Hogarth Press, 1975)

Cavalli–Sforza, Luigi Luca and Francesco, *The Great Human Diasporas* (Perseus, 1995)

Chaliand, Gerard, *Nomadic Empires* (Transaction, 2005)

Chandler, Tertius, *Four Thousand Years of Urban Growth: An Historical Census* (Edwin Mellen Press, 1987)

Chardin, Sir John, *Travels in Persia* (Argonaut, 1927)

Chatwin, Bruce, 'The Mechanics of Nomad Invasions', *History Today*, May 1972

——, *The Songlines* (Jonathan Cape, 1987)

——, *Anatomy of Restlessness* (Jonathan Cape, 1996)

Chavannes, Edouard, 'Inscriptions et pièces de chancellerie chinoises de l'époque mongole', in *T'oung Pao*, Second Series, Vol. 9, No. 3, pp. 297–428 (Brill, 1908)

Chekhov, Anton, *The Steppe*, in *The Tales of Chekhov*, trans. Constance Garnett (Macmillan, 1919)

Clavijo, Gonzalez de, *Embassy to Tamerlane*, trans. Guy le Strange (Routledge, 1928)

Cranston, Maurice, *Jean-Jacques: The Early Life and Work of Jean-Jacques Rousseau, 1712–1754* (W. W. Norton, 1983)

Crompton, Samuel, *Meet the Khan: Western Views of Kuyuk, Mongke and Kublai* (iUniverse, 2001)

Cronin, Vincent, *The Last Migration* (Rupert Hart-Davis, 1957)

Cunliffe, Barry, *By Steppe, Desert and Ocean: The Birth of Eurasia* (Oxford University Press, 2015)

Dalrymple, William, *In Xanadu* (William Collins, 1989)

Deaux, George, *The Black Death 1347* (Weybright & Talley, 1969)

Defoe, Daniel, *A Tour Through England and Wales* (Dent, 1928)

Deleuze, Gilles and Félix Guattari, *Nomadology* (Semiotext(e), 1986)

De Waal, Edmund, *Library of Exile* (British Museum, 2020)

Di Cosmo, Nicola, *Ancient China and its Enemies* (Cambridge University Press, 2002)

Diodorus Siculus, *History* (Loeb Classical Library, 1963)

Dowty, Alan, *Closed Borders* (Yale University Press, 1987)

Ellingson, Ter, *The Myth of the Noble Savage* (University of California Press, 2001)

Elliot, Jason, *Mirrors of the Unseen* (Picador, 2006)

Encyclopaedia Britannica, 14th edition 1932

Erskine, William, *A History of India*, 2 vols (Longman, Brown, Green and Longmans, 1854)

Favereau, Marie, 'The Mongol Peace and Global Medieval Eurasia' in Chris Hann, ed. *Realising Eurasia, Empire and Connectivity During Three Millennia* (Leipziger Universitätsverlag, 2019)

Fennelly, James M., 'The Persepolis Ritual', *Biblical Archaeologist*, Vol. 43, No. 3, Summer 1980, pp. 135–62

Ferdowsi, Abolqasem, *Shahnameh: The Persian Book of Kings*, trans. Dick Davis (Penguin, 2007)

Fernández-Armesto, Felipe, *Civilizations* (Macmillan, 2000)

Fischel, Walter J., *Ibn Khaldun and Tamerlane: Their Historic Meeting in Damascus, 1401 AD* (803AH) (University of California Press, 1952)

——, 'A New Latin Source on Tamerlane's Conquest of Damascus', *Oriens*, Vol. 9, No. 2, 31 December 1956, pp. 201–32

Florus, *The Epitome of Roman History* (Loeb Classical Library, 1929)

Fonseca, Isabel, *Bury Me Standing* (Chatto & Windus, 1995)

Frankopan, Peter, *The Silk Roads* (Bloomsbury, 2015)

Fromherz, Allen James, *Ibn Khaldun: Life and Times* (Edinburgh University Press, 2010)

Frye, Richard N., 'Persepolis Again', *Journal of Near Eastern Studies*, Vol. 33, No. 4, October 1974, pp. 383–6

——, *The Heritage of Persia* (Cardinal, 1976)

George, A. R., *The Epic of Gilgamesh* (Allen Lane, 1999)

George, Coulter H., *How Dead Languages Work* (Oxford University Press, 2020)

Gibbon, Edward, *The History of the Decline and Fall of the Roman Empire* (Harper & Brothers, 1845)

Golden, P. B., '"I Will Give the People unto Thee": The inggisid Conquests and Their Aftermath in the Turkic World', *Journal of the Royal Asiatic Society*, Third Series, Vol. 10, No. 1, April 2000, pp. 21–41

Goodwin, Jason, *Lords of the Horizon* (Chatto & Windus, 1998)

Greenblatt, Stephen, *The Swerve: How the Renaissance Began* (Vintage, 2012)

Gros, Frédéric, *A Philosophy of Walking* (Verso, 2014)

Grousset, René, *The Empire of the Steppes*, trans. Naomi Walford (Rutgers University Press, 1970)

Grunebaum, Gustave E. von, *Medieval Islam: A Study in Cultural Orientation* (University of Chicago Press, 1969)

Guzman, Gregory G., 'European Captives and Craftsmen Among the Mongols, 1231–1255', *The Historian*, Vol. 72, No. 1, Spring 2010, pp. 122–50

Hall, James, *Hall's Dictionary of Subjects and Symbols in Art* (John Murray, 1986)

Halsey, R. T. H. and Charles D. Cornelius, *A Handbook of the American Wing* (Metropolitan Museum of Art, New York, 1938)

Hämäläinen, Pekka, *Lakota America* (Yale University Press, 2019)

Hammond, N. G. L., 'The Archaeological and Literary Evidence for the Burning of the Persepolis Palace', *Classical Quarterly*, 2, Vol. 42, No. 2, 1992, pp. 358–64

Herlihy, David, *The Black Death and the Transformation of the West* (Harvard University Press, 1997)

Herodotus, *The Histories*, trans. Tom Holland (Penguin, 2013)

Hill, John E., *Through the Jade Gate to Rome: A Study of the Silk Routes during the Later*

Han Dynasty, 1st to 2nd Centuries CE (BookSurge, South Carolina, 2009)

Hobbes, Thomas, *Of Man, Being the First Part of Leviathan* (Harvard Classics, 1909–1914)

Holes, C. and S. S. Abu Athera, *Poetry and Politics in Contemporary Bedouin Society* (Ithaca Press, 2009)

Holland, Tom, *Persian Fire* (Abacus, 2005)

——, *In the Shadow of the Sword* (Little, Brown, 2012)

Homer, *The Iliad*, trans. Alexander Pope (London, 1760)

Horne, Charles F., ed., *The Sacred Books and Early Literature of the East, Vol. VI: Medieval Arabia* (Parke, Austin, & Lipscomb, 1917)

Horrox, R., ed., *The Black Death* (Manchester University Press, 1994)

Hourani, Albert, *A History of the Arab Peoples* (Faber, 1991)

Ibn Arabshah, Ahmad, *Tamerlane: The Life of the Great Amir*, trans. J. H. Sanders (Luzac, 1936)

Ibn Battutah, *The Travels of Ibn Battutah*, ed. Tim Mackintosh-Smith (Picador, 2002)

Ibn Khaldun, *The Muqaddimah*, trans. Franz Rosenthal (Pantheon, 1958)

——, *Le Voyage d'Occident et d'Orient* (Sinbad, Paris, 1980)

——, *An Arab Philosophy of History*, trans. Charles Issawi (American University in Cairo Press, 1992)

Ingold, Tim, *The Perception of the Environment* (Routledge, 2000)

Irwin, Robert, *Night and Horses in the Desert* (Allen Lane, 1999)

——, *Ibn Khaldun* (Princeton University Press, 2018)

Jackson, Anna and Amin Jaffer, eds., *Encounters: The Meeting of Asia and Europe, 1500–1800* (V&A Publications, 2004)

Jackson, Peter, *The Mongols and the West* (Pearson Longman, 2005)

Jardine, Lisa, *Ingenious Pursuits* (Little, Brown, 1999)

Jensen, Erik, *Barbarians in the Greek and Roman World* (Hackett, 2018)

Johnson, Samuel, *A Dictionary of the English Language* (Rivington et al., 1785)

Juvaini, Ala-ad-Din Ata-Malik, *Genghis Khan: The History of the World Conqueror* (Manchester University Press, 1958)

Katouzian, Homa, *The Persians* (Yale University Press, 2010)

Kennedy, Hugh, *The Court of the Caliphs* (Weidenfeld & Nicolson, 2004)

Kent, Roland G., *Old Persian: Grammar, Texts, Lexicon* (American Oriental Society, Connecticut, 1950)

Khazanov, Anatoly M. and André Wink, *Nomads in the Sedentary World* (Routledge, 2001)

Kim, Hyun Jin, *The Huns, Rome and the Birth of Europe* (Cambridge University Press, 2013)

Kradin, Nikolay N., et al., eds., *Nomadic Pathways in Social Evolution* (Russian Academy of Sciences, 2003)

Kriwaczek, Paul, *In Search of Zarathustra* (Phoenix, 2003)

Lactantius, *The Works of Lactantius*, trans. William Fletcher (T. & T. Clark, Edinburgh, 1871)

Lamb, Harold, *Tamerlane* (Robert M. Mcbride, 1930)

Lane, George, *Daily Life in the Mongol Empire* (Hackett, 2006)

Lane Fox, Robin, *Alexander the Great* (Allen Lane, 1973)

——, *The Search for Alexander* (Allen Lane, 1980)

Langland, William, *Piers Plowman* (Wordsworth, 1999)

Lawrence, T. E., *The Seven Pillars of Wisdom* (Jonathan Cape, 1935)

Layard, Sir Henry, *Early Adventures in Persia, Susiana, and Babylonia* (John Murray, 1887)

Lee, Richard, 'The Extinction of Races', *Journal of the Anthropological Society of London*, Vol. 2, 1864, pp. xcv–xcix

Leigh Fermor, Patrick, *The Broken Road* (John Murray, 2013)

Le Strange, Guy, ed., 'The Story of the Death of the Last Abbasid Caliph, from the Vatican MS. of Ibn-al-Fur t', *Journal of the Royal Asiatic Society of Great Britain and Ireland*, April 1900, pp. 293–300

Levi, Scott Cameron and Ron Sela, eds., *Islamic Central Asia: An Anthology of Historical Sources* (Indiana University Press, 2010)

Lindqvist, Sven, *Exterminate All the Brutes* (Granta, 1992)

Locke, John, *Two Treatises of Government* (A. Millar et al., 1764)

Lopez, Barry, *Arctic Dreams* (Vintage, 2014)

Lorimer, D. L. R., 'The Popular Verse of the Bak-htiari of S. W. Persia', *Bulletin of the School of Oriental and African Studies*, University of London, Vol. 16, No. 3, 1954, pp. 542–55; Vol. 17, No. 1, 1955, pp. 92–110; Vol. 26, No. 1, 1963, pp. 55–68

Lucian, *The Works of Lucian of Samosata*, trans. H. W. Fowler and F. G. Fowler (Clarendon Press, 1905)

McCorriston, Jay, 'Pastoralism and Pilgrimage: Ibn Khaldun's Bayt-State Model and the Rise of Arabian Kingdoms', *Current Anthropology*, Vol. 54, No. 5, October 2013, pp. 607–41

MacDonald, Brian W., *Tribal Rugs* (ACC Art Books, 2017)

Machiavelli, Niccolò, *The Discourses*, trans. Leslie J. Walker (Routledge & Kegan Paul, 1950)

Mackintosh-Smith, Tim, *Travels with a Tangerine* (John Murray, 2001)

——, *Arabs: A 3,000-Year History of Peoples, Tribes and Empires* (Yale University Press, 2019)

McLynn, Frank, *Genghis Khan* (Bodley Head, 2015)

Marozzi, Justin, *Tamerlane* (HarperCollins, 2004)

——, *Baghdad* (Allen Lane, 2014)

Marsden, Ben and Crosbie Smith, *Engineering Empires* (Palgrave Macmillan,2005)

Marshall, Robert, *Storm from the East: From Ghengis Khan to Khubilai Khan* (BBC Books, 1993)

Maugham, H. Neville, *The Book of Italian Travel* (Grant Richards, 1903)

Merchant, Carolyn, "'The Violence of Impediments": Francis Bacon and the Origins of Experimentation', *Isis*, Vol. 99, No. 4, December 2008, pp. 731–60

——, 'Environmentalism: From the Control of Nature to Partnership', Bernard Moses Memorial Lecture, University of California, Berkeley, 4 May 2010, nature.berkeley.edu/departments/espm/env-hist/Moses.pdf_

——, 'Francis Bacon and the "Vexations of Art": Experimentation as Intervention', *British Journal for the History of Science*, December 2013, Vol. 46, No. 4, pp. 551–99

Michell, Robert and Nevill Forbes, eds., *The Chronicle of Novgorod* (Royal Historical Society, 1914)

Modelski, George, *World Cities: -3000 to 2000* (Faros2000, 2003)

Morgan, D. O., 'The "Great Yāsā of Chingiz Khān" and Mongol Law in the Īlkh nate', *Bulletin of the School of Oriental and African Studies*, Vol. 49, No. 1, In Honour of Ann K. S. Lambton, 1986, pp. 163–76

Mulder, Monique Borgerhoff and Peter Coppolillo, *Conservation: Linking Ecology, Economics and Culture* (Princeton University Press, 2005)

Mumford, Lewis, *The City in History* (Penguin, 1991)

Al-Muqaddasi, Muhammad, *Best Divisions for Knowledge of the Regions*, trans. Basil Anthony Collins (Garnet, 1994)

Musgrave, Toby, *The Multifarious Mr Banks* (Yale University Press, 2020)

Nelson, Cynthia, *The Desert and the Sown* (University of California Press, Berkeley, 1973)

Nicolson, Adam, *The Mighty Dead: Why Homer Matters* (William Collins, 2014)

Nietzsche, Friedrich, *On the Future of Our Educational Institutions: Homer and Classical Philology* (Foulis, 1909)

Norwich, John Julius, *The Middle Sea* (Chatto & Windus, 2006)

Novak, Barbara, *Voyages of the Self* (Oxford University Press, 2007)

Olusoga, David, *Black and British: A Forgotten History* (Macmillan, 2016)

O'Sullivan, John, 'The Great Nation of Futurity', *United States Democratic Review*, Vol. 6, Issue 23

Otter, Rev. William, *The Life and Remains of Rev. Edward Daniel Clarke, LL.D.* (J. F. Dove, 1824)

Öztuncay, Bahattin and Özge Ertem, eds., *Ottoman Arcadia* (Koç University Research Center for Anatolian Civilizations, 2018)

Park, Mungo, *Travels into the Interior of Africa* (Eland, 2003)

Pascal, Blaise, *Pensées and Other Writings*, trans. Honor Lei (Oxford University Press, 2008)

Perdue, Peter C., *China Marches West* (Harvard University Press, 2005)

Plato, *Laws*, trans. R. G. Bury (Harvard University Press, 1967)

Polo, Marco, *The Travels of Marco Polo*, ed. L. F. Benedetto (Routledge, 2011)

Rachewiltz, I. de, *Papal Envoys to the Great Khans* (Faber, 1971)

——, *The Secret History of the Mongols* (Australian National University, 2015)

Raphael, Kate, 'Mongol Siege Warfare on the Banks of the Euphrates and the Question of Gunpowder', *Journal of the Royal Asiatic Society*, Third Series, Vol. 19, No. 3, July 2009, pp. 355–70

Rashid al-Din, *Jami al Tawarikh* (Compendium of Histories), trans. Etienne Quatremère (Oriental Press, Amsterdam, 1968)

Raven, Susan, *Rome in Africa* (Routledge, 1993)

Raverty, H. G., ed. and trans., *Tabakat-i-Nasiri: A General History of the Muhammadan Dynasties of Asia* (Gilbert & Rivington, 1881)

Rawlinson, George, *The History of Herodotus* (Appleton and Company, New York, 1859)

Redfield, James, 'Herodotus the Tourist', *Classical Philology*, Vol. 80, No. 2, April 1985, pp. 97–118

Rice, Tamara Talbot, *The Scythians* (Thames & Hudson, 1957)

Rilke, Rainer Maria, *The Journal of My Other Self* (W. W. Norton, 1930)

Rimbaud, Arthur, *Poésies, Une saison en enfer, Illuminations* (Gallimard, 1991)

Robinson, Chase F., *Islamic Civilization in Thirty Lives* (Thames & Hudson, 2016)

Robinson, James, ed., *Readings in European History*, vol. 1 (Ginn & Co., 1904)

Rogerson, Barnaby, *A Traveller's History of North Africa* (Windrush, 1998)

——, *Heirs of the Prophet* (Abacus, 2006)

Rolle, Renata, *The World of the Scythians* (Batsford, 1989)

Rosenwein, Barbara H., ed., *Reading the Middle Ages: Sources from Europe, Byzantium, and the Islamic World* (University of Toronto Press, 2018)

Roth, Joseph, *What I Saw* (Granta, 2003)

Rousseau, Jean-Jacques, *The Social Contract and Discourses* (Dent, 1923)

——, *The First and Second Discourses* (St Martin's Press, 1964)

——, *Papal Envoys to the Great Khans* (Faber, 1971)

——, *A Discourse on Inequality* (Penguin, 1984)

——, *The Reveries of the Solitary Walker* (University Press of New England, 2000)

Roxburgh, David J., ed., *Turks: A Journey of a Thousand Years, 600–1600* (Royal Academy of Arts, 2005)

Rubruck, William of, *The Journey of William of Rubruck to the Eastern Parts of the World, 1253–1255*, trans. W. W. Rockhill (Hakluyt, 1990)

Sackville-West, Vita, *Passenger to Teheran* (Hogarth Press, 1926)

———, *Twelve Days* (Hogarth Press, 1928)

Sattin, Anthony, *The Gates of Africa* (HarperCollins, 2003)

Schama, Simon, *Landscape and Memory* (Harper Perennial, 2004)

Schneider, Richard J., *Civilizing Thoreau* (Boydell & Brewer, 2016)

Scott, James C., *Against the Grain* (Yale University Press, 2017)

Scott, Michael, *Ancient Worlds* (Windmill, 2016)

Sherratt, Andrew, 'Climatic Cycles and Behavioural Revolutions: The Emergence of Modern Humans and the Beginning of Farming', *Antiquity*, 71, 1997, pp. 271–87

———, *Economy and Society in Prehistoric Europe* (Edinburgh, 1997)

Snir, Reuven, ed., *Baghdad: The City in Verse* (Harvard University Press, 2013)

Spuler, Bertold, *History of the Mongols* (Routledge, 1972)

Ssu-ma Ch'ien, *Records of the Grand Historian of China*, 2 vols, trans. Burton Watson (Columbia University Press, 1962)

Starr, S. Frederick, *Lost Enlightenment* (Princeton, 2013)

Stewart, Stanley, *In the Empire of Genghis Khan* (HarperCollins, 2000)

Stow, John, *A Survey of London* (Whittaker, 1842)

Strabo, *The Geography*, trans. Duane W. Roller (Cambridge University Press, 2014)

A's-Suyuti, Jalaluddin, *History of the Caliphs*, trans. H. S. Jarrett (Asiatic Society, Calcutta, 1881)

Syed, Matthew, *Rebel Ideas* (John Murray, 2020)

Al-Tabari, *The History*, trans. Yohanan Friedmann (State University of New York Press, 1992)

Thackston, Wheeler M., trans., *The Baburnama: Memoirs of Babur, Prince and Emperor* (Oxford, 1996)

Thesiger, Wilfred, *Arabian Sands* (Longmans, 1959)

———, *Desert, Marsh and Mountain* (Collins, 1979)

Thoreau, Henry David, *Walden* (Signet, 1960)

———, *Walking* (CreateSpace, 2018)

———, *The Indian Notebooks*, ed. Richard F. Fleck (Walden Woods Project,2007)

Thubron, Colin, *Shadow of the Silk Road* (Chatto & Windus, 2006)

Tolkien, J. R. R., *The Hobbit* (HarperCollins, 2013)

Touati, Houari, *Islam and Travels in the Middle Ages* (University of Chicago Press, 2010)

Twitchett, Danis and Michael Loewe, *The Cambridge History of China:Volume 1* (Cambridge University Press, 1986)

Upham Pope, Arthur, 'Persepolis as a Ritual City', *Archaeology*, Vol. 10, No. 2, June 1957, pp. 123–30

———, *Introducing Persian Architecture* (Soroush Press, Tehran, 1976)

Van den Bent, Josephine, 'None of the Kings on Earth is Their Equal in "a abiyya": The Mongols in Ibn Khaldun's Works', *Al-Masāq*, Vol. 28, Issue 2, 2016, pp. 171–86

Van Seters, John, *The Hyksos: A New Investigation* (Wipf and Stock, 2010)

Wallace-Murphy, Tim, *What Islam Did for Us* (Watkins, London, 2006)

Watkins, Renee Neu, 'Petrarch and the Black Death: From Fear to Monuments', *Studies in the Renaissance*, Vol. 19, 1972, pp. 196–223

Watson, Burton, *Ssu-ma Ch'ien, Grand Historian of China* (Columbia University Press, 1958)

Weatherford, Jack, *Genghis Khan and the Making of the Modern World* (Crown, 2004)

——, 'The Silk Route from Land to Sea', *Humanities*, Vol. 7, No. 2, 2018, pp. 32–41

Wehr, Hans, *A Dictionary of Modern Written Arabic* (Librairie du Liban, 1974)

Wheelis, M., 'Biological Warfare at the 1346 Siege of Caffa', *Emerging Infectious Diseases*, Vol. 8, No. 9, 2002, pp. 971–5

Whitfield, Susan, *Life Along the Silk Road* (John Murray, 1999)

——, ed., *Silk Roads* (Thames & Hudson, 2019)

Wilde, Robert, 'Population Growth and Movement in the Industrial Revolution', ThoughtCo. com, 28 May 2019

Willey, Peter, *Eagle's Nest: Ismaili Castles in Iran and Syria* (I B Tauris, 2005)

Winckelmann, Johann Joachim, *Reflection on the Imitation of Greek Works in Painting and Sculpture* (Open Court, La Salle, IL, 1987)

——, *The History of the Art of Antiquity*, trans. Harry Francis Mallgrave (Getty, LA, 2006)

Yingshi, Yu, et al., *Trade and Expansion in Han China* (University of California Press, 1967)

Young, Thomas, 'Mithridates, or a General History of Languages', *Quarterly Review*, Vol. X, No. XIX, October 1813, p. 255

Yule, Henry, *Cathay and the Way Thither* (Hakluyt, 1866)

Zavitukhina, M. P., *Frozen Tombs* (British Museum, 1978)

Zerjal, Tatiana, 'The Genetic Legacy of the Mongols', *American Journal of Human Genetics*, 72, 2003, pp. 717–21

Ziegler, Philip, *The Black Death* (Penguin, 1997)

역자 후기

우리는 지금 숨도 마음 놓고 못 쉬는 시대에 살고 있다. 비단 코로나-19가 아니더라도 안면 마스크 착용은 이미 우리 일상의 일부가 된 지 오래이다. 대기 오염의 주범인 화석연료는 미세 먼지만 발생시키는 것이 아니라 지구 온난화, 기후 변화도 일으킨다. 기후 변화에 따른 기상 이변으로 자연재해가 일어나 지구촌 곳곳이 전례 없이 심한 몸살을 앓고 있으며, 환경이 파괴되어 전 세계의 일부 동식물들도 멸종 위기에 처하거나 다양성이 크게 위협받고 있다. 인류가 역사상 최악의 생태학적 위기에 직면해 있는 것은 분명해 보이고, 이것이 점진적으로 일어나는 자연적 현상이 아니라 인위적 요인에 의해 급속히 벌어지고 있는 현상임을 우리 모두는 알고 있다. 그래서 화석연료의 사용을 줄이자는 경각심과 위기감이 팽배해 있지만 아직은 일부 환경주의자들의 구호에만 그칠 뿐 대다수 사람들에게는 그 외침이 절박하게 와 닿지 않는 분위기이다. 경제 성장이 지상 과제인 지금 더 늦기 전에 행동에 나서야 한다는 구호는 공허한 메아리가 되어 돌아올 뿐이고, 미세 먼지가 인류의 평균 수명을 몇 년 단축시킨다는 연구 결과도 경제 논리 앞에서는 맥을 추지 못한다. 하지만 우리는 지금 어쩌면 발전의 가속 페달을 계속 밟아야 하는지 적당히 제동을 걸어야 하는지의 기로에 서 있는지도 모른다.

환경 파괴는 자연 속의 동식물에만 악영향을 준 것이 아니라 자연과 더불어 사는 유목민에게도 치명상을 입혔다. 헤로도토스의『역사』에 등장하는 그 많은 유목 종족들 중 현재까지 살아남은 유목민은 손에 꼽을 정도밖에 되지 않는다. 굵직굵직한 종족을 제외한 나머지는 말 그대로 역사의 뒤안길로 사라져갔다. 개중에는 전쟁과 정복의 과정에서 타민족과 유야무야 섞여 흡수된 경우도 있지만 도시화와 산업화의 과정에서 도태된 경우가 더 많다. 난개발과 벌목으로 인한 숲 훼손으로 점진적 또는 급속하게 삶의 터전을 잃어버린 경우가 대부분이다. 따라서 이대로 가다가는 유목민도 "취약 종"이 되어 "멸종 위기종"으로 지정된 다른 야생 동식물들과 함께 별도의 보호를 받아야 할 처지로 전락할지도 모른다. 역설적인 것은 진정한 유목민 수는 줄어들고 있는데 정작 "노마드"는 우리 시대의 가장 흔한 용어가 되고 있다는 점이다. 자연 파괴를 몰고 온 1, 2, 3차 산업혁명에 이은 제4차 산업혁명으로 문명의 최첨단이라 할 디지털 세상이 열리면서 디지털 노마드가 유행어로 급부상하는 아이러니가 연출된 것이다. 굳이 발품을 팔아 먼 곳을 가지 않더라도 요즘은 디지털 기기 하나만 있으면 누구라도 어디에서든 "방구석" 혹은 "소파" 유목민이 될 수 있으니 어찌 보면 우리 현대인은 모두 유목민인 셈이다. 하지만 정작 우리는 유목민이 누구인지를 모른다. 디지털 기술에 대한 피로감에서 아날로그 감성을 그리워하듯 유목민의 삶을 막연히 꿈꾸고는 있지만 그들의 본질에 대해서는 아는 것이 없는 것이다.

이 책은 바로 이런 현대인들에게 역사상의 유목민은 누구였는지를 일깨워주는 작품이다. 기존 역사서에 누락되거나 왜곡되게 그려진 유목민의 참모습을 제시함으로써, 그들이 단순히 지리적으로 방랑하며 장소만 옮겨 다닌 존재가 아니라 위대한 업적을 이루고 문명의 진보에 상당히 기여를 한, 따라서 역사의 한 축을 담당한 절반의 주체임을 당당하게 선언하는 작품인 것이다. 그것을 입증하기 위해 저자가 맨 먼저 찾아간 곳은 기원전 9500년경 수렵채집인들이 조성한 최초의 석조 기념물 괴베클리 테페였다. 그것을 기점으로 저자는 유목민의 흔적을 밟아가는 1만여 년에 걸친 고난의 여정에 나선다. 그리하여 전통 역사서에 그려진 이미지와 달리 유목민은 과학, 진보, 계몽주의에 역행하는 흉포한 야만인, 미개인이 아니라, 역사기 내내 정착민과 상호 작용을 했고, 방대한 지역에 걸쳐 대제국들을 건설함으로써, 다양성을 존중하고, 타종교에 관대하며, 다문화주의를 포용하고, 양심의 자유, 자유로운 이동, 시장 개방을 지지하는 방식으로 유라시아에 글로벌 교역망과 문화 융성의 발판을 마련했다는 것이 저자의 주장이다. 말을 길들이고, 전차를 발명하며, 합성궁을 만들고, 로마 제국의 붕괴를 촉진한 것도 유목민이었다. 저자에 따르면, 그런데도 전통적 역사에서 유목민이 누락되어 반쪽 역사가 된 것은, 그것이 정착민의, 정착민에 의한, 정착민을 위한, 정착민 중심의 기록 역사이기 때문이고, 그 현상은 특히 과학혁명 이후 계몽주의 세례를 받은 유럽인들이 자연을 진보에 배치되는 것, 정착민과 유목민을 대립적 존재로 보는 역사관, 이집트–그리스–로마 제국으로 이어지는 유럽 중심적 역사관을 만들어내며 심화되었다는 것이다.

　그 점에서 이 책은 그간 역사에서 비주류, 소수자, 외부인으로 홀대받았던 유목민에 바치는 찬가, 장대한 서사시, 인류학적 보고서, 대안적 역사서라 할 만하다. 구석진 곳에 처박혀 있던 유목민에게 한 줄기 빛을 비춰주고 잃어버린 그들의 목소리를 되찾아줌으로써 그들의 위상을 재정립하고, 왜곡된 역사를 바로잡는 획기적 작품인 것이다. 더불어 저자는 유목민은 어떤 삶을 살았고, 그들이 오늘날의 우리에게 주는 교훈이 무엇인지도 말해준다. 정착민과 유목민은 서로를 이용하거나 이용당하는 존재, 배척하는 존재가 아니라 포용력을 가지고 열린 마음으로 상호 협력해야 하는 존재이고, 그러므로 양자는 나와 타자라는 배타적 사고방식, 이분법적 세계관에서 벗어나 평화롭게 공존할 수 있는 길을 모색해야 한다는 것이 그것이다. 이 책이 출간되자마자 각종 언론 매체의 호평을 받은 것도 환경이 붕괴되고 있는 이 시대에는, 특히 그것이 자연에 기대어 가볍게 살아가는 유목민의 삶을 부각시키면서, 평화와 공존의 메시지를 전하고 있기 때문일 것이다. 저자가 말하듯 우리 인간은 모두 한때 수렵채집인, 유목민이었다. 우리가 노마드를 꿈꾸는 것도 어쩌면 우리 인에 내재된 그런 원초적 본능 때문일지도 모른다.

　이 책의 저자 앤서니 새틴은 국내에는 거의 알려져 있지 않지만 오랫동안 북아프리카와 중동에서 유목민 연구에 천착해온, 그리고 그 스스로 런던과 이집트를 오가며 지금도 노마드에 가까운 삶을 사는 박식한 영국 작가이다. 그런 만큼 중동, 유목민, 그리고 그들의 삶에 대해서는 누구보다 정통해 있다. 그가 바흐티야리 부족민들의 근거지인 이란의 자그로스 산맥 언저리에서 이 이야기를 시작한 것도 우연은 아닌 것이다. 그가 다소 생뚱맞게도 『젊은 로런스The Young Lawrence』(제1차 세계대전이 발발하기 전 옥스퍼드 대학교를 갓 졸업한 로런스가 영국 박물관의 고고학 발굴팀의 일원으로 중동에서 2–3년을 보냈던 시기를 추적해 기록한 작품)를 쓴 것도 아마 중동과의 연관성 때문이었을 것이다. 그 외에도 그는 T. E. 로런스의 또다른 자전적 작품인 『박하The Mint』의 서문을 쓰기도 했다. 역자가 팔자에도 없이 이 책을 번역하게 된 것도 그 두 작품을 연전에 원서로 구입해 읽어

앤서니 새틴이라는 작가가 이미 익숙해 있었기 때문이다. 그래서 반가운 마음에 덥석 번역을 하겠다고 나섰으나, 내게는 생소한 주제였던 만큼 작업의 과정은 만만치 않았다. 무엇보다 1만2,000년에 걸친 장구한 유목민 역사를 담고 있는 만큼 이 책이 유목민하면 일반적으로 떠오르는 낭만적 작품과는 다소 거리가 있는, 따라서 가벼운 읽을거리가 아닌, 역사, 인류학, 생물학, 과학 등등을 아우르는 진지한 이론서, 방대한 이야기책인 이유가 컸다. 그럼에도 이 책이 훌륭한 가독성까지 갖추고 있는 것은 탁월한 이야기꾼인 작가의 서술 능력 덕분이다. 모쪼록 그런 작가에 누가 되지 않는 번역이 되었기를 바라는 마음이다. 부족한 번역 원고를 깔끔하게 다듬어준 까치글방의 김미현 편집자께도 감사드린다.

2024년 봄

이순호

인명 색인